BIBLIOGRAPHIES AND GUIDES IN AFRICAN STUDIES

James C. Armstrong, *Editor*

AFRICAN LANGUAGES
A genetic and decimalised classification for bibliographic and general reference

Derek Fivaz

Patricia E. Scott

G. K. HALL & CO., 70 LINCOLN STREET, BOSTON, MASS.

Copyright © 1977 by Derek Fivaz and Patricia E. Scott

Library of Congress Cataloging in Publication Data
Fivaz, Derek.
    African languages.

    (Bibliographies and guides in African studies)
    Bibliography: p.
    Includes index.
    1. Classification--Books--African languages.
 2. African languages--Classification.
 3. Classification, Dewey decimal. I. Scott,
 Patricia Elena. II. Title. III. Series.
 Z697.A33F58   025.4'6'496   77-10111
 ISBN 0-8161-8026-1

This publication is printed in permanent/durable acid-free paper
MANUFACTURED IN THE UNITED STATES OF AMERICA

*To our friend
and esteemed predecessor
in the compilation
of a classification scheme
for African languages
for bibliographic purposes*

C. M. DOKE

Contents

PREFACE	ix
ACKNOWLEDGEMENTS	xi
INTRODUCTION	xiii
NATURE OF THIS WORK	xiii
Classification Schedules	xiii
Alphabetic Language Index	xiv
References and Sources	xiv
Language Family Charts	xiv
NUMERICS	xiv
SOURCES	xv
HISTORY OF AFRICAN LANGUAGE CLASSIFICATION	xix
AFRICAN LANGUAGES IN THE LIBRARY SCHEMES	xxii
Historical Background	xxii
The Nature of the Problem	xxvii
Number of languages	xxvii
Name confusion	xxvii
Language relationships	xxvii
Disagreement between linguists	xxviii
Linguist-Librarian cooperation	xxviii
THE USE OF THIS CLASSIFICATION WITHIN THE DEWEY SCHEME	xxviii
REFERENCES AND SOURCES	xxxi
CLASSIFICATION SCHEDULES	1
1 Khoisan	2
2 Nilo-Saharan	6
3 Congo-Kordofanian	14
Kordofanian	15
West Atlantic	17
Mande	21
Gur	23
Kwa	27
Adamawa-Eastern	32
Benue	37
Bantu	46
4 Afro-Asiatic	69
African Semitic	70
Egyptian-Coptic	71
Berber	72
Chadic	74
Cushitic	78
Omotic	81
ALPHABETIC LANGUAGE INDEX	83
CLASSIFICATION SCHEDULE REFERENCES AND SOURCES	257
LANGUAGE FAMILY CHARTS	
Khoisan	305

Contents

LANGUAGE FAMILY CHARTS cntd

Nilo-Saharan	306
Kordofanian	308
West Atlantic	309
Mande	310
Gur	311
Kwa	312
Benue	313
Adamawa-Eastern	316
African Semitic	317
Berber	318
Chadic	319
Cushitic	320
Omotic	321

BIBLIOGRAPHY   323

MAPS AND TABLES

OUTLINE MAP OF AFRICAN LANGUAGE FAMILIES	xvi
BANTU ZONES	xvii
TABLE I -- Comparison of standard library African Language classification schemes with Greenberg's outline genetic scheme for African languages (excluding Afroasiatic)	xx-xxi
TABLE II - Proposed subject classification table	xxx

PREFACE

This work was born of a simple need. The tool to meet that need has turned out to be both complex and very demanding in its shaping. Our problem was that of accomodating within our own University Library classification scheme works in the ever widening field of African languages. The nature of this problem can perhaps best be appreciated by those who are committed to one or other of the several inadequate classification schemes devised for this purpose.

The demands of this present work have been far in excess of what we at first expected. The user can himself gauge the nature and the extent of the work required, and draw his own conclusions about our committing so much effort to a field like African language classification in its present state. However, no work is an end in itself, and if this tool leads ultimately to the production of yet better tools it will have served both short and long-term needs.

The potential usefulness of the volume has appeared to broaden as the work progressed, and we anticipate that it will be useful to a range of users quite removed from the needs of library classification. We are reasonably assured that this work gathers in one place information culled from a wide spread of published authoritative sources, information which is nowhere else assembled in quite this way. The task of interpreting and of reconciling inexplicit or competing views of language relationships has been at times frustrating. It will be quite evident that knowledge of language names, data, and relationships in some parts of Africa is abysmally small.

As compilers of this work we have brought in the one case a professional linguist's interest, although not specialisation, in the field of African language classification; in the other a professional qualification in Librarianship, as well as a particular interest in the problems of African language classification, continuing, as the great grand-daughter of Wilhelm Heinrich Immanuel Bleek, a third generation of family involvement in the classification of African languages.

We would be grateful to receive information concerning misinterpretation of our sources, details of sources omitted, and of course to receive information on language names or relationships not reflected in published sources to date. The latter will be accumulated and most gladly passed on to the compiler of the next similar volume to this!

ACKNOWLEDGEMENTS

A reference volume of this kind necessarily draws extensively from the published resources of its field, and attempts to represent whatever consensus there may be in that field. We gladly acknowledge the wide array of scholarly report and opinion on which we have drawn and which we have here attempted to interpret, synthesise, and in many instances to reconcile. The bibliographic listings under the title "Sources" following the References for each language family unit serve to indicate those works which have been consulted for each family. The standing of the sources consulted for any language family varies somewhat, but all have been carefully compared. Those of greatest value for one reason or another are indicated in the Introduction. In general terms it will be evident that we have followed the most widely accepted genetic framework for Africa, that of Joseph H. Greenberg.

We owe especial thanks to Professor Reuben Musiker, University Librarian, University of the Witwatersrand, for his encouragement from the earliest stages of the work, and for his time so generously given for discussion. The Editor of *African Studies*, Professor D.T. Cole, and Professor A.T. Cope as author, kindly granted permission to reproduce (with our alterations) the map of Guthrie's Bantu Zones. We are grateful to Mr W.O. West, Cartographer in the Geography Department at Rhodes University, for drawing the two maps in the volume.

Dr David Dalby, Director of the International African Institute, encouraged us by readily granting permission to correlate our language entries with his referential classification numbers. This was in the end unfortunately not possible for practical reasons, but attention is drawn to Dalby's forthcoming *Language Map of Africa* and its referential classification which will provide a most useful tool for locating many or perhaps most of our language entries on the map.

INTRODUCTION

NATURE OF THIS WORK

While this classified inventory of African language names was specifically motivated by the needs of library science, the result will in all probability meet the needs of a variety of specialists concerned with the field of African languages as well. There has been no readily available comprehensive volume on language names and relationships in Africa, and the present work is designed to help meet the need for a reference volume in this field.

The information provided here is of the following type:
- (a) A full list of languages and their constituent dialects.
- (b) A comprehensive list of all alternant names and spellings.
- (c) An indication of the country where the languages are spoken.
- (d) The web of language relationships in Africa as portrayed within a genetic model from individual language up to the language family level, and presented in both schedule and chart form.
- (e) A decimalised numerical system designed to provide reference to each language and language group.
- (f) An alphabetic index to the inventory of language, dialect, and group names.
- (g) An indication as to disputed language relationships, presented as references to the classification schedule.
- (h) A list of the most recent and authoritative scholarly sources which have been consulted.
- (i) Maps which indicate the location of African language families, and the zones within Bantu.
- (j) A resumé of the activities of librarians to obtain a satisfactory classification scheme for African languages.

The volume is divided into four main sections:

1. Classification Schedules (pages 3-82).

The languages and dialects (the latter in italics) are here arranged according to the rationale of the whole scheme, by language families. The user interested in any one language will find in the appropriate place of the classification schedule the most closely related languages, the dialects (if any), alternant names or spellings of the language and dialect names, and the relevant groupings within which the language is placed. Each language is listed with its reference number to permit precise reference.

Introduction

2. The Alphabetic Language Index (pages 83-256).

All the entries (dialects, language names, and group names) of the classification schedule are here presented in alphabetic order, and this index thus permits instant access to the names in question. Entries are given with their prefixes/suffixes (if any), and each language is listed with its classification number, the language groupings within which it is placed, and the countries within which it is spoken. Dialects are indicated in italics and referred to the relevant language entry. Group names are indicated in upper case together with the classification number and countries where spoken. Alternant names, whether at dialect, language, or group level, are referred to the appropriate main entry. Prefixes and suffixes, where relevant, are included with the entries, and the names are alphabetised under separate entries both with and without prefix. Through the classification number of a language entry in the Alphabetic Language Index, access is obtained to all the information of the classification schedule.

3. References and Sources (pages 257-304).

The areas of uncertainty and disagreement as to language relationships are indicated in footnote form in this section, and reference is here made to the appropriate published sources. A list of the sources consulted is also appended for each language family.

4. Language Family Charts (pages 305-321).

The language charts summarise in diagramatic form, together with the relevant numerics, the information of the classification schedule as to language relationships.

NUMERICS

The numerical reference system designed to reflect the relationships within each language family is of decimal type so as to permit incorporation in the decimalised system of a major library scheme such as Dewey. Two exceptions to a strictly decimal scheme have been exploited:

(a) In several instances the list of languages within a group has exceeded ten in numer, and this has forced a serial enumeration beyond ten. These instances are always unambiguously indicated by a hyphen before the number. The reference number 6-12 is therefore interpreted as "number 12 of higher group 6." This is clearly distinguished from a number 612, which would be interpreted as "number 2 of the higher group 1 of the yet higher group 6."

(b) In order to break some fairly long sequences of numbers alphabetic letters have been introduced at a high level within language families for major divisions within the family. The principle has been extended to all language families, and harmonises well with the zonal reference system of Guthrie for Bantu which is by letter. No language reference number contains more than one alphabetic letter, and for those who prefer a strictly *numerical* system the letters can easily be replaced by numbers.

For the use of this numerical scheme within the Dewey library framework, see pages xxv to xxvi.

Introduction

SOURCES

As indicated in the Preface, this work has drawn on the latest available published sources for each language family and represents a synthesis, where possible, of differing views represented in these sources. In several instances the work of one authority has provided a basic frame of reference to which alterations and additions from other sources could most profitably be related.

In probably all instances it must be realised that the various classification schemes for each language family in our source material represent cumulative scholarship and so in varying degree include also the views of other earlier scholars. In several cases Greenberg has provided the basic scheme which has been elaborated on by specialists working within each particular language family.

The main sources for the language families, where relevant, are indicated below. The distribution of African language families is portrayed on the map on page xiv.

Nilo-Saharan

This section of the schedule is based largely on the work of Greenberg 1971, who gives not only the most complete classification of Nilo-Saharan, but also extensive discussion. The most recent work on the Nilo-Saharan languages of Ethiopia is that of Bender 1976 who in turn bases his work on that of Greenberg 1963a. Bender's discussion is, however, more suggestive than definitive.

Kordofanian

The Kordofanian division of Congo-Kordofanian is based on Greenberg 1963a.

West Atlantic

The classification presented is based on that of Sapir 1971 whose main north-south division follows that of Greenberg 1963a and Westermann 1928.

Mande

The classification presented is based on that of Welmers 1971, as developed from his earlier work in 1958, the latter being reflected in Greenberg 1963a.

Gur

The classification presented here follows that of Bendor-Samuel 1971 whose list of languages is not only larger than that of Greenberg, but whose internal classification of Gur reflects more detailed sub-groupings. Greenberg's groups coincide to some extent with Bendor-Samuel's, but the internal relationships differ somewhat.

Introduction

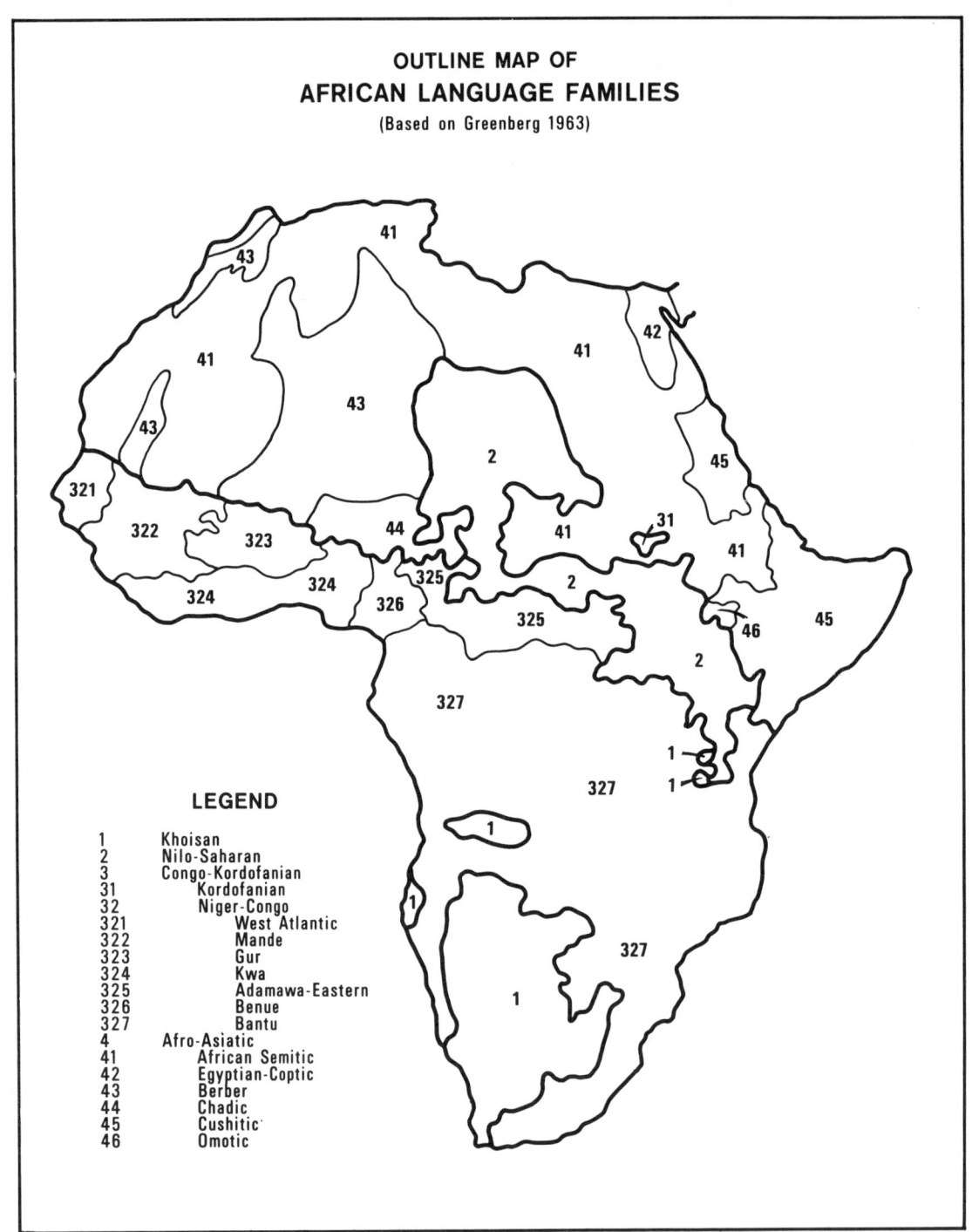

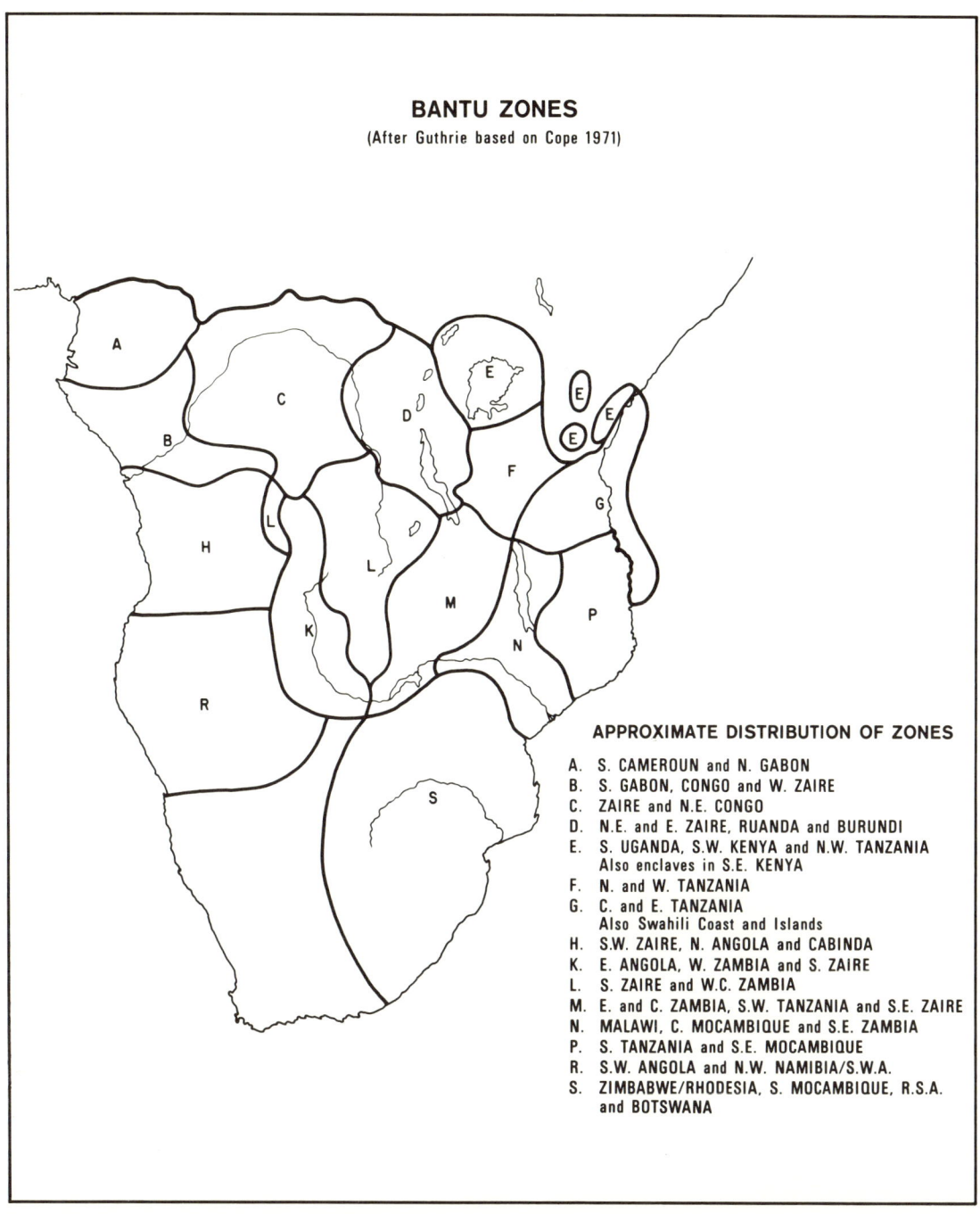

Reproduced with permission from A.T. Cope's, "A consolidated classification of the Bantu languages," *African Studies* 30, 1971, p. 216.

Introduction

Kwa

The classification presented follows that of Greenberg 1963a, but Akan is expanded after Stewart 1971 whose work in turn is based on that of several other scholars.

Adamawa-Eastern

Our classification is based on Greenberg 1963a as expanded by Samarin 1971, the former in turn evidently basing his classification on the work of other scholars.

Benue

The language inventory and classification presented here is based on the detailed work of Williamson 1971, which is essentially an expansion of the earlier classification of Greenberg. Williamson lists her wide variety of source materials and acknowledges that her classification is tentative. Greenberg 1974 explicitly endorses Williamson's expansion into five groups of his earlier "Bantoid" division, and proposes certain new terms incorporated here. Bantu is removed from Benue-Congo for purely practical reasons and accorded coordinate family status with Benue.

Bantu

Our subdivision of the Bantu family follows in the main the classification of Malcolm Guthrie, first presented in 1948 and incorporated in only slightly modified form in Guthrie 1970. This scheme has gained international recognition as a reference system for Bantu. The scheme is not a genetic one as Guthrie freely acknowledged in 1948, but no comprehensive genetic scheme has yet been developed and accepted for Bantu. It should be noted that several of Guthrie's entries are of major dialect rather than separate language status. The map on page xv indicates the distribution of Guthrie's zones.

Berber

The classification presented is based on that of Voegelin 1964.

Chadic

The classification of Chadic presented here is based essentially on that of Greenberg 1963a. In the several classifications of Chadic languages there is some measure of agreement on the internal groupings. Greenberg 1963a recognises nine coordinate groups/languages as his main divisions within Chadic, and Diakonoff 1974 similarly has nine groups but not wholly coincident with those of Greenberg. Newman & Ma 1966 have suggested that Lukas' 1936 dichotomous framework will provide the basis for the classification of Chadic languages and accordingly proceed to group together some of Greenberg's divisions. As they do not, however, relate all of the remainder of Greenberg's smaller groups to their two larger groups we have not been able to reflect their two large groups in our classification. Terry 1970 also cautions that one of these two groups lacks "anything like the unity" of the other, and so doubts the validity of this dichotymous approach.

Cushitic and Omotic

We follow Fleming 1969, 1974, and 1976 in separating Western Cushitic as a coordinate sixth branch within Afro-Asiatic called Omotic. Bender 1971 and 1976 concurs with this. The internal classification of Omotic as developed by

Fleming differs somewhat in the 1969, 1974, and 1976 versions. It should be noted that the 1976 version actually appears to predate the formulation of the 1974 version.

From the several specialist articles on Niger-Congo families in *Current Trends in Linguistics* 1971 it is evident that scholars on the whole continue to follow the divisions presented by Greenberg 1963a. This is usually, however, with several additions and alterations, and Greenberg's work in turn draws on that of others. The classification presented in our work incorporates material from all our sources, and the extent to which this has been done can partly be seen from our Referencs for each language family (pages 257 to 304).

HISTORY OF AFRICAN LANGUAGE CLASSIFICATION

The foregoing section alludes to the long history that lies behind present views on the language relationships of the African continent. This history has been surveyed in several articles, and the reader is referred to these for some background.[1]

Introduction
TABLE I

COMPARISON OF STANDARD LIBRARY AFRICAN CLASSIFICATION SCHEMES WITH GREENBERG'S OUTLINE GENETIC SCHEME FOR AFRICAN LANGUAGES (EXCLUDING AFROASIATIC)

Bliss	Library of Congress	Universal Decimal Classification
AFRICAN LANGUAGES *Bushman-Hottentot Primitive Group*	AFRICAN LANGUAGES* *Bushman*	AFRICAN LANGUAGES *Palaeoafrican, Bushman-Hottentot, Khoin or Khoisan languages* Hottentot languages Bushman languages

Sudanic Group
Eastern Sudanic:
  Mombuttu, Shilluk, Luo of Kenya, & other
Nigritic:
  Kwa, Ewe-Akan, Ubangi-Uele, Sudan-Nile groups
Mamon-Efe group
Mandingo, Bambara, Mende & others
Class languages:
  Benne-Cross, Gur, etc.
Western Sudanic:
  Atlantic, Fula, Twi, Yoruba, etc.
	Sudanian
	
	Nilotic
		Sudanic languages
		Wule languages
		Manfu languages
		Ngonke languages
		Kanuri languages
		Maba, For and Koma
		Nilotic languages
		  Central Sudanic langs
		    Bagirmi, Sara & Bongo
		    Berta
		Bantuide languages
		  Northern: Senegal etc.
		  North Central: Gola, Gurma etc.
		  South Central: Grussi, Mossi
		  Southern: Togo
		Eastern Niger-Congolese languages: Chamba, Gbaya, Banda, Igbandi, Azande (Zande), Sere-Mundu, Mba etc.
		Kordofan languages: Koalib-Tagoi, Kadugli-Krongo, Katla etc.
		Haus(s)a or Hous(s)a
		Gongo-Kordofan languages Bantu, Bantuide, Mande, Kordofan, Guinea langs, etc.

Bantu languages
 	
Northern, or Ganda group:
  Ruanda
Northeastern group.
Eastern:
  Swahili, Baganda, and others
 	
Southeastern:
  Zulu, Nguni, Swazi, Sesuto, etc.
Central:
  Luba, Bemba, Tonga, etc.
Western:
  Herrero, and others
Northwestern.
Congo group.
	Bantu
	
	Benue-Congo
	
	Bantu-Sudanian
		Bantu languages
		  Teke group: Duala, Bongo etc.
		  Northern Bantu langs: Rwanda, Rundi (Barundi), Kikuyu (Akikiyu), Ganda (Baganda), Nyoro (Banyoro), Luhya (Baluhya) etc.
		Songo
		Herero-Ndonga group
		Swahili group
		Konde group: Sena-Nyanza, Yao-Bemba, Pogoro-Kinga.
		Makua group
		South-eastern Bantu (Kaffir-Sotho) group: Xosa, Zulu etc.
		Sotho group
		Xosa-Zulu group
		Chuana-Peli group
		Venda-Tonga group
		Benue-Congolese: Tiv, Ibibio, Bamileke, Jukun, Birom etc.

	*1935: Alphabetic list of 125 langs. 1973: 184 languages listed.	

xx

Introduction

H.E. Bliss, *A bibliographical classification*, 1953. Library of Congress, *Classification: Class P*, 1935 (1965 reprint) with additions and changes through 1973. British Standards Institution, *Universal Decimal Classification*, 1971. Melvil Dewey, *Dewey Decimal Classification*, 16th edition 1958; 17th, 1965; 18th, 1971. Joseph H. Greenberg, *The languages of Africa*, 1963.

Dewey 16	Dewey 17	Dewey 18	Greenberg* [Number of langs listed]

AFRICAN LANGUAGES
Hottentot languages
Bushman languages
	AFRICAN LANGUAGES
	Macro-Khoisan Family
	  Including Bushman languages, Hottentot langs
		AFRICAN LANGUAGES
		Macro-Khoisan languages
		  e.g. Hottentot, Bushman langs
			Khoisan
			  SA Khoisan [not listed]
			  Sandawe [1]
			  Hatsa [1]

Sudan dialects
  Including Negro-Hamito-Semitic dialects, e.g. Fulah.
	Chari-Nile (Macro-sudanic) Family	*Chari-Nile (Macro-sudanic) languages*
		  e.g. Nubian, Nilotic languages
			Nilo-Saharan [126]
			  Songhai [1]
			  Saharan [6]
			  Maban [4]
			  Fur [1]
			  Chari-Nile [108]
			    E. Sudanic [63]
			    C. Sudanic [43]
			    Berta, Kunama [2]
			  Koman [6]

Negro dialects
  Including Ewe, Kanuri, Mende
	Niger-Congo Family
	  Including Ewe and Mende, Bantu languages
	  Class Swahili with Commercial langs
		Niger-Congo langs
		  West Atlantic
		    e.g. Fulani, Wolof, Serer
		  Kwa languages
		    Including Ewe
		    Ibo
		    Yoruba
		  Mande (Mandingo)
		    e.g. Malinke, Bambara, Mende
		  Gur (Voltaic)
		    e.g. Dagomba, Senuf
		  Benue-Niger langs
		    Including Adamawa, Ubangi, Kordofanian languages
			Congo-Kordofanian [314]
			  Niger-Congo [309]
			    West Atlantic [23]
			    Mande [28]
			    Voltaic [50]
			    Kwa [47]
			    Benue-Congo [78]
			      Including Bantu
			    Adamawa-Eastern [83]
			  Kordofanian [5]

Bantu languages
  Including Swahili, Zulu
		Bantu languages
		  Including Zulu Swahili	

	Commercial languages
	  Hausa
	  Swahili
			*Greenberg's language listings are here omitted.

xxi

Introduction

AFRICAN LANGUAGES IN THE LIBRARY SCHEMES

Historical Background

> Our thesis all along has been that
> there can never be meaningful classification
> of works on African languages until we
> [librarians] follow the linguists...
>
> Nwozo Amankwe, 1972
> Nnamdi Azikwe Library
> University of Nigeria

The history of African language library classification ironically finds its starting point in the mid-*nineteenth* century rather than in the mid-twentieth when the "protest writing" of contemporary librarians, led by Nwozo Amankwe,[2] commenced. In 1858 the linguist-librarian Dr Wilhelm Heinrich Immanuel Bleek published the first part of his catalogue of the library of Sir George Grey.[3] The work covers considerably more than its title would suggest, in that it is not only a catalogue of the philological works in Grey's extensive library, but in his catalogue Bleek also presents for the first time[4] his own genetic classification of African languages. This classification is based on grammatical and geographical criteria, with appropriate notation for classifying the works in the collection under the relevant family, division, branch, species, language or dialect. The scheme was sufficiently flexible for him to experience no difficulty in accomodating new works within its framework, as his Addenda indicate. Bleek includes 78 African languages in his classification, ranging from Hottentot and Bushman to Bantu[5] south of the equator, and to Semitic in the north. In an appendix to the catalogue he provides a table of his classification scheme together with the total number of published philological works in the collection (705) and also lists 110 manuscripts. The number and linguistic range of the works in Grey's collection even at this period provide their own commentary on the inadequacy of our contemporary library classification schemes.

Melvil Dewey's *Decimal Classification* was first published in 1873, and the Library of Congress published theirs between 1897 and 1900. As Sir George Grey was widely recognised as one of the foremost, if not *the* foremost collector of African vernacular material in his day,[6] it is most regrettable that the published catalogue of the Librarian of the Grey Collection would appear to have been completely overlooked in other professional library classification schemes.

Bleek was prototypal, combining in one person the linguist-librarian that only generations later was to be recognised as the combination necessary to

Introduction

provide an acceptable classification scheme for library use. It is extraordinary that even to date the work of Bleek in this area has not, to our knowledge, been explicitly recognised. Designated the "Father of Bantu philology," he could also properly be called the "Father of African language *library* classification."

The major library classification schemes such as Dewey, the Library of Congress, the Universal Decimal Classification, and that of Henry Bliss, were all devised either at the end of the nineteenth or the beginning of the twentieth century. (Bliss only completed his classification in 1953, but its origins go back as far as 1910.) In all these schemes African languages are, for one reason or another, inadequately treated. For a comparison see Table I, page xviii.

Bliss in 1953 articulated a common view that "the classification of the African languages is an intricate problem involving ethnographic, geographic and linguistic relations."[7] He did not attempt any solution to this "intricate problem," acknowledging that it was beyond him to do so. His three main divisions within the WK (African Languages) category are Sudanic, Bantu, and Bushman-Hottentot Primitive Group. Under the former two he lists those languages (totalling 17 and 12 respectively) which in his estimation appear "most prominently." It is significant, however, that under Bantu he makes provision for possible use of Malcolm Guthrie's classification (published in 1948) should it "become established." Failing that, he recommends an alphabetic listing of languages under his seven geographic subgroups. So, apparently for the first time, a notable *library* classificationist specifically indicated the need to "follow the linguists."

Since 1965 various articles on the problems of African language classification for libraries have appeared in the professional journals, and proposals have been made at two major conferences stressing the need for the compilation of definitive schedules for African languages. Nwozo Amankwe, Chief Cataloguer at the University of Nigeria Nnamdi Azikwe Library, was the first to highlight the problems facing librarians in the classification of Africana in general *and* to deal with African languages in particular. His conclusion was that *reclassification* of all Africana sections was needed, and specifically called for a *linguistic* not geographically based classification for African languages.

In 1966 Miss S.D. Nkwo presented a paper entitled "Proposals for modifying the Decimal Classification for Africana" at a Seminar on Cataloguing and Classification of Africana held at the Institute of Librarianship, Ibadan, Nigeria. She recommended that "A team of book classification and African linguistic experts should be entrusted with producing special auxiliary schedules of the Decimal Classification for African languages."[8] This would appear to be the first formal proposal that library classificationists and linguists should combine to try to provide supplementary schedules for use with one of the standard classification schemes.

In 1967 the International Conference on African Bibliography was held in Nairobi, Kenya. This conference, sponsored by the International African Institute, can be viewed as a "high point" in the history of African language library classification. It was to be referred to in subsequent years as "Nairobi 1967," and developments have been evaluated in terms of its resolutions together with those of the conference held in Lusaka in 1969.

Introduction

The viewpoints expressed by Amankwe and Nkwo were confirmed and expanded at Nairobi by S.I.A. Kotei of the Department of Library and Archival Studies, University of Ghana. Kotei draws attention to the work of Joseph H. Greenberg, indicating that "the experts themselves [in context, linguists] are agreed that the best informed opinion (judging by the number of its adherents) is to be found in Professor Greenberg's works."[9] It should be noted, however, that at this same conference Dr David Dalby, presently Director of the International African Institute, in "A Note on African language bibliography," points out that:

> Linguists are still far from agreed on the 'genetic' classification of African languages, and this remains an unsuitable frame of reference for their bibliographical sub-classification. It would be more useful if African languages could be grouped into several major bibliographical sections on pragmatic grounds: these could be 'genetic' where large groupings have been established beyond dispute, e.g. 'Bantu', but would otherwise be regional, e.g. 'West African'. The arrangement of all languages within each section would be strictly alphabetical.[10]

Considered alongside Kotei's citation of linguist Wm. E. Welmers as being of the opinion that "although the International African Institute (IAI) has made the greatest advances in African linguistic studies, the Institute does not at the same time 'appear to have made any convincing contribution to language classification as such,'" it is no wonder that Kotei comments that "such pronouncements baffle the simple-minded librarian and further heighten his sense of loss."[11]

In the light of the obvious difficulties confronting librarians, Kotei proposed the following:

> It is necessary to bring about some rationality in African bibliographical classification, first for its own sake, and second for utilitarian purposes, i.e. as a guide to documentalists and librarians. A beginning could be made with the establishment of an Africana Classification Research Group attached to any centralised Africana Documentation Service that may be established, to work out specialised schemes of classification in the major subject areas.[12]

At that same Nairobi Conference twenty-three resolutions were passed, no. 7 of which related to the classification of African material and read as follows:

> That a group of specialists be formed to promote and co-ordinate work on problems of African classification and cataloguing.[13]

It may properly be asked what *action* has emanated from the Nairobi classification resolution. Subsequent non-events indicate that this promising Nairobi 1967 "high point" was in fact something of a damp squib for African languages. The distinct value of the resolution passed was

Introduction

that it identified one of the most pressing problems facing Africana classificationists. It seems, however, that no group of specialists actually emerged as envisaged. From 1968 there have been further attempts at personal, group, and conference levels to *urge action* on the reclassification of African languages as the chronological outline below indicates.

In 1968 Taetji Phehane of the University of Rhodesia Library in an article published in *Libri* urged that

> it is essential that this recommendation [Nairobi 1967 no. 7] should be acted upon immediately by one of the two working parties established by the Nairobi conference in order to fulfil an urgent need.[14]

He called for

> a co-operative project ... between the proposed Africana Classification Research Group and a panel of distinguished Africanists, as well as representatives from the Aslib Classification Research Group, the Classification Research Study Group in the United States and Canada, the Library of Congress Classification Additions and Changes section, the Decimal Classification Editorial Policy Committee and any other interested bodies, to bring the classification of Africana based on the existing schedules 'into line with the modern needs.'[15]

Phehane's proposal, while having the merit of recognising the value of co-operation between interested parties, appears to have been too far reaching ever to have got off the ground. The problems of communication and organisation alone make the realisation of such a proposal extremely difficult.

In 1969 a Conference of Librarians from the Commonwealth Universities in Africa, sponsored by the Commonwealth Foundation, was held at the University of Zambia. At this Lusaka Conference W.J. Plumbe of the University of Malawi proposed the following:

> The problems of Africana classification are probably best known to practitioners who are on the spot in the various territories and it is suggested, therefore ... that this work should be entrusted to SCAUL which would confer as necessary with:
> (a) the Nigerian groups;
> (b) C.A.R.D.A.N.;
> (c) other specialists in U.S.A., Europe and elsewhere.[16]

He then detailed possible action which SCAUL, the Standing Conference of African University Libraries, could take.[17]

Resolutions of the Lusaka Conference include one on the cataloguing and classification of Africana. Plumbe's proposal that SCAUL should be entrusted with the Africana classification question was accepted and the resolution reads as follows:

> SCAUL should be asked to confer with
> schools of librarianship, centres of
> African studies and specialists in
> classification and cataloguing, and
> subsequently make itself responsible
> for:
> (a) compilation of definitive schedules
>   for the classification of African
>   history, languages and ethnology;
> (b) compilation of an authoritative list
>   of entry headings for African authors
>   and public figures;
> (c) compilation of a list of recommended
>   names of African tribes and languages
>   which should then be sent to all
>   libraries which are members of SCAUL.
> This work should be completed, if possible,
> within one year from the present time.[18]

As far as can be ascertained, although SCAUL and its Eastern and Western area organisations (SCAULEA and SCAULWA) have continued to hold the classification issues before them, the Lusaka resolution, at least for African languages, has not been implemented. One wonders whether SCAUL had the actual 'power' necessary to enable it to take responsibility for such an undertaking. Joseph C. Anafulu sees the overall value of SCAUL in its providing a forum for its members rather than in its actual ability to "translate pious hopes in resolutions into concrete and attainable goals."[19] The period from 1967 to 1977 has certainly demonstrated the truth of Anafulu's assessment in relation to African language classification.

In 1972 *Library Resources & Technical Services* published Amankwe's "Africa in the standard classification schemes." His contribution to the African language classification debate is helpful. He provides an outline comparison of the treatment of African languages in Bliss, Dewey 17, and the Library of Congress, and concludes that these classifications were based on an incomplete knowledge of what was being subdivided. He argues for a *genetic* classification which would not only cater for languages but also dialects. He concludes as follows:

> We realise that drawing up a classification
> of African history, ethnology, languages,
> and so on, would require extensive cooperation
> and coordination between African librarians
> and Africanists. It is suggested that a body
> like the Standing Committee of African University
> Librarians in conjunction with (perhaps) UNESCO
> and the Central Classification Committee and the
> Classification Research Committee of the
> International Federation for Documentation (FID)
> should set up machinery to produce outlines of
> classification of Africana.[20]

In certain respects the librarians concerned appear to have reached a consensus on several points which emerge from the brief 'history' of African language library classification outlined above. There is agreement that:

  i) reclassification is necessary

Introduction

  ii) it is essential that this reclassification be based on linguistic criteria
 iii) this work should be done in consultation with linguistic experts
  iv) it must be a co-operative operation, including all high level interested parties
   v) the need is urgent.

It is clear that despite the apparent consensus no new library classification scheme has been published to date. Meanwhile the problem is being compounded year by year as the number of African language works published increases. Since the early sixties there has been a great upsurge in African creative writing, and while much of this is in French and English, vernacular literature has found an increasingly large market. This must be coupled with the growth in African linguistic research publications which cover a far wider spread of languages and dialects, and also include comparative works at language *group* level.

It was as late as 1974 that for the first time a linguist, Dr A.S. Duthie of the Department of Linguistics, University of Ghana, proposed explicitly that a genetic classification should be followed in African language library classification. In a paper presented at a Conference on Problems of Classification for Africana held at the University of Ghana in November 1974 Duthie offered an outline genetic classification based on Greenberg's *The languages of Africa*, but which also takes into account some of the Voegelin's 1966 work. This anticipates the publication of the present volume, on which, however, work actually commenced in 1972.

The Nature of the Problem

Part of the difficulty in existing library schemes has been their Euro-centric emphasis with far too few classification numbers allocated for African languages. The even greater problem, however, has centred on the complexity of the African language field itself and the following factors are some of the more important.

Number of languages. The total number of African languages is far in excess of even those provided by the Library of Congress scheme. There are over 1000 languages in Africa, and an even larger number of dialects. As the language-dialect boundary is by no means always clear, some provision must be made in a classification scheme for major dialects at least.

Name Confusion. Of the approximately 8000 names extracted from our sources approximately 60% of language and dialect names are alternants. In many instances there is no standard orthography, and several different spellings of the same name have been used. It is necessary that a classification scheme should if possible include all such alternants to facilitate the handling by librarians of material published under any language name.

Language Relationships. This provides a further difficulty in that linguists not only study individual languages, but also publish comparative studies at language *group* level. An African languages classification scheme must therefore reflect the relationships which such group studies imply. Such relationships are, of course, not reflected in an arbitrary (for example, alphabetic) listing of languages, nor in geographic, referential or typological classifications. They are on the other hand an integral part of a *genetic* classification.

Disagreement between Linguists. The extremely complex linguistic situation in Africa is further complicated for the librarian by the fact that linguists are by no means all agreed as to its genetic interpretation. There are problems at some of the highest levels of classification and these obviously have implications for any library scheme for African languages. However, the work of Joseph H. Greenberg has clearly provided a generally accepted reference point to which considerable research on language relationships and reconstruction is explicitly related. This is reflected, for example, in the *Current Trends in Linguistics* volumes (nos. 6 and 7) which cover African languages.

Disagreements as to language relationships at the lower levels are inevitable in our present state of knowledge of the languages of Africa. Some areas have been better worked than others, but no classification scheme can await the resolution of problems or even the gathering of the necessary primary data. Clearly a great deal can be offered in the way of African language classification from available scholarship at present.

Obviously no classification scheme dealing with a complex and expanding field such as that of African Languages can be final. Flexibility to accomodate either new entries or the altered relationships between entries is essential. If a library can commit itself to a scheme which fairly reflects on present evidence, what is the *probable* genetic relationship between languages, then alterations can be made to sections affected by ongoing scholarship without either changing the scheme radically or arbitrarily.

Linguist-Librarian Co-operation. Most of the existing library schemes for African languages are unfortunately a testimony to the lack of participation by linguists. Even available knowledge on African languages and their relationships needs in practice to be mediated to professional librarians by professional linguists. The practicality of establishing the ideal linguist-librarian team envisaged in some of the resolutions mentioned above has evidently been a major hindrance to the production of a new, comprehensive scheme designed to meet present, let alone future needs in this expanding field.

THE USE OF THIS CLASSIFICATION WITHIN THE DEWEY SCHEME

As Dewey has allocated only one number to African Languages, viz. 496, the whole of the scheme presented here can be very easily incorporated within Dewey simply by separating 496 from the language numbers by a period. Yoruba is thus 496.324C1, and Swahili is 496.327G42.

Numbers for further subdivision by subject can similarly be separated from the language numbers by a period. Any modification of Dewey's subject

Introduction

divisions could obviously be used, and the table on page xxvii presents one such set of subject numbers. In terms of these numbers a grammar of Yoruba would be 496.324C1.45, and a text on Swahili folklore would be 496.327G42.84. These numbers displayed on two lines are quite manageable:

```
    496.324            496.327
    C1.45              G42.84
```

There are therefore two levels of classification provided for in the examples above: language/language group/family, and subject. The first enables the classifier to identify specifically the language concerned in a principled way, the second permits him to group works of a similar nature such as grammars, dictionaries, bibliographies, etc.

The penalty for allocating only one number to African Languages, viz. 496 in Dewey, is of course long numbers!

The classification scheme presented here for the whole of Africa can naturally be included or adapted in classification schemes other than Dewey.

Introduction

TABLE II

PROPOSED SUBJECT CLASSIFICATION TABLE

Dewey 17		Proposed	
01	Philosophy & theory	.01	Theoretical works
012	Classification	.012	Classification (comparative)
016	Indexes	.016	Bibliography
02	Miscellany	.02	Miscellany (e.g. school texts, instruction manuals, primers)
07	Study & teaching	.07	Study & teaching
09	Historical & geographical treatment	.09	History
091	Regional treatment	.091	Maps
092	Persons	.092	Biography
400	Language	.4	Linguistics
411	Notations (Alphabets and ideographs)	.41	Orthography, including word division
412	Etymology	.42	*Historical-Comparative and Comparative-Typological
413	Polyglot dictionaries	.43	Lexicography and including official terminologies
.028	Lexicography		
414	Phonology	.44	Phonology, including tone
415	Structural systems	.45	Grammar, including textbooks for learning the language
416	Prosody	.46	Sociolinguistics in Africa
417	Dialectology and paleography	.47	Dialectology
418	Usage (Applied linguistics)	.48	Translation
.02	Translation		
700	The Arts		
780	Music	.78	Music (including catalogues of recorded music and songs, texts of hymns and songs)
800	Literature	.8	Literature
1	Poetry	.81	Poetry, traditional and modern
2	Drama	.82	Drama
3	Fiction	.83	Prose narratives (excluding religious writings, drama)
4	Essays	.84	Folklore
5	Speech	.85	Wisdomlore (proverbs, idioms, riddles)
6	Letters	.86	Religious writings, including Bible translations
7	Satire and humour	.87	Satire and humour
8	Collections and anthologies of literature	.88	Collections and anthologies

* Historical-Comparative (philology) -- historical reconstruction of earlier forms of the language(s).
 Comparative-Typological (comparative grammar) -- comparative descriptions of the grammars of several languages.

REFERENCES AND SOURCES

REFERENCES

1. See for example Cole 1971, Goodman et al. 1975, Greenberg 1964, and Schachter 1971.

2. See Amankwe 1965.

3. *The Library of His Excellency Sir George Grey, K.C.B.: Philology.* Vol. I, Part I, South Africa (within the limits of British influence). Part II, Africa (North of the Tropic of Capricorn), by Wm.H.I. Bleek. Sold by Trübner and Co., 60 Paternoster Row and by F.A. Brokhaus, Leipzig, 1858. 261pp.

4. In the preface to his *A comparative grammar of South African languages*, Part I, Phonology, (1862, Cape Town and London), Bleek comments concerning the nomenclature and classification he uses in the *Comparative Grammar*: "Extended introductory remarks were not required, as all the necessary information regarding the different languages, and a detailed description of their respective literatures, has been given in the first volume of the catalogue of "Sir George Grey's Library" (pp. xi-xii).

5. The term 'Bantu' was first published by Bleek in 1858 to designate the largest language family on the African continent. There has been some interest shown as to exactly when Bleek first introduced the term, and its use in the catalogue of the Grey Library places its introduction four years earlier than is suggested by C.M. Doke in his 1943 article. Cole 1971 (p. 9) points out that Bleek had used the term in his "Zulu legends" manuscript of 1857. See also Knappert 1970.

6. Spohr 1962a quotes Professor Petermann, founder and editor of the *Geographische Mittheilungen* as saying, "The collections of Sir George Grey are the richest and best of its kind and Dr Bleek could hardly have found a better field for his special studies." (p. 5)

7. Bliss, 1953, cited under Class WK (unpaginated).

8. Quoted by Plumbe 1970 p. 60.

9. Kotei 1970, p. 144.

10. Dalby 1970, p. 193.

11. Kotei *ibid*.

12. *Ibid*. p. 150.

13. Pearson and Jones 1970, p. 27.

14. Phehane 1968, p. 197.

15. *Ibid*. p. 199.

16. Plumbe *op. cit.* p. 60.

17. For a history of SCAUL see Anafulu 1976.

18. *Conference of Librarians from Commonwealth Universities in Africa*, 1970, p. 39.

19. Anafulu *op. cit.* p. 410.

20. Amankwe 1972 p. 188.

SOURCES

AMANKWE, Nwozo
    1965 "Revision of classification schemes for Nigerian needs." *Nigerian Libraries* 1(4), pp. 165-173.
    1972 "Africa in the standard classification schemes." *Library Resources & Technical Services* 16(2), pp. 178-194.

ANAFULU, Joseph C.
    1976 "The Standing Conference of African University Libraries, 1964-1974." *International Library Review* 8(4), pp. 397-415.

BLEEK, Wilhelm Heinrich Immanuel
    1858 *The Library of His Excellency Sir George Grey, K.C.B.: Philology.* Vol. I, Part I, South Africa (within the limits of British influence). Part II, Africa (North of the Tropic of Capricorn). London: Trübner.
    1862 *A comparative grammar of South African languages.* Part I: Phonology. Cape Town: Juta. London: Trübner.

BLISS, Henry Evelyn
    1953 *A bibliographic classification.* Vol. 3, Classes L-Z. New York: Wilson.

COLE, Desmond T.
    1971 "The history of African linguistics to 1945." *Current Trends in Linguistics* 7, pp. 1-29.

CONFERENCE OF LIBRARIANS FROM COMMONWEALTH UNIVERSITIES IN AFRICA: *Report*
    1970 *of proceedings.* Lusaka, Aug. 1969. London: The Commonwealth Foundation.
    (Occasional paper no. VIII)

DALBY, David
    1970 "A note on African language bibliography." <u>In</u>: Pearson and Jones 1970, p. 193.

DEWEY, Melvil
    Decimal classification and relative index. New York: Forest Press. 16th edition 1958, 17th edition 1965, 18th edition 1971.

DOKE, C.M.
    1943 "The growth of comparative Bantu philology." *African Studies* 2(1), pp. 41-64.

DOKE, C.M. and D.T. COLE
    1961 *Contributions to the history of Bantu linguistics.* Johannesburg: Witwatersrand University Press.

DUTHIE, A.S.
    1974 "Languages." <u>In</u>: *African studies in the seventies.* Selected papers presented at a Conference on Problems of Classification for Africana, held at the University of Ghana, 22-24 Nov., 1973.

GOODMAN, Morris F. et al.
  1975 "African languages," by Morris F. Goodman, David W. Crabb, and Oswin R.A. Köhler. *Encyclopaedia Britannica, Macropaedia* vol. 1, pp. 218-232.

GREENBERG, Joseph H.
  1963a *The languages of Africa*. The Hague: Mouton for Indiana University.
  1964 "The history and present state of African linguistic classification." In: *Proceedings of the first International Congress of Africanists*, Accra, 11-18 Dec., 1962, edited by Lalage Brown and Michael Crowder. London: Longmans, pp. 85-96.

GUTHRIE, Malcolm
  1948 *The classification of the Bantu languages*. London: Oxford University Press for the International African Institute.
  1970 "Key list of Bantu languages." In his *Comparative Bantu: an introduction to the comparative linguistics and prehistory of the Bantu languages*. Farnborough, Hants, vol. 3, pp. 11-15.

KNAPPERT, Jan
  1970 "The origin of the term *Bantu*." *African Language Studies* 11, pp. 230-236.

KOTEI, S.I.A.
  1970 "Some problems in Africana library classification." In: Pearson and Jones 1970, pp. 138-154.

PEARSON, J.D. and Ruth JONES
  1970 *The bibliography of Africa: proceedings and papers of the International Conference on African Bibliography*, Nairobi 4-8 December 1967. London Cass.

PHEHANE, Taetji
  1968 "The classification of Africana collections." *Libri* 18(3-4), pp. 197-203.

PLUMBE, W.J.
  1970 "Classification and cataloguing of Africana." In: *Conference of Librarians from Commonwealth Universities in Africa: report of proceedings*. Lusaka, Aug., 1969. London: Commonwealth Foundation, Appendix 4, pp. 59-66.

SCHACHTER, Paul
  1971 "The present state of African linguistics." *Current Trends in Linguistics* 7, pp. 30-44.

SILVERSTEIN, Raymond O.
  1968 "A note on the term "Bantu" as first used by W.H.I. Bleek." *African Studies* 27, pp. 211-212.

SPOHR, O.H.
  1962a "The Grey Collection a century ago: a documentary chronicle of the year 1862 when the first consignment of the Sir George Grey Library was unpacked and when its custody was 'confided to William Henry Immanuel Bleek.'" *Quarterly Bulletin of the South African Library* 17(1), pp. 5-16.
  1962b *Wilhelm Heinrich Immanuel Bleek: a bio-bibliographical sketch*. Cape Town: University of Cape Town Libraries. (Varia series no. 6)

UNIVERSAL DECIMAL CLASSIFICATION. English full edition. 4th International
1971   edition. BS 1000 [8] : UDC 8, Language: Linguistics: Literature.
London: British Standards Institution.
(FID publication no. 179)
"African languages 809.6," p. 18.

U.S. LIBRARY OF CONGRESS. Subject Cataloguing Division.
1935   *Classification. Class P: Subclasses PJ-PM. Languages and literature of Asia, Africa, Oceania, America, Mixed languages, artificial languages.* Washington, 1935 (1965 reprint).
"PL -- Languages of Eastern Asia, Africa, Oceania: African languages, 8000-8844," pp. 174-179.
1973   *Library of Congress classification schedules: a cumulation of additions and changes through 1973. Main class P, philology and literature, subclass PL,* pp. 117-129.

VOEGELIN, C.F. and F.M. VOEGELIN
1964   "Languages of the world: African fascicle one." *Anthropological Linguistics* 6(5), pp. 1-339.
1966   "Index of languages of the world." *Anthropological Linguistics* 8(6 & 7), pp. 1-222, 1-202.

CLASSIFICATION SCHEDULES

CLASSIFICATION SCHEDULES

1	Khoisan
2	Nilo-Saharan
3	Congo-Kordofanian
31	Kordofanian
32	Niger-Congo
321	West Atlantic
322	Mande
323	Gur
324	Kwa
325	Adamawa-Eastern
326	Benue
327	Bantu
4	Afro-Asiatic
41	African Semitic
42	Egyptian-Coptic
43	Berber
44	Chadic
45	Cushitic
46	Omotic

1
Khoisan

- A Northern Bushman
- B Southern Bushman
- C "Hottentot"
- D Sandawe
- E Hadza

KHOISAN
(MACRO-KHOISAN, "BUSHMAN-HOTTENTOT", CLICK)[1]

1 A		NORTHERN BUSHMAN (!XŨ FAMILY, BUSH A FAMILY, JU FAMILY)
	A 1	!xũ cluster[2] [3]

    !xu of S.W.A. (Kung, !Kung, !Kuŋ, !Khung, !Ku, !hu,
          ʗhũ, Ssugnassi, Ssu-gnassi,
          Dʒu|ʔoãsi, Dʒu|ʔhoasi, Dʒu|ʔhoa:si,
          Žu|ʔhõasi, Zhu|oase, zu|hoa,
          East !Khung, N2)

    ‡au‖eĩ (‡au‖ʔeĩ, ‡au-kwe, |au‖en, ‖au‖ẽ,
        ‖au‖ei, ‖au‖en, ‖au‖eĩ, ‖aukwe,
        ‖Kau‖en, ‖Kʔau‖en, ‖Kʔʔau‖en,
        ‖Khʔau‖ʔen, Auen, Aukwe, Kaukau, Koko,
        Macoco, Makoko, Makoukou, West !Khung,
        N1)

    Nogau (N1a)
    !xũ of Angola (Maligo)
    !o!uŋ (!O!kuŋ, !o!kung, !ʔO-!khung, North
       !Khung, N3)

	A 2	‡Hûâ, Eastern (‡hua, !hua, !hoa, ‡Hõã)[4]
B		SOUTHERN BUSHMAN
	B 1	TAA GROUP (‡hũa FAMILY, BUSH B FAMILY)[5]
	B 11	!xõ (!Kõ, !xong, !xoŋ, !Kõ, !Ko, !ku, !kũ, !Khong, Gxon, Magon, Magong, Koon, ‖nǫ, ‡gẽ)[6]

    EASTERN DIALECTS
      ‡hua (‡hua-ʘwani)
      !xõ
      ʘkha
      Tshasi (Tsase)
      Tyoro
      ʘʰa

      |ŋamani (N|amani, |Namani, ŋ|amani, |ŋamasa)
      |gwi

    WESTERN DIALECTS
      Aminuis !xõ
      !yaokxʔate (!gaokxʔa)
      Naosanabis !kõ
      |nu‖en (ŋ|u‖en, |nu‖e:n, |Nu-‖ʔen, N|u‖ẽin,
        N|hu‖eĩ, ‖u‖en, Koon, S6)[7]
      ŋ|usan (Nu-san, Nusan, Noosan, N|husi, S6a)[7]
      nʔ|ŋɯmde (Nʔ|ɯmde)

      ʔʘŋaʰnsa (ʔʘnaʰnsa, tuu ʔʘŋaʰnsa)
      ʔ‖ŋaʰmsa (ʔ‖naʰeʰ, Lala, ʘwa)[8]

Khoisan 1   Classification Schedules

    1 B 11 cntd   ‖gui
                        !ama
                        !oʰju
                        |ʔũka (|ʔũkate)
                        ⧧ãa

                        ‖oa‖ẽi
    B 12   Masarwa (Kakia, Khakea, Khakhea, S5)[9]
                      ki|hazi (S4b)
    B 13   Khathea (Khathia, Khatia, Khattea, Kattea, Xatea,
                          Xatia, ⧧atia, ⧧eikusi, Vaalpens, S4a)[10]

    B 2   !WI GROUP (ŋ|huki, N|hu, BUSH C)[11]
    B 21   ŋ|huki cluster (|auni, Auni, |ʔauni, |ʔauo, S4)[12]
                  ŋ|huki (|ŋuʰci, N|huki, N|huci, |Nhuki)
                  ⧧Khomani (S2a)
                  ‖ŋ!ke (‖ŋ ŋ|⊢⧧e, ‖Ng!ke, ‖Ng-!ke, S2)
                  ‖Kxau, (‖Khau, S2b)

    B 22   ‖xegwi (Batwa, Baroa, Eastern Bushman, Bush D,
                      Tloue, Tloutle, Kloukle, Kxloukxle, Nkqeshe,
                      gi‖kxigwi, ‖Khegwi, ki‖kxigwi, S3)[13]
    B 23   SOUTHEASTERN SUBGROUP[14]
    B 231   Lesotho Bushman cluster
                  ‖Ku‖e (‖Ku-|ʔe, S2c)
                  Seroa (S2d)
                  !gã!ŋe (!Gãne, Gã!ne, S2e)
    B 24 |xam (|Kham, |Kamka!e !ka, |xam-ka!ka, |kam-ka !ka,
                  S1)[14]

  C   "HOTTENTOT" (KHWE-KOVAB, CENTRAL KHOISAN)[15]
  C 1   NAMA GROUP (KHOI, CLASSICAL HOTTENTOT)
  C 11   Nama (Naman, Namakwa, Namaqua, Dama, Damara,
                  Klipkaffer)
  C 12   Korana (!ora, !kora, Koran, Kora, Koraqua)
  C 13   Griqua (Grikwa, Gry, Xrikwa, Xirikwa, Xiri)
  C 14   Gemsbok Nama
  C 2   TSHU-KHWE GROUP ("CENTRAL BUSHMAN", SESARWA, SEWARE,
                  MASARWA)
  C 21   Hietshware cluster (Hiechware, Hietʃware, Hiotšwari,
                      Hiotshuwau, Hio-tʃhuare,
                      |Haitshuari, Haitshuari, Haitshuwau,
                      Chware, Sarwa, seSarwa, Masarwa
                      Tati, C1)
                  Kwe-etʃhori (Kwe, Kwee, Tyua, Tyhua, Tywa)
                  Koβee-ntʃhori (Kossee-ntshori)
                  G‖abake-ntʃhori
                  Ganade
                  Mohissa (Mohisa)[16]
  C 22   ʃuà-khwe cluster (Shua, Shuakhoe, Mashuakwe, Tshumakwe,
                      Shuakwe)
                  n‖oo-khwe (N|hoo-khwe)
                  ‖oree-khwe (‖Koree-khoe)
                  ‖ʔaiye (‖Aaye)
                  Hura (Sehura)[17]
                  |haise (|Xaise, |ais, ‖aise)
                  Tʃidi-khwe (Tshidi-khwe, Tshiti, Tǀaiti, Sili, Shete
                      Tsere)

Classification Schedules   Khoisan 1

1 C 22 cntd		*Danisi-n (Danisa, Demisa, Madenassa, Madenasse, Madanisi, Madinnisane)*
		G‖ɒro-khwe
C 23		**Central cluster**
		Deti-khwe (Teti, Tete, Tletle, Deti, Kaakhoe)
		K̂ʔere-khwe
		Tshʔerekhwe
C 24		*Buka-khwe (Boga, Bumakxoe, Bugakxoe, River Bushman)*
		Gumahi
		Handa-khwe (Handa-dam, Tsʔixa, Tsʔexa)
		G‖ɑni-khwe (Tannekwe, ‖Kani-khoe, ‖Kanikxoe)
		Xu-khwe (Kxoe, Hukwe, Zama, Gǀanda-khwe, Vazama, Mbarakwengo, Kwengo, Kuengo, Schekere, Black Bushman, C2b)
C 25		*Nǀhaintsʔe (Tsaukwe, Tsʔaokhoe, Nǀhai, C2a)*
		Qabekhoe
C 26		*Nharo-n (Naron, Naro, ‖aikwe, ǀaikwe, Aikwe, ‖aiǁei, ‖aiǁen, ‖aisan, Nhauru, C2)*
C 27		G‖ana-khwe (G‖ana, ‖Kanakhoe, ‖Ganakhoe)
		Domkhoe
		╪Kheβakhoe (╪Heβa-khoe)
		Gǀaa-khwe
		Gǀwi-khwe (Gǀwi, ǀGuikhoe)
C 3		Hai-ŋ‖um (Hain‖um, Hai-‖ʔum, Heikum, Heikom, San, N2a)[18]
		Kedi (Kedde, Keddi, N2b)
		Chwagga (N2c)
C 4		Kwadi (Cuepe, Cuanhoca, Curoca, Koroca, Bakoroka, Makoroko, Mucoroca)[19]
D		Sandawe (Sandaui, Sandawi, Wassandaui)[20]
E		Hadza (Hatsa, Hadzapi, Kindiga, Kangeju, Tindiga, Wakingdiga, Watindega, Bali, C3)[21]

2
Nilo-Saharan

A Songhai

B Saharan

C Maban

D Fur

E Chari-Nile

F Koman

NILO-SAHARAN

2 A   Songhai (Songai, Songhay, Sonrai, Sonrhai, Sonay)[1]
                 Songhai of Timbuktu (Tumbuktu, Tombouctou)-Goundam-Mopti
                 Gao (Songhai proper)
                 Dendi
                 Wogo
                 Kourtey
                 Tera
                 Tilaberi
                 Zerma (Zarma, Adzerma, Djerma, Dyerma, Dyabarma,
                     Zabarma, Zabirmawa)

B   SAHARAN BRANCH
B 1   KANURI GROUP
B 11   Kanuri (Kanoury, Bornu)[2]
                 Kagama
                 Fadawu
                 Ngumatiwu
                 Lare (Larewa, Lerewa)
                 Ngazar
                 Koyam (Kwayam)
                 Mabar (Mober, Mobber, Mobeur)
                 Manga
                 Karda
                 Badawai
                 Kanembu of Nigeria
B 12   Kanembu
B 2   TEDA (TUBU) GROUP
B 21   Teda (Tuda, Tudaga, Toda, Todaga, Todga)
B 22   Daza (Dazza, Dazaga, Dazzaga, Dasa, Tebu, Tibbu,
                  Toubou, Tubu)
                 Kashirda[3]
                 Kreda[3]
B 3   Zaghawa (Zagaoua, Zeggaoua, Zorhaua, Soghaua, Berri, Beri)
                 Bideyat[4]
B 4   Berti

C   MABAN BRANCH[5]
C 1   MABA GROUP
C 11   Maba (Mabang, Mabangi)[6]
                 Runga (Rounga)
C 12   Karanga[6]
C 13   Masalit
                 Marba (Marfa)
C 2   Mimi (of Gaudefroy-Demombynes)[7]
C 3   Mimi (of Nachtigal)[7]

Nilo-Saharan 2   Classification Schedules

```
2 D         Fur

  E         CHARI-NILE (MACRO-SUDANIC) BRANCH
  E 1         EASTERN SUDANIC
  E 11          NUBIAN (NUBIYIN, NUBA) GROUP
  E 111           Nile Nubian[8]
                    Dongola-Kenuz (Kenuzi, Kunuzi)
                    Mahas-Fadidja (Fadicca, Fadicha, Fadija,
                        Fiadidja, Fiyadikkya, Old
                        Nubian)
  E 112           Kordofan Nubian (Kordofanian Nubian, Hill Nubian)[9]
                    Dair (Daier)
                    Kadaru (Kadero)
                    Ghulfan (Gulfan)
                    El Hugeirat
                    Dilling (Delen)
                    Western Kadaru
                    Karko (Garko)
                    Wali
                    Kundugr
  E 113           Midob[10]
  E 114           Birked (Birkit, Birqed, Birguid)[10]
  E 12          DIDINGA-MURLE (SURMA) GROUP[11]
  E 121           Didinga[12]
  E 122           Longarim
  E 123           Murle (Merule, Mourle, Murule, Beir)[12]
  E 124           Suri (Shuri, Churi, Dhuri, Tilma, Tirma, Tirima,
                        Terema, Terna, Dirma, Cirma, Tid, Tidi,
                        Tdama)[13]
  E 125           Murzu (Mursi, Murzi, Merdu, Meritu, Mourse,
                        Southern Muni, Murdha, Dama)[14]
  E 126           Mekan (Me'en, Meqan, Mieken, Mie'en, Men, Surma,
                        Shuro, Daim, Durma, Tishana)[15]
                    Bodi
                    Teshina
  E 127           Masongo (Mesengo)
  E 128           Zulmanu (Zulmamu, Zilmamu, Zelmamo, Zelmamu,
                        Zelmanu, Zilmanu, Tsilmanu)[16]
  E 129           Kwegu (Yidinit, Yidinich)
  E 13          Nara (Barea, Baria, Barya)[17]
                    Higir
                    Koyta
                    Mogareb
                    Santora
  E 14          Ingassana (Tabi)[18]
  E 15          NYIMANG GROUP
  E 151           Nyimang (Nyima)
  E 152           Afitti
  E 16          TEMEIN GROUP
  E 161           Temein (Temainian)
  E 162           Keiga Jirru (Teis-um-Danab)
  E 17          TAMA GROUP
  E 171           Tama
                    Erenga
                    Orra (Gimr, Qimr)
  E 172           Sungor (Soungor)
```

2 E 173		Merarit (Mararit, Mararet)
		Abu Sharib
E 174		Kibet
E 18		DAJU (DAGU, DAGO, DADJO) GROUP
E 181		WESTERN SUBGROUP
E 1811		Daju of Dar Dadjo
E 1812		Daju of Dar Sila
E 1813		Daju of Dar Fur
E 1814		Baygo (Baigo, Bego, Beigo, Beko)[19]
E 1815		Daju of West Kordofan
E 1816		Njalgulgule
E 182		EASTERN SUBGROUP
E 1821		Shatt
E 1822		Liguri
E 19		NILOTIC GROUP[20]
E 191		WESTERN NILOTIC
E 1911		MABAAN SUBGROUP[21]
E 19111		Burun (Northern Burun, Barun)
		Ragreig
E 19112		Mabaan (Maban, Southern Burun)
E 19113		Jumjum
E 1912		LWO SUBGROUP
E 19121		NORTHERN LWO
E 191211		Shilluk
E 191212		Anuak (Anyuak, Anywak)
E 191213		Thuri
		Bodho
		Colo
		Manangeer
E 191214		Bor
E 191215		Lwo (Luo, Jur, Giur)[22]
E 19122		SOUTHERN LWO
E 191221		Acholi (Acoli, Acooli, Atscholi, Shuli, Gang)
E 191222		Lango[23]
E 191223		Kumam (Kuman, Kumum, Ikumama, Akum, Akokolemu, Ikokolemu)
E 191224		Alur (Aluru, Alulu, Aloro, Alua, Lur, Luri, Dho Aluur)
E 191225		Labwor
E 191226		Lwo (Dhopaluo, Dho Pa Lwo, Chopi)
E 191227		Adhola (Dhopadhola, Budama)
E 191228		Luo (Nilotic Kavirondo, Dho Luo)
E 1913		DINKA-NUER SUBGROUP
E 19131		Dinka
		Agar
		Bor (Baer, Behr, Boor)
		Padang
		Rek
E 19132		NUER SUBGROUP
E 191321		Nuer (Abigar)
		Thiang (Standard Nuer)
		Western Jikany
		Eastern Jikany
		Lou
E 191322		Atuot (Atwot)

2 E 191322 cntd		*Apak*
		Aril
E 192		EASTERN NILOTIC (BARI-MASAI, NILO-HAMITIC, PARA-NILOTIC)[24]
E 1921		Bari (Beri)[25]
		Nyepu (Nyepo, Nyefu, Nypho)
		Mondari (Mandari, Mundari)
		Pojulu (Pajulu, Fadjulu, Fajulu, Fajelu)
		Nyangbara (Nyangwara, Nyambara)
		Kuku
		Kakwa (Kakua, Kwakwak)
E 1922		MASAI-TESO SUBGROUP
E 19221		MASAI SUBGROUP
E 192211		Masai (Maasai, Lumbwa)
		Engutuk-Eloikob[26]
E 192212		Ngasa (Shaka)
E 19222		TESO SUBGROUP
E 192221		Lotuko (Lotuho, Lotuxo, Latuka, Latuko, Lattuka)
		Logir
		Logiri
		Lomya
		Dongotono
		Lowudo
		Lorwama (Lowama)
		Lopit (Loppit)
		Lango
		Koriok (Koriuk)
		Lokoya (Lokoiya, Lokoja)
E 192222		Teso (Ateso)
E 192223		Toposa (Topotha, Taposa, Tabosa, Dabosa, Dabossa)
		Donyiro (Nyangatom)
E 192224		Karamojong (Karimojong)[27]
		Jie
		Dodos (Dodoth, Dodotho, Dodosi)
E 192225		Turkana
E 193		SOUTHERN NILOTIC (NANDI-SUK, KALENJIN, NILO-HAMITIC, PARA-NILOTIC)[24]
E 1931		Nandi
		Nandi
		Keyo
		Kipsikis (Kipsigis, Kipsiki, Kipsigi)
		Kipsorai (Sore)
		Kony
		Mbai
		Pok (Lako, Lago, Bagwet)
		Sabaot (Sabaut)
		Sapiny (Sabei, Sebei, Sevei, Savei)
		Terik (Nyangori, Nyangnori)
		Tuken (Tugen, Tugin, Tukin, Kamasia, Kamasya)
		Dorobo (Ndorobo, Nderobo, Torobo)
E 1932		Suk (Sukku, Pokot)
		Markwet (Marakwet, Maragwet, Merkwet)
		Endo (To, Cepleng)
		Kadam (Ngikadama)
E 1933		Tatoga (Tatog, Taturu, Barabaik, Barabaig)

2 E 1-10		Teuso[28]
		Teuso (Teuth)
		Nyangiya (Nyangeya, Nyangia)
		Tepes (Tepeth)
		Dorobo
E 1-11		Meroitic[29]
E 2	CENTRAL SUDANIC[30]	
E 21	BONGO-BAGIRMI GROUP	
E 211		BONGO-BAKA SUBGROUP
E 2111		Bongo
E 2112		Baka
E 2113		Morokodo (Mittu)
		Biti
		Ma'du
		Wira
		Nyamusa
E 2114		'Beli (Behli)
E 212		SARA-BAGIRMI SUBGROUP[31]
E 2121		Sara (Majingai-Ngama)
		Gulai
		Majingai (Majinngay, Madjinngay, Modjingaye, Moggingain)
		Nar
		Ngama
		Peni
E 2122		Gambai (Gamba, Sara Gambai, Ngambai)
		Laka (Lak, Lag)
E 2123		Kaba (Kabba, Sara Kaba, Sara)
E 2124		Kaba Dunjo (Denje, Dendje Sara)
E 2125		Vale (Sara)
E 2126		Nduka (Ndouka)[32]
E 2127		Tana[32]
E 2128		Horo[32]
E 2129		Mbai (Sara Mbai, Bai, Mbay, Mbaye)
E 212-10		Kara
		Bubu (Koyo)
		Nguru
E 212-11		Bagirmi (Barma, Tar Bagrimma)[33]
E 212-12		Kuka[34]
E 212-13		Kenga[34]
E 212-14		Disa (Dissa)[34]
E 212-15		Bubalia (Babalia)[34]
E 213		Yulu (Youlou)
		Binga[35]
E 214		Sinyar[36]
E 215		Gula (Gele)[37]
E 22		KREISH GROUP[38]
E 221		Kreish (Kresh, Kapala, Kpala, Kpara)
		Dongo
		Gbaya-Ndogo
		Naka
		Woro (Oro)
E 222		Aja[38]
E 223		Furu[38]
E 23		MORU-MADI GROUP

Nilo-Saharan 2   Classification Schedules

```
2 E 231              Moru
                        Agi
                        Andri
                        'Bali'ba
                        Kadiro
                        Lakama'di
                        Miza
                        Moruwa'di
  E 232              CENTRAL SUBGROUP
  E 2321                Avukaya (Abukeia, Avokaya)
                           Ajiga (Odjiga)
                           Ojila (Odjila)
                           Bari
  E 2322                Logo
                           Akori
  E 2323                Kaliko (Keliko, Madi)
  E 2324                'High' Lugbara
  E 2325                'Low' Lugbara
  E 233              Madi (Ma'adi, Ma'di)
                        Pandikeri
                        Lokai
                        Olu'bo
                        'Burulo
  E 24               MANGBETU GROUP
  E 241                 Mangbetu (Mangbettu, Mambetto, Namangbetu-ti)
                           Abulu
                           Lombi (Lumbi)[39]
                           Mabisanga
                           Maele (Malele, Namaele-ti)
                           Majuu (Maidjuwu)
                           Makere (Namakere-ti)[39]
                           Meje[39]
                           Popoi[39]
  E 242                 Asua (Aka)
  E 25               MANGBUTU-EFE GROUP
  E 251                 Mangbutu (Mangutu, Mombuttu, Wambutu)[40]
                           Mongbutu
                           Mangbutu Karo
                           Mangbutu Lobo
                           Awimeri (A'imeri)
                           Bamodo
  E 252                 Ndo
                           Avari
                           Oke'bu
  E 253                 MAMVU-EFE SUBGROUP[41]
  E 2531                   Mamvu (Momvu, Momfu)
  E 2532                   Amengi
  E 2533                   Lese (Lesa, Lesse, Lissi)
  E 2534                   Mvu'ba (Mvuba)
  E 2535                   Efe
  E 26               Lendu
                        Northern Lendu (Bale-dha, Bale-the, Baa-tha,
                                         Batha)
                           Dji-dha (Dji-itha)
                           Djo-dha (Jo-tha)
                           Djoo-dha (Djo-dha)
                           Go-dha (Go-tha)
```

Classification Schedules Nilo-Saharan 2

2 E 26 cntd
    Ke-dha (Ke-tha)
    Pi-dha
   Southern Lendu (Dru, Druna, Ndru)

E 3 Kunama (Cunama)[42]
   Ilit (Iilit)[43]
   Aymasa (Aaimasa, Aimasa)
   Barka
   Bitama (Bitaama)
   Marda
   Setit (Setiit)
   Sogadas
   Tika (Tiika)

E 4 BERTA GROUP[42] [44]
E 41 Berta (Barta, Wetawit, Watawit)
   Fazoglo
   Rikabiyyah
   Sillok (Silak)
   Tornasi
   Wa-'dashi
   Wa-kosho
E 42 Gobato
E 43 Gamila

F Koman (Coman)[45]
F 1 Gule (Fungi)
F 2 Gumuz (Gumis, Ganza, Shankillinya)
   Disoha (Desua)
   Sai
F 3 Sese (Saysay)
F 4 KOMA GROUP
F 41 Northern Koma
   Koma of Asosa
   Amam
   Nokanoka
F 42 Southern Koma
   Gwama (Twakwama)
   Koma of Begi
   Madiin (Madin, Modin, Marin)
F 43 Central Koma
F 44 Langa
F 45 Uduk (Udak)
F 46 Northern Mao (Ganza, Fadiro, Gwama, Gwami, Siggoyo)
   Kere

3
Congo-Kordofanian

31	Kordofanian
32	Niger-Congo
321	West Atlantic
322	Mande
323	Gur
324	Kwa
325	Adamawa-Eastern
326	Benue
327	Bantu

CONGO-KORDOFANIAN

KORDOFANIAN

31A   KOALIB GROUP
- A 1   Koalib (Kowalib, Kawalib)
  - *nguGwurang*
  - *ngiRere*
  - *nguNduna*
  - *ngiNyukwur*
- A 2   Kanderma (Kinderma)[1]
- A 3   Heiban (dheBang)
- A 4   Laro (yilLaro, Aaleira)
  - *Igwormany*
- A 5   Otoro (dhiToro, Kawama)
  - *dhiJama-dhuGwujur*[2]
  - *dhoKwara*[2]
  - *dhuGurila*[2]
  - *dhoRombe (dhoRobe)*[2]
  - *dhaGarro-dhoGorindi*[2]
- A 6   Shwai (Shuway, Ngurun nga ludumor)
  - *Schabun (Shabun)*[3]
- A 7   Tira (Thiro, Tiro)
- A 8   Moro (dhiMorong)
- A 9   Fungor (Fungur)
  - *Kau (Kao)*
  - *Lukha*
  - *Nyaro*
  - *Werni (Werna)*[4]

B   TEGALI GROUP
- B 1   Tegali (Tagale, Tegele, Togole, Tekele)[5]
  - *Rashad*[5]
- B 2   Tagoi
  - *Moreb*[6]
  - *Tagoi (Tagoy)*
- B 3   Tumale[7]
- B 4   Tingal (Kajakja, Kajaja)[8]
- B 5   Tukum (Tukam)[9]
- B 6   Turum[9]

C   TALODI GROUP
- C 1   Talodi
- C 2   Lafofa[10]
- C 3   Eliri
- C 4   Masakin (Mesakin)
- C 5   Tacho (Toicho)[11]
- C 6   Lumun (Kuku-Lumun)[11]
- C 7   El Amira[12]
- C 8   'Moro Hills'
  - *Torona*

Kordofanian 31   Classification Schedules

```
31D        TUMTUM GROUP
  D 1        Tumtum
  D 2        Tuleshi (Tulishi)
               *Tulishi*
               *Kamdang*
               *Dar el Kabira*
  D 3        Keiga
               *Keiga (Aigang)*
               *Demik (Rofik)*
  D 4        Karondi[13]
  D 5        Krongo
  D 6        Miri
  D 7        Kadugli (Kudugli, Dhalla)
  D 8        Katcha (Dholubi)
  D 9        Tumma[14]
  D-10       Kanga[15]


  E          KATLA GROUP
  E 1        Katla (Akalak)
  E 2        Tima (Lomuriki)
```

WEST ATLANTIC
(SENEGALO-GUINEEN)

321 A		NORTHERN BRANCH
A 1		SENEGAL GROUP
A 11		Fula (Fulani, Fulah, Ful, Fulbe, Fellani, Fulfede, Futa, Peul, Peulh, Toucouleur, Tukolor, Tukulor)

          Bagirmi (Baghirmi)[1]
          Borroro
          Falacunda
          Foufoude
          Foulbere
          Fulfulde funaangere (East Ful)
          Fulfulde hiirnaangere (West Ful)
          Futa Fula
          Futa Jalon (Fouta Dyalon, Fouta Jalon)
          Kambariire (Pidgin Adamawa Fu)
          Macina
          Pular (Poular)

    A 12   Serer (Serrer, Serere)
          Baol
          Dyoba (Non, None)
          Fadiout (Fajut, Fadyut-Palmerin)
          Ndoute
          Ndyegem (Dyegueme, Dyegem)
          Nyominka (Nyomi)
          Segum
          Sin (Sinsin, Sine-sine)

    A 13   Wolof (Walaf, Wallaf, Ouolof, Yallof, Volof)
          Baol
          Cayor
          Dyolof (Djolof, Djollof, Jolof)
          Ndyander (Ndyanger)
          Lebou
          Saloum
          Walo

  A 2   CANGIN GROUP
  A 21   Lehar
  A 22   Safen
  A 23   Non (Serer-Non)[2]
  A 24   Ndut
  A 25   Falor

  A 3   BAK GROUP
  A 31   DIOLA SUBGROUP
  A 311   Diola (Dyola, Jola, Yola)
            Fogny (Fony, Kujamat, Filham)
            Bandial
            Bliss
            Buluf

West Atlantic 321   Classification Schedules

321 A 311 cntd		*Dyamate (Kudamata)*
		Esulau
		Fulup (Feloup, Felup, Felupe, Floup, Flup,
		Feloupe, Filham)
		Her
		Hor
		Hulon
		Huluf
		Kasa
		Kombo
A 312		Gusilay
A 313		Karon (Karones, Dyembaren)
A 314		Kwaatay
A 315		Bayot (Baiot, Bayotte)[3]
A 32		MANJAKU SUBGROUP
A 321		Manjaku (Manjaco, Mandyak, Madyak, Mandyako,
		Manjiak, Mandjaque, Kanyop)
		Bok (Babok)
		Cuur (Cur, Churo)
		Likas-utsia (Baraan Kalkus)
		Lund
		Palhilh
		Serer (Sarar)
		Siis
		Tsaam
		Yu (Pecixe)
A 322		Papel (Pepel, Papei)[4]
A 323		Mankanya (Mankanha, Mancanha, Mancagne, Bola,
		Brame)
		Burama
		Shadal (Sadar)
A 33		BALANTA SUBGROUP
A 331		Balanta (Balante, Ballante, Balant, Balande,
		Belante, Bulanda, Bulanta, Brassa)
		Fora
		Kantohe (Kentohe)
		Mane
		Naga
A 332		Ganja[5]
A 4		EASTERN SENEGAL-GUINEA GROUP
A 41		TENDA-KONYAGI SUBGROUP
A 411		Bedik (Tenda, Banda, Tendanke, Basari du Bandemba)
A 412		Tanda-Basari (Tenda, Onian, Ayan, Biyan, Wo)[6]
A 413		Bapeng
A 414		Konyagi (Konyaki, Koniagi, Cogniagui, Coniagui,
		Conhague, Tenda Duka)
A 42		BIAFADA-PAJADE SUBGROUP
A 421		Biafada (Beafada, Biafar, Bidyola, Bedjola, Fada,
		Djola)
A 422		Pajade (Pajadinca, Badian, Badjaranke, Badyara,
		Badyaranke, Gola)
A 43		KOBIANA-BANHUM SUBGROUP
A 431		Kobiana (Cobiana, Uboi)
A 432		Kasanga (Kassanga, Cassanga, Cassangue, iHadja,
		iHage)

321 A 433   Banhum (Banhun, Banyun, Banyuk, Bagnoun, Bainouk,
                      Bainuk, Banyung, Elomay, Elunay)
                  Gujaaxet
                  Gunyamolo

    A 5   NALU GROUP
    A 51   Nalu (Nalou)
    A 52   Mbulungish (Baga 'Fore', Baga Monsom)
    A 53   Baga Mboteni

    B   Bijago (Bijogo, Bijuga, Bidyogo, Bijougot, Budjago,
                  Bugago)
              Anhaqui
              Orango

    C   SOUTHERN BRANCH
    C 1   Sua (Mansoanka, Kunat, Kunant, Kunante, Cunante)[7]

    C 2   MEL GROUP
    C 21   TEMNE SUBGROUP
    C 211   Temne (Themne, Timene, Timne, Timmannee)
                      Western Temne
                      Bombali
                      Yoni
                      Western Kunike
                      Eastern Kunike (Deep Kunike)
    C 212   Banta
    C 213   Baga Maduri (Baga Manduri, Baga Mandoure)[8]
    C 214   Baga Sitemu[8]
    C 215   Baga Binari[8]
    C 216   Baga Sobane[8]
    C 217   Baga Koba[8]
    C 218   Landuma (Landoma, Landouman)[9]
    C 219   Tyapi (Tiapi, Tapessi)[9]
    C 22   BULLOM SUBGROUP
    C 221   Sherbro (Southern Bullom, Bolom, Bulom, Bullun,
                      Amampa, Mampa, Mampwa)[10]
                      Shenge Sherbro
                      Sitia Sherbro
    C 222   Mmani (Mandingi, Mandenyi, Northern Bullom, Bolom,
                      Bulem, Bullun, Bullin)
    C 223   Bom (Bum, Bome, Bomo)[10]
    C 224   Krim (Kim, Kimi, Kirim, Kittim)[10]
    C 225   Kisi (Kissi, Gizi)
                      Liaro
    C 23   Gola
                    Deng (De)
                    Kongbaa
                    Managobla (Gobla, Kpo)
                    Pio
                    Senye (Senje, Sene)
                    Tege (Tee)
                    Toldil (Toodii)

321 C 3 Limba (Yimba)
Biriwa
Kamuke
Keleng
Safroko
Sela
Tonko
Warawa (Warawara)

MANDE
(MALI, MALE, MANDINGO)

322 A		NORTHERN-WESTERN BRANCH
A 1		NORTHERN GROUP
A 11		Susu-Yalunka

                        Susu (Sussu, Sosso, Susoo, Soussou)
                        Yalunka (Yalunke, Jalonke, Dyalonke, Djallonke, Jalonca)

A 12   Soninke (Marka, Sarakole, Sarakolle, Saracole, Sarawule, Serahuli, Wakore, Gadyaga, Dyakanke, Toubakai)
                        Azer (Azjer, Adjer, Aser)
                        Bozo (Sorko, Sorogo)

A 13   HWELA-LIGBI SUBGROUP
A 131   Hwela-Numu
                        Hwela (Huela)
                        Numu (Noumou)

A 132   Ligbi (Ligwi, Ligoue, Ligoui, Ligony, Nigbi, Nigwi, Nigone, Nigoni, Nigui, Banda, Tuba)

A 14   VAI-KONO SUBGROUP
A 141   Vai (Vei, Vy, Gallinas)
A 142   Kono (Konnoh, Kondo)
A 15   Khasonke (Kassonke, Kasonke, Kasson, Xasonke)
A 16   Mandekan
                      Bambara (Bamana Koma)[1]
                          Dyangirte
                          Kangbe (Kagbe, Common Mandingo)
                          Kalongo (Kalunka)
                          Kogoro (Kagoro)
                          Masasi (Bambara Masasi)
                          Nyamasa
                          Somono
                          Toro
                      Maninka (Malinke, Mande, Manding, Mandingo, Mandingue, Mandinka, Meninka)[1]
                          Konya (Dyomande)
                          Koranko (Kuranko, Kuranke, Kouranko, Kouranke)
                          Manya
                          Mau (Mahu, Mauka)
                          Lele
                          Minya (Folo)
                          Sidya (Sidyanka, Sidianka)
                          Wasulu (Ouassoulounke)
                    Dyula (Dyoula, Dioula, Diula, Jula, Ndyura, Wangara, Wankara)[1]
                          Ble
                          Dafe (Dafing, Dafi)
                          Dyakanka (Dyaka, Diakanke)

A 2   SOUTHWESTERN GROUP
A 21   Mende-Bandi[2]

Mande 322   Classification Schedules

322 A 21 cntd		*Mende (Mendi, Boumpe, Hulo, Kossa, Koso, Kosso)*
		Kpa (Gbamende)
		Ko (Comende, Kolomende)
		Komboya (Sewa-Mende)
		Bandi (Gbandi, Gbande)
		Yawaziru
A 22		*Loko (Lokko, Landogo, Landogho, Landro)*
A 23		*Loma (Loghoma, Looma, Loomago, Toma, Tooma, Buzi, Domar Buzi, Busy, Bouze)*
		Gbunde (Gboode)[3]
		Weima
A 24		*Kpelle (Gerze, Guerze, Pessi, Pessy, Pessa, Kpwessi, Gbese)*
B	SOUTHERN-EASTERN BRANCH	
B 1	SOUTHERN GROUP	
B 11		*Mano (Manon, Maa, Mah, Mawi, Ma Mia)*
		Ya win
		Mesona
B 12		*Dan (Dã, Gio, Gyo, Ge, Yakuba)*
		Wobe (Oubi, Ouobi, Ba, Bangwa, Gon, Zadye, Zage)
		Gere (Guere, Ngere)
		Daho
		Bloho
		Kaho
B 13		*Tura (Toura)*[4]
B 14		*Mwa (Mwe, Mouin)*[4]
B 15		*Nwa (Noua)*[5]
B 16		*Gan (Gbeinngn)*[4]
B 17		*Kweni (Guro, Gouro, Lo)*[4] [5]
		Kanga Bono
		Memne
		Suamle
		Gagu (Gban)
B 2	EASTERN GROUP	
B 21		*Samo (Samogo, Samogho, Samorho, Sano, Sanu, Semu, Semou, Nanerge)*[6]
		Makia (Maya)
		Sembla (Sambila)
B 22		*Bisa (Bisagwe, Bisan, Bisapele)*[7]
B 23		*Busa (Boussa, Boko, Zugweya)*[7]
C	Bobo Fing (Bobo, Black Bobo, Sya)[8]	

GUR
(VOLTAIC)

323 A		CENTRAL GUR
A 1		MOORE-GURMA GROUP
A 11		WESTERN SUBGROUP
A 111		NORTHWESTERN SUBGROUP
A 1111		Moore (More, Mole, Mossi, Moshi)[4]

                Saremde
                Taolende
                Yadre (Yansi)
                Yanga

A 1112   Dagara-Nura
                Dagara
                Nura

A 1113   Birifor (Birifo, Lober)
A 1114   Dagaari (Dagare, Dagari, Dagarti, Dagati,
                    Dagatsi, Dagaba, Dawari)
                Dagare
                Wule (Wuli, Wali, Wulewule)
                Nome

A 112   Safalaba
A 12   CENTRAL SUBGROUP
A 121   NORTH-CENTRAL SUBGROUP
A 1211   Nankani (Nankane, Nankanse, Nankense,
                    Nankana, Gurenne)
A 1212   Frafra (Fra)[1]
A 1213   Talni
A 1214   Nabt (Nabte, Namnam, Nabde, Nabdug, Nabdam,
                    Nabrug)
A 1215   Dagbani-Mampruli-Nanuni
                Dagbani (Dagomba, Dagbamba, Dagbane)
                Mampruli (Mamprusi, Mamprussi, Mampulusi,
                    Mampuliga, Mampele)
                Nanuni (Nanune, Nanumba)

A 1216   Kusal (Kusale, Kusasi)[1]
A 1217   Talensi (Tallensi, Tallense, Talansi,
                    Talene, Talense, Talis)[2]
A 1218   Wala (Ala, Ouala)[2]
A 122   Buli (Bulea, Bulugu, Buile, Kanjaga, Guresha)[3]
A 123   Hanga
A 13   NORTHEASTERN SUBGROUP
A 131   Pilapila (Pila, Kpilakpila, Yom)[5]
A 132   Naudm (Nawdam, Naoudam, Naoudemba, Naoudeba)[4]
A 14   EASTERN SUBGROUP[5]
A 141   Bimoba (Moba, B'moba, Mowa, Moaba, Moab,
                   Moban, Mowan, Moare, Moa)
A 142   Basari-Kasele-Chamba (Tobote)
                Basari
                Kasele (Kassele, Akasele)

323 A 142 cntd		*Chamba (Cemba, Ce, Tschamba, Tschamina, Bitshamba)*
A 143		Konkomba (Kokomba, Dikpankpamdi)
A 144		Gangam (Ngamgam, Dye)
A 145		Gurma (Gourma, Gurmantche, Gourmantche)
A 146		Natemba (Natimba)[6]
A 147		Soruba-Kuyobo (Sorouba, Kuyobe, Biyobe, Meyobe)[6]
A 148		Berba[6]
A 149		Somba (Soma, Some)[7]
		Niende
		Yoabu (Youabou)
A 14-10		Takemba (Tankamba)[7]
A 14-11		Tayakou (Tayaku)[7]
A 2		Tamari (Tamberma, Tamaba, Betammaribe, Betammadibe, Ditamaba)[8]
A 3		GRUSI GROUP (GURUNSI, GURUMSI)
A 31		NORTHERN SUBGROUP
A 311		Kasem (Kasena, Kassena, Kasene)[9] [10]
A 312		Lyele (Lele, Lere, Lelese, L'ele, Lela)[9]
A 313		Nunuma (Nuruma, Nuna, Nibulu)[10]
A 32		CENTRAL SUBGROUP
A 321		Sisala (Sisale, Sisai, Hissala, Issala)
A 322		Puguli (Buguli, Buguri, Pougouli)
A 323		Kurumba (Kouroumba, Kurumfe, Fulse, Foulse)[11]
A 33		SOUTHERN SUBGROUP
A 331		Chakali
A 332		Tampulma (Tamprusi, Tampole, Tampele, Tampolem, Tampolema, Tampolense)
A 333		Vagala (Siti, Kira)[12]
A 334		Mo (Degha)
A 335		Kanjaga (Bulea, Bulugu, Buile, Builsa, Guresha)[13]
A 34		EASTERN SUBGROUP
A 341		LAMBA SUBGROUP
A 3411		Lamba (Lamba Anima, Namba, Lama)[14]
		Manganapo (Manganepo)
		Manganasise
		Mangbara
A 3412		Kabre (Kabure, Kabye, Cabre, Cabrai)[14]
A 3413		Dompago (Logba, Legba)[15]
A 342		Tem (Tim, Timu, Kotokoli, Cotocoli)
A 343		DELO SUBGROUP
A 3431		Delo (Lolo, Ntribu, Tribu)
A 3432		Cala (Chala, Tshala)
A 344		Bago
B		Bargu (Burgu, Borgu, Borgawa, Batonnun, Batonu, Berba, Bariba, Barba, Bagung)
C		LOBI GROUP
C 1		Lobi (Lobiri, Lober)
C 2		Dyan (Dian, Dya, Dyane, Dyanu)
		Zanga
C 3		Gan (Gane, Gan-Lobi, Ga)[16]

Classification Schedules   Gur 323

323	C 4	Dorhosye (Dorhossie, Sorosie, Doghosie, Dokhobe, Doyosye)[16]
	C 5	Padorho (Padogho, Bodoro)[17]
	C 6	Komono (Kumwenu)[18]
	C 7	Moru (Myoro, Nyoru)[19]
	C 8	Turuka (Turka, Tourouka, Pain, Pin, Kpaimba, Kpe)[19]
	D	BOBO GROUP[20]
	D 1	Bwamu (Bouamou, Nyenyege, Nyenege, Nienegue)

        Bwamu (Red Bobo, Bobo Wule, Bobo Ule, Bobo Oule,
          Pwe, Tara)
        Boomu

	D 2	Bobo Gbe (Tyan, Tian, Kyan, White Bobo)[21]
	D 3	Sankura (Zara)
	E	Kulango (Koulango, Kolango, Kpelego)

        Loghon (Lorhon, Loron)
        Tegesye (Teguessie, Tegue)

	F	Kirma-Tyurama (Mbwin, Mbouin, Gouin, Gwe)[22]

        Kirma
        Tyurama

	G	Win (Tusia, Toussia)
	H	SENUFO GROUP[23]
	H 1	SENARI SUBGROUP (SENADI, SYENERE)[24]
	H 11	Central Senari

        Foro (Folo)
        Kafire
        Kasara
        Kufuru
        Tagbari (Mbengui, Nielle)
        Nafara (Nafana)
        Patoro
        Pogara
        Tyebara
        Tagara

	H 12	Tehere
	H 13	Takpasyeeri (Messeni)
	H 14	Tyebala (Tyebale, Tyebali, Tiebala)
	H 15	Southwest Senari

        Dugubesyeeri
        Nowulo (Naoulou, Noholo)
        Gara

	H 16	Kandere (Tengrela)
	H 17	Papara
	H 18	Nyarafoloro
	H 19	Fodoro
	H 1-10	Senar
	H 2	Suppire ('Senufo')[24]

Gur 323　　　　　　　　　Classification Schedules

323 H 2 cntd　　　　*Suppire (Sup'ide, Tagba)*
　　　　　　　　　　Mianka (Minianka)
　　　H 3　　　　　Tagbana
　　　　　　　　　　Tagbana (Tagwana, Tagba, Tagbona, Tagouana, Takponin)
　　　　　　　　　　　Djidanan
　　　　　　　　　　　Fondebougou (Foundibougou, Fourgoula)
　　　　　　　　　　　Gbozoro
　　　　　　　　　　　Katiara
　　　　　　　　　　　Katiola
　　　　　　　　　　　Niakaramadougou
　　　　　　　　　　　Niangbo
　　　　　　　　　　　Niediekaha
　　　　　　　　　　　Tafire (Tafile, Tafiri)
　　　　　　　　　　Dyimini (Jimini, Gimini)[24]
　　　　　　　　　　　Bandogo
　　　　　　　　　　　Dofana-Dyafolo
　　　　　　　　　　　Dyamala
　　　　　　　　　　　Folo (Foro)
　　　　　　　　　　　Sigala-Todala
　　　H 4　　　　　Karaboro (Koroma, Karama, Kama)
　　　　　　　　　　Tenyer
　　　　　　　　　　Syer
　　　　　　　　　　Eler
　　　H 5　　　　　Palara (Palaka, Pallakha, Pallaka, Kpalagha, Kpallagha)[24]
　　　H 6　　　　　Tyeliri
　　　H 7　　　　　PANTERA-FANTERA (NAFANA, GAMBO) SUBGROUP
　　　H 71　　　　　Pantera (Pantara, Bandara, Gbandara, Vandra)
　　　H 72　　　　　Fantera
　　　H 8　　　　　Tiefo (Tyefo, Kiefo)[25]
　　　H 9　　　　　Kulele[25]
　　　H-10　　　　Wara (Ouara, Ouala)[25]
　　　H-11　　　　Vige (Vigue, Vigye, Viguie)[25]
　　　H-12　　　　Natioro (Natyoro)[26]

　　　J　　　　　　Seme[27]

　　　K　　　　　　Dogon (Dogom, Habe, Habbe, Cado, Tombo)[28]

KWA[1]

324 A		KRU GROUP[2]
	A 1	Bete

              Dida (Wawi)
              Kwaya (Zegbe)
              Godye (Godia, Go)
              Neyo (No, Newo, Nihiri)
              Kwadya (Kwa)
              Bete (Betegbo)
              Bobwa (Waga, Wadye, Waya, Waa, Wobe, Ouobi)

    A 2   Bakwe
              Bakwe (Bakwo)
              Abri (Abriwi)
              Hwane (Hwale)
              Gweabo
              Pya (Pye)

    A 3   Grebo (Bwidabo, Krebo)
              Jedepo
              Cedepo
              Tajuoso cluster[3]
                  Boo
                  Sho
                  Kulu
                  Kaon
                  Pleon
            Gweabo (Nabwa Kru, Barboe, Jabo)

    A 4   Bassa (Basa, Basso, Gbasa)[3]
              Gigban (Gibi)
              Koo
              Ni boe kwidin
              Maaba

    A 5   De (Dey, Dewe wulu, Dewoi, Do)[3]
    A 6   Kru (Krawi) cluster[3]
              Tro
              Klao dialect cluster
                  Blio
                  Duo
                  Gbuu
                  Jao
                  Tolo

                  Doo
                  Jalo
                  Nianu
                  Weo
                  Woli

                  Dreo
                  Jede
                  Niao

Kwa 324　　　　　　　　　Classification Schedules

324 A 6 cntd	*Nimala*
	Pete
	Seo
	Sitohn
	Twao
	Wete
	Bolo
	Botba
	Dio
	Gbeta
	Jlao
	Jlepo
	Kabo
	Nifa
	Niua
	Sekle
	Tatwe-Kwiatuo
A 7	Krahn (Kran, Sapo Krahn, Karan, Bush Kru)[3]
A 8	Kwaa (Kuwaa, Belleh, Belle)
B	WESTERN GROUP[4]
B 1	Avatime (Afatime, siYase)[5]
B 2	Nyangbo[5]
B 3	Tafi[5]
B 4	Logba
B 5	Likpe (Mu)
B 6	Ahlo (Achlo)
B 7	Kposo
B 8	Lefana (Lafana, Lelemi)
B 9	Bowili (Siwuri)
B-10	Akpafu (Siwu)
B-11	Santrokofi (Sele)
B-12	Adele (Adeli, Sedere)
B-13	Kebu (Kabu, keGberike, kaGbarika)
B-14	Anyimere (Animere)
B-15	Ewe (Eve, Ehwe, Eibe, Krepi, Krepe, Popo)
	Aja (Adya, Adja)
	Awuna (Anglo)
	Fo (Fon, Fonnu, Dahomeen, Djedji)
	Ge (Guingbe, Gaingbe, Mina)
	Gu (Alada)
	Hudu
	Kotafon
	Mahi
	Watyi (Ouatchi)
B-16	Aladian (Aladyan, Alagian, Alladyan, Alagya, Aragya)
B-17	Avikam (Gbanda, Kwakwa, Avekom, Avekwom, Lahu, Brinya, /Brignan)
B-18	Gwa (Potu, Potou)
B-19	Kyama (Tyaman)
B-20	Akye (Atye, Attie, Atshe, Atchi)
	Atobu
	Bode (Bodde, Akyekotoko)
	Kete
	Nedi (Memmi, Etepe)
	Ngadye

324 B-21   Ari (Abidji, Abigi)
- B-22   Abe (Abbey, Abi, Abbe)[6]
- B-23   Adyukru (Adyoukrou, Ajukru, Adjukru, Adiukru, Adioukrou)[7]
- B-24   VOLTA-COMOE (AKAN) GROUP[8]
- B-241   ONO (WESTERN VOLTA COMOE) SUBGROUP
- B-2411   Abure (Aboure, Abonwa)
- B-2412   Betibe (Vitre, Metyibo, Byetri, Mekibo)
- B-242   TANO (CENTRAL) SUBGROUP
- B-2421   Bia (West Central)[9]
- B-24211   Anyi-Bawule (Anyi-Baule, Agni-Baoule)
  - *Anyi (Agni)*
  - *Afema (Samwi, Sawi)*
  - *Anufo (Brusa, Brussa, Brissa, Buressya)*
  - *Bawule (Baule)*
  - *Betye*
  - *Dyabe (Diabe)*
  - *Ndenye*
  - *Safwi (Assaye)*
- B-24212   Chakosi (Cakosi, Chokosi, Tschokossi, Tiokossi, Anufo)[10]
- B-24213   Nzeme (Nzima)[10]
- B-24214   Ahanta (Anta)[10]
- B-2422   Akan (Twi-Fante, Twi, Chwee, Tshi)
  - *Akwapem (Akuapem, Akwapim)*
  - *Akem (Akyem)*
  - *Asante (Ashanti)*
  - *Fante (Fanti, Mfantse)*
- B-243   GUAN (GUANG, EASTERN VOLTA-COMOE) SUBGROUP[11]
- B-2431   Awutu (Afutu)
- B-2432   Chiripon-Lete-Anum (Cherepong-Larteh-Anum)
- B-2433   Nkonya (Nkunya, Kunya, Kunja)
  - *Nkami*
- B-2434   Krachi (Kratyi, Kratschi)
- B-2435   Anyanga (Agnagan, Anyana)
- B-2436   Achode (Atyoti)
- B-2437   Nchummuru (Nchumuru, Ncumuru, Chumuru)[12]
- B-2438   Nawuri[12]
- B-2439   Yeji
- B-243-10   Gonja (Guang, Gbanya, Gbanyang, Gomoa, Gwanja, Nkogna, Agbanyito, Ngbanyato)
- B-243-11   Gomoa[13]
- B-243-12   Brong (Abrong, Abron)[13]
- B-25   Gã (Ge, Amina)[14]
- B-26   Adangme (Adangbe, Gã-Adangme, Dangme, Accra)
  - *Krobo*

C   YORUBA GROUP
C 1   Yoruba (Yariba, Yooba, Nago, Nagot, Anago, Ana, Aku)[15]
- *Itsekiri (Ishekiri, Shekiri, Jekiri, Jekri)*
  - *Akoko*
  - *Aworo (Akanda)*
  - *Bunu (Eki)*
  - *Egba*
  - *Ekiti*
  - *Gbedde*
  - *Ife*

324 C 1 cntd		*Igbona*
		Ijebu
		Ijesha
		Ila
		Ilorin
		Iworo
		Jumu
		Lagos
		Ondo
		Owe
		Owo
		Oyo
		Yagba
	C 2	Igala (Igara)[15]
	D	NUPE GROUP
	D 1	Nupe (Anupe, Bassa)
		Bassa-Nge (Ibara)
		Dibo
		Ebe (Abewa)
		Kakanda (Akanda)
		Kupa (Kupanchi)
	D 2	Gbari (Gwari, Gwali, Goali, Goale)
		Gbari Gyenguen (Matai, Gangan)
		Gbari Kangye (Kwange)
		Gbari Yamma
		Gbari Yamma Gayegi
	D 3	Igbira (Igbirra, Kwotto)[16]
		Igbira-Hima (Ihima)
		Igbira-Igu (Egu, Ika)
		Igbira-Panda (Igbira-Lele)
	D 4	Gade (Kyedye)
	E	EDO GROUP
	E 1	Bini (Edo)
	E 2	Ishan (Esa, Isa)
	E 3	Kukuruku
		Auchi
		Fuga
		Ibie-Okpepe
		Ibilo
		Ora
		Otwa
		Semolika
		Wano
	E 4	Sobo [cover term][17]
		Erohwa (Erakwa)
		Evhro
		Isoko (Igabo)
		Okpara-Agbada
		Okpe
		Urhobo
	E 5	Engenni[18]
	E 6	Degema[19]

324 F		IDOMA GROUP
	F 1	Idoma
		Arago (Alago)
		Igumale
		Okwoga
		Otukpa
		Otukpo
	F 2	Agatu[20]
	F 3	Yala (Iyala)
	F 4	Yatye (Yachi, Yache)[21]
	F 5	Igede[22]
	G	Igbo (Ibo)[23]
		Onitsha (Northern Igbo)
		Nri-Awka
		Enugu
		Owerri (Southern Igbo)
		Isu-Ama
		Oratta-Ikwerri
		Ohuhu-Ngwa
		Isu-Item
		Ika (Western Igbo)[23]
		Northern Ika
		Southern Ika (Kwale)
		Riverain Ika
		Cross River Igbo (Eastern Igbo)
		Ada (Edda)
		Abam-Ohaffia (Abam-Ohafya)
		Aro
		Ogu Uku (Northeastern Igbo)
		Union Ibo
		Izi (Izzi)[23]
	H	Ijo (Ijaw, Ijoh)[24]
		Bonny
		Kalabari (Calabari)
		Okrikan
		Kolokuma (Patani)
		Lower Ijaw
		Brass Ijaw
		Brass Nembe (Nimbi)
		Ogbinya
		Western Ijaw
		Atissa
		Mimi
		Warri

ADAMAWA-EASTERN

325 A		ADAMAWA BRANCH
A 1		TULA GROUP[2][4]
A 11		Tula
A 12		Dadiya[1]
A 13		Waja
A 14		Cham-Mona
A 15		Kamu (Kamo)
A 16		Awak[2]
A 2		CHAMBA GROUP[3]
A 21		Chamba (Dschamba, Djamba, Tsamba, Sama, Jamba)
A 22		Donga (Chamba of Donga)
		Bali (Ndagam)[4] [8]
A 23		Lekon (Chamba Lekon, Lego)
A 24		Wom (Bereba, Pereba, Zagai)
A 25		Mumbake (Mumbako, Mubako, Nyongnepa)
A 26		Nakeyare[5]
A 27		Dako[5]
A 28		Leko[5]
A 3		DAKA GROUP
A 31		Daka (Chamba Daka)
		Chamba Tsugu
		Chamba of Nassarao
		Lamja
A 32		Taram
A 33		Dirrim
A 4		DURU GROUP[6]
A 41		Duru (Durru)[7]
		Goom
		Ngbang
		Paani
		Panon
A 42		Vere (Verre, Were, Yere)
A 43		Namshi (Namji, Namtchi, Namci, Namchi, Namdji)
		Doado
A 44		Kolbila (Kolbilari, Kolbilla)[8]
A 45		Pape[6]
A 46		Sari
A 47		Sewe
A 48		Woko (Voko, Boko)[6]
A 49		Kotopo (Kotofo, Kotoffo, Kotpojo)[9] [6]
A 4-10		Kutin (Kutine, Kutinn)[9] [6]
A 4-11		Doyayo (Donyayo, Donyanyo)[10]
A 4-12		Nduupa (Dupa)[11]
A 4-13		Koma[12] [6]

325 A 5		MUMUYE GROUP[13]
A 51		Mumuye
		Bajama
		Ding-ding
		Gola
		Pugu (Hill Mumuye)
		Yakoko
		Zinna[14]
A 52		Kumba (Yofo, Kuseki, Sate)
A 53		Gengle
A 54		Teme
A 55		Waka
A 56		Yendang
		Bali[15]
		Passam[15]
A 57		Kugama
A 6		MBUM GROUP
A 61		Dama
A 62		Mono (Dama-Mono)[16]
A 63		Mbere[17]
A 64		Mundang (Moundan, Kaele, Kiziere)[18]
		Gelama
		Imbana
		Lere
A 65		Yasing (Yassing, Jasing, Jassing, Djasing, Zazing)[18]
A 66		Mbum[19]
		Babal
		Nger (Mbere, Lake Mbere)
		Njal
		Pani
		Tibba
A 67		Kepere (Kpere, Kper, Ripere, Pere, Byrre)[19]
A 68		Dek
A 69		Mangbei (Mangbai, Mambai)[20]
A 6-10		Lakka (Laka)[17]
A 6-11		Kare (Karre, Kari, Kali)[21]
		Gonge
		Gunje
		Pana
		Pondo
		Tali (Tale)
A 6-12		Galke
A 7		YUNGUR GROUP
A 71		Yungur (Lala)[22]
A 72		Mboi
A 73		Libo
A 74		Roba[22]
A 8		Kam
A 9		JEN GROUP[23]
A 91		Jen (Njeng, Dza)
		Gwomo
A 92		Munga

325 A-10		Longuda (Nunguda)[24]
		Hill Longuda
		Plains Longuda
A-11		Fali[25]
		Bonum
		Bori-Peske (Bore Peski)
		Kangu
		Northern Fali
		Southern Fali
		Western Fali
		Tingelin
A-12		Nimbari
A-13		BOA GROUP[26]
A-131		Boa (Boua, Bua)
A-132		Nielim (Mjillem)
A-133		Koke (Khoke)
A-134		Mana[27]
A-135		Tunya (Tunia, Tounia)[28]
A-136		Fanyan (Fanya, Fana, Fania, Fagnia, Kobe)[27]
A-137		Bolgo (Bolgo Dugag)
A-138		Gula[29]
		Bon
		Chinguil
		Iber
		Kulaal (Gula Iro)
		Moriil
		Patool
		Pongaal
		Taataal (Gula Gera)
		Tiaal (Tiaala)
		Tiitaal
		Zan
A-14		Masa[30]
		Budugum (Bugudum)
B		EASTERN BRANCH
B 1		GBAYA-NGBAKA-MANZA GROUP[31]
B 11		Gbaya (Baya, Baja, Gbea, Gbeya)
		Ali (Baya Ali)
		Bagba
		Bangando
		Bokari
		Budigri
		Gbanu (Banu, Baya Banou)
		Gbaya [various forms]
		Gbofi (Bofi, Baya Boffi, Gbaya Bofi)
		Kaka
		Kalla
		Mbere
		Mombe (Baka Mombe)
		Ngombe Kaka
		Somo
		Yangele

325 B 12   Manza (Manja, Mandjia, Gbaka Mandjia)
    B 13   Ngbaka (Mbaka, Mbacca)

    B 2   Banda[32]
                Baba (Gbaba)
                Banda
                Belingo (Bilingo)
                Bongo
                Bria (Mbria)
                Buru (Borou, Brou, Mbrou, Mbru)
                Dakpa
                Gbaga (Baga, G'bagga, M'bagga)
                Gbwende (Gbende, Bende, Bendi, Bindi, Gbindi)
                Gobu (Gabou, Ngobo, Ngobu)
                Jeto (Djeto, Djioteau, Djyoeto)
                Junguru (Djingburu, Djoungourou)
                Ka (Kha)
                Lagba
                Langba
                Langwasi
                    Langbase (Langbwasse)
                    Mbugu (Boubou, Bubu, Gbugo, Gbugbu, Mbogu, Mbubu)
                Linda
                Masa
                Mbala
                Mbanja (Mbandja)
                Mbele (Mbre)
                Mbi
                Mbulu (M'boulou)
                Mono (Amono)
                Moruba (Maraba, Morouba)
                Mvedere (Vidri, Vodere)
                Ndi
                Ndokpwa (Ndakpwa, Ndokoua, Ndopa, Ndokpa)
                Ngaja (Ngadju)
                Ngao (Ngawo)
                Ngapu (Ngapou)
                Ngbundu
                Ngura (Ungourra)
                Nyele (Ndele, Ndere, Ngele)
                Nyele (Ndri)
                Sabanga
                Tagbwali
                Tambago (Tambaggo, Tombaggo)
                Togbo (Tagbo)
                Vora
                Wada (Ouadda, Wadda)
                Wasa (Ouassa)
                Yakpa (Yakpwa, Yakwa, Yacoua)
                Yangere

    B 3   NGBANDI GROUP[33]
    B 31   Ngbandi dialect cluster (Ngbwandi, Ngwandi)[35]
                    Sango (tribal language)[34]
    B 32   Sango (trade language) (Pidgin Sango, Sango ti tulugu,
                    Sango ti salawisi, Sango commercial)[34]

Adamawa-Eastern 325   Classification Schedules

```
325 B 33         Yakoma[35]

    B 4          ZANDE GROUP
    B 41             Zande (paZande, Pazande, Niam-niam, Nyam-nyam,
                         Gnam-gnam)[36]
                         *Bandia*
                         *Dio*
                         *Patri*
    B 42             Nzakara (Nsakkara)[36]
    B 43             Barambu (Barambo)
                         *Miangba (Amiangba, Amiangbwa)*
                         *Pa Miangba*
    B 44             Pambia

    B 5          MAYOGO GROUP
    B 51             Bwaka (Bouaka, Ngbaka-Ma'bo)
                         *Mpombo*
    B 52             Monjombo (Mondjembo, Monzombo, Modjembo)
    B 53             Gbanziri (Buraka-gbanziri, Bouraka)
    B 54             Mundu (Mundo, Mountou, Mondo)
    B 55             Mayogo (Maigo)[37]
    B 56             Bangba[37]
    B 57             Kpala (Kpwala, Gbakpwa)
                         *Bakpa*
                         *Gbendere*
                         *Nyango*

    B 6          NDOGO-FEROGE GROUP
    B 61             Ndogo[38]
    B 62             Bai (Bari)[38]
    B 63             Bviri (Biri)[38]
    B 64             Golo
    B 65             Sere (Serre, Shere, Shaire, Sheri, Chere)[38]
    B 66             Tagbo (Tagbu, Tagba)[38]
    B 67             Feroge (Feroghe)[39]
    B 68             Indri (Yanderika, Yandirika)[39]
    B 69             Mangaya (Mongaiyat, Mangaiyat)[39]
    B 6-10           Togoyo[39]

    B 7          Amadi (Amaalo, Madyo, Ma, Madi, Mado)[40]

    B 8          MBA GROUP[40]
    B 81             Mondunga (Mondugu, Ndunga, Bondonga, Ndunga-le)
    B 82             Mba (Mba-ni, Manga, Bamanga, Kimanga)
    B 83             Dongo ('Dongo, Dongo-ko)
```

BENUE

326 A		PLATEAU
A 1		PLATEAU 1
A 11		PLATEAU 1A
A 111		Kambari (Kambali, Kamberi, Kamberri, Kamberchi, Evadi, CiShingyini)
		Achifawa (Atshefa)
		Kukawa
A 112		DUKA GROUP
A 1121		Duka (Dukanci, Dukanchi)
A 1122		Dakarkari (Dakkakarri, Clela, Chilila)
A 1123		Geeri-ni (Gelawa)
A 1124		Wipsi-ni (Zusu)
A 1125		Puku-nu (Fakawa)
A 1126		Keri-ni (Kelawa)
A 1127		Lyase-ne (Bangawa)
A 113		KAMUKU GROUP
A 1131		Basa (Basa-Kaduna, Bassa-Kaduna) dialect cluster
A 1132		Kamuku dialect cluster
		Achipawa
		Ucinda
A 1133		Ngwoi (Nkwoi, Ngwe, Ingwe, Ingwo)
A 1134		Gurmana
A 1135		Pongu (Pongo, Arringeu)
A 1136		Ura
A 1137		Baushi (Bauchi, Kushi)
A 1138		Basa-Komo (Bassa-Komo)
A 114		Reshe (Tsureshe, Gunganchi)
A 12		PLATEAU 1B
A 121		CHAWAI GROUP
A 1211		Piti (Pitti, Abisi)
A 1212		Chawai (Chawi, Chawe)[1]
A 122		Amap (Amo, Amon, Among)
A 123		CENTRAL GROUP
A 1231		Gure (Agari)[2]
		Ningawa
A 1232		Kahugu (Kapugu)[2]
		Ningawa
A 1233		Kuzamani (Rishuwa)
A 1234		Kaivi (Kaive, Kaibe, Kaibi)
A 1235		Kiballo
A 1236		Kitimi
A 1237		Kinuku
A 1238		Surubu (Srubu)
A 1239		Kurama[3]
A 123-10		Ruruma
A 123-11		Rumaya (Rumaiya)
A 123-12		Janji
A 123-13		Bunu (Ribina)

326 A 123-14		Buji (Buje, Buze, Bujawa)
A 123-15		Jere
A 123-16		Anaguta (Naraguta)[4]
A 123-17		Sheni[5]
A 123-18		Sanga (Sangawa)
A 124		NORTHERN GROUP
A 1241		Buta (Butawa)
A 1242		Ningi (Ningawa)
A 1243		Kuda (Kudawa)[5]
A 1244		Chamo[5]
A 125		Gyema (Gyemawa)
A 126		Taura (Taurawa)
A 2	PLATEAU 2	
A 21		Eloyi (Afo, Afu, Afao, Epe)
A 22		ZARIA GROUP
A 221		KORO SUBGROUP
A 2211		Koro dialect cluster
A 2212		Lungu (Adong)
A 2213		Yeskwa (Yasgua, Yesko, Jesko)
A 2214		Migili (Koro)[6]
A 222		JABA SUBGROUP
A 2221		Kagoma (Gwong, Gyong)[7]
A 2222		Kamanton (Kamantan)[7]
A 2223		Jaba
		Ham
		Chori
		Samban
		Kenyi
A 223		NANDU SUBGROUP
A 2231		Nandu
A 2232		Tari
A 224		CENTRAL SUBGROUP
A 2241		Irigwe (Iregwe, Irregwe, Aregwa, Aregwe, Rigwe, Kwoll)
A 2242		Kaje (Kajji, Baju, Kache)[7]
A 2243		Afusare-Forum
		Afusare (Fizere, Jarawa, Jari)
		Forum
A 2244		Katab dialect cluster
		Kagoro
		Ataka (Attaka)
		Katab
		Kachichere
		Kafachan
		Marwa (Morwa, Moroa)
A 225		KADARA SUBGROUP
A 2251		Kuturmi
A 2252		Idon (Idong)
A 2253		Kadara
A 2254		Doka
A 2255		Ikulu (Ikolu) dialect cluster[7]
A 2256		Kajuru (Ajure)[8]
A 3	PLATEAU 3	
A 31		Birom (Biroom, Berom, Burum, Kibo, Kibbo, Kibyen)
A 32		Aten (Ganawuri)
A 33		Chara (Fachara, Tera, Teria)

326 A 4		PLATEAU 4
A 41		Ayu (Aya, Ayob)
A 42		Pai (Dalong)
A 43		BOI GROUP
A 431		Kwanka (Kadum)
A 432		Boi (Boyawa)
A 433		Shal
A 44		NINZAM GROUP
A 441		Ninzam
A 442		Gwanto
A 443		Mada (Nunku)
A 444		Kaninkon
		Kanufi
		Nidem (Inidem)
		Kaninkon (Kaningkon, Kaninkwom)
A 45		Rukuba
A 5		PLATEAU 5
A 51		Nungu (Rindre, Rindri, Lindiri)
A 52		Egon (Eggon, Hill Mada)
		Matatarwa
		Matengala
A 53		Yashi
A 6		PLATEAU 6
A 61		Mabo ('Kaleri')
A 62		Horom ('Kaleri')
A 63		Pyem (Pyam, Paiem, Paiema, Payema, Pein, Pemawa, Fyam, Fyeum, Fem, Gindiri)
A 7		PLATEAU 7
A 71		Yergam (Yergum, Yergon, Apa, Appa, Taroh)
A 72		Bashar (Basherawa, Borrom, Bogh, Burmawa, Burrum, Burumawa)
B	JUKUNOID	
B 1		KARIM GROUP
B 11		Karim
B 12		Chomo
B 13		Minda
B 14		Bandawa
B 15		Lau
B 2		JUKUN-MBEMBE GROUP
B 21		Kir (Atak)
B 22		Jiru (Wiyap)
B 23		Jukun (Jukon, Jukum) cluster
		Donga
		Wukari
		Kona
		Gwana
		Pindiga
		Wase Tofa
		Jibu (Dschubu)
B 24		Ashaku
B 25		Nama

326 B 26   Mbembe dialect cluster
   Akonto
   Izale (Izare)
   Ndzale
   Njari
   Nsare
   Nṧale (Nsare)
   Tigum (Tigon, Tigong, Tungun, Tukun)

B 3   KENTU GROUP
B 31   Kentu (Kyentu, Kyato, Kyeto)
B 32   Ichen
B 33   Nyidu (Nidu, Nyivu)

B 4   KPANZO GROUP
B 41   Kpanzo (Kumbo)
B 42   Hwaye
   Eregba (Regba, Appa)[9]
   Hwaye
   Kpwate
B 43   Boritsu (Yukube)

B 5   Kutep (Kuteb, Kutev, Mbarike, Djumperi, Djompra, Zumper, Zomper, Zompre, Zumperi)

C   CROSS RIVER
C 1   CROSS RIVER 1 (BOKI-EBEKWARA, BENDI)
C 11   BEKWARRA GROUP
C 111   Bekwarra
   Bekwarra (Bekworra, Bekworrah)
   Yakoro (Dama Kura)
C 112   Bete
   Bendi
   Bete (Bette, Mbete, Dama)
C 113   Basang
   Basang
   Bisu (Gayi, Uge)
   Busi
C 114   Ukpe
   Bayobiri
   Ukpe
C 115   Ubang
C 116   Alege (Alegi)
C 117   Eastern Mbube (Mbeafal, Mbe Afal)
C 118   Afrike
C 119   Utungwang
   Okorogung
   Okorotung
   Utungwang (Utugwang)
C 12   Boki (Bokyi, Nki, Okii, Osikom) dialect cluster
   Basua
   Bebi
   Bendege (Bindinga)
   Bishiri
   Busua

Classification Schedules   Benue 326

```
326 C 2             CROSS RIVER 2 and 3
    C 21               CROSS RIVER 3
    C 211                 Tita
    C 212                 EASTERN SUBGROUP
    C 2121                   Gbo
                                Gbo (Legbo, Agbo)
                                Igbo Imaban
                                Yigha (leYigha, Asiga)
    C 2122                   Mbembe dialect cluster
                                Apiapum
                                Ekokoma
                                Ifunubwa
                                Oderiga
                                Ofunobwan
                                Okam
                                Wakande
    C 2123                   Nkokolle (Ekuri)
    C 2124                   Ko (loKə, Luko, Lika, Yako, Nkpani, Ugep)
    C 2125                   Lulumo (Olulumo)
                                Ikom (Ikoma)
                                Okuni
    C 213                 WESTERN SUBGROUP (LOWER CROSS RIVER SUBGROUP)
    C 2131                   Ukele (Ukelle, Kukele) dialect cluster
    C 2132                   Oring (Orri, Koring) dialect cluster
                                Effium
                                Iteeji
                                Okpoto-Mtezi (Okpoto II)
                                Ufia
                                Ugbala
    C 2133                   Humono (Kohumono, Bahumunu, Ediba)
    C 2134                   Akunakuna
                                Bini (oBini, Abini, Abine, Abani)
                                Dim (oDim)
                                Erei
                                Gwune (Agwagwune, Agwaguna, Agwagune,
                                   Akunakuna)
                                Umon
    C 2135                   Akpet
    C 22               SOUTHEASTERN GROUP
    C 221                 Okonyong (Akayon, Akoiyang)
    C 222                 Korop (Ododop)
    C 223                 Bakpinka (Uwet)
    C 224                 Uyanga (Basanga)
    C 23               EFIK-ANDONI GROUP
    C 231                 Efik[10]
    C 232                 Ibibio
    C 233                 Anang (Annang)
    C 234                 Okobo
    C 235                 Oron
    C 236                 Eket
    C 237                 Ibino (Ibuno, Ibeno, Andone-Ibeno)
    C 238                 Andoni (Obolo)
    C 239                 Biase[11]
    C 23-10               Enyong[12]
    C 23-11               Ito[13]
    C 23-12               Itumbuzo[13]
    C 24               OGONI GROUP
```

```
326 C 241          Kana (Khana)
    C 242          Gokana
    C 243          Eleme
    C 25           ABUA-OGBIA GROUP
    C 251          Abua
                     Abua (Abuan)
                     Odual (Saka)
    C 252          Kugbo
    C 253          Ogbia
                     Anyama
                     Kolo
                     Oloibiri
    C 254          Mini


    D          BANTOID
    D 1          NON-BANTU BANTOID
    D 11           MAMBILOID (MAMBILA-WUTE GROUP)[14]
    D 111            Mambila (Mambilla, Mambere, Torbi) dialect cluster
                       Northern Mambila
                       Southern Mambila (Tagbo, Tongbo, Lagubi)
                     Kamkam (Kakaba, Bungnu, Bunu)
    D 113            Tep
    D 114            Magu (Mvanip)
    D 115            Kila
    D 116            Ndoro
    D 117            Gandua
    D 118            Wute (Wuti, Bute, Buti, Babude, Babute, Babuti,
                         Fute, Vute)
                       Galim
                       Suga (Ssuga, Jemjem, Njemnjem)
    D 12           TIVOID (TIV-BATU GROUP)[14]
    D 121            Tiv (Tivi, Tiwi, Munshi, Munchi, Mitshi [Munshi etc
                         are highly derogatory -- Welmers])
                       Mekaf[15]
    D 122            Becheve
    D 123            Balegete
    D 124            Bitare (Yukutare, Njwande)
    D 125            Abõ
    D 126            Batu

    D 2          BANE (WIDE BANTU)[16]
    D 21           NIGERIAN GROUP
    D 211            EKOID SUBGROUP
    D 2111             Ndoe (Akparabong)
                         Balep
                         Ekparabong
    D 2112             Ekoi dialect cluster
                         Bendeghe (Bindiga, Mbuma)
                         Edjagam (Keaka, Keaqa, Kejaka)
                         Ejagham (Ejaham, Ekwe, Central Ekoi)
                         Kwa (Qua, Aqua, Abakpa)
                         Manta
                         Northern Etung (Icuatai)
                         Southern Etung
                         Obang (Eafeng)
    D 2113             Efutop (Ofutop, Agbaragba)
```

326 D 2114		Nde
		Nde (Atam, Ekamtulufu, Mbenkpe, Udom,
		Mbofon, Befon)
		Nsele
		Nta (Afunatam)
D 2115		Abanyom (Befun)
D 2116		Nkim
D 2117		Nkumm (Nkum)
D 2118		Nnam (Ndem)
D 2119		Ekajuk (Akajuk, Akaju)
D 212		Mbe (Western Mbube, Ketuen)
D 213		JARAWA SUBGROUP[17]
D 2131		Bada (Badanchi, Bat, Mbat, Mbada, Jar, Jarawan Kogi)[17]
D 2132		Duguranchi (Jar)[17]
D 2133		Gingwak (Jaranci, Jarawa, Gwak)
D 2134		Bankala (Bankalawa, Baranchi, Bobar)
D 2135		Jaku
D 2136		Kulung (Wurkun, Wurkum)[17]
D 2137		Guba (Gubawa)
D 2138		Mama
D 2139		Bomberawa (Bambara)
D 213-10		Bare
		Bare
		Bille
		Mbula
D 213-11		Ligri (Dungerawa)
D 213-12		Nagumi[18]
D 213-13		Mboa[18]
D 214		Afudu
D 22		MAMFE GROUP
D 221		Anyang
D 222		Nyang (Kenyang, Bayang, Banyang, Banyangi, Bayangi)
		kiTwii (Manyemen, Northern Balong)
D 223		Esimbi (Simpi, Age)
D 224		Ngunu (Ngonu, Angono, Ngwo, Ngwa)
D 225		Ngie (Ngi, Baminge, Agie, Angie, Mingi, Ugie)
D 226		Upper Mundani
		Bamok
D 227		Lower Mundani
		Bessali
		Betchati
		Fonange Banteng
		Ndzen
D 228		Takamanda
D 229		Menka
D 22-10		Asumbo (Assumbo, Badzumbo)
D 22-11		Amasi
D 22-12		Kinkwa (Mangen Konkwa)
D 23		GRASSLANDS GROUP (PLATEAU BANTOID)
D 231		Bamoun (Bamoum, Bamum, Bamun, Mom, Shupamam)
D 232		BAMILEKE SUBGROUP (GRAFIL, GRASSFIELD)
D 2321		NGWE SUBGROUP
D 23211		Ngwe (Bangwa, Dschang-Bangwa)
D 23212		Foto
D 23213		Bafou (Dschang, Dshang, Chang, Atsang)

326 D 23214		Fongo-Ndeng
D 2322		Baloum
D 2323		Fomopea
D 2324		BANDJOUN SUBGROUP
D 23241		Bandjoun (Bandjoum, Banjoun, Bayangam, Baham, Ngomandju, Mahum, Mandju)
D 23242		Bamendjou (Bamougoum, Pamunguup, Mundju)
D 23243		Bafoussam (Fulsap, Fusap, Fusam)
D 2325		Batie
D 2326		Fotouni
D 2327		Fe'fe' (Fe'efe', Fefe, Fan, Fanwe, Fa', Fa, Faa, Bafang, Bana, Kun, Kuu, Bakuu, Bakou)
		Babouantou (Papwantu)
D 2328		Bamaha
D 2329		BANGANTE SUBGROUP
D 23291		Batchingou (Bangou, Bamana)
D 23292		Bangante (Ndjuboga, Ndjubuga, Ndzubuga)
D 23293		Bangwa (Eastern Bangwa, Bangoua, Batouffam, Ngwe)
D 232-10		Bapi
D 232-11		Bati
D 232-12		Bamendjina
D 232-13		Bagam (Tsogap)
D 232-14		Bamenkoumbit
D 232-15		Bamenyam
D 232-16		Babadjou (Tsaso, Etsaso)
D 232-17		Batcham
D 232-18		Batongtou[19]
D 233		Mungaka (Mungaaka, Ngaaka, Bali)
D 234		Beba-Befang (Biba-Bifang)
D 235		NGEMBA SUBGROUP (NGOMBA, MAGIMBA, MEGIMBA, MOGIMBA)
D 2351		Pinyin
		Awing (Bambulewe)
		Mankon
		Pinyin
D 2352		Bafut (Bufe, Fu, Fut)
D 2353		Nkwen
		Nkwen (Bafreng)
		Mandankwe
		Mbili (Mbele, Bambili)
		Mbui (Bambui)
D 2354		Bamunkum
D 2355		Kpati
D 236		TADKON SUBGROUP
D 2361		Ngamambo (Eastern Meta)
D 2362		Moghamo (Mogamo, Mogamaw, Megamaw, Mitaa)
D 2363		Menemo (Meta, baMeta, Muta, Mbe, Chubo, Uta')
D 2364		Iyirikum (Tiwirkum, Widikum, Widekum, Burrikem, Mbudikem)
D 237		KOM-BANDEM SUBGROUP
D 2371		Aghem (Wum, Yum)
D 2372		Bafum
D 2373		Bum
D 2374		We (Weh)
D 2375		Oso (Osso, Ndum, Southern Fungom)
D 2376		Fungom (Northern Fungom)

Classification Schedules   Benue 326

326 D 2377   Mme
    D 2378   Kom (Nkom, Bikom, Bamekon, Ekom, Etang)
                       Kidzem [20]
                       Tsam [20]
    D 2379   Ukfwo (Oku)
    D 237-10   Kidzom (Babanki, Finge)
    D 237-11   Bandem [21]
    D 238   NDOP SUBGROUP (MELAMBA)
    D 2381   Kensense (Bamessing, Nsei)
    D 2382   Tshirambo (Bambalang)
    D 2383   Bamali
    D 2384   Fanji (Bafa'ndji)
    D 2385   Ngo (Babungo)
    D 2386   Muka (Bamunka)
    D 239   Lamnso (Lamso, Nso, Nsaw, baNso, Banso, baNsaw,
                        Bansaw)
    D 23-10   Limbum (Llimbumi, Wimbum, Nsungali, Nsungli,
                        Nsungni, Nsugni, Ndzungle, Ndzungli,
                        Zungle, Njungene)
                     Tang (Tan)
                     Wiya (Ndu)
    D 23-11   Kaka (Mbem) dialect cluster
    D 23-12   MFUMTE (NFUMTE) SUBGROUP
    D 23-121   Kofa
                       Kofa
                       Lus
    D 23-122   Ncha
    D 23-123   Kwaja
    D 23-124   Adere (Arderi)
    D 23-125   Ntem
                       Ntem (Tshintsche)
                       Wanti (Wante, Wongbo)
    D 23-126   Ndaktup (Bitwi)
    D 24   MISAJE (METCHO) GROUP
    D 241   Kumaju
                       Bebedjato
                       Kumaju (Dumbo)
                       Ngong (Nzhimamungong)
                       Nkor
                       Noni
                       Ntshanti
    D 242   Dzaiven Boka
    D 243   Bunaki
    D 244   Kosin (Kaw)
    D 25   TIKAR GROUP
    D 251   Tikar (Tikari, Tikali, Tiker, Tika, Tikave,
                        Tikuli)
                       Tumu [22]
    D 252   Bandobo (Ndob, Ndop, Burrikem)

BANTU

327 A 10 LUNDU-BALONG GROUP
    A 11   Lundu cluster (baLundu)[1]
             Batanga (Noho, baNoo)
             Bima
             Ekumbe
             baKundu (loKundu, Kundu)
             Lundu
             Mbonge
             Ngoro (Ngolo)
    A 12   baRue (Lue, Western Kundu)
    A 13   Balong (Balon, Balung, Southern Balong)[2]
    A 14   Bonkeng (Bonken, Pendia)[2]
    A 15   Mbo cluster[3]
             Babong
             Bafo
             Balondo
             Baneka
             Kaa (Bakaka)
             aKoose (Bakosi, Bakossi, Nkosi)
             aKoose (Muamenam, Mbo)
             eLong
             Mbo (Bareko)
             Mbo (Ngen)
             Mbo of Dschang
             Mbo of Mbouroukou
             Mwahet (Manehas, Bakaka)
             nNenu (Ninong)
             nSwase (Basosi)

    A 20 DUALA GROUP
    A 21   Bomboko (Bamboko, Bambuku, Bumboko, Bumbuku, Bumbuko, Mboko)
    A 22   Baakpe (Bakwiri, Kwedi, Kweli, Kwili, Kwire, beKwiri, Mokpe)
    A 23   iSu (iSubu, Subu, iSuwu, Bimbia)
    A 24   Duala (Douala, Dualla, Diwala, Dwela)
             Bodiman
    A 25   Oli (Uli, Uri, Ouri, Wouri, Wuri, Ewodi)
    A 26   Pongo
           Mungo
    A 27   Mulimba (Malimba, Limba, Lemba)
    A 28   Bobea (Bobe, Bota, Wovea)[4]
    A 29   Kole (Bakolle, Bakole)[4]

    A 30 BUBE-BENGA GROUP
    A 31   Bube (Bubi, Boobe, Boombe, Adeeyah, Adija, Ediya, Fernandian)[5]
    A 32   baTanga
             baNoh (Banaka, Noho, Noko)

327 A 32 cntd   *Bapoko (Poko, Puku, Buku, Naka)*
    A 33   Yasa cluster
                    Kombe (Combe, Ngumbi)
                    Yasa
    A 34   Benga

    A 40   BASA GROUP
    A 41   Lombi (baRombi, Rombi)[6]
    A 42   Bankon (Abaw, Abo, Bo, Bon)[6]
    A 43   Basa (Bassa, Northern Mbene, Mvele, Koko)[2] [6]
                        Bakem
                        Bakogo
                        Bakoko (Kogo)[7]
                        Bandem[8]
                        Dibeng
                        Dibum
                        Mbang
                        Mbene
                        Ndokama
                        Ndokbele
                        Ndokpenda
                        Nyamtam (Nyamtan)
                        Yabasi
    A 44   Banen (Banend, Penin, Penyin)[9]
                        Bonek (Ponek)
                        Eling
                        Itundu
                        Logananga
                        Ndogbang
                        Ndogbanol
                        Ndokbiakat
                        Ndoktuna
                        Yambeta
    A 45   Nyo'o (Nyokon)[9]
                        Fung
    A 46   Mandi (leMande)

    A 50   BAFIA GROUP[10]
    A 51   ləFa' (Fak, Balom)
    A 52   ləKaalong (ləMbong, laMbong)
    A 53   rəKpa (Bafia)
    A 54   ləNgayaba (Djanti, Njanti)

    A 60   SANAGA GROUP[10] [11]
    A 61   Ngoro[10]
    A 62   Yambasa[10]
    A 63   Mangisa
    A 64   Bacenga (Batchenga, Betsinga, Betzinga)
    A 65   Bati
    A 66   Cinga (Chinga, Bundum, Kombe)[10] [12]

    A 70   YAUNDE-FANG GROUP
    A 71   Eton
    A 72   Ewondo cluster
                        Avuk (Avək, Bafok, Bafuk, Bavek)
                        Bakja (Bakjo, Badjia, Eki, Mvang, Omvang)
                        Ewondo (Ewundu, Jaunde, Yaounde, Yaunde)

327 A 72 cntd   *Lepuk (Lepək)*
                Mengang
                Mvele (Yesoum, Yezum)
                Yangafek (Yangafuk)
                Yashem (Yasem)

- A 73   Bebele (baMvele)
        Gbigbil (Bobili, Bobilis)
- A 74   Bulu (Boulou)
        Bene (Bane)
- A 75   Fang (Fan, Fanwe, Pahouin, Pamue, Pangwe)
          Ntum (Northern Fang)
          Make (Southern Fang)
- A 76   Ewondo populaire (Pidgin Ewondo, Pidgin A70, Bulu-Yaounde, Bulu bediliva, Bulu des chauffeurs)

- A 80   MAKA-NJEM GROUP
- A 81   Mvumbo (Mgoumba, Ngoumba, Ngumba)
- A 82   So
- A 83   Makaa (Maka)
- A 84   Njem (Ndjem, Ndzem, Njiem, Nyem, Djem, Dsimu, Dzem, Dzimu, Dzimou, Kozime, Zimu)
          Bajue (Badjue)
- A 85   Konabem (Konabemb, Konabembe)
          Bekwil (Bakwele)
- A 86   Mbimu cluster
            Baagato (Northern Bangantu)
            Medjime (Medzime, Mendzime)
            Mpiemo (Bidjuki, Mbimu)
            Mpompo (Bombo, Boumboum, Mbumbum, Kaka of Sala)[13]
- A 87   Bomwali (Bomali, Boumoali, Bumali, Lino)
- A 88   Bethen[14]

- A 90   KAKA GROUP
- A 91   Kwakum (Akpwakum, Bakum, Pakum)
          Azom[15]
- A 92   Pol (Pul)
          Pomo
- A 93   Kako (Kaka, Yaka)

- B 10   MYENE CLUSTER
- B 11   Myene cluster
            Dyumba (Adjumba, Adyumba)
            Enenga
            Galwa (Galoa, Galua, Galloa, Omyene)
            Mpongwe (Mpongoue, Mpungwe, Npongue, Npongwe, Pongoue)
            Nkomi
            Rungu (Rongo, Orungu)

- B 20   KELE GROUP
- B 21   Sekiyani (Sekiana, Shekiyana, Shekiana, Sheke, Bulu)
- B 22   diKele cluster (Bakele)
            Bubi
            aNgom (Bangom, Bangomo)
            Western Kele

327 B 23   Mbangwe
     B 24   Wumbvu
     B 25   iKota (Kota, iKuta, Mahongwe, Shake)

     B 30   TSOGO GROUP
     B 31   Tsogo (Mitsogo, Apindje, Apindji)
     B 32   Kande (Kanda, Okande)

     B 40   SHIRA-PUNU GROUP
     B 41   iSira (iShira, iChira)
     B 42   yiSangu (Shango, Chango)
     B 43   yiPunu (Puno, Pouno)
     B 44   iLumbu

     B 50   NJABI GROUP
     B 51   liDuma (Douma, Aduma, Adouma)
     B 52   yiNzebi (biNzabi, Bandzabi, Njabi, Ndjevi, Njevi)
     B 53   iTsaangi (Tsangi, Tcengui, Tchangui)
     B 54   Wandji[16]
     B 55   Vili[16]

     B 60   MBETE GROUP
     B 61   Mbete (liMbede, Obamba)
     B 62   Mbaama (Mbamba, Bakota)
     B 63   Minduumo (Mindumbu, Doumbo, Doumbou, Dumbu, Ndoumbo,
                         Ndumu, Ndumbo, Nduumo, Ondoumbo)
                      Epigi
                      Kanandjoho
                      Kuya
                      Nyani
     B 64   iNgul (Nguli, Ngulu, Ngoli)[17]

     B 70   TEKE GROUP[18]
     B 71   Northern Teke (Tege, iTeghe)
                      Tege-Kali (Tegue, kaTeke)
                      *kaNjiningi (Djikini, Ndjinini, Njikini, Njinini,
                         Nzikini)*
     B 72   Northeastern Teke
                      Ngungwel (Ngangoulou, Ngangulu, Ngungulu, Ngungwoni)
                      Mpumpu (Mpumpum, Mpu)
     B 73   Western Teke
                      Kwe
                      iLaali (Lali)
                      Tsaayi (Ntsaayi, Tsaya, Tsaye, Tsayi)
                      iYaa (Yaka)
     B 74   Central Teke
                      eBoo (Boma)
                      *Ndzindziu (Ndzindzihu, Ndzikou, Njinju, Nziku,
                         Nzinzihu)*
                      Wuo
     B 75   Bali (Ambali, Teke, Teo, Tio, Tyo)
     B 76   Eastern Teke
                      Mosieno
                      esiNgee
     B 77   Southern Teke
                      Fumu (iFumu, Mfumu)
                      Kukwa (Cikuya, Koukouya, Kukuya)

327 B 78		iWuumu (Wumu, Wumbu)
	B 80	TENDE-YANZI GROUP
	B 81	kiTiene (Tiene, kiTiini, Tende)
	B 82	kiBoma (Buma)
	B 83	eMfinu (Mfununga, Funika)

                        eMfinu[19]
                        Ntsiam[19]
                        Ntswar[19]

B 84   Mpuono
          Mpuono
          Mpuun

B 85   iYans (iYanzi, kiYanzi, Yanchi, Yansi, Yanzi)
          Mbiem
          Mpur
          Ntsuo
          Eastern Yans
          Yeei (Yey)

B 86   Di (Din, Ding, Dinga, Dzing, Idzing)[20]
B 87   Mbuun (Mbunda, Mbuno, Mbunu, giMbunu)[20]

C 0   MISCELLANEOUS ZONE C LANGUAGES, STATUS UNCERTAIN[21]
C 01   loMabaale (Mabale, Mbali)
          diBaali
          Banza
          Bembe
          Lipanja
          Lobo (Balobo)
          Mbinga

C 02   iBoko
C 03   Ndoobo (Ndobo)
C 04   Likila (Bangele, Balobo)
C 05   Bolondo
C 06   Ndoolo
C 07   Kunda
          mwaDiko (Likaw)

C 08   Doko[22]
          'Bokutu (Dyobo)
          Gomba
          Ingbeele (Apindi, 'Bolongo, Bashwa, Bobala)
          Ingundji
          Mbiya
          Mimbo (Mundjinga, Dyobo)
          Ndeke (Bweela, Mongombo, Popolo)

C 09   liTembo
C 0-10   Doko of Ngiri[23]
          Bamwe (Lituka, Moonya, Monia, Libobi, Mundongo)
          Budjaba
          liDjandu
          Ebuku
          Kutu
          Lingunda

C 0-11   Dianga
C 0-12   liKango (Rakamgo)[24]
C 0-13   Boloki of River Ruki[25]

327 C 0-14   Sankanyi (Sankani, Sakani, Sakanyi)
    C 0-15   Soko[26]
    C 0-16   Langa
    C 0-17   Mbuli
    C 0-18   Jonga

    C 10   NGUNDI GROUP[27]
    C 11   Ngondi (Ngundi)
                      iNgondi (Ngondi)[28]
    C 12   Pande (Ndjeli, liNyeli, liNzeli, Ndzali, liNdjeli)
                      Bogongo (Bongili, Bongiri, Bungili, Bungiri, Bubongo,
                          Bukongo)
    C 13   Mbati (iSongo, liSongo, Lissongo)[29]
    C 14   Mbomotaba (Bamitaba)
    C 15   Bongili (Bungili, Bongiri, Bungiri)
    C 16   Lobala
                          Bomboli (Bombongo)
    C 17   diKota (diKuta, Bakota)[29]
    C 18   diNgando (Bodzanga, Bangandou, Bagandou)[29]
    C 19   Ndaanda (Kpala)[30]

    C 20   MBOSHI GROUP
    C 21   Mboko (Bambuku, Bomboko, Bumboko)
    C 22   Akwa
    C 23   Ngare
    C 24   Koyo
    C 25   Mbosi (Mboshi)
    C 26   liKwala (liKouala)
    C 27   liKuba

    C 30   BANGI-NTUMBA GROUP
    C 31   Loi-Ngiri (Nguili)
                          Balobo
                          Bomboli
                          Jamba-Makutu
                          Loi (Baloi, Rebu)
                          Mampoko
                          Manganji
                          Ndolo
                          Ngiri
                          Nunu
    C 32   boBangi (Bangi, buBangi, Rebu)
                          kiBangi (Bobangi de traite)
    C 33   keSengele (Sengere)
    C 34   kiSakata cluster (Saka, Lesa, Odual)
                          kiDjia (Dia, Dja)[31]
    C 35   loNtomba (luNtumba)-Bolia (Bulia)
                          Imoma (Imona)
                          Mpongo
                          Nkole
    C 36   Losengo (Lusengo)[32]
                          Boloki (Bologi, Boluki, Buluki, Baloki)[33]
                          Kangana
                          Kele
                          eLeko (iLiku, loLeku)
                          liMbudza (Mbudja)
                          liMpesa

Bantu 327 Classification Schedules

    327 C 36 cntd   maNgala (liNgala, baNgala [pidginized lingua franca], Ngala [lingua franca])[34]
                  iNgundji
                  liPoto (uPoto)
    C 37   iBuja (Budja, Boudja, Embuja)[35]
    C 38   Basoa-Basoko[36]
              Baonga[36]
              Yamongeri[36]
    C 39   Ngele of Irebu[37]

    C 40   NGOMBE GROUP
    C 41   liNgombe
    C 42   liBwela (Buela, Lingi)
    C 43   liBati (Baati, liBenge, liGbe, liGbaase, boGanga, boYange, Labibi)[38]
    C 44   liBoa (Baati, diBaali, Bali, Bango, Boua, Bua, Bwa, liBwali)[38]
                  Apagibeti (Apakabeti, Apakebeti, Apakibeti, Gezon, eGulu, eGbuta, eBugbuma, Ilombo)
                  Benge-Baati (liBaati, Bati, Napagisene)
                  Napagitene (Napagibetini)
                  liYewu (liBita)
    C 45   liAngba (leAngba, Beo, leBoro, Buru, Bangelima, Ngelima, Tungu)[39]
    C 46   liBinza (liBinja, liBindja, leBendja)[40]
                  leBendia
                   iBindja
                  liBinza
                  diGendja (leGendja, Genja, liGendza, leGenza)
                    Gendza-Baali
                  leHanga
                  leLima
                  leSalia
                  liSena
                    Wiinza-Baali

    C 50   SOKO-KELE GROUP
    C 51   uMbesa (Mombesa)
    C 52   heSo (eSo, Soko)[26]
    C 53   toPoke (Puki, toFoke, toVoke)
                  Baluombila
                  Likolo
                  Liutwa
                  Lombooki
    C 54   oLombo (uLumbu, Turumbu)
    C 55   eKele (loKele, Kili, liLeko)
    C 56   liFoma (Fuma)

    C 60   MONGO-NKUNDU GROUP
    C 61   Mongo-Nkundo
                  Bukala (Kala)
                  Buuli
                  Ekonda
                  Longo
                  loMongo
                  Mpama
                  loNkundo (Lolo, loNkundu)

327 C 61 cntd   *iPanga*
                Southern Nkundo
                Titu
                Wangata
                Yailima (Yajima)
C 62   Lalia[41]
C 63   Ngando (Ngandu)[41]

C 70   TETELA GROUP
C 71   oTetela (Sungu)
C 72   Kusu (loKutsu, Kongola, Fuluka)
C 73   Nkutu (Bankutu, Nkuchu, Nkucu, Nkutshu)
                Elembe
                Hamba
                loKalo
                    Kongola-Meno
                Ngongo
C 74   boYela (Kutu)
C 75   oKela (Lemba)
C 76   loOmbo (Hombo, Songola)

C 80   KUBA GROUP
C 81   Dengese (Ndengese, Nkutu, Ileo)
C 82   Songomeno
C 83   Bushoong (Bushong, Bushongo, Ganga, Kuba, Mbale, Mbala,
                    Mongo, baMongo, Shongo)
C 84   usiLele
C 85   Wongo (Gongo, Ndjembe, Tukkongo, Tukongo, Tukungo,
                    Turkongo)

D 10   MBOLE-ENA GROUP[42]
D 11   loMbole
                Inja
                Keembo
                Nkembe
D 12   kiLengola (Lengora)
D 13   Mituku (kinyaMetoko)
D 14   Ena (Enya, Genya, Tsheenya, Zimba)
D 15   Zyoba[43]
                Masanze
                Vira

D 20   LEGA-KALANGA GROUP
D 21   liBali (liBaali, Southeastern Bua, Bango)
                Bafwa Ndaka
                'Bakundumu
                Bekeni
                Bemili
D 22   Bira[44]
                kiBira (Ruwenzori) (kuSutu)
                    kuAmba (kiHumu, Bulebule, Hamba)
                    kiHyanzi (Hianzi)
                    kuSuwa
                kiBira (Plains)
                baBira (Western) (baBeda, baBera, baBila)

```
327 D 22 cntd    kiBila (Forest) (kiBombi, kuBira)
                 iMbuti (kiMbuti, iButi)
                 iKaiku
                 eBugombe
    D 23         kiKomo (kiKumu, kiKuumu)
    D 24         keSongola (Binja)
                 keGengele[45]
    D 25         kiLega (kiRega)
                   iBembe (eBeembe)[46]
                   iLeega
                   kiLeega
                   eTumbwe
    D 26         Zimba (Southern Binja)
    D 27         kiBangubangu (Bangobango)[47]
                   kiBuyu (kiBujwe)
                   kiSanzi
    D 28         kiHolololo (Guha, Kalanga, kiHorohoro)
    D 29         liLiko[48]

    D 30         BIRA-HUKU GROUP
    D 31            Peri (Pere, Pili, Bili, Pakombe)
                      Baidumba
                      Beka
                      iBili
                      Hokohoko
                      eLeedji
                      eTike
    D 32            Bira (Sese, Sumburu)[44]
    D 33            liNyali (Nyari, Bvanuma, Bambutuku, liHuku, Mbuba)
                      liBombi
                      liHuku (Hoko)
                      liNyali
                      liVanuma (liBvanuma)
    D 34            eBudu[49]
                      Bafwagada (Lega)
                      Bafwakayi
                      Balika
                      Makodo (Makoda)
                      Malamba
                      Matta
    D 35            kiMbo (iMbo)[49]
    D 36            iNdaaka[49]
    D 37            iBeeke[49]

    D 40         KONJO GROUP
    D 41            oluKonzo (oluKonjo, Kondjo)
    D 42            oruNdandi (Ndanda, Nande, Northern Nande, ekiNande,
                       ekiNdande, Nandi, Shu)
                      ekiMate
                      ekiKumbule
                      ekiTangi
    D 43            kiNyanga[50]
                      kiKaanu (Kanu)[50]
    D 44            ekiYira[51]
                      ekiBito
                      ekiHira
                      ekiHomba
```

Classification Schedules   Bantu 327

327 D 45   ekiSwaga[51]
            ekiKira
    D 46   ekiShu[51]
            ekiShukaali [Women's dialect]
    D 47   ekiLega[51]
            ekiHambo[51]
    D 48   ekiSongoora[51]
    D 49   ekiSanza[51]

    D 50   BEMBE-KABWARI GROUP
    D 51   kiHunde (ruKobi)[52]
    D 52   ekiHaavu (Havu)
                Hwindja (Lwindja)
                Lindja
                Longe-Longe
                Shi
                Ziba (amaZiba)
    D 53   Nyabungu (kiTembo)[52]
    D 54   iBembe (Beembe)[46] [53]
    D 55   Buyi
    D 56   Kabwari
              kiBwari
              kiGoma
              kiSanzi
              kiYoba (Yoa)
    D 57   kiNyindu[52]
              ekiRhinyirhinyi[52]

    D 60   RUANDA-RUNDI GROUP
    D 61   ikinyaRwanda (kinyaRwanda, orunyaRwanda, Runyarwanda,
                            Rwanda, nyaRuanda, uruRuanda, urunya-
                            Ruanda)[54]
                Bufumbwa
                iGanza
                Hutu
                igiKiga (igiTshiga)
                uruLera
                  Ndorwa (ruKiga, ruCiga)
              ikinyaNduga
                Rwanda
                ikiShobyo
                 iTshogo
                ruTwa
    D 62   ikiRundi[54]
    D 63   Fuliro (Furiiro, ikiFuliiru)[55]
    D 64   uruShubi (Subi, Sinja)
    D 65   Hangaza
    D 66   ikiHa
    D 67   Vinza

    E 10   NYORO-GANDA GROUP
    E 11   oruNyoro (oluNyoro, Gungu, Kyopi)[56]
              oluSese[56]
                oluGaya
                oluVuma
    E 12   oruToro (oruTooro, oluToro)[56]

Bantu 327   Classification Schedules

```
327 E 13        nyanNkore (olungaNkore, olungaNkole, oluNyankole)
                    oruHima (oruHuma, oruHema, kiHema)⁵⁷
                  etshiHororo (ruHororo, Horohoro)
                      Iru (Yiru)
                    oruTagwenda (Takwenda)
    E 14        oluCiga (Chiga, oruKiga)
    E 15        oluGanda (Luganda)
    E 16        oluSoga
                    Northern Soga
                    Southern Soga
    E 17        oluGwere (luGwere)
                  luKenyi⁵⁸
                  oruSyan (Bantu Sabei)⁵⁸
    E 18        oluNyala (Nyara)⁵⁹
                  luSinga⁵⁸
    E 19        oluBwisi (Bwissi, Mawisi)⁶⁰
                  kiTalinge (Talinga)⁶⁰

    E 20    HAYA-JITA GROUP
    E 21        ekiNyambo (ruNyambo, kaRagwe, uruRagwe)
    E 22        ekiHaya
                    Bumbira
                    Edangabo
                    Hamba
                    Hangiro
                    Mwani
                    Nyakisasa
                    Yoza
                ekiZiba (oluZiba)
                oluKooki⁶¹
    E 23        eciDzindza (Zinza, Zinja, eciZinja, echiJinja, Jinja)
    E 24        ekiKerebe (Kerewe)
                    Kara
    E 25        eciJita (Kwaya)

    E 30    MASABA-LUHYA GROUP
    E 31        Masaba (uluGisu, luGisu, uluGishu)
                    uluBukusu (Kitosh)
                    uluBuya
                    uluDadiri
                    uluGisu
                    uluKisu
    E 32        luLuhya (luLuyia)⁵⁹ ⁶²
                    luGwe
                    oluHanga (luHanga, oluWanga, Kawanga)
                    lwIdaxo (Idakho, Itokho)
                    lwIsuxa (Isukha)
                    luKakelelwa (Lewi)
                    kaKamega (kaKumega)
                    luKisa
                    luMaraci (luMarachi)
                    luMarama
                    luNyala (Kabarasi)
                      Taconi (Tadjoni, Tatsoni)
                    luTiriki
                    luTsootso (Tsotso)
                    luXaayo (Khayo, Tindi)
```

Classification Schedules　　　　　　　　　　　　　　　　　　　Bantu 327

```
327 E 33        oluNyore (luNyole, Nyoole)
    E 34         luSaamia (oluSaamia, Samia, Samya)⁶²
    E 35        oluNyuli

    E 40        RAGOLI-KURIA GROUP
    E 41          Logooli (Llugule, Llogole, Lugooli, Maragoli,
                         uluRagoli)
    E 42        ikiGusii (Guzii, Kisii, Kosova)
    E 43        ikiKuria (Koria, Kurya, Tende)
                    Kiroba
                    Simbiti
                    Sweta
    E 44        ikiZanaki⁶⁴
                    Girango
                    Ikizu
                    ikiIsenyi
                    Ndali
                    Siora
                    ikiZanaki
    E 45        ikiNata (Ikoma)
    E 46         Sonjo (Sonyo)⁶³
    E 47        ikiNgurimi (Nguruimi, Ngruimi, Ngoreme)⁶⁴

    E 50        KIKUYU-KAMBA GROUP
    E 51         giKikuyu (Kikuyu, Gekoyo)
    E 52         kiEmbu (Embo)
    E 53         kiMeru (Mero)
    E 54         kiTharaka (Saraka)
    E 55         kiKamba⁶⁵
    E 56         kiDhaiso (Daiso, Sageju, Segeju, Sengeju)⁶⁵
    E 57          Chuka (Suka)⁶⁶

    E 60        CHAGA GROUP
    E 61          kiRwo (Meru)⁶⁷
    E 62          kiCaga (Chaga, Chagga, Djaga, Dschagga, Shaka)⁶⁷
                    kiHai (Meru)
                    kiMashami (Macame, Machame, Madschame)
                    kiMoci (Mosi, Moshi)
                    kiRombo
                      Shira
                    kiWunjo (Marangu)
    E 63           Rusha (Arusha, Kuma)
    E 64         kiKahe
    E 65         kiGweno

    E 70        NYIKA-TAITA GROUP
    E 71          kiPokomo (Pfokomo)
    E 72          kiNyika (Nika, Nica, Nicat)⁶⁸
                    Conyi (Chonyi, Dschogni)
                    Digo
                    Duruma
                    Giryama (Giriama)
                    Jibana (Dzihana)
                    Kambe
                    Kauma
                    Rabai
                    Ribe (Rihe)
```

```
327 E 73          kiDigo
    E 74          kiTaita (Teita)
                     kiDabida
                     kiSagala (Sagalla, kiTeri)


    F 10          TONGWE GROUP
    F 11             kiTongwe
    F 12             Bende

    F 20          SUKUMA-NYAMWEZI GROUP
    F 21             kiSukuma (Gwe)69
                        Kiya
    F 22             kiNyamwesi (Nyamwezi, Namwezi)69
                        Konongo
                        kinaMweri (kiSumbwa)
                        kiNyanyembe
                        Takama (Garaganza)
    F 23             kiSumbwa
    F 24             kiKimbu70
    F 25             ikiBungu70

    F 30          ILAMBA-IRANGI GROUP
    F 31             ikiNilamba (Nilamba, Niramba, Ilamba, Iramba)
    F 32             kiRimi (Remi, Limi, Nyaturu, kinyaTuru)
    F 33             kiLangi (Irangi)
    F 34             Mbugwe


    G 10          GOGO GROUP
    G 11             ciGogo
    G 12             ciKagulu (Kaguru, North Sagara)
                        ciMegi

    G 20          SHAMBALA GROUP
    G 21             kiTubeta (Taveta)
    G 22             ciAsu (Athu, Casu, Chasu, Pare)
    G 23             kiShambaa (Shambala, Sambala, Sambara, Sambaa, Schambala)71
    G 24             kiBondei (Bonde)71

    G 30          ZIGULA-ZARAMO GROUP
    G 31             kiZigula (Zeguha, Zigua, Zigoua)72
    G 32             kiNghwele
    G 33             kiZaramo (Dzalamo)73
                        Doe (Dohe)
    G 34             kiNgulu (Nguru)72
    G 35             kiRuguru (ikiRuguru, Luguru)73
    G 36             kiKami73
    G 37             kiKutu (Khutu)
    G 38             kiVidunda (chiVidunda)
    G 39             kiSagala (Sagara)
                        Itumba
                        Kondoa (Solwe)
                        Kwenyi
                        Nkunda
                        Nkwifiya
                        Ziraha
```

Classification Schedules   Bantu 327

327 G 40   SWAHILI GROUP
    G 41   Tikuu (Tikulu, Tukulu, Bajuni, Badjouni, Bajoni,
                     Bajun, Bagiuni, Barjun, Bayoun, Gunya,
                     Patschuni, Faza Swahili)[74]
    G 42   kiSwahili (Suahili, Suaheli)[74]
                     Amu (Lamu)
                     ciCifundi (Fundi)
                     kiHindi ('Indian Swahili')
                     ciMbalazi
                       Mgao
                       Mrima
                       Mtangata
                       Mvita
                     kiNgwana (Potopoto Swahili)
                       Pate (Patta)
                     kiSettla (kiSetla, 'Settler Swahili')
                     kiShamba ('Up-country Swahili')
                       Siu (Siyu)
                       Tanga
                       Unguja
                     kiVita ('Army Swahili')
                       Vumba
    G 43   Pemba cluster
                     Hadimu
                     Phemba (Pemba)
                     Tumbatu
    G 44   Komoro
                     kiNgazija (Ngazidja)
                     kiNjuani (Nzuani, Nzwani, Hinzua)
                     kiMwali[75]

    G 50   POGOLO GROUP
    G 51   ciPogolo (Pogoro)[76]
    G 52   Ndamba

    G 60   BENA-KINGA GROUP
    G 61   eshiSango (Sangu, Rori)[76]
    G 62   ekiHehe (kiHehe)[76]
    G 63   ekiBena[76]
    G 64   ekiPangwa[77]
    G 65   ekiKinga[78]
    G 66   Wanji
    G 67   Kisi

    H 10   KIKONGO GROUP[79] [82]
    H 11   kiBembe (kiBeembe, Mbembe)
    H 12   kiVili (Fiot)
    H 13   kiKunyi
    H 14   Ndingi (Ndinzi, Ngingi)
    H 15   Mboka
    H 16   kiKongo (Congo) cluster
                  Central
                     kiMboma
                     kiNdibu
                     kiSolongo (Musserongo)
                     kiSuundi (Sondi, Nsuundi)

327 H 16 cntd
        East Central
           Luula
          kiMbaamba (Mbako, Mpako, Phaku)
          kiMpaangu
          kiMpese
          kiNtaandu (kiNtandu, kiSantu)
        Southern
           Bunda (Sassu, Lumbo)
         kishiKoongo (kishiKongo, Southern Kongo, Xikongo)
          kiMbata
          kiNzamba (Nzaamba)
           Yembe
          kiZoombo (kiZombo, Nzombo, Nzoombo)
        Southeastern
          kiKoongo
          kiMbeeko
          kiNkanu
          kiPatu (kiPhatu)
           Puna
           Soso (Sooso, Sosso, Tsotso)
        Western Coastal
           Cabinda
          kaKoongo (Fiote)
       kisimaLuangu (kisiLuangu)
       kisimaNgoyo (kisiNgoyo, Woyo)
        Western Inland
          kiMbala (Mumbala)
          kiVungunya ('kiYombe classique')
          kiYombe
        Northern
          kiBweende (kiBwende, Bwende, Buende, Ngoy, Fiot)
          kiDoondo
          kiGaangala
          kiKaamba
          kiYaka
        Northeastern
          kiKoongo
          kiLari (Laadi, Ladi)
          kiMbinsa (Mbensa)
        Eastern[95]
          kiHolu
          kaKongo
          'kiKoongo simplifié du Kwilu'
          kiKwese (uKwese, Pindi)
          kiLuwwa
           Ngoongo
          miNungo
          kiPende (Pindi, Pinji)
          kiPindi (Piindi)
          kiPoombo (Pombo)
          kiSoonde
          kiTsaamba (Tsaam)

H 17   Kituba [lingua franca][80]
          kiBulamatadi (Bula-Matari)
           Fiote
           Ikeleve

327 H 17 cntd   *kiKongo commercial*
                 kiKongo keleve
                 kiKongo simplifié (kiNgoy)
                 kiKongo véhiculaire
                 kiKongo ya Leta ['state Kikongo']
                 kiKwango
                 kiLeta
                   Munukutuba (Monokutuba)
                 kiNgala
                 kiSodi
                 kiTuba
                 kiZabave

H 20   KIMBUNDU GROUP
H 21   kiMbundu cluster (Nbundu, N'Bundo, kiNdongo, Amboim,
                    kiBala, quiBala, Dembo, Ngengu, Bondo,
                    Quembo, Mussende)[81] [82] [87]
                Lengue
                Ngola
                Njinga (Ginga, Jinga, kiMbamba, Bambeiro, Mbaka,
                    Ambaquista)
H 22   kiSama (kiSaama, quiSsama)
H 23   liBolo (luBolo, Haka)
H 24   Songo (Nsongo, Songu)[82]
H 25   kiMbundu of Nambuangongo[83]

H 30   KIYAKA GROUP
H 31   kiYaka[84]
H 32   kiSuku[85]
H 33   kiHungu (Holo)[86]
H 34   ciMbangala[87]
H 35   kiShinji (Shinge, Chinge, Shinshe, Xinji, Nungo)[88]

H 40   KIMBALA GROUP
H 41   kiMbala (Mumbala)[89]
H 42   kiHungana (kiHunganna, Hungaan, Huana)[89]

K 10   CHOKWE-LUCHAZI GROUP[82]
K 11   Ciokwe (Chokwe, Cokwe, Cioko, Shioko, Djok, Tschokwe,
                    Tshiboko, Tshiok, Tshiokwe)
K 12   Luimbi cluster
                Ambwela
                ciLuimbi (Luimbe, Lwimbe, Lwimbi)
                Ngangela (Ngangwela)
K 13   ciLuchazi (Lucazi, Lujazi, Lujash, Lojash, Lutshase,
                    Luxage, Ponda)
K 14   Lwena (Luena, Luvale, Lovale, Lubale)
K 15   ciMbunda (kiMbunda, giMbunda, Mbuunda)
K 16   Nyengo[90]
K 17   Mbwela (Mbwera, Ambuella)[91]
K 18   Nkangala[91]

K 20   LOZI GROUP
K 21   siLozi (Rozi, Rotse, Rozvi, Rutse, siKololo, Kololo)[92]

Bantu 327　　　　　　　　　Classification Schedules

```
327 K 30        LUYANA GROUP⁹⁰
    K 31            esiLuyana (luYana, Luiana, Luano, Louyi, Lui, Luyi, Ronyi,
                        Rouyi)
                        Kwandi
    K 32            esiMbowe
    K 33            siKwangari (ruKwangali, siKwangali) cluster
                        shiMbogedu (Diriku, Diriko, Dirico, Gciriku)
                        thiMbukushu (Mambukush, Mampukush, Mbukuhu, Mpukusu,
                            Mpukushu, Goba, Gova)
                        shiMo⁹³
                        shiSambyu (Sambiu, Sambio)
    K 34            Mashi
    K 35            Simaa
    K 36            Shanjo
    K 37            Kwangwa

    K 40        SUBIYA GROUP⁹⁴
    K 41            echiTotela
    K 42            eciSubia (Subiya, Subya, Supia, Soubiya, ciIkuhane,
                        Ikwahani)


    L 10        PENDE GROUP
    L 11            kiPende (Pindi, Pinji)⁹⁵
    L 12            uSamba (Tsaamba, Tsaam, Shankadi)⁹⁶
                    kiHolu (Holo)
    L 13            kiKwese (uKwese, Pindi)⁹⁵

    L 20        SONGE GROUP
    L 21            luKete (kiKete)
    L 22            Binji (Bindji)
    L 23            luSonge (kiSonge, Kalebwe, Northeastern Luba, Yembe)
    L 24            Luna (Luna Inkongo, Northern Luba)
    L 25            ruMbala⁹⁷
    L 26            Lwalu⁹⁷

    L 30        LUBA GROUP⁹⁹ ¹⁰⁰
    L 31            Luba-Lulua (Luva, Western Luba, tshiLuba, Kalebwe)¹⁰²
                        chishiLange
                        Luba (kiLuba-kiTuba, tshiLuba de traite, kiTuba,
                            tshiTuba)⁹⁸
                        ciLuba of Kasai
                        Lulua
    L 32            ciKanyoka (Kanioka)¹⁰²
    L 33            kiLuba (Luba-Katanga)
    L 34            kiHemba (Luba-Hemba, Eastern Luba)
    L 35            Sanga (Luba-Sanga, Chiluba, Southern Luba)⁹⁹

    L 40        KAONDE GROUP
    L 41            kiKaonde (Kahonde, Kawonde)⁹⁹

    L 50        LUNDA GROUP
    L 51            ciSalampasu (sala-Mpasu, tshiMpasu)¹⁰⁰
    L 52            ciLunda (Southern Lunda)
                        Ndembo (Ndembu)
    L 53            uRuund (Luunda, Northern Lunda, Lunda Muatiavua, Lunda
                        Muatiamvua, ciLuwunda)¹⁰²
```

Classification Schedules   Bantu 327

327 L 54   Luntu[101]

    L 60   NKOYA GROUP[102]
    L 61   shiMbwera (Mbwela, Lukolwe, Mashasha, Lushange)
    L 62   shiNkoya

    M 10   FIPA-MAMBWE GROUP[105]
    M 11   iciPimbwe
    M 12   iciRungwa
    M 13   iciFipa[103]
    M 14   iciRungu (Adong, Lungu)[103]
    M 15   iciMambwe (kiMambwe)

    M 20   NYIKA-SAFWA GROUP
    M 21   iciWanda (Wandia)
                      Ndali[104]
    M 22   iciinaMwanga (Namwanga, Nyamwanga, Inamwanga)
    M 23   ishiNyiha (Nyika, Nyixa)
    M 24   ishiMalila
    M 25   ishiSafwa
    M 26   Iwa
    M 27   Tambo (Tembo)[105]
    M 28   iciLambya (Lambia, Lambwa, Rambia)[106]

    M 30   KONDE GROUP
    M 31   ikiNyakyusa (Niakiusa, Nyikyusa, Nyakusa, ekeNyekyosa,
                      Nkonde, Konde, Ngonde, Mombe, Sokile,
                      Sokili, Sochile)[78]

    M 40   BEMBA GROUP[99] [103]
    M 41   iciTaabwa (Tabwa, Tambwa, Rungu, Bwila, Bwile)
                     Shila
                     Taabwa
    M 42   iciBemba (Wemba)
                     Aushi (Ushi, Usi, Uzhil, Vouaousi, Avaushi)
                     Lembue
                     Lomotua (Lomotwa)
                     Ngoma
                     Nwesi
    M 43   Town Bemba (TB, Broken Bemba, ciKopabeeluti)[107]

    M 50   BISA-LAMBA GROUP[108]
    M 51   iciBiisa (Bisa, Wisa)
    M 52   iciLala[109]
                     Ambo
    M 53   iciSwaka (Maswaka)
    M 54   iciLamba
    M 55   Seba (Sewa, Shishi)[109]
                     Luano
                     Wulima

    M 60   LENJE-TONGA GROUP
    M 61   ciLenje (Lengi, ciinaMukuni)
                     Twa
    M 62   ciSoli[110]
    M 63   ciIla (Sukulumbwe, Shukulumbwe)

```
327 M 64            Tonga cluster
                         Leya
                         Lundwe
                         Mala
                         Toka (Southern Tonga)
                      ciTonga (Plateau Tonga)
                      We (Valley Tonga)


     N 10     MANDA GROUP
     N 11          ciManda (kiNyasa)
     N 12          ciNgoni (kiNgoni, kiSutu of Tanzania)[111] [112]
     N 13          ciMatengo (kiMatengo)[77] [112]
     N 14          ciMpoto (kiMpoto, kiNyasa)
     N 15          ciTonga (kiTonga, Sisya, Siska, Western Nyasa)[113]

     N 20     TUMBUKA GROUP
     N 21          Tumbuka (Tumboka, Tambuka, Timbuka)[105] [106] [113]
                      Fungwe
                      ciKamanga (Henga)
                      ciPoka (Phoka)
                      Senga
                      Tambo (Tembo)[114]
                   ciTonga[113]
                   ciTumbuka (Tombucas)
                      Wenya
                      Yombe

     N 30     NYANJA GROUP
     N 31          Nyanja cluster
                      ciCewa (ciChewa, Cheva, Sheva, ciPeta, Maravi)
                      ciManganja (Maganja, Mangandja, Waganga, Nyungwe,
                            Sena)
                      ciNyanja (Nyasa)

     N 40     SENGA-SENA GROUP
     N 41          ciNsenga (Senga)
     N 42          ciKunda
     N 43          ciNyungwe (Nyongwe, Yungwe, Teta)
     N 44          ciSena
     N 45          ciRue
     N 46          ciPodzo


     P 10     MATUMBI GROUP
     P 11          kiNdengereko
     P 12          kiRuihi (Rufiji)
     P 13          kiMatumbi[76] [115]
     P 14          kiNgindo (Njindo)
     P 15            Mbunga
     P 16            Kichi[116]

     P 20     YAO GROUP
     P 21          ciYao (Ayo, Djao, Adjao, Adsawa, Adsoa, Ayawa, Achawa,
                         Ajawa, Hiao, Haiao, Hyao, Jao, Veiao, Wajao)
     P 22          ciMwera (Mwela)
```

327 P 23 ciMakonde (chiniMakonde)[117]
P 24 ciNdonde (Kimawanda)
P 25 ciMabiha (Maviha, Mavia, Mawia, kiMawiha)[117]

P 30 MAKUA GROUP
P 31 iMakua (Makoa, Makoane, Makwa, Mato, Maquoua)[118]
    Medo
P 32 iLomwe (Lolo, ciLowe, Lomue, Nguru, Western Makua)[118]
P 33 iNgulu (Nguru, Mihavane, Mihavani, Mihawani, Western Makua)
P 34 ciCuabo (Chuabo, chiChwabo, Chwampo, Cuambo, Lolo)

R 10 UMBUNDU GROUP
R 11 uMbundu (M'Bundo, Quimbundo, Kimbunda, Nano, Mbali, Mbari)
R 12 Ndombe (Dombe)
R 13 luNyaneka (Nhaneca)
    Humbe
    Mwila (Muila, Huila)
R 14 Khumbi[119]

R 20 NDONGA GROUP
R 21 ociKwanyama (ociKuanyama, Kwanyama, Cuanhama, oshiKuanjama, osiKuanjama, Ovambo, Humba)
R 22 ociNdonga (oshiNdonga, osiNdonga, Ambo)
R 23 Kwambi
R 24 Ngandyera[119]

R 30 HERERO GROUP
R 31 ociHerero (otjiHerero, otyiHerero)
    Cimba (Chimba, Himba, Tjimba, Simba)
    Mbandieru

R 40 YEYE GROUP
R 41 ciYeei (Yei, Yeye, Yeyi, Kuba, Koba)

S 10 SHONA GROUP
S 11 chiKorekore (Northern Shona)
    Budya
    Korekore
    Nyongwe
    Pfungwe (Pfunde)
    Shangwe
    Tabara (Tavara)
    Tande
S 12 chiZezuru (Central Shona, Chiswina)
    Gova (Goba)
    Harava (Haraba)
    Hera
    Kwachikwakwa (chiKwakwa)
    Kwazwimba (Kwazvimba, Zimba)
    Mbire
    Njanja
    Nobvu
    Nohwe

327 S 12 cntd		*Shawasha*
		Tsunga
S 13		chiManyika cluster
		Boca (Bocha)
		Bunji
		Bvumba
		Domba
		Guta
		Here
		Hungwe
		Jindwi
		Karombe
		Manyika
		Nyamuka
		Nyatwe
		Teve (Tebe)
		Unyama
S 14		chiKaranga
		Duma
		Govera (Gobera)
		Jena
		Mhari (Mari)
		Ngova (Ngoba)
		Nyubi
S 15		chiNdau (Njao, Ndzawu, Southeastern Shona, Sofala)
		Danda
		Garwe
		Ndau
		Shanga
		Tonga
S 16		chiKalanga (Kalaka, Western Shona)
		Kalanga (Kalaka)
		Lilima (Humbe)
		Nambzya
		Nyai
		Peri
		Rozwi (Rozvi, Rozi)
		Talahundra
S 20		VENDA GROUP
S 21		tshiVenda (chiVenda)
		Phani
		Tavhatsindi
S 30		SOTHO-TSWANA GROUP[92]
S 31		seTswana (Chwana, Chuana, Cuana, Coana, Tshwana, Sechuana, Beetjuans)
		Hurutshe (Hurutsi)
		Kgalagadi (Khalahadi, Kxalaxari, Kxhalaxadi)
		Kgatla (Kxhatla, Kxatla, Khatla)
		Lete
		Ngwaketse
		Ngwato (Ngwatu, Mangwato)
		Rolong (Seleka)
		Tawana
		Thlaping (Tlapi)

327 S 31 cntd		*Thlaro (Thlaru)*
		Tshidi
S 32		sePedi (Northern Sotho, Transvaal Sotho)
		Birwa[120]
		Gananwa (Xananwa)
		Kgaga (Kxaxa)
		Khutswe (Khutswi, Khutshwe, Kutswe)
		Koni
		Kwena (Koena)
		Lobedu (Lubedu, Lovedu)
		Masemola (Masemula, Tau)
		Phalaborwa (Phalaburwa)
		Pulana (Nari)
		Tlokwa (Tlokoa, Tokwa, Dogwa)
		Tswene (Tsweni)
S 33		seSotho (Southern Sotho, Souto, siSuthu, seSuto)
		Taung
S 40		NGUNI GROUP (KAFFIR)
S 41		isiXhosa (Xosa, Koosa, Kaffer, Kaffir, Caffre, Cafre)
		Bomvana
		Gaika (Ngqika)
		Gcaleka
		Mpondo
		Mpondomse (Mpondomise)
		Ndlambe
		Thembu
		Xesibe
S 42		isiZulu (Zunda)
		Lala
		Ngoni (Nguni) of Malawi[121]
		Qwabe
		isiZulu of Natal
		isiZulu of Zululand
S 43		isiSwati (Swazi, Tekela, Tekeza)
		Baca
		Hlubi
		Old Mfengu (Fingo)
		Pai (Mbai, Mbayi)
		Phuthi
S 44		isiNdebele (Tabele, Tebele) of Rhodesia[122]
S 45		Ndebele of the Transvaal[123]
		Ndzundza
		Nrebele
S 46		Fanagalo [pidgin] (Fanakalo, Fanekalo, Fanikolo, Chilapalapa, Chikabanga, Chilololo, isiLololo, Chilunguboi, Isikula, isiLunguboi, Silunguboi, Isipiki, Basic Bantu, Basic Modified Nguni, Basic Zulu, Kitchen Kaffir, Mine Kaffir, Pidgin Bantu)
S 50		TSWA-RONGA GROUP[124]
S 51		shiTswa (xiTswa, kiTswa, Sheetswa)
		Dzibi
		Dzongo
		shiHlengwe

Bantu 327   Classification Schedules

```
327 S 51 cntd       Khambana
                    Makwakwe
                    shiTswa
    S 52            Gwamba (Gwapa)[125]
    S 53            shiTsonga (Thonga, Tonga, Shangaan)[125]
                      Bila
                      shiHlanganu (Shangaan)
                        Jonga (Djonga)
                      shiNgwalungu
    S 54            shiRonga
                      Konde

    S 60        CHOPI GROUP
    S 61            shiChopi (shiCopi, Tschopi, Lenge)
    S 62            giTonga (Shengwe)

[126]X 11           liKarili (Kari, Kare)

    X 20        "PSEUDO-BANGBA" GROUP
    X 21            liNyangali
    X 22            Gbatiri (Gbote)
    X 23            Mayeka

    X 30        BAHR-EL-GHAZAL GROUP
    X 31            Homa
    X 32            Bodo
    X 33            Boguru
                      Boguru
                      Bukur (Bukum, Bukun, Bukuru)
                      Kogoro (Koguru, Guru)

    X 41            liNgbee (Lingbe, Mangbele)

    X 51            buNgbinda
```

4
Afro-Asiatic

41 African Semitic

42 Egyptian-Coptic

43 Berber

44 Chadic

45 Cushitic

46 Omotic

AFRO-ASIATIC

AFRICAN SEMITIC
(ETHIOPIC, ETHIO-SEMITIC)

41 A	Arabic (Arabinya, Arabiyya, Arabiyah)
B	ETHIOSEMITIC (SEMITIC ETHIOPIAN, ETHIOPIC)[1]
B 1	NORTHERN ETHIOPIC
B 11	Geez (Ge'ez, Giiz, Ancient Ethiopic)[2]
B 12	Tigre (Khassa, Xassa, Hasi)
	Northern (Lowland) Tigre (Hadaab, Black Marya)
	Southern (Highland) Tigre (Ad Tekles, Ad Timaryam, Mensa)
B 13	Tigrinya (Tigrina, Tigrigna, Tigrai, Tigray, Tigrenna, Tña, Tigrensis)
B 2	SOUTHERN ETHIOPIC[1]
B 21	Amharic (Amarinya, Amharinya, Abyssinian, Ethiopian)
	Argobba (Argobbinya, Islam, Ankober, Harer)[3]
B 22	GURAGE GROUP[4]
B 221	EAST GURAGE SUBGROUP
B 2211	East Gurage
	Innequr (Innekor, Innok'or, Innegor, Ennegor)
	Selti (Silti)
	Urbareg (Ulbarag, Urbarag, Wurbarag)
	Walani (Walane, Wolane, Weleni, Wolani)
	Zway
B 2212	Harari (Adare, Adari, Ge Sinan, Gee sinaan)[5]
B 222	WESTERN GURAGE SUBGROUP[6]
B 2221	Misqan (Masqan, Maskan, Meskan)
	Urib
B 2222	Chaha cluster (Central Western Gurage)
	Chaha (Caxa)
	Gumer (Gwemara, Gumar, Gomara)
	Gura (Gura-Caha)
	Izha (Ezha)
B 2223	Innemor cluster (Peripheral Western Gurage)
	Enar
	Endegen (Indegen, Indagen, Mesmes)
	Gyeto (Geto, Gieta, Gyeta)
	Innemor (Ennemor, Ennamor, Inor)
B 223	NORTHERN GURAGE SUBGROUP
B 2231	Gogot (Goggot, Dobi)
B 2232	Muher (Muxer, Muxir, Mouher, Mouhar)
B 2233	Soddo (Kistane, Kəstanənna, Kistaninnya, Aymellel, Aymallal)
	Galila
B 2234	Gafat (Gafatinya)[7]

EGYPTIAN-COPTIC

42 A   Egyptian [extinct]

   B   Coptic
                Akhmimic (Akhmim)
                Asyutic (Assiut, Sub-Akhmimic)
                Bashmuric (Bašmur, Bušmur)
                Bohairic (Bohayric, Buhayra)
                Fayumic (Fayyumic)
                Sahidic [standard literary language]

Berber 43   Classification Schedules

BERBER[1]
(BERBERO-LIBYAN)

43 A		ZENATI GROUP
	A 1	Siwa (Siwi, Syouah)
	A 2	Augila (Aoudjila, Awjilah)
	A 3	Sokna (Sawknah)
	A 4	Jebel Nefusa (Djebel Nefousa, Jabal Nafusah)
		Zuwarah (Zuara)
		Jemmari
	A 5	Jerba (Djerbo)
	A 6	Tamezret
	A 7	Zraoua
	A 8	Taoujjout
	A 9	Tmagourt
	A-10	Sened
	A-11	Ouargla[2]
		Tougourt (Touggourt)
		Oued Righ
		Temacin
	A-12	Ghardaia
	A-13	Mzabi (Mzab)[2]
	A-14	Gourara[2]
	A-15	Touat
	A-16	Tidikelt
	A-17	Chaouia (Aures)
	A-18	Beni Snous
	B	TAMAZIGHT-RIFF-KABYLE GROUP
	B 1	Kabyle (Zouaouah)
	B 2	Riff
		Arzeu
		Beni Iznacen (Beni Iznassen)
		Igzennaian
		Senhaja de Srair
		Urriaghel
	B 3	Tamazight (Tamasek, Beraber)[3]
		Central Atlas Tamazight
		South Oran Tamazight
	C	Shilha (Shleuh, Tashelhayt, Chleukh)
	D	Zenaga
	E	Tuareg (Touareg, Tamashek, Tamasheq, Tamachek)[3] [4]
		Ahaggar

72

Classification Schedules   Berber 43

43 E cntd   *Ahnet*
                Air
                Ajjer
                Djanet
                Ghadames
                Ghat
                Iforas
                Immidir
                Ioullemmeden
                Tamanraset
                Timasinin

F   Guanche (Guanches)[5]

CHADIC

44 A		WESTERN GROUP
	A 1	HAUSA GROUP[1]
	A 11	Hausa (Haussa, Haoussa)
	A 12	Gwandara
	A 2	NGIZIM GROUP[1]
	A 21	Ngizim (Ngizzem, Ngezzim, Nugzum)
	A 22	Mober
	A 23	Auyokawa
	A 24	Shirawa
	A 25	Bede (Bedde, Bade)
	A 3	WARJAWA-GESAWA GROUP
	A 31	WARJAWA SUBGROUP
	A 311	Warjawa (Warji)
	A 312	Afawa (Faawa, Pa'a)
	A 313	Diryawa
	A 314	Miyawa
	A 315	Sirawa
	A 32	GEZAWA SUBGROUP
	A 321	Gezawa (Gezawe)
	A 322	Seiyawa (Seiyara, Sayara)
	A 323	Barawa of Dass
	A 4	BOLEWA-PLATEAU GROUP
	A 41	BOLEWA SUBGROUP
	A 411	Bolewa (Bole, Bolanchi)[2]
	A 412	Karekare (Kerekere, Kerikeri)
	A 413	Ngamo (Ngamay'o)[2]
	A 414	Gerawa (Gerwa)
	A 415	Gerumawa (Gerumwa, Germawa)
	A 416	Kirifawa
	A 417	Dera (Deru, Kanakuru)
	A 418	Tangale (Tangala)
	A 419	Pia (Pai)
	A 41-10	Pero (Fero)
	A 41-11	Chongee
	A 41-12	Maha
	A 42	PLATEAU SUBGROUP
	A 421	Angas (Angass, Angassawa)[3] [4]
	A 422	Ankwe
	A 423	Bwol
	A 424	Chip
	A 425	Dimuk
	A 426	Goram
	A 427	Jorto
	A 428	Kwolla
	A 429	Miriam (Merniang)
	A 42-10	Montol (Montoil)

44 A 42-11   Sura
   A 42-12   Tal
   A 42-13   Gerka
   A 43   RON SUBGROUP[4]
   A 431   Ron (Baron, Chala)
   A 432   Fyer
   A 433   Bokkos
   A 434   Daffo-Butura
   A 435   Sha
   A 436   Kulere

   B   KOTOKO GROUP
   B 1   Logone[5]
   B 2   Ngala[6]
   B 3   Buduma (Budduma, Bouddouma)[7]
   B 4   Kuri[7]
   B 5   Gulfei (Gulfe)[5]
   B 6   Affade (Afade)[5]
   B 7   Shoe (Shawi)
   B 8   Kuseri[5]
   B 9   Kotoko[5] [8]
                    Kotoko Daa
                    Makari

   C   BATA-TERA GROUP
   C 1   BATA SUBGROUP
   C 11   Bata (Batta, Demsa Batta)[9]
   C 12   Bachama (Bacama, Bashama)[9]
   C 13   Demsa[10]
   C 14   Gudo (Gudu, Gundu)[9]
   C 15   Malabu
   C 16   Njei (Njai, Njel, Njeny, Nzangi, Zani, Zany, Gudi,
                        Jeng, Kobotschi, Kobochi)[9]
   C 17   Zumu (Zomo, Jimo, Wadi)[9]
   C 18   Holma[11]
   C 19   Kapsiki[12] [14]
   C 1-10   Baza (Bazen, Baden)[13]
   C 1-11   Hiji (Higi)[9] [12] [14]
   C 1-12   Gude (Cheke, Mubi)[9] [15]
   C 1-13   Fali of Mubi[9] [16]
   C 1-14   Fali of Kiria[14] [17]
   C 1-15   Fali of Jilbu (Fali of Yilbu)[9]
   C 1-16   Margi (Marghi)
   C 1-17   Chibak (Chibbak, Chibbuk, Chibbok, Chibok, Cibak,
                        Kibakuri, Kibaku)
   C 1-18   Kilba
   C 1-19   Sukur (Sugur, Ssugur)[9]
   C 1-20   Vizik[14] [18]
   C 1-21   Vemgo[18]
   C 1-22   Woga[9] [18]
   C 1-23   Tur[18]
   C 1-24   Bura (Burra, Bourrah)
   C 1-25   Pabir[19]
   C 1-26   Podokwo (Podogo)

Chadic 44   Classification Schedules

```
44 C 2          TERA SUBGROUP
   C 21             Gabin (Kabin, Ga'anda, Ganda, Kanda)[20]
   C 22             Hona (Fiteriya)[20]
   C 23             Tera (Terawa)[20]
   C 24             Jera (Jerra, Jerawa, Jara)[20]
   C 25             Hinna (Hina, Hunna)[20] [21]
   C 26             Puthlundi[22]
   C 27             Pidlimdi[23]


   D            DABA-GISIGA-MATAKAM GROUP
   D 1              DABA SUBGROUP
   D 11                 Hina[21] [24]
   D 12                 Daba[24]
   D 13                 Musgoi (Musgoy)[24]
   D 14                 Gauar (Gawar, Gaouar)[24]
   D 2              GISIGA-MATAKAM SUBGROUP
   D 21                 Gisiga (Guissiga, Rum)[24] [26]
   D 22                 Balda[25]
   D 23                 Muturua (Moutou)[26]
   D 24                 Mofu (Mofou, Mufu, Muffu, Muffo, Bulahai)[27]
   D 25                 Matakam (Bulahai)[27]
   D 26                 Mora[28]


   E            Gidder (Gidar, Gider, Guider)


   F            MANDARA GROUP
   F 1              Mandara (Ndara, Wandala, Wandara)[29]
   F 2              Gamergu[29]
   F 3              Glavda[30]
   F 4              Yawotatakha[30]
   F 5              Laamang (Hidkala)[30]


   G            Musgu (Mousgou, Muusgou, Musgo, Musgow, Musgum, Musguw,
                    Musuk)
                    *Abi*
                    *Beege*
                    *Gwai*
                    *Pus*
                    *Vulum*

   H            BANA GROUP
   H 1              Bana[31]
   H 2              Banana (Masa)[31]
   H 3              Lame
   H 4              Kulung
   H 5              Musei (Musey, Mussoi)[32]
                       *Masa Gbaya*
                       *Hollom*
                       *Ngame (Gme)*
   H 6              Marba (Marfa)[32]
   H 7              Dari (Day)[32]
                       *Kado*
                       *Peve*
                       *Tshimiang*
   H 8              Sigila
```

44 J		SAHEL GROUP
J 1		SOMRAI SUBGROUP
J 11		Somrai (Soumray, Somre)
J 12		Tumak (Tumok, Tummok, Toumak)
J 13		Ndam (Dam)
J 14		Miltu
J 15		Sarwa (Sarua)
J 16		Gulei
J 17		Gablai (Kabalai, Lai, Lay)[33]
J 18		Gam[33]
J 19		Kim[33]
		Ere
		Juman
		Kolobo
		Kosap
J 1-10		Besme[33]
J 1-11		Nancere (Nantcere, Nanjeri)[33]
		Nantchoa
		Kabalai
J 1-12		Lele[33]
J 2		GABERE SUBGROUP
J 21		Gabere (Gaberi, Gabri)[34]
J 22		Chiri (Chere, Tshire)[34]
J 23		Dormo
J 24		Nangire
J 3		SOKORO SUBGROUP
J 31		Sokoro (Bedanga)[35]
		Saba
J 32		Barein (Barain)[35]
J 4		Modgel
J 5		Tuburi (Tupuri, Toubouri, Kera, Ndore)[36]
		Mata
J 6		MUBI SUBGROUP
J 61		Mubi (Moubi)
		Bergit
		Kajakse
		Masmaje
		Mubi
		Toram
J 62		Karbo
J 63		Jegu (Dangla-Jegu)
J 64		Jonkor (Jongor, Djongor)[37]
J 65		Wadai-Birgid
J 66		Bidyo[38]
		Waana
J 67		Dangaleat[38]
J 68		Mogum[38]

CUSHITIC

45 A	NORTHERN CUSHITIC
A 1	Beja (Bedja, Begia, Bedauye, Bedawiye, Bedawiyet, Bedawye, Bedawie)
	Bisharin (Bisarin, Bisariab, Besarin)
	Hadaareb (Hadareb)
	Hadendowa (Hadendoa)
	Halenga
B	CENTRAL CUSHITIC (AGEW, AGAU, AGAW, AGOW, AGAO GROUP)
B 1	Bilen (Bilin, Bilayn, Bileno, Beleni, Belen, Belein, Balen, Bogo, Bogos)
B 2	Kemant (Kimant, Kimantinya, Kemantnay, Kamant, Chemant, Qimant, Qemant)[1]
B 3	Xamtanga (Xamta, Khamta, Agew of Wag)[2]
	Khamta
	Khamir (Kamir, Chamir, Khamit, Xamir)
B 4	Awngi (Awiya, Awawar, Agew, Southern Agew)
	Kunfel (Kumfel)
	Kwollanyoch
	Damot (Damotanya)[3]
B 5	Felasha (Falasha, Kayla, Kaila, Kailinya)[4]
B 6	Quara (Qwarra, Quarra, Kara, Kwara, Quarinya, Koura)[1] [4] [5]
	Qwarasa (Quarasa)
C	EASTERN CUSHITIC[6]
C 1	HIGHLAND GROUP
C 11	Burji (Bembala, Bambala, Burjinya)[7]
C 12	SIDAMO SUBGROUP[8]
C 121	Sidamo (Sidama, Sidaminya)
C 122	Kambatta (Kambata, Kembata, Kembatinya)
	Tambaro (Timbara, Kambara)[9]
	Qebena (Kebena, K'abena, Adiye)
C 123	Alaba (Allaba, Halaba)[10]
C 124	Darasa (Darassa, Derasa, Derasanya, Deresa)
C 125	Hadiyya (Hadiya, Hadya, Hadea, Hadia, Adiye, Adea, Gudellinya)
	Gudella (Gudeilla, Gudeila)[11]
	Libido (Maraqo)
C 2	LOWLAND GROUP
C 21	SAHO-AFAR SUBGROUP
C 211	Afar (Adal, Afar af)
	Aussa
	Baadu (Baʳadu)
	Central Afar
	Northern Afar
C 212	Saho (Shaho, Sao)[12]
	Assaorta (Asaorta)
	Hadu (Hazu)

Classification Schedules   Cushitic 45

45 C 212 cntd		*Miniferi*
C 22		OROMO SUBGROUP
C 221		KONSO-GALLA SUBGROUP (NORTHERN SUBGROUP)
C 2211		Galla (Gallinya, Oromo)

                Arusi
                Borena
                Qottu (Eastern)
                Guji
                Mecha (Maccha, Wellega, Wollega)
                Raya
                Tulema (Shewa, Shoa)
                Wello (Wollo)
                Orma

C 2212		Bararetta[13]
C 2213		KONSO SUBGROUP
C 22131		Konso (Conso, Komso, Konsinya, Af-Kareti)

                Gato[14]

C 22132		Gidole (Gardulla, Gardula, Cirasha, Cirra)
C 22133		North Bussa
C 222		ARBORE-WERIZE SUBGROUP
C 2221		Arbore (Erbore, Irbore)
C 2222		Dathanaik (Dathanaic, Dasenech, Dathanik, Geleba, Geleb, Gelab, Gellab, Gellaba, Gelubba, Gallab, Galuba, Gelebinya, Marille, Af Dasenech, Dama, Reshiat, Russia)
C 2223		Mogogodo
C 2224		WERIZE SUBGROUP
C 22241		Werize (Warazi, Innxarsi, Orase)[15]
C 22242		Gawwada (Gauwada, Gawata)[15]
C 22243		Gobeze (Gowase, Gowaze, Goraze, Orase, Mashile, Golango, Welango, Western Bussa, Dobace)[15]
C 22244		Tsamay (Tsamai, Tsamako, Kule, Kuile, Cule, Dume)[16]
C 23		SOMALI SUBGROUP
C 231		Somali (Somalinya)

                Central Somali (MayMay, Digil, Digini, Rahanwein, Rahanwen)
                Coastal Somali (Benadir)
                Common Somali (Issa, Isa, Isaaq, Isaq, Isʔhak, Ishak, Daarod, Darod, Durba, Ogaden)

                Mediban

C 232		Bayso (Baiso)
C 233		Boni (Bon)[17]
C 234		Rendile

D	SOUTHERN CUSHITIC[18]
D 1	Burungi (Burunge, Bulunge, Mbulunge, Mbulungwe, Mbulugwe, /Mbulungu)
D 2	Goroa (Gorowa, Fiome, Fiomi)
D 3	Alawa (Uwassi, Wasi, Asi, Wassi, Uassi)
D 4	Iraqw (Irakou, Iraku, Erokh, Mbulu)
D 5	Mbugu (Mbougou, Maʔa)
D 6	Sanye (Sanya)[17]

           Waata

Cushitic 45　　　　　　　　Classification Schedules

　　　45 D 6 cntd　　　*Aweera*
　　　　　　　　　　　　Dahalo
　　　　　D 7　　　　　Ngomvia (Asu)[19]

Classification Schedules   Omotic 46

OMOTIC
(WESTERN CUSHITIC)

46 A		NORTHERN BRANCH
A 1		MAJOID GROUP
A 11		Maji (Magi, Mazi, Masi, Maciu, Mancho, Madache, Dizi, Dizu)[1]
A 12		Dorsha
A 13		Shako (Shakko, Sheko, Sciacco, Chako, Tschako)[2]
A 14		Nao (Na'o, Nawo, Naa)[2]
A 2		Mao [of Grottanelli]
A 3		GONGA GROUP
A 31		NORTHERN SUBGROUP
A 311		Shinasha (Scinascia, Bworo, Gonga)
A 312		Naga
A 313		Guba
A 314		Boro
A 32		Anfillo (Southern Mao, Afan Mao)
A 33		SOUTHERN SUBGROUP
A 331		Kafa (Kaffa, Kefa, Kafficho, Kefinya, Caffa, Caffino, Kafico, Gomaro)[3]
A 332		Mocha (Moca, Shekka)[3]
A 333		Bosha (Garo)[3]
A 4		GIMOJAN GROUP
A 41		Janjero (Janjerinya, Yemma)
A 42		GIMIRA SUBGROUP
A 421		Gimira (Ghimira, Gimirra, Gimarra, Ghimarra, Benesho, Bencho, Bensho, Bienescio, Bienesho, /Benischo, Bennecho) *Mieru*
A 422		She (Sce, Shewa, Kaba)[1] [2]
A 43		Chara (C'ara, Ciara)[6]
A 44		OMETO SUBGROUP
A 441		CENTRAL (NORTHERN) SUBGROUP
A 4411		Welamo (Walamo, Wallamo, Wollamo, Welaita, Welataitu, Wolita, Wolaitsa, Walaitta, Gemu, Ualamo, Uollamo)[4] [5] *Dache (Dace)* *Dorze (Dorzinya)*
A 4412		Gemu (Gamo)[5]
A 4413		Gofa[5]
A 4414		Zala[5]
A 4415		Malo
A 4416		Dauro (Dawaro, Dwaro, Dawro, Kullo, Cullo, Konta, Konta /Conta)[4] *Kucha (Kusha, Cuccia)*
A 4417		Oyda
A 442		Male
A 443		WESTERN SUBGROUP
A 4431		Basketo (Baskatta, Mesketo)[6]

Omotic 46 Classification Schedules

46 A 4432		Dokko (Doko, Dogo)[7]
		Mongombo
A 4433		Dollo (Dolo)[7]
A 444		EASTERN SUBGROUP
A 4441		Zayse (Zaysse, Zaisse, Malo, Uba)[8]
		Zergulla (Zergula)
A 4442		Ganjule
A 4443		Gidicho (Gidiccho, Harro, Haruro, Aruro)[9]
A 4444		Kachama (Kacama, Haruro, Aruro, Gatsambe, Gatzamba)[8] [9]
A 4445		Koyra (Coira, Badditu, Baditu, Kwera, Kuera, Qwera, Nuna, Amarro)[8]

B   ARI-BANNA BRANCH
B 1   Banna (Bana)[10]
    Hamar (Amar, Ammur, Hamer, Hamar-Koke, Amarcocche, Hummercocche)
    Beshada
    Karo (Kerre, Cherre)
B 2   Ari (Ara, Are, Aro, Bio, Bako, Bakko, Baka)[11]
    Gozza
    Galila
B 3   Dime (Dima)
B 4   Biya (Biye)[11]
B 5   Gayi[12]

ALPHABETIC LANGUAGE INDEX

INDEX

ǂăa	!xõ 1B11	
Aaimasa	Kunama 2E3	
Aaleira	Laro 31A4	
‖ *Aaye*	ʃuá-khwe cluster 1C22	
Abakpa	Ekoi dialect cluster 326D2112	
Abam-Ohaffia	Igbo 324G	
Abam-Ohafya	Igbo 324G	
Abani	Akunakuna 326C2134	
Abanyom	326D2115 Benue, Bantoid, Bane, Nigerian Group, Ekoid Subgroup	Nigeria
Abaw	Bankon 327A42	
Abbe	Abe 324B-22	
Abbey	Abe 324B-22	
Abe	324B-22 Kwa, Western Group	Ivory Coast
Abewa	Nupe 324D1	
Abi	Abe 324B-22	
Abi	Musgu 44G	
Abidji	Ari 324B-21	
Abigar	Nuer 2E191321	
Abigi	Ari 324B-21	
Abine	Akunakuna 326C2134	
Abini	Akunakuna 326C2134	
Abisi	Piti 326A1211	
Abo	Bankon 327A42	
Abonwa	Abure 324B-2411	
Aboure	Abure 324B-2411	
Abo	326D125 Benue, Non-Bantu Bantoid, Tivoid	Nigeria
Abo	Bankon 327A42	
Abonwa	Abure 324B-2411	
Aboure	Abure 324B-2411	
Abrong	Brong 324B-243-12	
Abu Sharib	Merarit 2E173	
Abua	326C251 Benue, Cross River 2 & 3, Abua-Ogbia Group	Nigeria
Abua	Abua 326C251	
ABUA-OGBIA GROUP	326C25 Benue, Cross River 2 & 3	Nigeria
Abuan	Abua 326C251	
Abukeia	Avukaya 2E2321	
Abulu	Mangbetu 2E241	
Abure	324B-2411 Kwa, Western Group, Volta-Comoe Group	Ivory Coast
Abyssinian	Amharic 41B21	
Accra	Adangme 324B-26	
Achawa	ciYao 327P21	
Achifawa	Kambari 326A111	
Achipawa	Kamuku 326A1132	
Achode	324B-2436 Kwa, Western Group, Volta-Comoe Group, Guan Subgroup	Ghana

Acholi	2E191221	Nilo-Saharan, Chari-Nile, Eastern Sudanic, Nilotic Group, Western Nilotic, Lwo Subgroup, Southern Lwo Uganda, Sudan
Acholo	Ahlo 324B6	
Acoli	Acholi 2E191221	
Acooli	Acholi 2E191221	
Ad Tekles	Tigre 41B12	
Ad Timaryam	Tigre 41B12	
Ada	Igbo 324G	
Adal	Afar 45C211	
ADAMAWA	325A	Adamawa-Eastern Nigeria, Cameroun, Chad
ADAMAWA-EASTERN	325	One of the main branches of Niger-Congo.
Adangbe	Adangme 324B-26	
Adangme	324B-26	Kwa, Western Group Ghana
Adare	Harari 41B2212	
Adari	Harari 41B2212	
Adea	Hadiyya 45C125	
Adeeyah	Bube 327A31	
Adele	324B-12	Kwa, Western Group Togo, Ghana
Adeli	Adele 324B-12	
Adere	326D23-124	Benue, Bantoid, Bane, Grasslands Group, Mfumte Subgroup Cameroun
Adhola	2E191227	Nilo-Saharan, Chari-Nile, Eastern Sudanic, Nilotic Group, Western Nilotic, Lwo Subgroup, Southern Lwo Uganda, Kenya
Adija	Bube 327A31	
Adioukrou	Adyukru 324B-23	
Adiukru	Adyukru 324B-23	
Adiye	Hadiyya 45C125	
Adiye	Kambatta 45C122	
Adja	Ewe 324B-15	
Adjao	ciYao 327P21	
Adjer	Soninke 322A12	
Adjukru	Adyukru 324B-23	
Adjumba	Myene cluster 327B11	
Adong	Lungu 326A2212	
Adong	iciRungu 327M14	
Adouma	liDuma 327B51	
Adsawa	ciYao 327P21	
Adsoa	ciYao 327P21	
Aduma	liDuma 327B51	
Adya	Ewe 324B-15	
Adyoukrou	Adyukru 324B-23	
Adyukru	324B-23	Kwa, Western Group Ivory Coast
Adyumba	Myene cluster 327B11	
Adzerma	Songhai 2A	
Af Dasenech	Dathanaik 45C2222	
Af-Kareti	Konso 45C22131	
Afade	Affade 44B6	
Afan Mao	Anfillo 46A32	
Afao	Eloyi 326A21	
Afar	45C211	Afro-Asiatic, Eastern Cushitic, Lowland Group, Saho-Afar Subgroup Ethiopia, Somalia

Afar af	Afar 45C211	
Afar, Central	Afar 45C211	
Afar, Northern	Afar 45C211	
Afatime	Avatime 324B1	
Afawa	44A312 Afro-Asiatic, Chadic, Western Group, Warjawa-Gesawa Group, Warjawa Subgroup	Nigeria
Afema	Anyi-Bawule 324B-24211	
Affade	44B6 Afro-Asiatic, Chadic, Kotoko Group	Cameroun, Chad
Afitti	2E152 Nilo-Saharan, Chari-Nile, Eastern Sudanic, Nyimang Group	Sudan
Afo	Eloyi 326A21	
Afrike	326C118 Benue, Cross River 1, Bekwarra Group	Nigeria
AFRO-ASIATIC	4 Comprises African Semitic, Egyptian, Berber, Chadic, Cushitic, and Omotic.	
Afu	Eloyi 326A21	
Afudu	326D214 Benue, Bantoid, Bane, Nigerian Group	Nigeria?
Afunatam	Nde 326D2114	
Afusare	Afusare-Forum 326A2243	
Afusare-Forum	326A2243 Benue, Plateau 2, Zaria Group, Central Subgroup	Nigeria
Afutu	Awutu 324B-2431	
AGAO GROUP	Cushitic, Central 45B	
Agar	Dinka 2E19131	
Agari	Gure 326A1231	
Agatu	324F2 Kwa, Idoma Group	Nigeria
AGAU GROUP	Cushitic, Central 45B	
AGAW GROUP	Cushitic, Central 45B	
Agbada	Sobo 324E4	
Agbanyito	Gonja 324B-243-10	
Agbaragba	Efutop 326D2113	
Agbo	Gbo 326C2121	
Age	Esimbi 326D223	
Agew	Awngi 45B4	
AGEW GROUP	Cushitic, Central 45B	
Agew, Southern	Awngi 45B4	
Agew of Wag	Xamtanga 45B3	
Aghem	326D2371 Benue, Bantoid, Bane, Grasslands Group, Kom-Bandem Subgroup	Cameroun
Agi	Moru 2E231	
Agie	Ngie 326D225	
Agnagan	Anyanga 324B-2435	
Agni	Anyi-Bawule 324B-24211	
Agni-Baoule	Anyi-Bawule 324B-24211	
AGOW GROUP	Cushitic, Central 45B	
Agwaguna	Akunakuna 326C2134	
Agwagune	Akunakuna 326C2134	
Agwagwune	Akunakuna 326C2134	
Ahaggar	Tuareg 43E	
Ahanta	324B-24214 Kwa, Western Group, Volta-Comoe Group, Tano Subgroup, Bia	Ivory Coast, Ghana
Ahizi	Reported to be a possible Kwa language. Ivory Coast	

Ahlo	324B6 Kwa, Western Group	Ghana, Togo
Ahnet	Tuareg 43E	
‖ai‖ei	Nharo-n 1C26	
‖ai‖en	Nharo-n 1C26	
Aigang	Keiga 31D3	
Aikwe	Nharo-n 1C26	
│aikwe	Nharo-n 1C26	
‖aikwe	Nharo-n 1C26	
Aimasa	Kunama 2E3	
Aʔimeri	Mangbutu 2E251	
Air	Tuareg 43E	
│ais	Suá-khwe cluster 1C22	
‖aisan	Nharo-n 1C26	
│aise	Suá-khwe cluster 1C22	
‖ʔaiye	Suá-khwe cluster 1C22	
Aizi	see Ahizi index entry	
Aja	2E222 Nilo-Saharan, Chari-Nile, Central Sudanic, Kreish Group	Sudan
Aja	Ewe 324B-15	
Ajawa	ciYao 327P21	
Ajiga	Avukaya 2E2321	
Ajjer	Tuareg 43E	
Ajukru	Adyukru 324B-23	
Ajure	Kajuru 326A2256	
Aka	Asua 2E242	
Akaju	Ekajuk 326D2119	
Akajuk	Ekajuk 326D2119	
Akalak	Katla 31E1	
Akan	324B-2422 Kwa, Western Group, Volta-Comoe Group, Tano Subgroup	Ghana
AKAN GROUP	VOLTA-COMOE GROUP 324B-24	
Akanda	Yoruba 324C1	
Akasele	Basari-Kasele-Chamba 323A142	
Akayon	Okonyong 326C221	
Akem	Akan 324B-2422	
Akhmim	Coptic 42B	
Akhmimic	Coptic 42B	
Akhmimic, Sub-	Coptic 42B	
Akoiyang	Okonyong 326C221	
Akoko	Yoruba 324C1	
Akokolemu	Kumam 2E191223	
Akonto	Mbembe dialect cluster 326B26	
AKoose	Mbo cluster 327A15	
Akori	Logo 2E2322	
Akpafu	324B-10 Kwa, Western Group	Ghana, Togo
Akparabong	Ndoe 326D2111	
Akpet	326C2135 Benue, Cross River 3, Western Subgroup	Nigeria
Akpwakum	Kwakum 327A91	
Aku	see index entry Krio	
Aku	Yoruba 324C1	
Akuapem	Akan 324B-2422	
Akum	Kumam 2E191223	
Akunakuna	326C2134 Benue, Cross River 3, Western Subgroup	Nigeria
Akunakuna	Akunakuna 326C2134	
Akwa	327C22 Bantu, Mboshi Group	Congo

Akwapem	Akan 324B-2422	
Akwapim	Akan 324B-2422	
Akweya	Reported to be a dialect of Yatye. See index entry.	
Akye	324B-20 Kwa, Western Group	Ivory Coast
Akyekotoko	Akye 324B-20	
Akyem	Akan 324B-2422	
Ala	Wala 323A1218	
Alaba	45C123 Afro-Asiatic, Eastern Cushitic, Highland Group, Sidamo Subgroup	Ethiopia
Alada	Ewe 324B-15	
Aladian	324B-16 Kwa, Western Group	Ivory Coast
Aladyan	Aladian 324B-16	
Alagian	Aladian 324B-16	
Alago	Idoma 324F1	
Alagya	Aladian 324B-16	
Alawa	45D3 Afro-Asiatic, Southern Cushitic	Tanzania
Alege	326C116 Benue, Cross River 1, Bekwarra Group	Nigeria
Alegi	Alege 326C116	
Ali	Gbaya 325B11	
Allaba	Alaba 45C123	
Alladyan	Aladian 324B-16	
ALombooki	toPoke 327C53	
Aloro	Alur 2E191224	
Alua	Alur 2E191224	
Alulu	Alur 2E191224	
Alur	2E191224 Nilo-Saharan, Chari-Nile, Eastern Sudanic, Nilotic Group, Western Nilotic, Lwo Subgroup, Southern Lwo	Uganda, Zaire
Aluru	Alur 2E191224	
Ama	Igbo 324G	
!*ama*	!xõ 1B11	
Amampa	Sherbro 321C221	
Amaalo	Amadi 325B7	
Amadi	325B7 Adamawa-Eastern, Eastern Branch	Congo
Amam	Koma, Northern 2F41	
Amampa	Sherbro 321C221	
Amap	326A122 Benue, Plateau 1B	Nigeria
Amar	Banna 46B1	
Amarcocche	Banna 46B1	
Amarinya	Amharic 41B21	
Amarro	Koyra 46A4445	
Amasi	326D22-11 Benue, Bantoid, Bane, Mamfe Group	Cameroun
AmaZiba	ekiHaavu 327D52	
kuAmba	Bira 327D22	
Ambali	Bali 327B75	
Ambaquista	kiMbundu cluster 327H21	
Ambo	Welmers reports probably a dialect of ciNyanja, 327N31	
Ambo	iciLala 327M52	
Ambo	ociNdonga 327R22	
Amboim	kiMbundu cluster 327H21	
Ambuella	Mbwela 327K17	
Ambwela	Luimbi cluster 327K12	

Amengi	2E2532	Nilo-Saharan, Chari-Nile, Central Sudanic, Mangbutu-Efe Group, Mamvu-Efe Subgroup	Zaire
Amharic	41B21	Afro-Asiatic, African Semitic, Ethiosemitic, Southern Ethiopic	Ethiopia
Amharinya	Amharic 41B21		
Amiangba	Barambu 325B43		
Amiangbwa	Barambu 325B43		
Amina	Ga 324B-25		
Aminuis !xõ	!xõ 1B11		
Ammur	Banna 46B1		
Amo	Amap 326A122		
Amon	Amap 326A122		
Among	Amap 326A122		
Amono	Banda 325B2		
Amu	kiSwahili 327G42		
Ana	Yoruba 324C1		
Anago	Yoruba 324C1		
Anaguta	326A123-16	Benue, Plateau 1B, Central Group	Nigeria
Anang	326C233	Benue, Cross River 2 & 3, Efik-Andoni Group	Nigeria
Andone-Ibeno	Ibino 326C237		
Andoni	326C238	Benue, Cross River 2 & 3, Efik-Andoni Group	Nigeria
Andri	Moru 2E231		
Anfillo	46A32	Afro-Asiatic, Omotic, Northern Branch, Gonga Group	Ethiopia
Angas	44A421	Afro-Asiatic, Chadic, Western Group, Bolewa-Plateau Group, Plateau Subgroup	Nigeria
Angass	Angas 44A421		
Angassawa	Angas 44A421		
leAngba	liAngba 327C45		
liAngba	327C45	Bantu, Ngombe Group	Zaire
Angie	Ngie 326D225		
Anglo	Ewe 324B-15		
ANgom	diKele 327B22		
Angona	Ngunu 326D224		
Anhaqui	Bijago 321B		
Animere	Anyimere 324B-14		
Ankober	Amharic 41B21		
Ankwe	44A422	Afro-Asiatic, Chadic, Western Group, Bolewa-Plateau Group, Plateau Subgroup	Nigeria
Annang	Anang 326C233		
Anta	Ahanta 324B-24214		
Anuak	2E191212	Nilo-Saharan, Chari-Nile, Eastern Sudanic, Nilotic Group, Western Nilotic, Lwo Subgroup, Northern Lwo	Ethiopia, Sudan
Anufo	Anyi-Bawule 324B-24211		
Anufo	Chakosi 324B-24212		
Anum	Chiripon-Lete-Anum 324B-2432		
Anupe	Nupe 324D1		
Anyama	Ogbia 326C253		

Alphabetic Index

Anyana	Anyanga	324B-2435	
Anyang	326D221	Benue, Bantoid, Bane, Mamfe Group	Cameroun
Anyanga	324B-2435	Kwa, Western Group, Volta-Comoe Group, Guan Subgroup	Ghana
Anyi	Anyi-Bawule	324B-24211	
Anyi-Baule	Anyi-Bawule	324B-24211	
Anyi-Bawule	324B-24211	Kwa, Western Group, Volta-Comoe Group, Tano Subgroup	Ivory Coast
Anyimere	324B-14	Kwa, Western Group	Togo
Anyuak	Anuak	2E191212	
Anywak	Anuak	2E191212	
Aoudjila	Augila	43A2	
Apa	Yergam	326A71	
Apagibeti	liBoa	327C44	
Apak	Atuot	2E191322	
Apakabeti	liBoa	327C44	
Apakebeti	liBoa	327C44	
Apakibeti	liBoa	327C44	
Apiapum	Mbembe dialect cluster	326C2122	
Apindi	Doko	327C08	
Apindje	Tsogo	327B31	
Apindji	Tsogo	327B31	
Appa	Hwaye	326B42	
Appa	Yergam	326A71	
Aqua	Ekoi dialect cluster	326D2112	
Ara	Ari	46B2	
Arabic	41A	Afro-Asiatic, African Semitic. Spoken in scattered communities in North, Sub-Saharan, and East Africa.	
Arabinya	Arabic	41A	
Arabiyah	Arabic	41A	
Arabiyya	Arabic	41A	
Arago	Idoma	324F1	
Aragya	Aladian	324B-16	
Arbore	45C2221	Afro-Asiatic, Eastern Cushitic, Lowland Group, Oromo Subgroup, Arbore-Werize Subgroup	Ethiopia
ARBORE-WERIZE SUBGROUP	45C222	Afro-Asiatic, Eastern Cushitic, Lowland Group, Oromo Subgroup	Ethiopia, Kenya
Arderi	Adere	326D23-124	
Are	Ari	46B2	
Aregwa	Irigwe	326A2241	
Aregwe	Irigwe	326A2241	
Argobba	Amharic	41B21	
Argobbinya	Amharic	41B21	
Ari	324B-21	Kwa, Western Group	Ivory Coast
Ari	46B2	Afro-Asiatic, Omotic, Ari-Banna Branch	Ethiopia
ARI-BANNA BRANCH	46B	Afro-Asiatic, Omotic	Ethiopia
Aril	Atuot	2E191322	
Aro	Ari	46B2	
Aro	Igbo	324G	
Arringeu	Pongu	326A1135	

Aruro	Gidicho	46A4443	
Aruro	Kachama	46A4444	
Arusha	Rusha	327E63	
Arusi	Galla	45C2211	
Arzeu	Riff	43B2	
Asante	Akan	324B-2422	
Asaorta	Saho	45C212	
Aser	Soninke	322A12	
Ashaku	326B24	Benue, Jukunoid, Jukun-Mbembe Group	Nigeria
Ashanti	Akan	324B-2422	
Asi	Alawa	45D3	
Asiga	Gbo	326C2121	
Assaorta	Saho	45C212	
Assaye	Anyi-Bawule	324B-24211	
Assiut	Coptic	42B	
Assumbo	Asumbo	326D22-10	
Asu	Ngomvia	45D7	
ciAsu	327G22	Bantu, Shambala Group	Tanzania
Asua	2E242	Nilo-Saharan, Chari-Nile, Central Sudanic, Mangbetu Group	Zaire
Asumbo	326D22-10	Benue, Bantoid, Bane, Mamfe Group	Cameroun
Asyutic	Coptic	42B	
Atak	Kir	326B21	
Ataka	Katab dialect cluster	326A2244	
Atam	Nde	326D2114	
Atchi	Akye	324B-20	
Aten	326A32	Benue, Plateau 3	Nigeria
Ateso	Teso	2E192222	
Athu	ciAsu	327G22	
ǂatia	Kathea	1B13	
Atissa	Ijo	324H	
Atobu	Akye	324B-20	
Atsang	Bafou	326D23213	
Atscholi	Acholi	2E191221	
Atshe	Akye	324B-20	
Atshefa	Kambari	326A111	
Attaka	Katab dialect cluster	326A2244	
Attie	Akye	324B-20	
Atuot	2E191322	Nilo-Saharan, Chari-Nile, Eastern Sudanic, Nilotic group, Western Nilotic, Dinka-Nuer Subgroup, Nuer Subgroup	Sudan
Atwot	Atuot	2E191322	
Atye	Akye	324B-20	
Atyoti	Achode	324B-2436	
Auchi	Kukuruku	324E3	
‖ au ‖ ě	!xũ	1A1	
‖ au ‖ ei	!xũ	1A1	
‖ au ‖ eĩ	!xũ	1A1	
ǂ au ‖ eĩ	!xũ	1A1	
ǂ au ‖ ʔeī	!xũ	1A1	
Auen	!xũ	1A1	
ǀ au ‖ en	!xũ	1A1	
‖ au ‖ en	!xũ	1A1	

Augila	43A2	Afro-Asiatic, Berber, Zenati Group	Libya
Aukwe	!xũ 1A1		
‖ *aukwe*	!xũ 1A1		
ǂ *au-kwe*	!xũ 1A1		
Auni	ŋ|huki cluster 1B21		
|auni	ŋ|huki cluster 1B21		
ʼauni	ŋ|huki cluster 1B21		
ʼauo	ŋ|huki cluster 1B21		
Aures	Chaouia 43A-17		
Aushi	iciBemba 327M42		
Aussa	Afar 45C211		
Auyokawa	44A23	Afro-Asiatic, Chadic, Western Group, Ngizim Group	Nigeria?
Avari	Ndo 2E252		
Avatime	324B1	Kwa, Western Group	Ghana, Togo
Avaushi	iciBemba 327M42		
Avekom	Avikom 324B-17		
Avekwom	Avikam 324B-17		
Avək	Ewondo cluster 327A72		
Avikam	324B-17	Kwa, Western Group	Ivory Coast
Avokaya	Avukaya 2E2321		
Avuk	Ewondo cluster 327A72		
Avukaya	2E2321	Nilo-Saharan, Chari-Nile, Central Sudanic, Moru-Madi Group, Central Subgroup	Sudan, Zaire
Awak	325A16	Adamawa-Eastern, Adamawa, Tula Group	Nigeria?
Awawar	Awngi 45B4		
Aweera	Sanye 45D6		
Awimeri	Mangbutu 2E251		
Awing	Pinyin 326D2351		
Awiya	Awngi 45B4		
Awjilah	Augila 43A2		
Awka	Igbo 324G		
Awngi	45B4	Afro-Asiatic, Central Cushitic	Ethiopia
Aworo	Yoruba 324C1		
Awuna	Ewe 324B-15		
Awutu	324B-2431	Kwa, Western Group, Volta-Comoe Group, Guan Subgroup	Ghana
Aya	Ayu 326A41		
Ayan	Tanda-Basari 321A412		
Ayawa	ciYao 327P21		
Aymallal	Soddo 41B2233		
Aymasa	Kunama 2E3		
Aymellel	Soddo 41B2233		
Ayo	ciYao 327P21		
Ayob	Ayu 326A41		
Ayu	326A41	Benue, Plateau 4	Nigeria
Azande	Zande 325B41		
Azer	Soninke 322A12		
Azjer	Soninke 322A12		
Azom	Kwakum 327A91		

B

Ba	Dan	322B12
Baadu	Afar	45C211
Ba'adu	Afar	45C211
Baagato	Mbimu cluster	327A86
Baakpe	327A22 Bantu, Duala Group	Cameroun
Baali	liBinza 327C46	
diBaali	liBoa 327C44	
diBaali	loMabaale 327C01	
liBaali	liBali 327D21	
Baa-tha	Lendu 2E26	
Baati	liBati 327C43	
Baati	liBoa 327C44	
liBaati	liBoa 327C44	
Baba	Banda 325B2	
Babadjou	326D232-16 Benue, Bantoid, Bane, Grasslands Group, Bamileke Subgroup	Cameroun
Babal	Mbum 325A66	
Babalia	Bubalia 2E212-15	
Babanki	Kidzom 326D237-10	
BaBeda	Bira 327D22	
BaBera	Bira 327D22	
BaBila	Bira 327D22	
Babinga	Reported to be an Adamawa-Eastern language.	
BaBira, Western	Bira 327D22	
Babok	Manjaku 321A321	
Babong	Mbo cluster 327A15	
Babouantou	Fe'fe 326D2327	
Babude	Wute 326D118	
BaBukur	Boguru 327X33	
Babungo	Ngo 326D2385	
Babute	Wute 326D118	
Babuti	Wute 326D118	
Baca	isiSwati 327S43	
Bacama	Bachama 44C12	
Bacenga	327A64 Bantu, Sanaga Group	Cameroun
Bachama	44C12 Afro-Asiatic, Chadic, Bata-Tera Group, Bata Subgroup	Nigeria
Bada	326D2131 Benue, Bantoid, Bane, Nigerian Group, Jarawa Subgroup	Nigeria
Badanchi	Bada 326D2131	
Badawai	Kanuri 2B11	
Badditu	Koyra 46A4445	
Bade	Bede 44A25	
Baden	Baza 44C1-10	
Badian	Pajade 321A422	
Baditu	Koyra 46A4445	
Badjaranke	Pajade 321A422	
Badjia	Ewondo cluster 327A72	
Badjouni	Tikuu 327G41	
Badjue	Bajue 327A84	
Badyara	Pajade 321A422	
Badyaranke	Pajade 321A422	
Badzumbo	Asumbo 326D22-10	
Baer	Dinka 2E19131	

Bafa'ndji	Fanji 326D2384	
Bafang	Fe'fe 326D2327	
Bafaw	Mbo cluster 327A15	
Bafia	rəKpa 327A53	
BAFIA GROUP	327A50 Bantu	Cameroun
Bafo	Mbo cluster 327A15	
Bafok	Ewondo cluster 327A72	
Bafou	326D23213 Benue, Bantoid, Bane, Grasslands Group, Bamileke Subgroup, Ngwe Subgroup	Cameroun
Bafoussam	326D23243 Benue, Bantoid, Bane, Grasslands Group, Bamileke Subgroup, Banjoun Subgroup	Cameroun
Bafreng	Nkwen 326D2353	
Bafuk	Ewondo cluster 327A72	
Bafum	326D2372 Benue, Bantoid, Bane, Grasslands Group, Kom-Bandem Subgroup	Nigeria?
Bafut	326D2352 Benue, Bantoid, Bane, Grasslands Group, Ngemba Subgroup	Cameroun
Bafwa Ndaka	liBali 327D21	
Bafwagada	eBudu 327D34	
Bafwakayi	eBudu 327D34	
Baga	Gbaga 325B2	
Baga Binari	321C215 West Atlantic, Southern Branch, Mel Group, Temne Subgroup	Guinea
Baga 'Fore'	Mbulungish 321A52	
Baga Koba	321C217 West Atlantic, Southern Branch, Mel Group, Temne Subgroup	Guinea
Baga Maduri	321C213 West Atlantic, Southern Branch, Mel Group, Temne Subgroup	Guinea
Baga Mandoure	Baga Maduri 321C213	
Baga Manduri	Baga Maduri 321C213	
Baga Mboteni	321A53 West Atlantic, Northern Branch, Nalu Group	Guinea?
Baga Monsom	Mbulungish 321A52	
Baga Sitemu	321C214 West Atlantic, Southern Branch, Mel Group, Temne Subgroup	Guinea
Baga Sobane	321C216 West Atlantic, Southern Branch, Mel Group, Temne Subgroup	Guinea
Bagam	326D232-13 Benue, Bantoid, Bane, Grasslands Group, Bamileke Subgroup	Cameroun
Bagandou	diNgando 327C18	
Bagba	Gbaya 325B11	
Baghirmi	Fula 321A11	
Bagirmi	2E212-11 Nilo-Saharan, Chari-Nile, Central Sudanic, Bongo-Bagirmi Group, Sara-Bagirmi Subgroup	Chad
Bagirmi	Fula 321A11	
BAGIRMI GROUP	BONGO-BAGIRMI GROUP 2E21 *and* SARA-BAGIRMI SUBGROUP 2E212	
Bagiuni	Tikuu 327G41	
Bagnoun	Banhum 321A433	
Bago	323A344 Gur, Central Grusi Group, Eastern Subgroup	Togo
Bagwet	Nandi 2E1931	
Baham	Bandjoun 326D23241	

BAHR-EL-GHAZAL GROUP	327X30	Bantu	Sudan, Central African Republic
Bahumunu	Humono	326C2133	
Bai	325B62	Adamawa-Eastern, Eastern Branch, Ndogo-Feroge Group	Sudan
Bai	Mbai	2E2129	
Baidumba	Peri	327D31	
Baigo	Baygo	2E1814	
Bainouk	Banhum	321A433	
Baïnouk	Banhum	321A433	
Bainuk	Banhum	321A433	
Baiot	Bayot	321A315	
Baiso	Bayso	45C232	
Baja	Gbaya	325B11	
Bajama	Mumuye	325A51	
Bajoni	Tikuu	327G41	
Baju	Kaje	326A2242	
Bajue	327A84	Bantu, Maka-Njem Group	Cameroun
Bajun	Tikuu	327G41	
Bajuni	Tikuu	327G41	
BAK GROUP	321A3	West Atlantic, Northern Branch	Senegal, Gambia, Guinea
Baka	2E2112	Nilo-Saharan, Chari-Nile, Central Sudanic, Bongo-Bagirmi Group, Bongo-Baka Subgroup	Sudan, Zaïre
Baka	Ari	46B2	
Baka Mombe	Gbaya	325B11	
Bakaka	Mbo cluster	327A15	
Bakele	diKele	327B22	
Bakem	Basa	327A43	
Bakja	Ewondo cluster	327A72	
Bakjo	Ewondo cluster	327A72	
Bakko	Ari	46B2	
Bako	Ari	46B2	
Bakogo	Basa	327A43	
Bakoko	Basa	327A43	
Bakole	Kole	327A29	
Bakolle	Kole	327A29	
Bakoroka	Kwadi	1C4	
Bakosi	Mbo cluster	327A15	
Bakossi	Mbo cluster	327A15	
Bakota	diKota	327C17	
Bakota	Mbaama	327B62	
Bakou	Fe'fe	326D2327	
Bakpa	Kpala	325B57	
Bakpinka	326C223	Benue, Cross River 2 & 3, Southeastern Group	Nigeria
Bakum	Kwakum	327A91	
BaKundu	Lundu cluster	327A11	
'Bakundumu	liBali	327D21	
Bakuu	Fe'fe	326D2327	
Bakwe	324A2	Kwa, Kru Group	Liberia, Ivory Coast
Bakwe	Bakwe	324A2	
Bakwele	Bekwil	327A85	
Bakwiri	Baakpe	327A22	
Bakwo	Bakwe	324A2	
kiBala	kiMbundu cluster	327H21	

Alphabetic Index — Bal-Bam

quiBala	kiMbundu cluster	327H21	
Balande	Balanta	321A331	
Balant	Balanta	321A331	
Balanta	321A331	West Atlantic, Northern Branch, Bak Group, Balanta Subgroup	Guinea, Senegal
BALANTA SUBGROUP	321A33	West Atlantic, Northern Branch, Bak Group	Guinea, Senegal
Balante	Balanta	321A331	
Balda	44D22	Afro-Asiatic, Chadic, Daba-Gisiga-Matakam Group, Gisiga-Matakam Subgroup	Nigeria
Bale-dha	Lendu	2E26	
Balegete	326D123	Benue, Non-Bantu Bantoid, Tivoid	Nigeria
Balen	Bilen	45B1	
Balep	Ndoe	326D2111	
Balese	Reported to be a Nilo-Saharan language.		
Bale-the	Lendu	2E26	
Bali	327B75	Bantu, Teke Group	Congo, Zaïre
Bali	liBoa	327C44	
Bali	Hadza	1E	
Bali	Mungaka	326D233	
Bali	Donga	325A22	
Bali	Yendang	325A56	
liBali	327D21	Bantu, Lega-Kalanga Group	Zaïre
'Bali'ba	Moru	2E231	
Balika	eBudu	327D34	
Ballante	Balanta	321A331	
Balobo	Likila	327C04	
Balobo	Loi-Ngiri	327C31	
Balobo	loMabaale	327C01	
Baloi	Loi-Ngiri	327C31	
Baloki	Losengo	327C36	
Balom	ləFa'	327A51	
Balon	Balong	327A13	
Balondo	Mbo cluster	327A15	
Balong	327A13	Bantu, Lundu-Balong Group	Cameroun
Balong, Northern	Nyang	326D222	
Balong, Southern	Balong	327A13	
Baloum	326D2322	Benue, Bantoid, Bane, Grasslands Group, Bamileke Subgroup	Cameroun
BaLundu	Lundu cluster	327A11	
Balung	Balong	327A13	
Baluombila	toPoke	327C53	
Bamaha	326D2328	Benue, Bantoid, Bane, Grasslands Group, Bamileke Subgroup	Cameroun
Bamali	326D2383	Benue, Bantoid, Bane, Grasslands Group, Ndop Subgroup	Cameroun
Bamana	Batchingou	326D23291	
Bamana Koma	Mandekan	322A16	
Bamanga	Mba	325B82	
Bambala	Burji	45C11	
Bambalang	Tshirambo	326D2382	
Bambara	Mandekan	322A16	
Bambara	Bomberawa	326D2139	
Bambara Masasi	Mandekan	322A16	
Bambeiro	kiMbundu cluster	327H21	

Bambili	Nkwen	326D2353
Bamboko	Bomboko	327A21
Bambui	Nkwen	326D2353
Bambuku	Bomboko	327A21
Bambuku	Mboko	327C21
Bambulewe	Pinyin	326D2351
Bambutuku	liNyali	327D33
Bamekon	Kom	326D2378
Bamendjina	326D232-12	Benue, Bantoid, Bane, Grasslands Group, Bamileke Subgroup Cameroun
Bamendjou	326D23242	Benue, Bantoid, Bane, Grasslands Group, Bamileke Subgroup, Bandjoun Subgroup Cameroun
Bamenkoumbit	326D232-14	Benue, Bantoid, Bane, Grasslands Group, Bamileke Subgroup Cameroun
Bamenyam	326D232-15	Benue, Bantoid, Bane, Grasslands Group, Bamileke Subgroup Cameroun
Bamessing	Kensense	326D2381
BaMeta	Menemo	326D2363
BAMILEKE SUBGROUP	326D232	Benue, Bantoid, Bane, Grasslands Group Cameroun
Baminge	Ngie	326D225
Bamitaba	Mbomotaba	327C14
Bamodo	Mangbutu	2E251
Bamok	Mundani, Upper	326D226
BaMongo	Bushoong	327C83
Bamougoum	Bamendjou	326D23242
Bamoum	Bamoun	326D231
Bamoun	326D231	Benue, Bantoid, Bane, Grasslands Group Cameroun
Bamum	Bamoun	326D231
Bamun	Bamoun	326D231
Bamunka	Muka	326D2386
Bamunkum	326D2354	Benue, Bantoid, Bane, Grasslands Group, Ngemba Subgroup Cameroun
BaMvele	Bebele	327A73
Bamwe	Doko of Ngiri	327C0-10
Bana	44H1	Afro-Asiatic, Chadic, Bana Group Chad Cameroun
Bana	Banna	46B1
Bana	Fe'fe	326D2327
Bana	see Mbana index entry	
BANA GROUP	44H	Afro-Asiatic, Chadic Chad, Cameroun
Banaka	baTanga	327A32
Banana	44H2	Afro-Asiatic, Chadic, Bana Group Chad Cameroun
Banda	325B2	Adamawa-Eastern, Eastern Branch Congo Central African Republic
Banda	Ligbi	322A132
Banda	Banda	325B2
Bandara	Pantera	323H71
Bandawa	326B14	Benue, Jukunoid, Karim Group Nigeria
Bandem	326D237-11	Benue, Bantoid, Bane, Grasslands Group, Kom-Bandem Subgroup Cameroun
Bandem	Basa	327A43
Bandi	Mende-Bandi	322A21

Bandia	Zande 325B41	
Bandial	Diola 321A311	
Bandjoum	Bandjoun 326D23241	
Bandjoun	326D2341	Benue, Bantoid, Bane, Grasslands Group, Bamileke Subgroup, Bandjoun Subgroup Cameroun
BANDJOUN SUBGROUP	326D2324	Benue, Bantoid, Bane, Grasslands Group, Bamileke Subgroup Cameroun
Bandobo	326D252	Benue, Bantoid, Bane, Tikar Group East Cameroun
Bandogo	Tagbana 323H3	
Bandzabi	yiNzebi 327B52	
BANE	326D2	Benue, Bantoid Nigeria, Cameroun
Bane	Bene 327A74	
Baneka	Mbo cluster 327A15	
Banen	327A44	Bantu, Basa Group Cameroun
Banend	Banen 327A44	
dheBang	Heiban 31A3	
BaNgala	[pidginised lingua franca], Losengo 327C36	
Bangando	Gbaya 325B11	
Bangandou	diNgando 327C18	
Bangante	326D23292	Benue, Bantoid, Bane, Grasslands Group, Bamileke Subgroup, Bangante Subgroup Cameroun
BANGANTE SUBGROUP	326D2329	Benue, Bantoid, Bane, Grasslands Group, Bamileke Subgroup Cameroun
Bangantu, Northern	Mbimu cluster 327A86	
Bangawa	Lyase-ne 326A1127	
Bangba	325B56	Adamawa-Eastern, Eastern Branch, Mayogo Group Zaïre
Bangele	Likila 327C04	
Bangelima	liAngba 327C45	
Bangi	boBangi 327C32	
BANGI-NTUMBA GROUP	327C30 Bantu	Zaïre
boBangi	327C32	Bantu, Bangi-Ntumba Group Zaïre
buBangi	boBangi 327C32	
kiBangi	boBangi 327C32	
Bango	liBali 327D21	
Bango	liBoa 327C44	
Bangobango	kiBangubangu 327D27	
Bangom	diKele 327B22	
Bangomo	diKele 327B22	
Bangou	Batchingou 326D23291	
Bangoua	Bangwa 326D23293	
kiBangubangu	327D27	Bantu, Lega-Kalanga Group Zaïre
Bangwa	326D23293	Benue, Bantoid, Bane, Grasslands Group, Bamileke Subgroup, Bangante Subgroup Cameroun
Bangwa	Ngwe 326D23211	
Bangwa	Dan 322B12	
Bangwa, Eastern	Bangwa 326D23293	
Banhum	321A433	West Atlantic, Northern Branch, Eastern Senegal-Guinea Group, Kobiana-Banhum Subgroup Guinea Senegal
BANHUM SUBGROUP	KOBIANA-BANHUM SUBGROUP 321A43	

Banhun	Banhum	321A433
Banjoun	Bandjoun	326D23241
Bankala	326D2134	Benue, Bantoid, Bane, Nigerian Group, Jarawa Subgroup Nigeria
Bankalawa	Bankala	326D2134
Bankon	327A42	Bantu, Basa Group Cameroun
Bankutu	Nkutu	327C73
Banna	46B1	Afro-Asiatic, Omotic, Ari-Banna Branch Ethiopia
BaNoh	baTanga	327A32
BaNoo	Lundu cluster	327A11
Bansaw	Lamnso	326D239
Banso	Lamnso	326D239
Banta	321C212	West Atlantic, Southern Branch, Mel Group, Temne Subgroup
BANTOID	326D	Benue Nigeria & Cameroun
BANTU	327	The largest closely related group of languages within Niger-Congo, grouped by Greenberg with Benue to constitute Benue-Congo, one of the main branches of Niger-Congo.
Bantu, Basic	Fanagalo	327S46
Bantu Sabei	oruSyan	327E17
Banu	Gbanu	325B11
Banyang	Nyang	326D222
Banyangi	Nyang	326D222
Banyuk	Banhum	321A433
Banyun	Banhum	321A433
Banyung	Banhum	321A433
Banza	loMabaale	327C01
Baol	Serer	321A12
Baol	Wolof	321A13
Baonga	327C38	Bantu, Bangi-Ntumba Group Zaïre
Baoule	Agni-Bawule	324B-24211
Bapeng	321A413	West Atlantic, Northern Branch, Eastern Senegal-Guinea Group, Tenda-Konyagi Subgroup
Bapi	326D232-10	Benue, Bantoid, Bane, Grasslands Group, Bamileke Subgroup Cameroun
Bapoko	baTanga	327A32
Baraa	Manjaku	321A321
Baraan Kalkus	Manjaku	321A321
Barabaig	Tatoga	2E1933
Barabaik	Tatoga	2E1933
Barain	Barein	44J32
Barambo	Barambu	325B43
Barambu	325B43	Adamawa-Eastern, Eastern Branch, Zande Group Congo, Sudan
Baranchi	Bankala	326D2134
Bararetta	45C2212	Afro-Asiatic, Eastern Cushitic, Lowland Group, Oromo Subgroup, Konso-Galla Subgroup Ethiopia
Barawa of Dass	44A323	Afro-Asiatic, Chadic, Western Group, Warjawa-Gesawa Group, Gezawa Subgroup Nigeria
Barba	Bargu	323B

Barboe	Gweabo 324A3	
Bare	326D213-10	Benue, Bantoid, Bane, Nigerian Group, Jarawa Subgroup Nigeria
Bare	Bare 326D213-10	
Barea	Nara 2E13	
Barein	44J32	Afro-Asiatic, Chadic, Sahel Group, Sokoro Subgroup Chad
Bareko	Mbo cluster 327A15	
Bargu	323B Gur	Dahomey, Togo, Nigeria
Bari	2E1921	Nilo-Saharan, Chari-Nile, Eastern Sudanic, Nilotic Group, Eastern Nilotic Sudan, Zaïre, Uganda
Bari	Bai 325B62	
Bari	Avukaya 2E2321	
BARI-MASAI	NILOTIC, EASTERN 2E192	
Baria	Nara 2E13	
Bariba	Bargu 323B	
Barjun	Tikuu 327G41	
Barka	Cover term used for West Atlantic Baga languages, 321C213 to 321C219.	
Barka	Kunama 2E3	
Barma	Bagirmi 2E212-11	
Baroa	ǁxegwi 1B22	
BaRombi	Lombi 327A41	
Baron	Ron 44A431	
Barta	Berta 2E41	
BaRue	baRue 327A12	
Barun	Burun 2E19111	
Barya	Nara 2E13	
Basa	327A43 Bantu, Basa Group	Cameroun
Basa	Bassa 324A4	
Basa dialect cluster	326A1131 Benue, Plateau 1A, Kamuku Group	Nigeria
BASA GROUP	327A40 Bantu	Cameroun
Basa-Kaduna	Basa 326A1131	
Basa-Komo	326A1138 Benue, Plateau 1A, Kamuku Group	Nigeria
Basang	326C113 Benue, Cross River 1, Bekwarra Group	Nigeria
Basang	Basang 326C113	
Basanga	Uyanga 326C224	
Basari	Basari-Kasele-Chamba 323A142	
Basari	Tanda-Basari 321A412	
Basari du Bandemba	Bedik 321A411	
Basari-Kasele-Chamba	323A412 Gur, Central Gur, Moore-Gurma Group, Eastern Subgroup	Ghana, Togo
Bashama	Bachama 44C12	
Bashar	326A72 Benue, Plateau 7	Nigeria
Basherawa	Bashar 326A72	
Bashmuric	Coptic 42B	
Bashwa	Doko 327C08	
Basic Bantu	Fanagalo 327S46	
Baskatta	Basketo 46A4431	
Basketo	46A4431 Afro-Asiatic, Omotic, Northern Branch, Gimojan Group, Ometo Subgroup, Western Subgroup	Ethiopia

Bašmur	Coptic 42B	
Basoa-Basoko	327C38 Bantu, Bangi-Ntumba Group	Zaïre
Basoko	Basoa-Basoko 327C38	
Basosi	Mbo cluster 327A15	
Bassa	324A4 Kwa, Kru Group	Liberia
Bassa	Basa 327A43	
Bassa	Nupe 324D1	
Bassa-Kaduna	Basa 326A1131	
Bassa-Komo	Basa-Komo 326A1138	
Bassa-Nge	Nupe 324D1	
Basso	Bassa 324A4	
Basua	Boki 326C12	
Bat	Bada 326D2131	
Bata	44C11 Afro-Asiatic, Chadic, Bata-Tera Group, Bata Subgroup	Nigeria, Cameroun
BATA SUBGROUP	44C1 Afro-Asiatic, Chadic, Bata-Tera Group	Nigeria, Cameroun
BATA-TERA GROUP	44C Afro-Asiatic, Chadic	Nigeria, Cameroun
BaTanga	baTanga 327A32	
Batanga	Lundu cluster 327A11	
Batcham	326D232-17 Benue, Bantoid, Bane, Grasslands Group, Bamileke Subgroup	Cameroun
Batchenga	Bacenga 327A64	
Batchingou	326D23291 Benue, Bantoid, Bane, Grasslands Group, Bamileke Subgroup, Bangante Subgroup	Cameroun
Batha	Lendu 2E26	
Bati	326D232-11 Benue, Bantoid, Bane, Grasslands Group, Bamileke Subgroup	Cameroun
Bati	327A65 Bantu, Sanaga Group	Cameroun
Bati	liBoa 327C44	
liBati	327C43 Bantu, Ngombe Group	Zaïre
Batie	326D2325 Benue, Bantoid, Bane, Grasslands Group, Bamileke Subgroup	Cameroun
Batongtou	326D232-18 Benue, Bantoid, Bane, Grasslands Group, Bamileke Subgroup	Cameroun?
Batonnun	Bargu 323B	
Batonu	Bargu 323B	
Batouffam	Bangwa 326D23293	
Batta	Bata 44C11	
Batu	326D126 Benue, Non-Bantu Bantoid, Tivoid. Nigeria	
Batwa	‖xegwi 1B22	
Bauchi	Baushi 326A1137	
Baule	Anyi-Bawule 324B-24211	
Baushi	326A1137 Benue, Plateau 1A, Kamuku Group. Nigeria	
Bavek	Ewondo cluster 327A72	
Bawule	Anyi-Bawule 324B-24211	
Baya	Gbaya 325B11	
Baya Ali	Gbaya 325B11	
Baya Banou	Gbaya 325B11	
Baya Boffi	Gbaya 325B11	
Bayang	Nyang 326D222	
Bayangam	Bandjoun 326D23241	
Bayangi	Nyang 326D222	
Baygo	2E1814 Nilo-Saharan, Chari-Nile, Eastern Sudanic, Daju Group, Western Subgroup	Sudan

Bayobiri	Ukpe	326C114	
Bayot	321A315	West Atlantic, Northern Branch, Bak Group, Diola Subgroup	Guinea
Bayotte	Bayot	321A315	
Bayoun	Tikuu	327G41	
Bayso	45C232	Afro-Asiatic, Eastern Cushitic, Lowland Group, Somali Subgroup	Ethiopia
Baza	44C1-10	Afro-Asiatic, Chadic, Bata-Tera Group, Bata Subgroup	Nigeria Cameroun
Bazen	Baza	44C1-10	
Beafada	Biafada	321A421	
Beba-Befang	326D234	Benue, Bantoid, Bane, Grasslands Group	Cameroun
Bebedjato	Kumaju	326D241	
Bebele	327A73	Bantu, Yaunde-Fang Group	Cameroun
Bebi	Boki	326C12	
Becheve	326D122	Benue, Non-Bantu Bantoid, Tivoid	Nigeria
baBeda	Bira	327D22	
Bedanga	Sokoro	44J31	
Bedauye	Beja	45A1	
Bedawie	Beja	45A1	
Bedawiye	Beja	45A1	
Bedawiyet	Beja	45A1	
Bedawye	Beja	45A1	
Bedde	Bede	44A25	
Bede	44A25	Afro-Asiatic, Chadic, Western Group, Ngizim Group	Nigeria
Bedik	321A411	West Atlantic, Northern Branch, Eastern Senegal-Guinea Group, Tenda-Konyagi Subgroup.	Senegal
Bedja	Beja	45A1	
Bedjola	Biafada	321A421	
Beege	Musgu	44G	
iBeeke	327D37	Bantu, Bira-Huku Group	Zaïre
Beembe	iBembe	327D54	
eBeembe	kiLega	327D25	
kiBeembe	kiBembe	327H11	
Beetjuans	seTswana	327S31	
Befon	Nde	326D2114	
Befun	Abanyom	326D2115	
Begema	Reported to be a Kwa language.		
Begia	Beja	45A1	
Bego	Baygo	2E1814	
Behli	'Beli	2E2114	
Behr	Dinka	2E19131	
Beigo	Baygo	2E1814	
Beir	Murle	2E123	
Beja	45A1	Afro-Asiatic, Northern Cushitic	Sudan Ethiopia
Beka	Peri	327D31	
Bekeni	liBali	327D21	
Beko	Baygo	2E1814	
Bekwarra	326C111	Benue, Cross River 1, Bekwarra Group	Nigeria

Bekwarra	Bekwarra	326C111	
BEKWARRA GROUP	326C11	Benue, Cross River 1	Nigeria
Bekwil	327A85	Bantu, Maka-Njem Group	Cameroun, Gabon, Congo
BeKwiri	Baakpe	327A22	
Bekworra	Bekwarra	326C111	
Bekworrah	Bekwarra	326C111	
Belante	Balanta	321A331	
Belein	Bilen	45B1	
Belen·	Bilen	45B1	
Beleni	Bilen	45B1	
'Beli	2E2114	Nilo-Saharan, Chari-Nile, Central Sudanic, Bongo-Bagirmi Group, Bongo-Baka Subgroup	Sudan
Belingo	Banda	325B2	
Belle	Kwaa	324A8	
Belleh	Kwaa	324A8	
Bemba, Broken	Town Bemba	327M43	
Bemba, Town	Town Bemba	327M43	
BEMBA GROUP	327M40	Bantu	Zaïre, Zambia
iciBemba	327M42	Bantu, Bemba Group	Zaïre, Zambia
Bembala	Burji	45C11	
Bembe	loMabaale	327C01	
BEMBE-KABWARI GROUP	327D50	Bantu	Zaïre
iBembe	327D54	Bantu, Bembe-Kabwari Group	Zaïre
iBembe	kiLega	327D25	
kiBembe	327H11	Bantu, Kikongo Group	Congo
Bemili	liBali	327D21	
ekiBena	327G63	Bantu, Bena-Kinga Group	Tanzania
BENA-KINGA GROUP	327G60	Bantu	Tanzania
Benadir	Somali	45C231	
Bencho	Gimira	46A421	
Bende	327F12	Bantu, Tongwe Group	Tanzania
Bende	Banda	325B2	
Bendege	Boki	326C12	
Bendeghe	Ekoi dialect cluster	326D2112	
Bendi	Banda	325B2	
Bendi	Bete	326C112	
BENDI	CROSS RIVER 1	326C1	
leBendia	liBinza	327C46	
leBendja	liBinza	327C46	
Bene	327A74	Bantu, Yaunde-Fang Group	Cameroun
Benesho	Gimira	46A421	
Benga	327A34	Bantu, Bube-Benga Group	Gabon, Equatorial Guinea
Benge-Baati	liBoa	327C44	
liBenge	liBati	327C43	
Beni Iznacen	Riff	43B2	
Beni Iznassen	Riff	43B2	
Beni Snous	43A-18	Afro-Asiatic, Berber, Zenati Group	Algeria
Benischo	Gimira	46A421	
Bennecho	Gimira	46A421	
Bensho	Gimira	46A421	
BENUE	326	One of the branches of the Niger-Congo family, grouped by Greenberg with Bantu to constitute Benue-Congo, one of the main branches of Niger-Congo.	

Alphabetic Index

BENUE CONGO	A grouping of Benue and Bantu as one of the major branches of Niger-Congo. This grouping is not reflected in this classification.	
Beo	liAngba 327C45	
baBera	Bira 327D22	
Beraber	Tamazight 43B3	
Berba	323A148 Gur, Central Gur, Moore-Gurma Group, Eastern Subgroup	Benin
Berba	Bargu 323B	
BERBER	43 One of the branches of Afro-Asiatic.	
BERBERO-LIBYAN	BERBER 43	
Bereba	Wom 325A24	
Bergit	Mubi 44J61	
Beri	Bari 2E1921	
Beri	Zaghawa 2B3	
Berom	Birom 326A31	
Berri	Zaghawa 2B3	
Berta	2E41 Nilo-Saharan, Chari-Nile, Berta Group	Ethiopia, Sudan
BERTA GROUP	2E4 Nilo-Saharan, Chari-Nile	Ethiopia, Sudan
Berti	2B4 Nilo-Saharan, Saharan Branch	Sudan
Besarin	Beja 45A1	
Beshada	Banna 46B1	
Besme	44J1-10 Afro-Asiatic, Chadic, Sahel Group, Somrai Subgroup	Central African Republic, Chad
Bessali	Mundani, Lower 326D227	
Betammadibe	Tamari 323A2	
Betammaribe	Tamari 323A2	
Betachi	Mundani, Lower 326D227	
Bete	324A1 Kwa, Kru Group	Ivory Coast
Bete	326C112 Benue, Cross River 1, Bekwarra Group	Nigeria
Bete	Bete 324A1	
Bete	Bete 326C112	
Betegbo	Bete 324A1	
Bethen	327A88 Bantu, Maka-Njem Group	Cameroun
Betibe	324B-2412 Kwa, Western Group, Volta-Comoe Group	Ivory Coast
Betsinga	Bacenga 327A64	
Bette	Bete 326C112	
Betye	Anyi-Bawule 324B-24211	
Betzinga	Bacenga 327A64	
Bia	324B-2421 Kwa, Western Group, Tano Subgroup	Ghana
Biafada	321A421 West Atlantic, Northern Branch, Eastern Senegal-Guinea Group, Biafada-Pajade Subgroup	Guinea
BIAFADA-PAJADE SUBGROUP	321A42 West Atlantic, Northern Branch, Eastern Senegal-Guinea Group	Guinea, Senegal
Biafar	Biafadá 321A421	
Biase	326C239 Benue, Cross River 2 & 3, Efik-Andoni Group	Nigeria
Biba-Bifang	Beba-Befang 326D234	

Bideyat	Zaghawa	2B3		
Bidjuki	Mbimu cluster	327A86		
Bidyo	44J66	Afro-Asiatic, Chadic, Sahel Group, Mubi Subgroup		Chad
Bidyogo	Bijago	321B		
Bidyola	Biafada	321A421		
Bienescio	Gimira	46A421		
Bienesho	Gimira	46A421		
iciBiisa	327M51	Bantu, Bisa-Lamba Group		Zambia
Bijago	321B	West Atlantic		Bijagos Islands, Guinea-Bissau
Bijogo	Bijago	321B		
Bijougot	Bijago	321B		
Bijuga	Bijago	321B		
Bikom	Kom	326D2378		
Bila	shiTsonga	327S53		
baBila	Bira	327D22		
kiBila (Forest)	Bira	327D22		
Bilayn	Bilen	45B1		
Bilen	45B1	Afro-Asiatic, Central Cushitic		Ethiopia
Bileno	Bilen	45B1		
Bili	Peri	327D31		
iBili	Peri	327D31		
Bilin	Bilen	45B1		
Bilingo	Banda	325B2		
Bille	Bare	326D213-10		
Bima	Lundu cluster	327A11		
Bimbia	iSu	327A23		
Bimoba	323A141	Gur, Central, Moore-Gurma Group, Eastern Subgroup		Ghana
Bindi	Banda	325B2		
Bindiga	Ekoi dialect cluster	326D2112		
Bindinga	Boki	326C12		
iBindja	liBinza	327C46		
liBindja	liBinza	327C46		
Bindji	Binji	327L22		
Binga	Yulu	2E213		
Bini	324E1	Kwa, Edo Group		Nigeria
Bini	Akunakuna	326C2134		
oBini	Akunakuna	326C2134		
Binja	keSongola	327D24		
Binja, Southern	Zimba	327D26		
liBinja	liBinza	327C46		
Binji	327L22	Bantu, Songe Group		Zaïre
liBinza	327C46	Bantu, Ngombe Group		Zaïre
liBinza	liBinza	327C46		
BiNzabi	biNzabi	327B52		
Bio	Ari	46B2		
Bira	327D22	Bantu, Lega-Kalanga Group		Zaïre, Uganda
Bira	327D32	Bantu, Bira-Huku Group		Zaïre
BIRA-HUKU GROUP	327D30	Bantu		Zaïre
baBira (Western)	Bira	327D22		
kiBira (Plains)	Bira	327D22		
kiBira (Ruwenzori)	Bira	327D22		
kuBira	kiBira	327D22		
Birgid	Wadai-Birgid	44J65		
Biri	Bviri	325B63		

Birifo	Birifor	323A113	
Birifor	323A1113	Gur, Central Gur, Moore-Gurma Group, Northwestern Subgroup	Ghana, Upper Volta
Biriwa	Limba	321C3	
Birked	2E114	Nilo-Saharan, Chari-Nile, Eastern Sudanic, Nubian Group	Sudan
Birkit	Birked	2E114	
Birom	326A31	Benue, Plateau 3	Nigeria
Biroom	Birom	326A31	
Birguid	Birked	2E114	
Birqed	Birked	2E114	
Birwa	sePedi	327S32	
Bisa	322B22	Mande, Southern-Eastern Branch, Eastern Group	Upper Volta, Ghana
Bisa	iciBiisa	327M51	
BISA-LAMBA GROUP	327M50	Bantu	Zambia, Zaïre
Bisagwe	Bisa	322B22	
Bisan	Bisa	322B22	
Bisapele	Bisa	322B22	
Bisariab	Beja	45A1	
Bisarin	Beja	45A1	
Bisharin	Beja	45A1	
Bishiri	Boki	326C12	
Bisu	Basang	326C113	
liBita	liBoa	327C44	
Bitaama	Kunama	2E3	
Bitama	Kunama	2E3	
Bitare	326D124	Benue, Non-Bantu Bantoid, Tivoid.	Nigeria
Biti	Morokodo	2E2113	
ekiBito	ekiYira	327D44	
Bitshamba	Basari-Kasele-Chamba	323A142	
Bitwi	Ndaktup	326D23-126	
Biya	46B4	Afro-Asiatic, Omotic, Ari-Banna Branch	Ethiopia
Biyan	Tanda-Basari	321A412	
Biye	Biya	46B4	
Biyobe	Soruba-Kuyobo	323A147	
Black Bobo	Bobo Fing	322C	
Ble	Dyula	322A16	
Blio	Kru cluster	324A6	
Bliss	Diola	321A311	
Bloho	Dan	322B12	
B'moba	Bimoba	323A141	
Bo	Bankon	327A42	
Boa	325A-131	Adamawa-Eastern, Adamawa Branch, Boa Group	Chad
BOA GROUP	325A-13	Adamawa-Eastern, Adamawa Branch	Chad, Central African Republic, Cameroun
liBoa	327C44	Bantu, Ngombe Group	Zaïre
Bobala	Doko	327C08	
BoBangi	boBangi	327C32	
Bobangi de traite	boBangi	327C32	
Bobar	Bankala	326D2134	
Bobe	Bobea	327A28	

Bobea	327A28	Bantu, Duala Group	Cameroun
Bobili	Gbigbil 327A73		
Bobilis	Gbigbil 327A73		
Bobo	Bobo Fing 322C		
Bobo, Black	Bobo Fing 322C		
Bobo Fing	322C Mande		Mali, Upper Volta
Bobo Gbe	323D2 Gur, Bobo Group		Mali
BOBO GROUP	323D Gur		Mali, Upper Volta
Bobo Oule	Bwamu 323D1		
Bobo, Red	Bwamu 323D1		
Bobo Ule	Bwamu 323D1		
Bobo, White	Bobo Gbe 323D2		
Bobo Wule	Bwamu 323D1		
Bobwa	Bete 324A1		
Boca	chiManyika cluster 327S13		
Bocha	chiManyika cluster 327S13		
Bodde	Akye 324B-20		
Bode	Akye 324B-20		
Bodho	Thuri 2E191213		
Bodi	Mekan 2E126		
Bodiman	Duala 327A24		
Bodo	327X32	Bantu, Bahr-el-Ghazal Group	Sudan Central African Republic
Bodoro	Gan 323C3		
Bodoro	Padorho 323C5		
Bodzanga	diNgando 327C18		
Bofi	Gbaya 325B11		
Boga	Buka-khwe 1C24		
BoGanga	liBati 327C43		
Bogh	Bashar 326A72		
Bogo	Bilen 45B1		
Bogongo	327C12	Bantu, Ngundi Group	Central African Republic
Bogos	Bilen 45B1		
Bogung	Bargu 323B		
Boguru	327X33	Bantu, Bahr-el-Ghazal Group	Sudan
Boguru	Boguru 327X33		
Bohairic	Coptic 42B		
Bohayric	Coptic 42B		
Boi	326A432	Benue, Plateau 4, Boi Group	Nigeria
BOI GROUP	326A43	Benue, Plateau 4	Nigeria
Bok	Manjaku 321A321		
Bokari	Gbaya 325B11		
Boki dialect cluster	326C12	Benue, Cross River 1	Nigeria Cameroun
BOKI-EBEKWARA	CROSS RIVER 1 326C1		
ikiBokini	Swahili dialect?		
Bokkos	44A433	Afro-Asiatic, Chadic, Western Group, Bolewa-Plateau Group, Ron Subgroup	Nigeria
Boko	Busa 322B23		
Boko	Woko 325A48		
iBoko	327C02	Bantu, Miscellaneous Group	Zaïre
'Bokutu	Doko 327C08		
Bokyi	Boki dialect cluster 326C12		
Bola	Mankanya 321A323		

Bolanchi	Bolewa	44A411	
Bole	Bolewa	44A411	
Bolewa	44A411	Afro-Asiatic, Chadic, Western Group, Bolewa-Plateau Group, Bolewa Subgroup	Nigeria
BOLEWA-PLATEAU GROUP	44A4	Afro-Asiatic, Chadic, Western Group	Nigeria
BOLEWA SUBGROUP	44A41	Afro-Asiatic, Chadic, Western Group, Bolewa-Plateau Group	Nigeria
Bolgo	325A-137	Adamawa-Eastern, Adamawa Branch, Boa Group	Chad
Bolgo Dugag	Bolgo	325A-137	
Bolia	loNtomba-Bolia	327C35	
Bolo	Kru cluster	324A6	
liBolo	327H23	Bantu, Kimbundu Group	Angola
luBolo	liBolo	327H23	
Bologi	Losengo	327C36	
Boloki	Losengo	327C36	
Boloki of River Ruki	327C0-13	Bantu, Miscellaneous Group	Zaïre
Bolom	Mmani	321C222	
Bolom	Sherbro	321C221	
Bolondo	327C05	Bantu, Miscellaneous Group	Zaïre
'Bolongo	Doko	327C08	
Boluki	Losengo	327C36	
Bom	321C223	West Atlantic, Southern Branch, Mel Group, Bullom Subgroup	Sierra Leone
Boma	Teke, Central	327B74	
kiBoma	327B82	Bantu, Tende-Yanzi Group	Zaïre
Bomassa	Reported to be an Adamawa-Eastern language.		Congo
Bomali	Bomwali	327A87	
Bombali	Temne	321C211	
Bomberawa	326D2139	Benue, Bantoid, Bane, Nigerian Group, Jarawa Subgroup	Nigeria
kiBombi	kiBila (Forest)	327D22	
liBombi	liNyali	327D33	
Bombo	Mbimu cluster	327A86	
Bomboko	327A21	Bantu, Duala Group	Cameroun
Bomboko	Mboko	327C21	
Bomboli	Lobala	327C16	
Bomboli	Loi-Ngiri	327C31	
Bombongo	Lobala	327C16	
Bome	Bom	321C223	
Bomo	Bom	321C223	
Bomvana	isiXhosa	327S41	
Bomwali	327A87	Bantu, Maka-Njem Group	Congo
Bon	Bankon	327A42	
Bon	Boni	45C233	
Bon	Gula	325A-138	
Bonde	kiBondei	327G24	
kiBondei	327G24	Bantu, Shambala Group	Tanzania
Bondo	kiMbundu cluster	327H21	
Bondonga	Mondunga	325B81	
Bonek	Banen	327A44	
Bongili	327C15	Bantu, Ngundi Group	Congo
Bongili	Bogongo	327C12	
Bongiri	Bogongo	327C12	

Bongiri	Bongili 327C15	
Bongo	2E2111 Nilo-Saharan, Chari-Nile, Central Sudanic, Bongo-Bagirmi Group, Bongo-Baka Subgroup	Sudan
Bongo	Banda 325B2	
BONGO-BAGIRMI GROUP	2E21 Nilo-Saharan, Chari-Nile, Central Sudanic	Sudan, Zaïre
BONGO-BAKA SUBGROUP	2E211 Nilo-Saharan, Chari-Nile, Central Sudanic, Bongo-Bagirmi Group	Sudan, Zaïre
Boni	45C233 Afro-Asiatic, Eastern Cushitic, Lowland Group, Somali Subgroup	Kenya
Bonken	Bonkeng 327A14	
Bonkeng	327A14 Bantu, Lundu-Balong Group	Cameroun
Bonny	Ijo 324H	
Bono	*Kanga Bono* of Kweni 322B17	
Bonum	Fali 325A-11	
Boo	Grebo 324A3	
eBoo	Teke, Central 327B74	
Boobe	Bube 327A31	
Boombe	Bube 327A31	
Boomu	Bwamu 323D1	
Boor	Dinka 2E19131	
Bor	2E191214 Nilo-Saharan, Chari-Nile, Eastern Sudanic, Nilotic Group, Western Nilotic, Lwo Subgroup, Northern Lwo	Sudan
Bor	Dinka 2E19131	
Bore Peski	Fali 325A-11	
Borena	Galla 45C2211	
Borgawa	Bargu 323B	
Borgu	Bargu 323B	
Bori-Peske	Fali 325A-11	
Boritsu	326B43 Benue, Jukunoid, Kpanzo Group	Nigeria
Bornu	Kanuri 2B11	
Boro	46A314 Afro-Asiatic, Omotic, Northern Branch, Gonga Group, Northern Subgroup	Ethiopia
leBoro	liAngba 327C45	
Borodda	Reported to be a Cushitic language.	Ethiopia
Borou	Banda 325B2	
Borrom	Bashar 326A72	
Borroro	Fula 321A11	
Bosha	46A333 Afro-Asiatic, Omotic, Northern Branch, Gonga Group, Southern Subgroup	Ethiopia
Bota	Bobea 327A28	
Botba	Kru cluster 324A6	
Boua	Boa 325A-131	
Boua	liBoa 327C44	
Bouaka	Bwaka 325B51	
Bouamou	Bwamu 323D1	
Boubou	Banda 325B2	
Bouddouma	Buduma 44B3	
Boudja	iBuja 327C37	
Boulou	Bulu 327A74	
Boumboum	Mbimu cluster 327A86	
Boumoali	Bomwali 327A87	

Boumpe	Mende-Bandi	322A21	
Bouraka	Gbanziri	325B53	
Bourrah	Bura	44C1-24	
Boussa	Busa	322B23	
Bouze	Loma	322A23	
Bowili	324B9	Kwa, Western Group	Ghana, Togo
BoYanga	liBati	327C43	
Boyawa	Boi	326A432	
BoYela	boYela	327C74	
Bozo	Soninke	322A12	
Brame	Mankanya	321A323	
Brass Ijaw	Ijo	324H	
Brass Nembe	Ijo	324H	
Brassa	Balanta	321A331	
Bria	Banda	325B2	
Brignan	Avikam	324B-17	
Brinya	Avikam	324B-17	
Brissa	Anyi-Bawule	324B-24211	
Brong	324B-243-12	Kwa, Western Group, Volta-Comoe Group, Guan Subgroup	Ghana
Brou	Banda	325B2	
Brusa	Anyi-Bawule	324B-24211	
Brussa	Anyi-Bawule	324B-24211	
Bua	Boa	325A-131	
Bua	liBoa	327C44	
Bua, Southeastern	liBali	327D21	
Bubalia	2E212-15	Nilo-Saharan, Chari-Nile, Central Sudanic, Bongo-Bagirmi Group, Sara-Bagirmi Subgroup	Chad
Bube	327A31	Bantu, Bube-Benga Group.	Equatorial Guinea
BUBE-BENGA GROUP	327A30	Bantu	Equatorial Guinea, Gabon, Cameroun
Bubi	Bube	327A31	
Bubi	diKele	327B22	
Bubongo	Bogongo	327C12	
Bubu	Banda	325B2	
Bubu	Kara	2E212-10	
Budama	Adhola	2E191227	
Budduma	Buduma	44B3	
Budigri	Gbaya	325B11	
Budja	iBuja	327C37	
Budjago	Bijago	321B	
eBudu	327D34	Bantu, Bira-Huku Group	Zaïre
Budugum	Masa	325A-14	
Buduma	44B3	Afro-Asiatic, Chadic, Kotoko Group	Lake Chad Islands
Budya	chiKorekore	327S11	
Buela	liBwela	327C42	
Buende	kiKongo cluster, Northern Group	327H16	
Bufe	Bafut	326D2352	
Bufumbwa	ikinyaRwanda	327D61	
Bugago	Bijago	321B	
Bugakxoe	Buka-khwe	1C24	
eBugbuma	liBoa 327C44		
eBugombe	Bira	327D22	
Bugudum	Masa	325A-14	
Buguli	Puguli	323A322	

Buguri	Puguli 323A322	
Buhayra	Coptic 42B	
Buile	Buli 323A122	
Buile	Kanjaga 323A335	
Builsa	Kanjaga 323A335	
iBuja	327C37 Bantu, Bangi-Ntumba Group	Zaïre
Bujawa	Buji 326A123-14	
Buje	Buji 326A123-14	
Buji	326A123-14 Benue, Plateau IB, Central Group	Nigeria
kiBujwe	kiBangubangu 327D27	
Buka-khwe	Dialect cluster 1C24 of the Tshu-khwe Group	
Bukala	Mongo-Nkundo 327C61	
Bukongo	Bogongo 327C12	
Buku	baTanga 327A32	
Bukum	Boguru 327X33	
Bukum	Boguru 327X33	
Bukur	Boguru 327X33	
Bukuru	Boguru 327X33	
uluBukusu	Masaba 327E31	
Bulahai	Matakam 44D25	
Bulahai	Mofu 44D24	
Bula-Matari	kiTuba 327H17	
kiBulamatadi	kiTuba 327H17	
Bulanda	Balanta 321A331	
Bulanta	Balanta 321A331	
Bulea	Buli 323A122	
Bulea	Kanjaga 323A335	
Bulebule	Bira 327D22	
Bulem	Mmani 321C222	
Buli	323A122 Gur, Central Gur, Moore-Gurma Group, North-Central Subgroup	Ghana
Bulia	loNtomba-Bolia 327C35	
Bullin	Mmani 321C222	
Bullom, Northern	Mmani 321C222	
Bullom, Southern	Sherbro 321C221	
BULLOM SUBGROUP	321C22 West Atlantic, Southern Branch, Mel Group	Sierra Leone, Guinea, Liberia
Bullun	Mmani 321C222	
Bullun	Sherbro 321C221	
Bulom	Sherbro 321C221	
Bulu	327A74 Bantu, Yaunde-Fang Group	Cameroun
Bulu	Sekiyani 327B21	
Bulu bediliva	Ewondo populaire 327A76	
Bulu des chauffeurs	Ewondo populaire 327A76	
Bulu-Yaounde	Ewondo populaire 327A76	
Buluf	Diola 321A311	
Bulugu	Buli 323A122	
Bulugu	Kanjaga 323A335	
Buluki	Losengo 327C36	
Bulunge	Burungi 45D1	
Bum	326D2373 Benue, Bantoid, Bane, Grasslands Group, Kom-Bandem Subgroup	Cameroun
Bum	Bom 321C223	
Buma	kiBoma 327B82	
Bumakxoe	*Buka-khwe* 1C24	
Bumali	Bomwali 327A87	

Bumbira	ekiHaya	327E22		
Bumboko	Bomboko	327A21		
Bumboko	Mboko	327C21		
Bumbuko	Bomboko	327A21		
Bumbuku	Bomboko	327A21		
Bunaki	326D243	Benue, Bantoid, Bane, Misaje Group		Cameroun
Bunda	kiKongo cluster, Southern Group	327H16		
Bundum	Cinga	327A66		
BuNgbinda	buNgbinda	327X51		
Bungili	Bogongo	327C12		
Bungili	Bongili	327C15		
Bungiri	Bogongo	327C12		
Bungiri	Bongili	327C15		
Bungnu	Kamkam	326D112		
ikiBungu	327F25	Bantu, Sukuma-Nyamwezi Group		Tanzania
Bunji	chiManyika cluster	327S13		
Bunu	326A123-13	Benue, Plateau 1B, Central Group		Nigeria
Bunu	Kamkam	326D112		
Bunu	Yoruba	324C1		
Bura	44C1-24	Afro-Asiatic, Chadic, Bata-Tera Group, Bata Subgroup		Nigeria, Cameroun
Buraka-gbanziri	Gbanziri	325B53		
Burama	Mankanya	321A323		
Buressya	Anyi-Bawule	324B-24211		
Burgu	Bargu	323B		
Burji	45C11	Afro-Asiatic, Eastern Cushitic, Highland Group		Ethiopia
Burjinya	Burji	45C11		
Burmawa	Bashar	326A72		
Burra	Bura	44C1-24		
Burrikem	Bandobo	326D252		
Burrikem	Iyirikum	326D2364		
Burrum	Bashar	326A72		
Buru	liAngba	327C45		
Buru	Banda	325B2		
'Burulo	Madi	2E233		
Burum	Birom	326A31		
Burumawa	Bashar	326A72		
Burun	2E19111	Nilo-Saharan, Chari-Nile, Eastern Sudanic, Nilotic Group, Western Nilotic , Mabaan Subgroup		Sudan
Burun, Northern	Burun	2E19111		
Burun, Southern	Mabaan	2E19112		
Burunge	Burungi	45D1		
Burungi	45D1	Afro-Asiatic, Southern Cushitic		Tanzania
Busa	322B23	Mande, Southern-Eastern Branch, Southern Group		Dahomey, Nigeria
BUSH A FAMILY	BUSHMAN, NORTHERN	1A		
BUSH B FAMILY	TAA GROUP	1B1		
BUSH C	!WI GROUP	1B2		
Bush D	ǁxegwi	1B22		
Bush Kru	Krahn	324A7		
Bushman, Black	Xu-khwe	1C24		
Bushman, Eastern	ǁxegwi	1B22		

Bushman, River	*Buka-khwe*	1C24	
"BUSHMAN, CENTRAL"	TSHU-KHWE GROUP	1C2	
BUSHMAN, NORTHERN	1A Khoisan		Namibia/SWA, Botswana, Angola
BUSHMAN, SOUTHERN	1B Khoisan		Namibia/SWA, Botswana
"BUSHMAN-HOTTENTOT"	KHOISAN	1	
Bushong	Bushoong	327C83	
Bushongo	Bushoong	327C83	
Bushoong	327C83	Bantu, Kuba Group	Zaïre
Buṣi	Basang	326C113	
Bušmur	Coptic	42B	
Bussa, North	45C22133	Afro-Asiatic, Eastern Cushitic, Lowland Group, Oromo Subgroup, Konso-Galla Subgroup, Konso Subgroup	Ethiopia
Bussa, Western	Gobeze	45C22243	
Busua	Boki	326C12	
Busy	Loma	322A23	
Buta	326A1241	Benue, Plateau 1B, Northern Group	Nigeria
Butawa	Buta	326A1241	
Bute	Wute	326D118	
Buti	Wute	326D118	
iButi	iMbuti	327D22	
Butura	Daffo-Buturo	44A434	
Buuli	Mongo-Nkundo	327C61	
uluBuya	Masaba	327E31	
Buyi	327D55	Bantu, Bembe-Kabwari Group	Zaïre
kiBuyu	kiBangubangu	327D27	
Buze	Buji	326A123-14	
Buzi	Loma	322A23	
Bvanuma	liNyali	327D33	
liBvanuma	liNyali	327D33	
Bviri	325B63	Adamawa-Eastern, Eastern Branch, Ndogo-Feroge Group	Sudan
Bvumba	chiManyika cluster	327S13	
Bwa	liBoa	327C44	
Bwaka	325B51	Adamawa-Eastern, Eastern Branch, Mayogo Group	Zaire, Central African Republic?
liBwali	liBoa	327C44	
Bwamu	323D1	Gur, Bobo Group	Mali, Upper Volta
Bwamu	Bwamu	323D1	
kiBwari	Kabwari	327D56	
Bweela	Doko	327C08	
kiBweende	kiKongo cluster, Northern Group	327H16	
liBwela	327C42	Bantu, Ngombe Group	Zaïre
Bwende	kíKongo cluster, Northern Group	327H16	
kiBwende	kiKongo cluster, Northern Group	327H16	
Bwidabo	Grebo	324A3	
Bwila	iciTaabwa	327M41	
Bwile	iciTaabwa	327M41	
oluBwisi	327E19	Bantu, Nyoro-Ganda Group	Uganda
Bwissi	oluBwisi	327E19	
Bwol	44A423	Afro-Asiatic, Chadic, Western Group, Bolewa-Plateau Group, Plateau Subgroup	Nigeria
Bworo	Shinasha	46A311	

Alphabetic Index

Byetri	Betibe	324B-2412
Byrre	Kepere	325A67

C

C1	Hietshware cluster	1C21	
C2	Nharo-n	1C26	
C2a	N|haints e	1C25	
C2b	Xu-khwe	1C24	
C3	Hadza	1E	
Cabinda	kiKongo cluster, Western Coastal Group	327H16	
Cabrai	Kabre	323A3412	
Cabre	Kabre	323A3412	
Cado	Dogon	323K	
Caffa	Kafa	46A331	
Caffino	Kafa	46A331	
Caffre	isiXhosa	327S41	
Cafre	isiXhosa	327S41	
kiCago	327E62	Bantu, Chaga Group	Tanzania
Caha	Chaha cluster	41B2222	
Cakosi	Chakosi	324B-24212	
Cala	323A3432	Gur, Central Gur, Grusi Group, Eastern Subgroup, Delo Subgroup	Togo
Calabari	Ijo	324H	
CANGIN GROUP	321A2	West Atlantic, Northern Branch	Senegal
C'ara	Chara	46A43	
Cassanga	Kasanga	321A432	
Cassangue	Kasanga	321A432	
Casu	ciAsu	327G22	
Caxa	Chaha cluster	41B2222	
Cayor	Wolof	321A13	
Ce	Basari-Kasele-Chamba	323A142	
Cedepo	Grebo	324A3	
Cemba	Basari-Kasele-Chamba	323A142	
Cepleng	Suk	2E1932	
ciCewa	Nyanja cluster	327N31	
CHADIC	44 One of the branches of Afro-Asiatic.		
Chaga	kiCago	327E62	
CHAGA GROUP	327E60	Bantu	Tanzania
Chagga	kiCaga	327E62	
Chaha	Chaha cluster	41B2222	
Chaha cluster	41B2222	Afro-Asiatic, African Semitic, Ethio-Semitic, Southern Ethiopic, Gurage Group, Western Gurage Subgroup	Ethiopia
Chakali	323A331	Gur, Central Grusi Group, Southern Subgroup	
Chako	Shako	46A13	
Chakosi	324B-24212	Kwa, Western Group, Volta-Comoe Group, Tano Subgroup, Bia	Ivory Coast, Ghana
Chala	Cala	323A3432	
Chala	Ron	44A431	
Cham-Mona	325A14	Adamawa-Eastern, Adamawa, Tula Group	Nigeria

Chamba	325A21	Adamawa-Eastern, Adamawa, Chamba Group	Nigeria, Cameroun
Chamba Daka	Daka	325A31	
Chamba Lekon	Lekon	325A23	
Chamba of Donga	Donga	325A22	
Chamba	Basari-Kasele-Chamba	323A142	
Chamba of Nassarao	Daka	325A31	
Chamba Tsugu	Daka	325A31	
CHAMBA GROUP	325A2	Adamawa-Eastern, Adamawa	Nigeria, Cameroun, Congo
Chamir	Khamir	45B3	
Chamo	326A1244	Benue, Plateau 1B, Northern Group	Nigeria
Chang	Bafou	326D23213	
Chango	yiSangu	327B42	
Chaouia	43A-17	Afro-Asiatic, Berber, Zenati Group	Algeria
Chara	326A33	Benue, Plateau 3	Nigeria
Chara	46A43	Afro-Asiatic, Omotic, Northern Branch, Gimojan Group, Gimira Subgroup	Ethiopia
CHARI-NILE BRANCH	2E	Nilo-Saharan	
Chasu	ciAsu	327G22	
Chawai	326A1212	Benue, Plateau 1B, Chawai Group.	Nigeria
CHAWAI GROUP	326A121	Benue, Plateau 1B	Nigeria
Chawe	Chawai	326A1212	
Chawi	Chawai	326A1212	
Cheke	Gude	44C1-12	
Chemant	Kemant	45B2	
Chere	Chiri	44J22	
Chere	Sere	325B65	
Cherepong	Chiripon-Lete-Anum	324B-2432	
Cherre	Banna	46B1	
Cheva	Nyanja cluster	327N31	
ciChewa	Nyanja cluster	327N31	
Chibak	44C1-17	Afro-Asiatic, Chadic, Bata-Tera Group, Bata Subgroup	Nigeria
Chibbak	Chibak	44C1-17	
Chibbok	Chibak	44C1-17	
Chibbuk	Chibak	44C1-17	
Chibok	Chibak	44C1-17	
ChiChwabo	ciCuabo	327P34	
Chiga	oluCiga	327E14	
ChiJomvu	Reported to be a dialect of Swahili, 327M42.		
Chikabanga	Fanagalo	327S46	
ChiKalanga	chiKalanga	327S16	
ChiKaranga	chiKaranga	327S14	
ChiKorekore	chiKorekore	327S11	
Chilapalapa	Fanagalo	327S46	
Chilila	Dakarkari	326A1122	
Chilololo	Fanagalo	327S46	
Chiluba	Sanga	327L35	
Chilunguboi	Fanagalo	327S46	
ChiManyika cluster	chiManyika cluster	327S13	
Chimba	ociHerero	327R31	
ChiNdau	chiNdau	327S15	
Chinga	Cinga	327A66	

Chinge	kiShinji	327H35	
Chinguil	Gula	325A-138	
ChiniMakonde	ciMakonde	327P23	
Chip	44A424	Afro-Asiatic, Chadic, Western Group, Bolewa-Plateau Group, Plateau Subgroup	Nigeria
iChira	iSira	327B41	
Chiri	44J22	Afro-Asiatic, Chadic, Sahel Group, Gabere Subgroup	Chad
Chiripon-Lete-Anum	324B-2432	Kwa, Western Group, Volta-Comoe Group, Guan Subgroup	Ghana
ChishiLange	Luba-Lulua	327L31	
ChiSwina	chiZezuru	327S12	
ChiVenda	tshiVenda	327S21	
ChiVidunda	kiVidunda	327G38	
ChiZezuru	chiZezuru	327S12	
Chleukh	Shilha	43C	
Chokosi	Chakosi	324B-24212	
Chokwe	Ciokwe	327K11	
CHOKWE-LUCHAZI GROUP	327K10	Bantu	Angola, Zaïre, Zambia
Chomo	326B12	Benue, Jukunoid, Karim Group	Nigeria
Chongee	44A41-11	Afro-Asiatic, Chadic, Western Group, Bolewa-Plateau Group, Bolewa Subgroup	Nigeria
Chonyi	kiNyika	327E72	
shiChopi	327S61	Bantu, Chopi Group	Moçambique
Chopi	Lwo	2E191226	
CHOPI GROUP	327S60	Bantu	Moçambique
Chori	Jaba	326A2223	
chũ	!xũ cluster	1A1	
Chuabo	ciCuabo	327P34	
Chuana	seTswana	327S31	
Chubo	Menemo	326D2363	
Chuka	327E57	Bantu, Kikuyu-Kamba Group	Kenya
Chumuru	Nchummuru	324B-2437	
Churi	Suri	2E124	
Churo	Manjaku	321A321	
chiChwabo	ciCuabo	327P34	
Chwagga	Hai-ŋǁum	1C3	
Chwampo	ciCuabo	327P34	
Chwana	seTswana	327S31	
Chware	Hietshware cluster	1C21	
Chwee	Akan	324B-2422	
Ciara	Chara	46A43	
CiAsu	ciAsu	327G22	
Cibak	Chibak	44C1-17	
CiCewa	Nyanja cluster	327N31	
CiChewa	Nyanja cluster	327N31	
CiCifundi	kiSwahili	327G42	
CiCuabo	ciCuabo	327P34	
ciCifundi	kiSwahili	327G42	
oluCiga	327E14	Bantu, Nyoro-Ganda Group	Uganda
ruCiga	ikinyaRwanda	327D61	
CiGogo	ciGogo	327G11	
CiIkuhane	eciSubia	327K42	
CiIla	ciIla	327M63	

CiinaMukuni	ciLenje	327M61
CiKagulu	ciKagulu	327G12
CiKamanga	Tumbuka	327N21
CiKanyoka	ciKanyoka	327L32
CiKopabeeluti	Town Bemba	327M43
CiKunda	ciKunda	327N42
Cikuya	Teke, Southern	327B77
CiLenje	ciLenje	327M61
CiLowe	iLomwe	327P32
CiLuba of Kasai	Luba-Lulua	327L31
CiLuchazi	ciLuchazi	327K13
CiLuimbi	Luimbi cluster	327K12
CiLunda	ciLunda	327L52
CiLuwunda	uRuund	327L53
CiMabiha	ciMabiha	327P25
CiMakonde	ciMakonde	327P23
CiManda	ciManda	327N11
CiManganja	Nyanja cluster	327N31
CiMatengo	ciMatengo	327N13
Cimba	ociHerero	327R31
CiMbalazi	kiSwahili	327G42
CiMbangala	ciMbangala	327H34
CiMbunda	ciMbunda	327K15
CiMegi	ciKagulu	327G12
CiMpoto	ciMpoto	327N14
CiMwera	ciMwera	327P22
CiNdonde	ciNdonde	327P24
Cinga	327A66 Bantu, Sanaga Group	Cameroun
CiNgoni	ciNgoni	327N12
CiNsenga	ciNsenga	327N41
CiNyanja	Nyanja cluster	327N31
CiNyungwe	ciNyungwe	327N43
Cioko	Ciokwe	327K11
Ciokwe	327K11 Bantu, Chokwe-Luchazi Group. Angola, Zaïre	
CiPeta	Nyanja cluster	327N31
CiPodzo	ciPodzo	327N46
CiPogolo	ciPogolo	327G51
CiPoka	Tumbuka	327N21
Cirasha	Gidole	45C22132
Cirma	Suri	2E124
Cirra	Gidole	45C22132
CiRue	ciRue	327N45
CiSalampasu	ciSalampasu	327L51
CiSena	ciSena	327N44
CiShingyini	Kambari	326A111
CiSoli	ciSoli	327M62
CiTonga	Tonga cluster	327M64
CiTonga	ciTonga	327N15
CiTonga	Tumbuka	327N21
CiTumbuka	Tumbuka	327N21
CiYao	ciYao	327P21
CiYeei	ciYeei	327R41
Clela	Dakarkari	326A1122
CLICK	KHOISAN	1
Coana	seTswana	327S31
Cobiana	Kobiana	321A431
Cogniagui	Konyagi	321A414

Coira	Koyra	46A4445		
Cokwe	Ciokwe	327K11		
Colo	Thuri	2E191213		
Coman	Koman	2F		
Combe	Yasa cluster	327A33		
Comende	Mende-Bandi	322A21		
Congo	kiKongo cluster	327H16		
CONGO-KORDOFANIAN	3	Comprising Kordofanian and Niger-Congo, the most extensive of the four African language families recognised by Greenberg.		
Conhague	Konyagi	321A414		
Coniagui	Konyagi	321A414		
Conso	Konso	45C22131		
Conta	Dauro	46A4416		
Conyi	kiNyika	327E72		
shiCopi	shiChopi	327S61		
Coptic	42B	Afro-Asiatic, Egyptian-Coptic		Egypt
Cotocoli	Tem	323A342		
Crioulo	A Portugese based creole spoken in Portugese Guinea, Senegal, and the Cape Verde Islands.			
CROSS RIVER	326C	Benue		Nigeria, Cameroun
CROSS RIVER 1	326C1	Benue		Nigeria
CROSS RIVER 2 & 3	326C2	Benue		Nigeria, Cameroun
CROSS RIVER 3	326C21	Benue		Nigeria, Cameroun
Cross River Igbo	Igbo	324G		
CROSS RIVER SUBGROUP, LOWER		WESTERN SUBGROUP, Cross River 3 326C213		
ciCuabo	327P34	Bantu, Makua Group		Moçambique
Cuambo	ciCuabo	327P34		
Cuana	seTswana	327S31		
Cuanhama	ociKwanyama	327R21		
Cuanhoca	Kwadi	1C4		
Cuccia	Dauro	46A4416		
Cuepe	Kwadi	1C4		
Cule	Tsamay	45C22244		
Cullo	Dauro	46A4416		
Cunama	Kunama	2E3		
Cunanate	Sua	321C1		
Cur	Manjaku	321A321		
Curoca	Kwadi	1C4		
CUSHITIC	45	One of the branches of Afro-Asiatic. See also Omotic 46, customarily included within Cushitic.		
CUSHITIC, CENTRAL	45B	Afro-Asiatic, Cushitic		Ethiopia, Sudan
CUSHITIC, EASTERN	45C	Afro-Asiatic, Cushitic		Ethiopia, Somalia Kenya
CUSHITIC, NORTHERN	45A	Afro-Asiatic, Cushitic		Sudan, Ethiopia
CUSHITIC, SOUTHERN	45D	Afro-Asiatic, Cushitic		Tanzania, Kenya
CUSHITIC, WESTERN	see OMOTIC	46		
Cuur	Manjaku	321A321		

D

Da	Dan	322B12	
Daa, Kotoko	Kotoko	44B9	
Daarod	Somali	45C231	
Daba	44D12	Afro-Asiatic, Chadic, Daba-Gisiga-Matakam Group, Daba Subgroup	Cameroun
DABA-GISIGA-MATAKAM GROUP	44D	Afro-Asiatic, Chadic	Cameroun, Nigeria, Chad
DABA SUBGROUP	44D1	Afro-Asiatic, Chadic, Daba-Gisiga-Matakam Group	Cameroun
kiDabida	kiTaita	327E74	
Dabosa	Toposa	2E192223	
Dabossa	Toposa	2E192223	
Dace	Welamo	46A4411	
Dache	Welamo	46A4411	
uluDadiri	Masaba	327E31	
Dadiya	325A12	Adamawa-Eastern, Adamawa, Tula Group	Nigeria
DADJO GROUP	DAJU GROUP	2E18	
Dafe	Dyula	322A16	
Daffo-Butura	44A434	Afro-Asiatic, Chadic, Western Group, Bolewa-Plateau Group, Ron Subgroup	Nigeria
Dafi	Dyula	322A16	
Dafing	Dyula	322A16	
Dagaari	323A1114	Gur, Central Gur, Moore-Gurma Group, Northwestern Subgroup	Ghana, Upper Volta
Dagaba	Dagaari	323A1114	
Dagara	Dagara-Nura	323A1112	
Dagara-Nura	323A1112	Gur, Central Gur, Moore-Gurma Group, Northwestern Subgroup	Upper Volta, Ghana?
Dagare	Dagaari	323A1114	
Dagare	Dagaari	323A1114	
Dagari	Dagaari	323A1114	
Dagarti	Dagaari	323A1114	
Dagati	Dagaari	323A1114	
Dagatsi	Dagaari	323A1114	
Dagbamba	Dagbani-Mampruli-Nanuni	323A1215	
Dagbane	Dagbani-Mampruli-Nanuni	323A1215	
Dagbani	Dagbani-Mampruli-Nanuni	323A1215	
Dagbani-Mampruli-Nanuni	323A1215	Gur, Central Gur, Moore-Gurma Group, North-Central Subgroup	Ghana, Togo
DAGO GROUP	DAJU GROUP	2E18	
Dagomba	Dagbani-Mampruli-Nanuni	323A1215	
DAGU GROUP	DAJU GROUP	2E18	
Dahalo	Sanye	45D6	
Daho	Dan	322B12	
Dahomeen	Ewe	324B-15	
Daier	Kordofan Nubian	2E112	

Daim	Mekan	2E126	
Dair	Kordofan Nubian	2E112	
Daiso	kiDhaiso	327E56	
DAJU GROUP	2E18	Nilo-Saharan, Chari-Nile, Eastern Sudanic	Chad, Sudan
Daju of Dar Dadjo	2E1811	Nilo-Saharan, Chari-Nile, Eastern Sudanic, Daju Group, Western Subgroup	Chad
Daju of Dar Fur	2E1813	Nilo-Saharan, Chari-Nile, Eastern Sudanic, Daju Group, Western Subgroup	Sudan
Daju of Dar Sila	2E1812	Nilo-Saharan, Chari-Nile, Eastern Sudanic, Daju Group, Western Subgroup	Chad
Daju of West Kordofan	2E1815	Nilo-Saharan, Chari-Nile, Eastern Sudanic, Daju Group, Western Subgroup	Sudan
Daka	325A31	Adamawa-Eastern, Adamawa, Daka Group	Nigeria, Cameroun
DAKA GROUP	325A3	Adamawa-Eastern, Adamawa	Nigeria, Cameroun
Dakarkari	326A1122	Benue, Plateau 1A, Duka Group	Nigeria
Dakkakkarri	Dakarkari 326A1122		
Dako	325A27	Adamawa-Eastern, Adamawa, Chamba Group	Nigeria
Dakpa	Banda 325B2		
Dalong	Pai 326A42		
Dam	Ndam 44J13		
Dama	325A61	Adamawa-Eastern, Adamawa, Mbum Group	Chad, Cameroun
Dama	Dathanaik 45C2222		
Dama	Murzu 2E125		
Dama	Nama 1C11		
Dama	Bete 326C112		
Dama Kura	Bekwarra 326C111		
Dama-Mono	Mono 325A62		
Damara	Nama 1C11		
Damot	Awngi 45B4		
Damotanya	Awngi 45B4		
Dan	322B12	Mande, Southern-Eastern Branch, Southern Group	Liberia, Ivory Coast
Danda	chiNdau 327S15		
Dangaleat	44J67	Afro-Asiatic, Chadic, Sahel Group, Mubi Subgroup	Chad
Dangla-Jegu	Jegu 44J63		
Dangme	Adangme 324B-26		
Danisa	Ṣuá-khwe cluster 1C22		
Danisi-n	Ṣuá-khwe cluster 1C22		
Dar el Kabira	Tuleshi 31D2		
Darasa	45C124	Afro-Asiatic, Eastern Cushitic, Highland Group, Sidamo Subgroup	Ethiopia
Darassa	Darasa 45C124		
Dari	44H7	Afro-Asiatic, Chadic, Bana Group	Chad?
Darod	Somali 45C231		
Dasa	Daza 2B22		
Dasenech	Dathanaik 45C2222		

Dathanaic	Dathanaik	45C2222
Dathanaik	45C2222	Afro-Asiatic, Eastern Cushitic, Lowland Group, Oromo Subgroup, Arbore-Werize Subgroup Ethiopia
Dathanik	Dathanaik	45C2222
Dauro	46A4416	Afro-Asiatic, Omotic, Northern Branch, Gimojan Group, Ometo Subgroup, Central Subgroup Ethiopia
Dawari	Dagaari	323A1114
Dawaro	Dauro	46A4416
Dawro	Dauro	46A4416
Day	Dari	44H7
Daza	2B22	Nilo-Saharan, Saharan Branch, Teda Group Chad, Niger
Dazaga	Daza	2B22
Dazza	Daza	2B22
Dazzaga	Daza	2B22
De	324A5	Kwa, Kru Group Liberia
De	Gola	321C23
Deep Kunike	Temne	321C211
Degema	324E6	Kwa, Edo Group Nigeria
Degha	Mo	323A334
Dek	325A68	Adamawa-Eastern, Adamawa, Mbum Group Cameroun
Delen	Kordofan Nubian	2E112
Delo	323A3431	Gur, Central Gur, Grusi Group, Eastern Subgroup, Delo Subgroup Togo
DELO SUBGROUP	323A343	Gur, Central Gur, Grusi Group, Eastern Subgroup Togo
Dembo	kiMbundu cluster	327H21
Demik	Keiga	31D3
Demisa	ʃuà-khwe cluster	1C22
Demsa	44C13	Afro-Asiatic, Chadic, Bata-Tera Group, Bata Subgroup Cameroun
Demsa-Batta	Bata	44C11
Dendi	Songhai	2A
Dendje	Kaba Dunjo	2E2124
Deng	Gola	321C23
Dengese	327C81	Bantu, Kuba Group Zaïre
Dera	44A417	Afro-Asiatic, Chadic, Western Group, Bolewa-Plateau Group, Bolewa Subgroup Nigeria
Derasa	Darasa	45C124
Derasanya	Darasa	45C124
Deresa	Darasa	45C124
Deru	Dera	44A417
Desua	Gumuz	2F2
Deti	*Ḍeti-khwe*	1C23
Ḍeti-khwe	Tshu-khwe Group, Central cluster	1C23
Dewe wulu	De	324A5
Dewoi	De	324A5
Dey	De	324A5
DhaGarro-DhoGorindi	Otoro	31A5
kiDhaiso	327E56	Bantu, Kikuyu-Kamba Group Tanzania
Dhalla	Kadugli	31D7
DheBang	Heiban	31A3

DhiJama-DhuGwujur	Otoro	31A5
DhiMorong	Moro	31A8
DhiToro	Otoro	31A5
Dho Aluur	Alur	2E191224
DhoGorindi	Otoro	31A5
DhoKwara	Otoro	31A5
Dholubi	Katcha	31D8
DhoLuo	Luo	2E191228
Dhopadhola	Adhola	2E191227
Dhopaluo	Lwo	2E191226
Dho Pa Lwo	Lwo	2E191226
DhoRobe	Otoro	31A5
DhoRombe	Otoro	31A5
DhuGurila	Otoro	31A5
DhuGwujur	Otoro	31A5
Dhuri	Suri	2E124
Di	327B86	Bantu, Tende-Yanzi Group　　Zaïre
Dia	kiSakata cluster	327C34
Diabe	Anyi-Bawule	324B-24211
Diakanke	Dyula	322A16
Dian	Dyan	323C2
Dianga	327C0-11	Bantu, Miscellaneous Group　　Zaïre
Dibeng	Basa	327A43
Dibo	Nupe	324D1
Dibum	Basa	327A43
Dida	Bete	324A1
Didinga	2E121	Nilo-Saharan, Chari-Nile, Eastern Sudanic, Didinga-Murle Group　　Sudan
DIDINGA-MURLE GROUP	2E12	Nilo-Saharan, Chari-Nile, Eastern Sudanic　　Sudan, Ethiopia
DiGendja	liBinza	327C46
Digil	Somali	45C231
Digini	Somali	45C231
Digo	kiNyika	327E72
kiDigo	327E73	Bantu, Nyika-Taita Group　Kenya, Tanzania
DiKele	diKele cluster	327B22
mwaDiko	Kunda	327C07
DiKota	diKota	327C17
Dikpankpamdi	Konkomba	323A143
DiKuta	diKota	327C17
Dilling	Kordofan Nubian	2E112
Dim	Akunakuna	326C2134
oDim	Akunakuna	326C2134
Dima	Dime	46B3
Dime	46B3	Afro-Asiatic, Omotic, Ari-Banna Branch　　Ethiopia
Dimuk	44A425	Afro-Asiatic, Chadic, Western Group, Bolewa-Plateau Group, Plateau Subgroup　　Nigeria
Din	Di	327B86
Ding	Di	327B86
Ding-Ding	Mumuye	325A51
Dinga	Di	327B86
DiNgando	diNgando	327C18
Dinka	2E19131	Nilo-Saharan, Chari-Nile, Eastern Sudanic, Nilotic Group, Western Nilotic, Dinka-Nuer Subgroup　　Sudan

DINKA-NUER SUBGROUP	2E1913	Nilo-Saharan, Chari-Nile, Eastern Sudanic, Nilotic Group, Western Nilotic
		Sudan, Ethiopia
Dio	Kru cluster 324A6	
Dio	Zande 325B41	
Diola	321A311	West Atlantic, Northern Branch, Bak Group, Diola Subgroup
		Senegal, Gambia, Guinea
DIOLA SUBGROUP	321A31	West Atlantic, Northern Branch, Bak Group Senegal, Gambia, Guinea
Dioula	Dyula 322A16	
Dirico	siKwangari cluster 327K33	
Diriko	siKwangari cluster 327K33	
Diriku	siKwangari cluster 327K33	
Dirma	Suri 2E124	
Dirrim	325A33	Adamawa-Eastern, Adamawa, Doka Group
Diryawa	44A313	Afro-Asiatic, Chadic, Western Group, Warjawa-Gesawa Group, Warjawa Subgroup Nigeria
Disa	2E212-14	Nilo-Saharan, Chari-Nile, Central Sudanic, Bongo-Bagirmi Group, Sara-Bagirmi Subgroup Chad
Disoha	Gumuz 2F2	
Dissa	Disa 2E212-14	
Ditamaba	Tamari 323A2	
Diula	Dyula 322A16	
Diwala	Duala 327A24	
Dizi	Maji 46A11	
Dizu	Maji 46A11	
Dja	kiSakata cluster 327C34	
Djaga	kiCago 327E62	
Djallonke	Susu-Yalunka 322A11	
Djamba	Chamba 325A21	
liDjandu	Doko of Ngiri 327C0-10	
Djanet	Tuareg 43E	
Djanti	laNgayaba 327A54	
Djao	ciYao 327P21	
Djasing	Yasing 325A65	
Djebel Nefousa	Jebel Nefusa 43A4	
Djedji	Ewe 324B-15	
Djem	Njem 327A84	
Djerbo	Jerba 43A5	
Djerma	Songhai 2A	
Djeto	Banda 325B2	
kiDjia	kiSakata cluster 327C34	
Djidanan	Tagbana 323H3	
Dji-dha	Lendu 2E26	
Dji-itha	Lendu 2E26	
Djikini	Northern Teke 327B71	
Djingburu	Banda 325B2	
Djioteau	Banda 325B2	
Djo-dha	Lendu 2E26	
Djok	Ciokwe 327K11	
Djola	Biafada 321A421	
Djollof	Wolof 321A13	
Djolof	Wolof 321A13	

Djompra	Kutep	326B5	
Djonga	shiTsonga	327S53	
Djongor	Jonkor	44J64	
Djoo-dha	Lendu	2E26	
Djoungourou	Banda	325B2	
Djumperi	Kutep	326B5	
Djyoeto	Banda	325B2	
Do	De	324A5	
Doado	Namshi	325A43	
Dobace	Gobeze	45C22243	
Dobi	Gogot	41B2231	
Dodos	Karamojong	2E192224	
Dodosi	Karamojong	2E192224	
Dodoth	Karamojong	2E192224	
Dodotho	Karamojong	2E192224	
Doe	kiZaramo	327G33	
Dofana-Dyafolo	Tagbana	323H3	
Doghosie	Dorhosye	323C4	
Dogo	Dokko	46A4432	
Dogom	Dogon	323K	
Dogon	323K	Gur	Mali, Upper Volta
Dogwa	sePedi	327S32	
Dohe	kiZaramo	327G33	
Doka	326A2254	Benue, Plateau 1, Zaria Group, Kadara Subgroup	Nigeria
Dokhobe	Dorhosye	323C4	
Dokko	46A4432	Afro-Asiatic, Omotic, Northern Branch, Gimojan Group, Ometo Subgroup, Western Subgroup	Ethiopia
Doko	327C08	Bantu, Miscellaneous Group	Zaïre
Doko	Dokko	46A4432	
Doko of Ngiri	327C0-10	Bantu, Miscellaneous Group	Zaïre
Dollo	46A4433	Afro-Asiatic, Omotic, Northern Branch, Gimojan Group, Ometo Subgroup, Western Subgroup	Ethiopia
Dolo	Dollo	46A4433	
Domar Buzi	Loma	322A23	
Domba	chiManyika cluster	327S13	
Dombe	Ndombe	327R12	
Domkhoe	G‖ana-khwe	1C27	
Dompago	323A3413	Gur, Central Grusi Group, Eastern Subgroup, Lamba Subgroup	Togo, Benin
Donga	325A22	Adamawa-Eastern, Adamawa, Chamba Group	Congo
Donga	Jukun cluster	326B23	
Dongo	325B83	Adamawa-Eastern, Eastern Branch, Mba Group	Congo
'Dongo	Dongo	325B83	
Dongo	Kreish	2E221	
Dongo-Ko	Dongo	325B83	
Dongola-Kenuz	Nile Nubian	2E111	
Dongotono	Lotuko	2E192221	
Donyanyo	Doyayo	325A4-11	
Donyayo	Doyayo	325A4-11	

Donyiro	Toposa 2E192223	
Doo	Kru cluster 324A6	
kiDoondo	kiKongo cluster, Northern Group 327H16	
Dorhossie	Dorhosye 323C4	
Dorhosye	323C4 Gur, Lobi Group	Upper Volta
Dormo	44J23 Afro-Asiatic, Chadic, Sahel Group, Gabere Subgroup	Chad
Dorobo	Nandi 2E1931	
Dorobo	Teuso 2E1-10	
Dorosie	Dorhosye 323C4	
Dorsha	46Af2 Afro-Asiatic, Omotic, Northern Branch, Majoid Group	Ethiopia
Dorze	Welamo 46A4411	
Dorzinya	Welamo 46A4411	
Douala	Duala 327A24	
Douma	liDuma 327B51	
Doumbo	Minduumo 327B63	
Doumbou	Minduumo 327B63	
Doyayo	325A4-11 Adamawa-Eastern, Adamawa, Duru Group	Cameroun
Doyosye	Dorhosye 323C4	
Dreo	Kru cluster 324A6	
Dru	Lendu 2E26	
Druna	Lendu 2E26	
Dschagga	kiCaga 327E62	
Dschamba	Chamba 325A21	
Dschang	Bafou 326D23213	
Dschang-Bangwa	Ngwe 326D23211	
Dschogni	kiNyika 327E72	
Dschubu	Jukun cluster 326B23	
Dshang	Bafou 326D23213	
Dsimu	Njem 327A84	
Duala	327A24 Bantu, Duala Group	Cameroun
DUALA GROUP	327A20 Bantu	Cameroun
Dualla	Duala 327A24	
Dugubesyeeri	Senari, Southwest 323H15	
Duguranchi	326D2132 Benue, Bantoid, Bane, Nigerian Group, Jarawa Subgroup	Nigeria
Duka	326A1121 Benue, Plateau 1A, Duka Group	Nigeria
DUKA GROUP	326A112 Benue, Plateau 1A	Nigeria
Dukanchi	Duka 326A1121	
Dukanci	Duka 326A1121	
Dule	Reported to be a possible Adamawa-Eastern language in the Adamawa Branch.	
Duma	chiKaranga 327S14	
liDuma	327B51 Bantu, Njabi Group	Gabon
Dumbo	Kamaju 326D241	
Dumbu	Minduumo 327B63	
Dume	Tsamay 45C22244	
Dungerawa	Ligri 326D213-11	
Duo	Kru cluster 324A6	
Dupa	Nduupa 325A4-12	
Durba	Somali 45C231	
Durma	Mekan 2E126	
Durru	Duru 325A41	
Duru	325A41 Adamawa-Eastern, Adamawa, Duru Group	Cameroun

DURU GROUP	325A4	Adamawa-Eastern, Adamawa	Cameroun, Nigeria
Duruma	kiNyika 327E72		
Dwaro	Dauro 46A4416		
Dwela	Duala 327A24		
Dya	Dyan 323C2		
Dyabarma	Songhai 2A		
Dyabe	Anyi-Bawule 324B-24211		
Dyafolo	Tagbana 323H3		
Dyaka	Dyula 322A16		
Dyakanka	Dyula 322A16		
Dyakanke	Soninke 322A12		
Dyalonke	Susu-Yalunka 322A11		
Dyamala	Tagbana 323H3		
Dyamate	Diola 321A311		
Dyan	323C2	Gur, Lobi Group	Upper Volta
Dyane	Dyan 323C2		
Dyangirte	Mandekan 322A16		
Dyanu	Dyan 323C2		
Dye	Gangam 323A144		
Dyegem	Serer 321A12		
Dyegueme	Serer 321A12		
Dyembaren	Karon 321A313		
Dyerma	Songhai 2A		
Dyimini	Tagbana 323H3		
Dyoba	Serer 321A12		
Dyobo	Doko 327C08		
Dyola	Diola 321A311		
Dyolof	Wolof 321A13		
Dyomande	Mandekan 322A16		
Dyoula	Dyula 322A16		
Dyula	322A16	Mande, Northern-Western Branch, Northern Group	Ivory Coast
Dyumba	Myene cluster 327B11		
Dza	Jen 325A91		
Dzaiven Boka	326D242	Benue, Bantoid, Bane, Misaje Group	Cameroun
Dzalamo	kiZaramo 327G33		
Dzem	Njem 327A84		
Dzibi	shiTswa 327S51		
Dzihana	kiNyika 327E72		
Dzimou	Njem 327A84		
Dzimu	Njem 327A84		
eciDzindza	327E23	Bantu, Haya-Jita Group	Tanzania
Dzing	Di 327B86		
Dzonga	shiTswa 327S51		
Dzuǀʔoãsi	ǃxũ 1A1		
Dʒuǀʔhoa:si	ǃxũ 1A1		
Dʒuǀʔoasi	ǃxũ 1A1		

E

Eafeng	Ekoi dialect cluster	326D2112
Ebe	Nupe 324D1	
EBeembe	kiLega 327D25	
EBoo	Teke, Central 327B74	
EBudu	eBudu 327D34	
EBugbuma	liBoa 327C44	
EBugombe	Bira 327D22	
Ebuku	Doko of Ngiri 327C0-10	
EchiJinja	eciDzindza 327E23	
EchiTotela	echiTotela 327K41	
EciDzindza	eciDzindza 327E23	
EciJita	eciJita 327E25	
EciSubia	eciSubia 327K42	
EciZinja	eciDzindza 327E23	
Edangabo	ekiHaya 327E22	
Edda	Igbo 324G	
Ediba	Humono 326C2133	
Ediya	Bube 327A31	
Edjagam	Ekoi dialect cluster 326D2112	
Edo	Bini 324E1	
EDO GROUP	324E Kwa	Nigeria
Efe	2E2535 Nilo-Saharan, Chari-Nile, Central Sudanic, Mangbutu-Efe Group, Mamvu-Efe Subgroup	Zaïre, Uganda
Effium	Oring dialect cluster 326C2132	
Efik	326C231 Benue, Cross River 2 & 3, Efik-Andoni Group	Nigeria, Cameroun
EFIK-ANDONI GROUP	326C23 Benue, Cross River 2 & 3	Nigeria, Cameroun
Efutop	326D2113 Benue, Bantoid, Bane, Nigerian Group, Ekoid Subgroup	Nigeria
Efutu	Possibly an alternant of Afutu, see Awutu 324B-2431	
Egba	Yoruba 324C1	
EGbuta	liBoa 327C44	
Eggon	Egon 326A52	
Egon	326A52 Benue, Plateau 5	Nigeria
Egu	Igbira 324D3	
EGulu	liBoa 327C44	
Egyptian	42A Afro-Asiatic, Egyptian-Coptic [extinct]	
EGYPTIAN-COPTIC	42 One of the branches of Afro-Asiatic.	
Ehwe	Ewe 324B-15	
Eibe	Ewe 324B-15	
ǂeikusi	Kathea 1B13	
Ejagham	Ekoi dialect cluster 326D2112	
Ejaham	Ekoi dialect cluster 326D2112	
Ekajuk	326D2119 Benue, Bantoid, Bane, Nigerian Group, Ekoid Subgroup	Nigeria
Ekamtulufu	Nde 326D2114	
EKele	eKele 327C55	
Eket	326C236 Benue, Cross River 2 & 3, Efik-Andoni Group	Nigeria
Eki	Ewondo cluster 327A72	

Eki	Yoruba	324C1		
EkiBena	ekiBena	327G63		
EkiBito	ekiYira	327D44		
EkiHaavu	ekiHaavu	327D52		
EkiHambo	ekiHambo	327D47		
EkiHaya	ekiHaya	327E22		
EkiHehe	ekiHehe	327G62		
EkiHira	ekiYira	327D44		
EkiHomba	ekiYira	327D44		
EkiKerebe	ekiKerebe	327E24		
EkiKinga	ekiKinga	327G65		
EkiKira	ekiSwaga	327D45		
EkiKumbule	oruNdandi	327D42		
EkiLega	ekiLega	327D47		
EkiMate	oruNdandi	327D42		
EkiNande	oruNdandi	327D42		
EkiNdande	oruNdandi	327D42		
EkiNyambo	ekiNyambo	327E21		
EkiPangwa	ekiPangwa	327G64		
EkiRhinyirhinyi	ekiRhinyirhinyi	327D57		
EkiSanza	ekiSanza	327D49		
EkiShu	ekiShu	327D46		
EkiShukaali	ekiShukaali	327D46		
EkiSongoora	ekiSongoora	327D48		
EkiSwaga	ekiSwaga	327D45		
EkiTangi	oruNdandi	327D42		
Ekiti	Yoruba	324C1		
EkiYira	ekiYira	327D44		
EkiZiba	ekiHaya	327E22		
Ekoi dialect cluster	326D2112	Benue, Bantoid, Bane, Nigerian Group, Ekoid Subgroup		Nigeria, Cameroun
EKOID SUBGROUP	326D211	Benue, Bantoid, Bane, Nigerian Group		Nigeria, Cameroun
Ekokoma	Mbembe dialect cluster	326C2122		
Ekom	Kom	326D2378		
Ekonda	Mongo-Nkundo	327C61		
Ekparabong	Ndoe	326D2111		
Ekumbe	Lundu cluster	327A11		
Ekuri	Nkolle	326C2123		
Ekwe	Ekoi dialect cluster	326D2112		
El Amira	31C7	Kordofanian, Talodi Group		Sudan
El Hugeirat	Kordofan Nubian	2E112		
ELeedji	Peri	327D31		
ELeko	Losengo	327C36		
Elembe	Nkutu	327C73		
Eleme	326C243	Benue, Cross River 2 & 3, Ogoni Group		Nigeria
Eling	Banen	327A44		
Eliri	31C3	Kordofanian, Talodi Group		Sudan
Eloikob	Masai	2E192211		
Elomay	Bahum	321A433		
ELong	Mbo cluster	327A15		
Eloyi	326A21	Benue, Plateau 2		Nigeria
Elunay	Banhum	321A433		
Embo	kiEmbu	327E52		

kiEmbu	327E52	Bantu, Kikuyu-Kamba Group	Kenya
Embuja	iBuja 327C37		
EMfinu	eMfinu 327B83		
EMfinu	eMfinu 327B83		
Ena	327D14	Bantu, Mbole-Ena Group	Zaïre
Enar	Innemor cluster 41B2223		
Endegen	Innemor cluster 41B2223		
Endo	Suk 2E1932		
Enenga	Myene cluster 327B11		
Engenni	324E5	Kwa, Edo Group	Nigeria
Engutuk-Eloikob	Masai 2E192211		
Ennamor	Innemor cluster 41B2223		
Ennegor	Gurage, East 41B2211		
Ennemor	Innemor cluster 41B2223		
Enugu	Igbo 324G		
Enya	Ena 327D14		
Enyong	326C23-10	Benue, Cross River 2 & 3, Efik-Andoni Group	Nigeria
Epe	Eloyi 326A21		
Epigi	Minduumo 327B63		
Erakwa	Sobo 324E4		
Erbore	Arbore 45C2221		
Ere	Kim 44J19		
Eregba	Hwaye 326B42		
Erei	Akunakuna 326C2134		
Erenga	Tama 2E171		
Erohwa	Sobo 324E4		
Erokh	Iraqw 45D4		
Erythraic	Comprises certain branches of Afro-Asiatic, viz. Cushitic, African Semitic, and Egyptian.		
Esa	Ishan 324E2		
EshiSango	eshiSango 327G61		
EsiLuyana	esiLuyana 327K31		
Esimbi	326D223	Benue, Bantoid, Bane, Mamfe Group	Cameroun
EsiMbowe	esiMbowe 327K32		
EsiNgee	Teke, Eastern 327B76		
ESo	heSo 327C52		
Esulau	Diola 321A311		
Etang	Kom 326D2378		
Etepe	Akye 324B-20		
Ethio-Semitic	African Semitic 41		
Ethiopian	Amharic 41B21		
Ethiopic	Ethiosemitic 41B		
Ethiopic, Ancient	Geez 41B11		
Ethiopic, Northern	41B1	Afro-Asiatic, African-Semitic, Ethio-Semitic	Ethiopia
Ethiopic, Southern	41B2	Afro-Asiatic, African Semitic, Ethio-Semitic	Ethiopia
Ethiosemitic	41B	Afro-Asiatic, African Semitic	Ethiopia
ETike	Peri 327D31		
Eton	327A71	Bantu, Yaunde-Fang Group	Cameroun
Etsaso	Babadjou 326D232-16		
EtshiHororo	nyanNkore 327E13		
ETumbwe	kiLega 327D25		
Etung, Northern	Ekoi dialect cluster 326D2112		
Etung, Southern	Ekoi dialect cluster 326D2112		

Evadi	Kambari	326A111	
Eve	Ewe	324B-15	
Evhro	Sobo	324E4	
Ewe	324B-15	Kwa, Western Group.	Ghana, Togo, Benin
Ewodi	Oli	327A25	
Ewondo cluster	327A72	Bantu, Yaunde-Fang Group	Cameroun
Ewondo	Ewondo cluster	327A72	
Ewondo populaire	327A76	Bantu, Yaunde-Fang Group	Cameroun, Gabon, Equatorial Guinea
Ewondo, Pidgin	Ewondo populaire	327A76	
Ewundu	Ewondo cluster	327A72	
Ezha	Chaha cluster	41B2222	

F

Fa'	Fe'fe	326D2327	
ləFa'	327A51	Bantu, Bafia Group	Cameroun
Faa	Fe'fe	326D2327	
Faawa	Afawa	44A312	
Fachara	Chara	326A33	
Fada	Biafada	321A421	
Fadawu	Kanuri	2B11	
Fadicca	Nile Nubian	2E111	
Fadicha	Nile Nubian	2E111	
Fadidja	Nile Nubian	2E111	
Fadija	Nile Nubian	2E111	
Fadiout	Serer	321A12	
Fadiro	Mao, Northern	2F46	
Fadjulu	Bari	2E1921	
Fadyut-Palmerin	Serer	321A12	
Fagnia	Fanyan	325A-136	
Fajelu	Bari	2E1921	
Fajulu	Bari	2E1921	
Fajut	Serer	321A12	
Fak	ləFa'	327A51	
Fakawa	Puku-nu	326A1125	
Falacunda	Fula	321A11	
Falasha	Felasha	45B5	
Fali	325A-11	Adamawa-Eastern, Adamawa	Nigeria
Fali, Northern	Fali	325A-11	
Fali, Southern	Fali	325A-11	
Fali, Western	Fali	325A-11	
Fali of Jilbu	44C1-15	Afro-Asiatic, Chadic, Bata-Tera Group, Bata Subgroup	Nigeria
Fali of Kiria	44C1-14	Afro-Asiatic, Chadic, Bata-Tera Group, Bata Subgroup	Nigeria
Fali of Mubi	44C1-13	Afro-Asiatic, Chadic, Bata-Tera Group, Bata Subgroup	Nigeria
Fali of Yilbu	Fali of Jilbu	44C1-15	
Falor	321A25	West Atlantic, Northern Branch, Cangin Group	Senegal
Fan	Fang	327A75	
Fan	Fe'fe	326D2327	
Fana	Fanyan	325A-136	
Fanagalo	327S46	Bantu, Nguni Group [pidgin].	Southern Africa

Fanakalo	Fanagalo	327S46
Fanekalo	Fanagalo	327S46
Fang	327A75	Bantu, Yaunde-Fang Group
		Cameroun, Gabon, Equatorial Guinea
Fang, Northern	Fang	327A75
Fang, Southern	Fang	327A75
Fania	Fanyan	325A-136
Fanikolo	Fanagalo	327S46
Fanji	326D2384	Benue, Bantoid, Bane, Grasslands Group, Ndop Subgroup Cameroun
Fante	Akan	324B-2422
Fanti	Akan	324B-2422
Fantera	323H72	Gur, Senufo Group, Pantera-Fantera Subgroup Ghana
Fanwe	Fang	327A75
Fanwe	Fe'fe	326D2327
Fanya	Fanyan	325A-136
Fanyan	325A-136	Adamawa-Eastern, Adamawa, Boa Group
Fayumic	Coptic	42B
Fayyumic	Coptic	42B
Fazoglo	Berta	2E41
Fe'efe'	Fe'fe	326D2327
Fefe	Fe'fe	326D2327
Fe'fe'	326D2327	Benue, Bantoid, Bane, Grasslands Group, Bamileke Subgroup Cameroun
Felasha	45B5	Afro-Asiatic, Central Cushitic Ethiopia
Fellani	Fula	321A11
Feloup	Diola	321A311
Feloupe	Diola	321A311
Felup	Diola	321A311
Felupe	Diola	321A311
Fem	Pyem	326A63
Fernandian	Bube	327A31
Fero	Pero	44A41-10
Feroge	325B67	Adamawa-Eastern, Eastern Branch, Ndogo-Feroge Group Sudan
Feroghe	Feroge	325B67
Fiadidja	Nile Nubian	2E111
Filham	Diola	321A311
Finge	Kidzom	326D237-10
Fingo	isiSwati	327S43
Fiome	Goroa	45D2
Fiomi	Goroa	45D2
Fiot	kiVili	327H12
Fiot	kiKongo cluster, Northern Group	327H16
Fiote	kiTuba	327H17
iciFipa	327M13	Bantu, Fipa-Mambwe Group Tanzania
FIPA-MAMBWE GROUP	327M10	Bantu Tanzania, Zambia
Fiteriya	Hona	44C22
Fiyadikkya	Nile Nubian	2E111
Fizere	Afusare-Forum	326A2243
Floup	Diola	321A311
Flup	Diola	321A311
Fo	Ewe	324B-15
Fodoro	323H19	Gur, Senufo Group, Senari Subgroup Ivory Coast

Fogny	Diola 321A311	
toFoke	toPoke 327C53	
Folo	Mandekan 322A16	
Folo	Senari, Central 323H11	
Folo	Tagbana 323H3	
liFoma	327C56 Bantu, Soko-Kele Group	Zaïre
Fomopea	326D2323 Benue, Bantoid, Bane, Grasslands Group, Bamileke Subgroup	Cameroun
Fon	Ewe 324B-15	
Fonange Banteng	Mundani, Lower 326D227	
Fondebougou	Tagbana 323H3	
Fongo-Ndeng	326D23214 Benue, Bantoid, Bane, Grasslands Group, Bamileke Subgroup, Ngwe Subgroup	Cameroun
Fonnu	Ewe 324B-15	
Fony	Diola 321A311	
Fora	Balante 321A331	
Foro	Senari, Central 323H11	
Foro	Tagbana 323H3	
Forum	Afusare-Forum 326A2243	
Foto	326D23212 Benue, Bantoid, Bane, Grasslands Group, Bamileke Subgroup, Ngwe Subgroup	Cameroun
Fotouni	326D2326 Benue, Bantoid, Bane, Grasslands Group, Bamileke Subgroup	Cameroun
Foufoude	Fula 321A11	
Foulbere	Fula 321A11	
Foulse	Kurumba 323A323	
Foundibougou	Tagbana 323H3	
Fourgoula	Tagbana 323H3	
Fouta Dyalon	Fula 321A11	
Fouta Jalon	Fula 321A11	
Fra	Frafra 323A1212	
Frafra	323A1212 Gur, Central Gur, Moore-Gurma Group, North-Central Subgroup	Ghana
Fu	Bafut 326D2352	
Fu, Pidgin Adamawa	Fula 321A11	
Fuga	Kukuruku 324E3	
Ful	Fula 321A11	
Ful, East	Fula 321A11	
Ful, West	Fula 321A11	
Fula	321A11 West Atlantic, Northern Branch, Senegal Group	West Africa, Senegal to Sudan
Fulah	Fula 321A11	
Fulani	Fula 321A11	
Fulbe	Fula 321A11	
Fulfede	Fula 321A11	
Fulfude funaangere	Fula 321A11	
Fulfulde hiirnaangere	Fula 321A11	
ikiFuliiru	Fuliro 327D63	
Fuliro	327D63 Bantu, Ruanda-Rundi Group	Zaïre
Fulsap	Bafoussam 326D23243	
Fulse	Kurumba 323A323	
Fuluka	Kusu 327C72	
Fulup	Diola 321A311	

Fuma	liFoma	327C56
Fumu	Teke, Southern	327B77
iFumu	Teke, Southern	327B77
Fundi	kiSwahili	327G42
Fung	Nyo'o	327A45
Fungi	Gule	2F1
Fungom	326D2376	Benue, Bantoid, Bane, Grasslands Group, Kom-Bandem Subgroup Cameroun
Fungom, Northern	Fungom	326D2376
Fungom, Southern	Oso	326D2375
Fungor	31A9	Kordofanian, Koalib Group Sudan
Fungur	Fungor	31A9
Fungwe	Tumbuka	327N21
Funika	eMfinu	327B83
Fur	2D Nilo-Saharan	Sudan, Chad
Furiiro	Fuliro	327D63
Furu	2E223	Nilo-Saharan, Chari-Nile, Central Sudanic, Kreish Group Zaïre
Fusam	Bafoussam	326D23243
Fusap	Bafoussam	326D23243
Fut	Bafut	326D2352
Futa	Fula	321A11
Futa Fula	Fula	321A11
Futa Jalon	Fula	321A11
Fute	Wute	326D118
Fyam	Pyem	326A63
Fyer	44A432	Afro-Asiatic, Chadic, Western Group, Bolewa-Plateau Group, Ron Subgroup Nigeria
Fyeum	Pyem	326A63

G

Gã	324B-25 Kwa, Western Group	Ghana
Ga	Gan	323C3
Gã-Adangme	Adangme	324B-26
G‖aa-khwe	G‖ana-khwe	1C27
Ga'anda	Gabin	44C21
kiGaangala	kiKongo cluster, Northern Group	327H16
G‖abake-ntʃhori	Hietshware cluster	1C21
Gabere	44J21	Afro-Asiatic, Chadic, Sahel Group, Gabere Subgroup Central African Republic
GABERE SUBGROUP	44J2	Afro-Asiatic, Chadic, Sahel Group Central African Republic, Chad
Gaberi	Gabere	44J21
Gabin	44C21	Afro-Asiatic, Chadic, Bata-Tera Group, Tera Subgroup Nigeria
Gablai	44J17	Afro-Asiatic, Chadic, Sahel Group, Somrai Subgroup Central African Republic, Chad
Gabou	Banda	325B2
Gabri	Gabere	44J21
Gade	324D4 Kwa, Nupe Group	Nigeria
Gadyaga	Soninke	322A12

Gafat	41B2234	Afro-Asiatic, African Semitic, Ethio-Semitic, Southern Ethiopic, Gurage Group, Northern Gurage Subgroup Ethiopia
Gafatinya	Gafat 41B2234	
Gagu	Kweni 322B17	
Gaika	isiXhosa 327S41	
Gaingbe	Ewe 324B-15	
Gainin	Reported to be a "Hottentot" language or dialect.	
Galila	Ari 46B2	
Galila	Soddo 41B2233	
Galim	Wute 326D118	
Galke	325A6-12	Adamawa-Eastern, Adamawa, Mbum Group Cameroun
Galla	45C2211	Afro-Asiatic, Eastern Cushitic, Lowland Group, Oromo Subgroup, Konso-Galla Subgroup Ethiopia, Kenya
Gallab	Dathanaik 45C2222	
Gallinas	Vai 322A141	
Gallinya	Galla 45C2211	
Galloa	Myene cluster 327B11	
Galoa	Myene cluster 327B11	
Galua	Myene cluster 327B11	
Galuba	Dathanaik 45C2222	
Galwa	Myene cluster 327B11	
Gam	44J18	Afro-Asiatic, Chadic, Sahel Group, Somrai Subgroup Chad?
Gamba	Gambai 2E2122	
Gambai	2E2122	Nilo-Saharan, Chari-Nile, Central Sudanic, Bongo-Bagirmi Group, Sara-Bagirmi Subgroup Chad
GAMBO	PANTERA-FANTERA SUBGROUP 323H7	
Gamergu	44F2	Afro-Asiatic, Chadic, Mandara Group Nigeria
Gamila	2E43	Nilo-Saharan, Chari-Nile, Berta Group Ethiopia
Gamo	Gemu 46A4412	
Gan	322B16	Mande, Southern-Eastern Branch, Southern Group Ivory Coast
Gan	323C3	Gur, Lobi Group Upper Volta
Gan-Lobi	Gan 323C3	
G‖ana	G‖ana-khwe 1C27	
Ganade	Hietshware cluster 1C21	
‖Ganakhoe	G‖ana-khwe 1C27	
G‖ana-khwe	1C27	Khoisan, "Hottentot", Tshu-khwe Group Botswana
Gananwa	sePedi 327S32	
Ganawuri	Aten 326A32	
oluGanda	327E15	Bantu, Nyoro-Ganda Group Uganda
Ganda	Gabin 44C21	
Gandua	326D117	Benue, Non-Bantu Bantoid, Mambiloid Cameroun
Gane	Gan 323C3	
Gã!ne	Lesotho Bushman cluster 1B231	
!Gãne	Lesotho Bushman cluster 1B231	

Gang	Acholi	2E191221
Ganga	Bushoong	327C83
boGanga	liBati	327C43
Gangam	323A144	Gur, Central Gur, Moore-Gurma Group, Eastern Subgroup Togo
Gangan	Gbari	324D2
G‖ani-khwe	Tshu-khwe Group, dialect cluster 1C24	
Ganja	321A332	West Atlantic, Northern Branch, Bak Group, Balanta Subgroup
Ganjule	46A4442	Afro-Asiatic, Omotic, Northern Branch, Gimojan Group, Ometo Subgroup, Eastern Subgroup Ethiopia
Ganza	Gumuz	2F2
Ganza	Mao, Northern	2F46
iGanza	ikinyaRwanda	327D61
!gã!ŋe	Lesotho Bushman cluster	1B231
Gao	Songhai	2A
!gaokxʼa	!xõ	1B11
!gaokxʼate	!xõ	1B11
Gaouar	Gauar	44D14
Gara	Senari, Southwest	323H15
Garaganza	kiNyamwesi	327F22
Gardula	Gidole	45C22132
Gardulla	Gidole	45C22132
Garko	Kordofan Nubian	2E112
Garo	Bosha	46A333
dhaGarro-dhoGorindi	Otoro	31A5
Garwe	chiNdau	327S15
Gato	Konso	45C22131
Gatsambe	Kachama	46A4444
Gatzamba	Kachama	46A4444
Gauar	44D14	Afro-Asiatic, Chadic, Daba-Gisiga-Matakam Group, Daba Subgroup Cameroun
Gauwada	Gawwada	45C22242
Gawar	Gauar	44D14
Gawata	Gawwada	45C22242
Gawwada	45C22242	Afro-Asiatic, Eastern Cushitic, Lowland Group, Oromo Subgroup, Arbore-Werize Subgroup, Werize Subgroup Ethiopia
oluGaya	oluSese	327E11
Gayegi	*Gbari-Yamma Gayegi*, dialect of Gbari 324D2	
Gayi	46B5	Afro-Asiatic, Omotic, Ari-Banna Branch Ethiopia
Gayi	Basang	326C113
liGbaase	liBati	327C43
Gbaba	Banda	325B2
Gbaga	Banda	325B2
Gʼbagga	Banda	325B2
Gbaka Mandjia	Manza	325B12
Gbakpwa	Kpala	325B57
Gbamende	Mende-Bandi	322A21
Gban	Kweni	322B17
Gbanda	Avikam	324B-17
Gbandara	Pantera	323H71
Gbande	Mende-Bandi	322A21

Alphabetic Index — Gba-Gee

Gbandi	Mende-Bandi	322A21	
Gbanu	Gbaya	325B11	
Gbanya	Gonja	324B-243-10	
Gbanyang	Gonja	324B-243-10	
Gbanziri	325B53	Adamawa-Eastern, Eastern Branch, Mayogo Group	Congo, Zaïre
Gbari	324D2	Kwa, Nupe Group	Nigeria
Gbari Gyenguen	Gbari 324D2		
Gbari Kangye	Gbari 324D2		
Gbari Yamma	Gbari 324D2		
Gbari Yamma Gayegi	Gbari 324D2		
kaGbarika	Kebu 324B-13		
Gbasa	Bassa 324A4		
Gbatiri	327X22	Bantu, "Pseudo-Bangba" Group	Congo
Gbaya	325B11	Adamawa-Eastern, Eastern Branch, Gbaya-Ngbaka-Manza Group	Cameroun, Central African Republic, Congo
Gbaya	Gbaya 325B11		
Gbaya Bofi	Gbaya 325B11		
Gbaya-Ndogo	Kreish 2E221		
GBAYA-NGBAKA-MANZA GROUP	325B1	Adamawa-Eastern, Eastern Branch	Cameroun, Central African Republic, Congo, Zaïre
liGbe	liBati 327C43		
Gbea	Gbaya 325B11		
Gbedde	Yoruba 324C1		
Gbeinngn	Gan 322B16		
Gbende	Banda 325B2		
Gbendere	Kpala 325B57		
keGberike	Kebu 324B-13		
Gbese	Kpelle 322A24		
Gbeta	Kru cluster 324A6		
Gbeya	Gbaya 325B11		
Gbigbil	327A73	Bantu, Yaunde-Fang Group	Cameroun
Gbindi	Banda 325B2		
Gbo	326C2121	Benue, Cross River 3, Eastern Subgroup	Nigeria
Gbo	Gbo 326C2121		
Gbofi	Gbaya 325B11		
Gboode	Loma 322A23		
Gbote	Gbatiri 327X22		
Gbozoro	Tagbana 323H3		
Gbugbu	Banda 325B2		
Gbugo	Banda 325B2		
Gbunde	Loma 322A23		
eGbuta	liBoa 327C44		
Gbuu	Kru cluster 324A6		
Gbwende	Banda 325B2		
Gcaleka	isiXhosa 327S41		
Gciriku	siKwangari cluster 327K33		
Ge	Dan 322B12		
Ge	Ga 324B-25		
Ge	Ewe 324B-15		
Ge Sinan	Harari 41B2212		
ǂgẽ	!xõ 1B11		
Gee sinaan	Harari 41B2212		
Geeri-ni	326A1123	Benue, Plateau 1A, Duka Group	Nigeria

Geez	41B11	Afro-Asiatic, African Semitic, Ethio-Semitic, Northern Ethiopic. Ethiopia
Ge'ez	Geez 41B11	
Gekoya	Kikuyu 327E51	
Gelab	Dathanaik 45C2222	
Gelama	Mundang 325A64	
Gelawa	Geeri-ni 326A1123	
Gele	Gula 2E215	
Geleb	Dathanaik 45C2222	
Geleba	Dathanaik 45C2222	
Gelebinya	Dathanaik 45C2222	
Gellab	Dathanaik 45C2222	
Gellaba	Dathanaik 45C2222	
Gelubba	Dathanaik 45C2222	
Gemsbok Nama	Nama, Gemsbok 1C14	
Gemu	46A4412	Afro-Asiatic, Omotic, Northern Branch, Gimojan Group, Ometo Subgroup, Central Subgroup Ethiopia
Gemu	Welamo 46A4411	
diGendja	liBinza 327C46	
liGendja	liBinza 327C46	
Gendza-Baali	liBinza 327C46	
liGendza	liBinza 327C46	
keGengele	327D24	Bantu, Lega-Kalanga Group Zaïre
Gengle	325A53	Adamawa-Eastern, Adamawa, Mumuye Group Nigeria
Genja	liBinza 327C46	
Genya	Ena 327D14	
leGenza	liBinza 327C46	
Gerawa	44A414	Afro-Asiatic, Chadic, Western Group, Bolewa-Plateau Group, Bolewa Subgroup Nigeria
Gere	Dan 322B12	
Gerka	44A42-13	Afro-Asiatic, Chadic, Western Group, Bolewa-Plateau Group, Plateau Subgroup Nigeria
Germawa	Gerumawa 44A415	
Gerumawa	44A415	Afro-Asiatic, Chadic, Western Group, Bolewa-Plateau Group, Bolewa Subgroup Nigeria
Gerumwa	Gerumawa 44A415	
Gerwa	Gerawa 44A414	
Gerze	Kpelle 322A24	
GESAWA SUBGROUP	44A32	Afro-Asiatic, Chadic, Western Group, Warjawa-Gesawa Group Nigeria
Geto	Innemor cluster 41B2223	
Gewe	Reported to be a possible Adamawa-Eastern language in the Adamawa Branch.	
Gezawa	44A321	Afro-Asiatic, Chadic, Western Group, Warjawa-Gesawa Group, Gezawa Subgroup Nigeria
Gezawe	Gezawa 44A321	
Gezon	liBoa 327C44	
Ghadames	Tuareg 43E	
Ghardaia	43A-12	Afro-Asiatic, Berber, Zenati Group. Algeria
Ghat	Tuareg 43E	

Ghimarra	Gimira 46A421	
Ghimira	Gimira 46A421	
Ghulfan	Kordofan Nubian 2E112	
Gibi	Bassa 324A4	
Gidar	Gidder 44E	
Gidder	44E Afro-Asiatic, Chadic	Cameroun, Chad
Gider	Gidder 44E	
Gidiccho	Gidicho 46A4443	
Gidicho	46A4443 Afro-Asiatic, Omotic, Northern Branch, Gimojan Group, Ometo Subgroup, Eastern Subgroup	Ethiopia
Gidole	45C22132 Afro-Asiatic, Eastern Cushitic, Lowland Group, Oromo Subgroup, Konso-Galla Subgroup, Konso Subgroup	Ethiopia
Gieta	Innemor cluster 41B2223	
Gigban	Bassa 324A4	
GiGikuyu	Kikuyu 327E51	
Giiz	Geez 41B11	
giGikuyu	327E51 Bantu, Kikuyu-Kamba Group	Kenya
gi‖kxigwi	‖xegwi 1B22	
Gimarra	Gimira 46A421	
GiMbunda	ciMbunda 327K15	
GiMbunu	Mbuun 327B87	
Gimini	Tagbana 323H3	
Gimira	46A421 Afro-Asiatic, Omotic, Northern Branch, Gimogan Group, Gimira Subgroup	Ethiopia
GIMIRA SUBGROUP	46A42 Afro-Asiatic, Omotic, Northern Branch, Gimojan Group	Ethiopia
Gimirra	Gimira 46A421	
GIMOJAN GROUP	46A4 Afro-Asiatic, Omotic, Northern Branch	Ethiopia
Gimr	Tama 2E171	
Gindiri	Pyem 326A63	
Ginga	kiMbundu cluster 327H21	
Gingwak	326D2133 Benue, Bantoid, Bane, Nigerian Group, Jarawa Subgroup	Nigeria
Gio	Dan 322B12	
Girango	ikiZanaki 327E44	
Giriama	kiNyika 327E72	
Giryama	kiNyika 327E72	
Gisei	Reported to be Adamawa-Eastern.	
uluGishu	Masaba 327E31	
Gisiga	44D21 Afro-Asiatic, Chadic, Daba-Gisiga-Matakam Group, Gisiga-Matakam Subgroup	Cameroun
GISIGA-MATAKAM SUBGROUP	44D2 Afro-Asiatic, Chadic, Daba-Gisiga-Matakam Group	Chad, Nigeria, Cameroun
luGisu	Masaba 327E31	
uluGisu	Masaba 327E31	
uluGisu	Masaba 327E31	
GiTonga	giTonga 327S62	
Giur	Lwo 2E191215	
Gizi	Kisi 321C225	
Glanda-khwe	Xu-khwe 1C24	

Glavda	44F3	Afro-Asiatic, Chadic, Mandara Group Nigeria?
Gme	Musei	44H5
Gnam-gnam	Zande	325B41
Go	Bete	324A1
Goale	Gbari	324D2
Goali	Gbari	324D2
Goba	siKwangari cluster	327K33
Goba	chiZezuru	327S12
Gobato	2E42	Nilo-Saharan, Chari-Nile, Berta Group Ethiopia
Gobera	chiKaranga	327S14
Gobeze	45C22243	Afro-Asiatic, Eastern Cushitic, Lowland Group, Oromo Subgroup, Arbore-Werize Subgroup, Werize Subgroup Ethiopia?
Gobla	Gola	321C23
Gobu	Banda	325B2
Go-dha	Lendu	2E26
Godia	Bete	324A1
Godye	Bete	324A1
Gofa	46A4413	Afro-Asiatic, Omotic, Northern Branch, Gimojan Group, Ometo Subgroup, Central Subgroup Ethiopia
Goggot	Gogot	41B2231
GOGO GROUP	327G10	Bantu Tanzania
ciGogo	327G11	Bantu, Gogo Group Tanzania
Gogot	41B2231	Afro-Asiatic, African Semitic, Ethio-Semitic, Southern Ethiopic, Gurage Group, Northern Gurage Subgroup Ethiopia
Gokana	326C242	Benue, Cross River 2 & 3, Ogoni Group Nigeria
Gola	321C23	West Atlantic, Southern Branch, Mel Group Liberia, Sierra Leone
Gola	Pajade	321A422
Gola	Mumuye	325A51
Golango	Gobeze	45C22243
Golo	325B64	Adamawa-Eastern, Eastern Branch, Ndogo-Feroge Group Sudan, Chad
kiGoma	Kabwari	327D56
Gomara	Chaha cluster	41B2222
Gomaro	Kafa	46A331
Gomba	Doko	327C08
Gomoa	324B-243-11	Kwa, Western Group, Volta-Comoe Group, Guan Subgroup Ghana
Gomoa	Gonja	324B-243-10
Gon	Dan	322B12
GONGA GROUP	46A3	Afro-Asiatic, Omotic, Northern Branch Ethiopia
Gonge	Kare	325A6-11
Gongo	Shinasha	46A311
Gongo	Wongo	327C85
Gonja	324B-243-10	Kwa, Western Group, Volta-Comoe Group, Guan Subgroup Ghana
Goom	Duru	325A41

Goram	44A426	Afro-Asiatic, Chadic, Western Group, Bolewa-Plateau Group, Plateau Subgroup	Nigeria
Goraze	Gobeze	45C22243	
dhoGorindi	Otoro	31A5	
Goroa	45D2	Afro-Asiatic, Southern Cushitic	Tanzania
G‖oro-khwe	Ṣuá-khwe cluster	1C22	
Gorowa	Goroa	45D1	
Go-tha	Lendu	2E26	
Gouin	Kirma-Tyurama	323F	
Gourara	43A-14	Afro-Asiatic, Berber, Zenati Group	Algeria
Gourma	Gurma	323A145	
Gourmantche	Gurma	323A145	
Gouro	Kweni	322B17	
Gova	siKwangari cluster	327K33	
Gova	chiZezuru	327S12	
Govera	chiKaranga	327S14	
Gowase	Gobeze	45C22243	
Gowaze	Gobeze	45C22243	
Gozza	Ari	46B2	
GRAFIL	BAMILEKE SUBGROUP	326D232	
GRASSFIELD	BAMILEKE SUBGROUP	326D232	
GRASSLANDS GROUP	326D23	Benue, Bantoid, Bane	Cameroun
Grebo	324A3	Kwa, Kru Group	Liberia
Grikwa	Griqua	1C13	
Griqua	1C13	Khoisan, "Hottentot", Nama Group	South Africa
GRUSI GROUP	323A3	Gur, Central Gur	Upper Volta, Benin Ghana, Togo, Ivory Coast
Gry	Griqua	1C13	
Gu	Ewe	324B-15	
GUAN SUBGROUP	324B-243	Kwa, Western Group, Volta-Comoe Group	Ghana
Guanche	43F	Afro-Asiatic, Berber	Canary Islands
Guanches	Guanche	43F	
Guang	Gonja	324B-243-10	
GUANG SUBGROUP	GUAN SUBGROUP	324B-243	
Guba	326D2137	Benue, Bantoid, Bane, Nigerian Group, Jarawa Subgroup	Nigeria
Guba	46A313	Afro-Asiatic, Omotic, Northern Branch, Gonga Group, Northern Subgroup	Ethiopia
Gubawa	Guba	326D2137	
Gude	44C1-12	Afro-Asiatic, Chadic, Bata-Tera Group, Bata Subgroup	Nigeria, Cameroun
Gudeila	Hadiyya	45C125	
Gudeilla	Hadiyya	45C125	
Gudella	Hadiyya	45C125	
Gudellinya	Hadiyya	45C125	
Gudi	Njei	44C16	
Gudo	44C14	Afro-Asiatic, Chadic, Bata-Tera Group, Bata Subgroup	Nigeria, Cameroun
Gudu	Gudo	44C14	

Guere	Dan 322B12	
Guerze	Kpelle 322A24	
Guha	kiHoloholo 327D28	
‖*gui*	!xõ 1B11	
Guider	Gidder 44E	
Guikhoe	G‖ana-khwe 1C27	
Guingbe	Ewe 324B-15	
Guissiga	Gisiga 44D21	
Gujaaxet	Banhum 321A433	
Guji	Galla 45C2211	
Gula	2E215 Nilo-Saharan, Chari-Nile, Central Sudanic, Bongo-Bagirmi Group	Central African Republic
Gula	325A-138 Adamawa-Eastern, Adamawa, Boa Group	Chad, Cameroun
Gula Gera	Gula 325A-138	
Gula Iro	Gula 325A-138	
Gulai	Sara 2E2121	
Gule	2F1 Nilo-Saharan, Koman	Sudan
Gulei	44J16 Afro-Asiatic, Chadic, Sahel Group, Somrai Subgroup	Chad
Gulfan	Kordofan Nubian 2E112	
Gulfe	Gulfei 44B5	
Gulfei	44B5 Afro-Asiatic, Chadic, Kotoko Group	Cameroun, Chad
eGulu	liBoa 327C44	
Gumahi	Tshu-khwe Group, dialect cluster 1C24	
Gumar	Chaha cluster 41B2222	
Gumer	Chaha cluster 41B2222	
Gumis	Gumuz 2F2	
Gumuz	2F2 Nilo-Saharan, Koman	Ethiopia
Gundu	Gudo 44C14	
Gunganchi	Reshe 326A114	
Gungu	oruNyoro 327E11	
Gunje	Kare 325A6-11	
Gunya	Tikuu 327G41	
Gunyamolo	Banhum 321A433	
GUR	323 One of the main branches of Niger-Congo.	
GUR, CENTRAL	323A Gur	Upper Volta, Ghana, Togo Benin, Ivory Coast
Gura	Chaha cluster 41B2222	
Gura-Caha	Chaha cluster 41B2222	
Gurage, Central Western	Chaha cluster 41B2222	
Gurage, East	41B2211 Afro-Asiatic, African Semitic, Ethio-Semitic, Southern Ethiopic, Gurage Group, East Gurage Subgroup	Ethiopia
Gurage, Peripheral Western	Innemor cluster 41B2223	
GURAGE, EAST, SUBGROUP	East Gurage Subgroup 41B221	
GURAGE GROUP	41B22 Afro-Asiatic, African Semitic, Ethio-Semitic, Southern Ethiopic	Ethiopia
GURAGE, NORTHERN SUBGROUP	41B223 Afro-Asiatic, African Semitic, Ethio-Semitic, Southern Ethiopic, Gurage Group	Ethiopia
GURAGE, WESTERN SUBGROUP	41B222 Afro-Asiatic, African Semitic, Ethio-Semitic, Southern Ethiopic, Gurage Group	Ethiopia

Gure	326A1231 Benue, Plateau 1B, Central Group	Nigeria
Gurenne	Nankani 323A1211	
Guresha	Buli 323A122	
Guresha	Kanjaga 323A335	
dhuGurila	Otoro 31A5	
Gurma	323A145 Gur, Central Gur, Moore-Gurma Group, Eastern Subgroup	Upper Volta, Togo
GURMA	MOORE-GURMA GROUP 323A1	
Gurmana	326A1134 Benue, Plateau 1A, Kamuku Group	Nigeria
Gurmantche	Gurma 323A145	
Guro	Kweni 322B17	
Guru	Boguru 327X33	
GURUMSI	GRUSI GROUP 323A3	
GURUNSI	GRUSI GROUP 323A3	
ikiGusii	327E42 Bantu, Ragoli-Kuria Group	Kenya
Gusilay	321A312 West Atlantic, Northern Branch, Bak Group, Diola Subgroup	Senegal
Guta	chiManyika cluster 327S13	
Guzii	ikiGusii 327E42	
Gwa	324B-18 Kwa, Western Group	Ivory Coast
Gwai	Musgu 44G	
Gwak	Gingwak 326D2133	
Gwali	Gbari 324D2	
Gwama	Mao, Northern 2F46	
Gwama	Koma, Southern 2F42	
Gwamba	327S52 Bantu, Tswa-Ronga Group	Moçambique, South Africa
Gwami	Mao, Northern 2F46	
Gwana	Jukun cluster 326B23	
Gwandara	44A12 Afro-Asiatic, Chadic, Western Group, Hausa Group	Nigeria
Gwanja	Gonja 324B-243-10	
Gwanto	326A442 Benue, Plateau 4, Ninzam Group	Nigeria
Gwapa	Gwamba 327S52	
Gwari	Gbari 324D2	
Gwe	Kirma-Tyurama 323F	
Gwe	kiSukuma 327F21	
luGwe	luLuhya 327E32	
Gweabo	324A3 Kwa, Kru Group	Liberia
Gweabo	Bakwe 324A2	
Gwemara	Chaha cluster 41B2222	
kiGweno	327E65 Bantu, Chaga Group	Tanzania
luGwere	oluGwere 327E17	
oluGwere	327E17 Bantu, Nyoro-Ganda Group	Uganda
|*gwi*	!xõ 1B11	
G|*wi*	G‖ana-khwe 1C27	
G|*wi-khwe*	G‖ana-khwe 1C27	
Gwomo	Jen 325A91	
Gwong	Kagoma 326A2221	
dhuGwujur	Otoro 31A5	
Gwune	Akunakuna 326C2134	
nguGwurang	Koalib 31A1	

Gxon	!xõ 1B11		
Gyema	326A125 Benue, Plateau 1B		Nigeria
Gyemawa	Gyema 326A125		
Gyeta	Innemor cluster 41B2223		
Gyeto	Innemor cluster 41B2223		
Gyo	Dan 322B12		
Gyong	Kagoma 326A2221		

H

ikiHa	327D66 Bantu, Ruanda-Rundi Group	Tanzania
ekiHaavu	327D52 Bantu, Bembe-Kabwari Group	Zaïre
Habbe	Dogon 323K	
Habe	Dogon 323K	
Hadaab	Tigre 41B12	
Hadaareb	Beja 45A1	
Hadareb	Beja 45A1	
Hadea	Hadiyya 45C125	
Hadendoa	Beja 45A1	
Hadendowa	Beja 45A1	
Hadia	Hadiyya 45C125	
Hadimu	Pemba cluster 327G43	
Hadiya	Hadiyya 45C125	
Hadiyya	45C125 Afro-Asiatic, Eastern Cushitic, Highland Group, Sidamo Subgroup	Ethiopia
iHadja	Kasanga 321A432	
Hadu	Saho 45C212	
Hadya	Hadiyya 45C125	
Hadza	1E Khoisan	Tanzania
Hadzapi	Hadza 1E	
iHage	Kasange 321A432	
kiHai	kiCaga 327E62	
Haiao	ciYao 327P21	
Hain‖um	Hai-ŋ‖um 1C3	
Hai-ŋ‖um	1C3 Khoisan, "Hottentot" Namibia/South West Africa, Angola	
|*haise*	ʃuá-khwe cluster 1C22	
Haitshuari	Hietshware cluster 1C21	
Haitshuwau	Hietshware cluster 1C21	
Hai-‖ʔum	Hai-ŋ‖um 1C3	
Haka	liBolo 327H23	
Halaba	Alaba 45C123	
Halenga	Beja 45A1	
Ham	Jaba 326A2223	
Hamar	Banna 46B1	
Hamar-Koke	Banna 46B1	
Hamba	Bira 327D22	
Hamba	ekiHaya 327E22	
Hamba	Nkutu 327C73	
ekiHambo	327D47 Bantu, Konjo Group	Zaïre, Uganda
Hamer	Banna 46B1	
Hamitic	A term used to designate certain branches of Afro-Asiatic, viz. Cushitic, Berber and Egyptian.	

Hamito-Semitic	A term used to designate all the branches of Afro-Asiatic less Chadic.		
Handa-dam	*Handa-khwe* 1C24		
Handa-khwe	Tshu-khwe Group, dialect cluster 1C24		
Hanga	323A123	Gur, Central Gur, Moore-Gurma Group, North-Central Subgroup	
leHanga	liBinza 327C46		
luHanga	luLuhya 327E32		
oluHanga	luLuhya 327E32		
Hangaza	327D65	Bantu, Ruanda-Rundi Group	Tanzania
Hangiro	ekiHaya 327E22		
Haoussa	Hausa 44A11		
Haraba	chiZezuru 327S12		
Harari	41B2212	Afro-Asiatic, African Semitic, Ethio-Semitic, Southern Ethiopic, Gurage Group, East Gurage Subgroup	Ethiopia
Harava	chiZezuru 327S12		
Harer	Amharic 41B21		
Harro	Gidicho 46A4443		
Haruro	Gidicho 46A4443		
Haruro	Kachama 46A4444		
Hasi	Tigre 41B12		
Hatsa	Hadza 1E		
Hausa	44A11	Afro-Asiatic, Chadic, Western Group, Hausa Group	Nigeria, Niger Cameroun, Ghana et alia
HAUSA GROUP	44A1	Afro-Asiatic, Chadic, Western Group. Nigeria, Niger, Cameroun, Ghana, /et alia	
Haussa	Hausa 44A11		
Havu	ekiHaavu 327D52		
ekiHaya	327E22	Bantu, Haya-Jita Group	Tanzania
HAYA-JITA GROUP	327E20	Bantu	Tanzania
Hazu	Saho 45C212		
ǂ*Heβa-khoe*	G‖ana-khwe 1C27		
ekiHehe	327G62	Bantu, Bena-Kinga Group	Tanzania
kiHehe	ekiHehe 327G62		
Heiban	31A3	Kordofanian, Koalib Group	Sudan
Heikom	Hai-ŋ‖um 1C3		
Heikum	Hai-ŋ‖um 1C3		
kiHema	nyanNkore 327E13		
oruHema	nyanNkore 327E13		
kiHemba	327L34	Bantu, Luba Group	Zaïre
Henga	Tumbuka 327N21		
Her	Diola 321A311		
Hera	chiZezuru 327S12		
Here	chiManyika cluster 327S13		
HERERO GROUP	327R30	Bantu	Namibia/South West Africa
ociHerero	327R31	Bantu, Herero Group	Namibia/South West Africa
otjiHerero	ociHerero 327R31		
otyiHerero	ociHerero 327R31		
HeSo	heSo 327C52		
Hianzi	Bira 327D22		
Hiao	ciYao 327P21		

Hidkala	Laamang 44F5	
Hiechware	Hietshware cluster 1C21	
Hietshware cluster	1C21 Khoisan, "Hottentot", Tshu-khwe Group	Botswana
Hietʃware	Hietshware cluster 1C21	
Higi	Hiji 44C1-11	
Higir	Nara 2E13	
Hiji	44C1-11 Afro-Asiatic, Chadic, Bata-Tera Group, Bata Subgroup	Nigeria
Hill Longuda	Longuda 325A-10	
Hill Mada	Egon 326A52	
Hill Mumuye	Mumuye 325A51	
Hima	Igbira 324D3	
oruHima	nyanNkore 327E13	
Himba	ociHerero 327R31	
Hina	44D11 Afro-Asiatic, Chadic, Daba-Gisiga-Matakam Group, Daba Subgroup	Cameroun
Hina	Hinna 44C25	
kiHindi	kiSwahili 327G42	
Hinna	44C25 Afro-Asiatic, Chadic, Bata-Tera Group, Tera Subgroup	Nigeria
Hinzua	Komoro 327G44	
Hiotshuwau	Hietshware cluster 1C21	
Hiotswari	Hietshware cluster 1C21	
Hio-tʃhuare	Hietshware cluster 1C21	
ekiHira	ekiYira 327D44	
Hissala	Sisala 323A321	
shiHlanganu	shiTsonga 327S53	
shiHlengwe	shiTswa 327S51	
Hlubi	isiSwati 327S43	
ǂHõã	ǂHũã 1A2	
!hoa	ǂHua, Eastern 1A2	
Hoko	liNyali 327D33	
Hokohoko	Peri 327D31	
Hollom	Musei 44H5	
Holma	44C18 Afro-Asiatic, Chadic, Bata-Tera Group, Bata Subgroup	Cameroun
Holo	kiHolu 327L12	
Holo	kiHungu 327H33	
kiHoloholo	327D28 Bantu, Lega-Kalanga Group.	Zaïre, Tanzania
kiHolu	327L12 Bantu, Pende Group	Zaïre
kiHolu	kiKongo cluster, Eastern Group 327H16	
Homa	327X31 Bantu, Bahr-el-Ghazal Group	Sudan
ekiHomba	ekiYira 327D44	
Hombo	loOmbo 327C76	
Hona	44C22 Afro-Asiatic, Chadic, Bata-Tera Group, Tera Subgroup	Nigeria
Hor	Diola 321A311	
Horo	2E2128 Nilo-Saharan, Chari-Nile, Central Sudanic, Bongo-Bagirmi Group, Sara-Bagirmi Subgroup	Central African Republic
Horohoro	nyanNkore 327E13	
kiHorohoro	kiHoloholo 327D28	
Horom	326A62 Benue, Plateau 6	Nigeria
etshiHororo	nyanNkore 327E13	

ruHororo	nyanNkore	327E13	
"HOTTENTOT"	1C	Khoisan	Namibia/South West Africa South Africa, Botswana, Angola
HOTTENTOT, CLASSICAL	NAMA GROUP	1C1	
!hu	!xũ	1A1	
ǂHûâ, Eastern	1A2	Khoisan, Northern Bushman	Botswana
ǂhua	ǂHûâ, Eastern	1A2	
ǂhua	!xõ	1B11	
ǂhũa FAMILY	TAA GROUP	1B1	
ǂhua-Owani	!xõ	1B11	
!hua	ǂHûâ, Eastern	1A2	
Huana	kiHungana	327H42	
Hudu	Ewe	324B-15	
Huela	Hwela-Numu	322A131	
Huila	luNyaneka	327R13	
liHuku	liNyali	327D33	
liHuku	liNyali	327D33	
Hukwe	Xu-khwe	1C24	
Hulo	Mende-Bandi	322A21	
Hulon	Diola	321A311	
Huluf	Diola	321A311	
oruHuma	nyanNkore	327E13	
Humba	ociKwanyama	327R21	
Humbe	chiKalanga	327S16	
Humbe	luNyaneka	327R13	
Hummercocche	Banna	46B1	
Humono	326C2133	Benue, Cross River 3, Western Subgroup	Nigeria
kiHumu	Bira	327D22	
kiHunde	327D51	Bantu, Bembe-Kabwari Group	Zaïre
Hungaan	kiHungana	327H42	
kiHungana	327H42	Bantu, Kimbala Group	Zaïre
kiHunganna	kiHungana	327H42	
kiHungu	327H33	Bantu, Kiyaka Group	Angola
Hungwe	chiManyika cluster	327S13	
Hunna	Hinna	44C25	
Hura	Ṣuà-khwe cluster	1C22	
Hurutshe	seTswana	327S31	
Hurutsi	seTswana	327S31	
Hutu	ikinyaRwanda	327D61	
Hwale	Bakwe	324A2	
Hwane	Bakwe	324A2	
Hwaye	326B42	Benue, Jukunoid, Kpanzo Group	Nigeria
Hwaye	Hwaye	326B42	
Hwela	Hwela-Numu	322A131	
HWELA-LIGBI SUBGROUP	322A13	Mande, Northern-Western Branch, Northern Group	Ivory Coast
Hwela-Numu	322A131	Mande, Northern-Western Branch, Northern Group, Hwela-Ligbi Subgroup	Ivory Coast
Hwindja	ekiHaavu	327D52	
kiHyanzi	Bira	327D22	
Hyao	ciYao	327P21	

I

Ibara	Nupe 324D1		
IBeeke	iBeeke 327D37		
IBembe	iBembe 327D54		
IBembe	kiLega 327D25		
Ibeno	Ibino 326C237		
Iber	Gula 325A-138		
Ibibio	326C232	Benue, Cross River 2 & 3, Efik-Andoni Group	Nigeria
Ibie-Okpepe	Kukuruku 324E3		
IBili	Peri 327D31		
Ibilo	Kukuruku 324E3		
IBindja	liBinza 327C46		
Ibino	326C237	Benue, Cross River 2 & 3, Efik-Andoni Group	Nigeria
Ibo	Igbo 324G		
Ibo, Union	Igbo 324G		
IBoko	iBoko 327C02		
IBuja	iBuja 327C37		
Ibuno	Ibino 326C237		
IButi	iMbuti 327D22		
Ichen	326B32	Benue, Jukunoid, Kentu Group	Nigeria
IciBemba	iciBemba 327M42		
IciBiisa	iciBiisa 327M51		
IciFipa	iciFipa 327M13		
IciinaMwanga	iciinaMwanga 327M22		
IciLala	iciLala 327M52		
IciLamba	iciLamba 327M54		
IciLambya	iciLambya 327M28		
IciMambwe	iciMambwe 327M15		
IciPimbwe	iciPimbwe 327M11		
IciRungu	iciRungu 327M14		
IciRungwa	iciRungwa 327M12		
IciTaabwa	iciTaabwa 327M41		
IciWanda	iciWanda 327M21		
Icuatai	Ekoi dialect cluster 326D2112		
Idakho	luLuhya 327E32		
luIdaxo	luLuhya 327E32		
Idoma	324F1	Kwa, Idoma Group	Nigeria
IDOMA GROUP	324F	Kwa	Nigeria
Idon	326A2252	Benue, Plateau 2, Zaria Group, Kadara Subgroup	Nigeria
Idong	Idon 326A2252		
Idzing	Di 327B86		
Ife	Yoruba 324C1		
Iforas	Tuareg 43E		
IFumu	Teke, Southern 327B77		
Ifunubwa	Mbembe dialect cluster 326C2122		
Igabo	Sobo 324E4		
Igala	324C2	Kwa, Yoruba Group	Nigeria
IGanza	ikinyaRwanda 327D61		
Igara	Igala 324C2		
Igbira	324D3	Kwa, Nupe Group	Nigeria

Alphabetic Index

Igbira-Hima	Igbira	324D3	
Igbira-Igu	Igbira	324D3	
Igbira-Lele	Igbira	324D3	
Igbira-Panda	Igbira	324D3	
Igbirra	Igbira	324D3	
Igbo	324G Kwa		Nigeria
Igbo, Cross River	Igbo	324G	
Igbo, Eastern	Igbo	324G	
Igbo Imaban	Gbo	326C2121	
Igbo, Northeastern	Igbo	324G	
Igbo, Northern	Igbo	324G	
Igbo, Southern	Igbo	324G	
Igbo, Western	Igbo	324G	
Igbona	Yoruba	324C1	
Igede	324F5 Kwa, Idoma Group		Nigeria
IgiKiga	ikinyaRwanda	327D61	
IgiTshiga	ikinyaRwanda	327D61	
Igu	Igbira	324D3	
Igumale	Idoma	324F1	
Igwormany	Laro	31A4	
Igzennaian	Riff	43B2	
IHadja	Kasanga	321A432	
IHage	Kasanga	321A432	
Ihima	Igbira	324D3	
Iilit	Kunama	2E3	
Ijaw	Ijo	324H	
Ijaw, Brass	Ijo	324H	
Ijaw, Lower	Ijo	324H	
Ijaw, Western	Ijo	324H	
Ijebu	Yoruba	324C1	
Ijesha	Yoruba	324C1	
Ijo	324H Kwa		Nigeria
Ijoh	Ijo	324H	
Ika	Igbira	324D3	
Ika	Igbo	324G	
Ika, Northern	Igbo	324G	
Ika, Riverain	Igbo	324G	
Ika, Southern	Igbo	324G	
IKaiku	Bira	327D22	
Ikeleve	kiTuba	327H17	
IkiBokini	ikiBokini, possibly a Swahili dialect?		
IkiBungu	ikiBungu	327F25	
IkiGusii	ikiGusii	327E42	
IkiHa	ikiHa	327D66	
IkiIsenyi	ikiZanaki	327E44	
IkiKuria	ikiKuria	327E43	
IkiNata	ikiNata	327E45	
IkiNgurimi	ikiNgurimi	327E47	
IkiNilamba	ikiNilamba	327F31	
IkiNyakyusa	iciNyakyusa	327M31	
IkinyaNduga	ikinyaRwanda	327D61	
IkinyaRwanda	ikinyaRwanda	327D61	
IkiRuguru	kiRuguru	327G35	
IkiRundi	ikiRundi	327D62	
IkiShobyo	ikinyaRwanda	327D61	
IkiZanaki	ikiZanaki	327E44	

Ikizu	ikiZanaki	327E44	
Ikokolemu	Kumam	2E191223	
Ikolu	Ikulu dialect cluster	326A2255	
Ikom	Lulumo	326C2125	
Ikoma	ikiNata	327E45	
Ikoma	Lulumo	326C2125	
IKota	iKota	327B25	
ciIkuhane	eciSubia	327K42	
Ikulu dialect cluster	326A2255	Benue, Plateau 2, Zaria Group, Kadara Subgroup	Nigeria
Ikumama	Kumam	2E191223	
IKuta	iKota	327B25	
Ikwahani	eciSubia	327K42	
Ikwerri	Igbo	324G	
Ila	Yoruba	324C1	
ciIla	327M63	Bantu, Lenje-Tonga Group	Zambia
ILaali	Teke, Western	327B73	
Ilamba	ikiNilamba	327F31	
ILAMBA-IRANGI GROUP	327F30	Bantu	Tanzania
ILeega	kiLega	327D25	
Ileo	Dengese	327C81	
ILiku	Losengo	327C36	
Ilit	Kunama	2E3	
Ilombo	liBoa	327C44	
ILomwe	iLomwe	327P32	
Ilorin	Yoruba	324C1	
IMakua	iMakua	327P31	
Imbana	Mbana index entry		
Imbana	Mundang	325A64	
IMbo	kiMbo	327D35	
IMbuti	Bira	327D22	
Immidir	Tuareg	43E	
Imoma	loNtomba-Bolia	327C35	
Imona	loNtomba-Bolia	327C35	
Inamwanga	iciinaMwanga	327M22	
INdaaka	iNdaaka	327D36	
Indagen	Innemor cluster	41B2223	
Indegen	Innemor cluster	41B2223	
Indri	325B68	Adamawa-Eastern, Eastern Branch, Ndogo-Feroge Group	Sudan
Ingassana	2E14	Nilo-Saharan, Chari-Nile, Eastern Sudanic	Sudan
Ingbeele	Doko	327C08	
INgondi	iNgondi	327C11	
INgul	iNgul	327B64	
INgulu	iNgulu	327P33	
Ingundji	Doko	327C08	
INgundji	Losengo	327C36	
Ingwe	Ngwoi	326A1133	
Ingwo	Ngwoi	326A1133	
Inidem	Kaninkon	326A444	
Inja	loMbole	327D11	
Innegor	Gurage, East	41B2211	
Innekor	Gurage, East	41B2211	
Innek'or	Gurage, East	41B2211	
Innemor	Innemor cluster	41B2223	

Innemor cluster	41B2223	Afro-Asiatic, African Semitic, Ethio-Semitic, Southern Ethiopic, Gurage Group, Western Gurage Subgroup Ethiopia

```
    Innemor cluster   41B2223   Afro-Asiatic, African Semitic,
                                Ethio-Semitic, Southern Ethiopic,
                                Gurage Group, Western Gurage
                                Subgroup                      Ethiopia
    Inneqor           Gurage, East    41B2211
    Innxarsi          Werize    45C22241
    Inor              Innemor cluster    41B2223
    Ioullemmeden      Tuareg    43E
    IPanga            Mongo-Nkundo    327C61
    Irakou            Iraqw    45D4
    Iraku             Iraqw    45D4
    Iramba            ikiNilamba    327F31
    Irangi            kiLangi    327F34
    Iraqw             45D4    Afro-Asiatic, Southern Cushitic    Tanzania
    Irbore            Arbore    45C2221
    Iregwe            Irigwe    326A2241
    Irigwe            326A2241    Benue, Plateau 2, Zaria Group,
                                  Central Subgroup              Nigeria
    Irregwe           Irigwe    326A2241
    Iru               nyanNkore    327E13
    IRungi            iRungi index entry
    Isa               Ishan    324E2
    Isa               Somali    45C231
    Isaaq             Somali    45C231
    Isaq              Somali    45C231
    ikiIsenyi         ikiZanaki    327E44
    Ishak             Somali    45C231
    Isʾhak            Somali    45C231
    Ishan             324E2    Kwa, Edo Group                    Nigeria
    Ishekiri          Yoruba    324C1
    IshiMalila        ishiMalila    327M24
    IshiNyiha         ishiNyiha    327M23
    IShira            iSira    327B41
    IshiSafwa         ishiSafwa    327M25
    IsiKula           Fanagalo    327S46
    IsiLololo         Fanagalo    327S46
    IsiLunguboi       Fanagalo    327S46
    IsiNdebele of Rhodesia    isiNdebele of Rhodesia    327S44
    IsiPiki           Fanagalo    327S46
    ISira             iSira    327B41
    IsiSwati          isiSwati    327S43
    IsiXhosa          isiXhosa    327S41
    IsiZulu           isiZulu    327S42
    IsiZulu of Natal      isiZulu    327S42
    IsiZulu of Zululand   isiZulu    327S42
    Islam             Amharic    41B21
    Isoko             Sobo    324E4
    ISongo            Mbati    327C13
    Issa              Somali    45C231
    Issala            Sisala    323A321
    ISu               iSu    327A23
    Isu-Ama           Igbo    324G
    Isu-Item          Igbo    324G
    ISubu             iSu    324A23
    Isukha            liLuhya    327E32
    ISuwu             iSu    327A23
```

lwIsuxa	liLuhya 327E32	
Iteeji	Oring dialect cluster 326C2132	
ITeghe	Teke, Northern 327B71	
Item	Igbo 324G	
Ito	326C23-11 Benue, Cross-River 2 & 3, Efik-Andoni Group	Nigeria
Itokho	luLuhya 327E32	
ITsaangi	iTsaangi 327B53	
Itsekiri	Yoruba 324C1	
ITshogo	ikinyaRwanda 327D61	
Itumba	kiSagala 327G39	
Itumbuzo	326C23-12 Benue, Cross River 2 & 3, Efik-Andoni Group	Nigeria
Itundu	Banen 327A44	
Iwa	327M26 Bantu, Nyika-Safwa Group	Zambia
Iworo	Yoruba 324C1	
IWuumu	iWuumu 327B78	
IYaa	Teke, Western 327B73	
Iyala	Yala 324F3	
IYans	iYans 327B85	
IYanzi	iYans 327B85	
Iyirikum	326D2364 Benue, Bantoid, Bane, Grasslands Group, Tadkon Subgroup	Cameroun
Izale	Mbembe dialect cluster 326B26	
Izare	Mbembe dialect cluster 326B26	
Izha	Chaha cluster 41B2222	
Izi	Igbo 324G	
Izzi	Igbo 324G	

J

Jaba	326A2223 Benue, Plateau 2, Zaria Group, Jaba Subgroup	Nigeria
JABA SUBGROUP	326A222 Benue, Plateau 2, Zaria Group	Nigeria
Jabal Nafusah	Jebel Nefusa 43A4	
Jabo	Gweabo 324A3	
Jaku	326D2135 Benue, Bantoid, Bane, Nigeria Group, Jarawa Subgroup	Nigeria
Jalo	Kru cluster 324A6	
Jalonca	Susu-Yalunka 322A11	
Jalonke	Susu-Yalunka 322A11	
dhiJama-dhuGwujur	Otoro 31A5	
Jamba	Chamba 325A21	
Jamba-Makutu	Loi-Ngiri 327C31	
Jamjam	Reported to be a Cushitic language.	Ethiopia
Janjerinya	Janjero 46A41	
Janjero	46A41 Afro-Asiatic, Omotic, Northern Branch, Gimojan Group	Ethiopia
Janji	326A123-12 Benue, Plateau 1B, Central Group	Nigeria
Jao	ciYao 327P21	
Jao	Kru cluster 324A6	
Jar	Bada 326D2131	
Jar	Duguranchi 326D2132	
Jara	Jera 44C24	

Jaranci	Gingwak	326D2133
Jarawa	Gingwak	326D2133
Jarawa	Afusare-Forum	326A2243
JARAWA SUBGROUP	326D213	Benue, Bantoid, Bane, Nigerian Group Nigeria, Cameroun
Jarawan	Bada	326D2131
Jari	Afusare-Forum	326A2243
Jasing	Yasing	325A65
Jassing	Yasing	325A65
Jaunde	Ewondo cluster	327A72
Jebel Nefusa	43A4	Afro-Asiatic, Berber, Zenati Group Libya
Jede	Kru cluster	324A6
Jedepo	Grebo	324A3
Jegu	44J63	Afro-Asiatic, Chadic, Sahel Group, Mubi Subgroup Chad
Jekiri	Yoruba	324C1
Jekri	Yoruba	324C1
Jemjem	Wute	326D118
Jemmari	Jebel Nefusa	43A4
Jen	325A91	Adamawa-Eastern, Adamawa, Jen Group Nigeria
JEN GROUP	325A9	Adamawa-Eastern, Adamawa Nigeria Cameroun, Chad
Jena	chiKaranga	327S14
Jeng	Njei	44C16
Jera	44C24	Afro-Asiatic, Chadic, Bata-Tera Group, Tera Subgroup Nigeria
Jerawa	Benue	Nigeria
	Cover term used by Europeans for several dialects/languages of Greenberg's Plateau 1 group circa 326A122. See Westermann and Bryan p. 107. See also the various other Jarawa dialects/languages.	
Jerawa	Jera	44C24
Jerba	43A5	Afro-Asiatic, Berber, Zenati Group Tunisia
Jere	326A123-15	Benue, Plateau 1B, Central Group Nigeria
Jerra	Jera	44C24
Jesko	Yeskwa	326A2213
Jeto	Banda	325B2
Jibana	kiNyika	327E72
Jibu	Jukun cluster	326B23
Jie	Karamojong	2E192224
Jikany, Eastern	Nuer	2E191321
Jikany, Western	Nuer	2E191321
Jimini	Tagbana	323H3
Jimo	Zumu	44C17
Jindwi	chiManyika cluster	327S13
Jinga	kiMbundu cluster	327H21
Jinga	eciDzindza	327E23
echiJinja	eciDzindza	327E23
Jiru	326B22	Benue, Jukunoid, Jukun-Mbembe Group Nigeria
eciJita	327E25	Bantu, Haya-Jita Group Tanzania
Jlao	Kru cluster	324A6

Jlepo	Kru cluster 324A6	
Jola	Diola 321A311	
Jolof	Wolof 321A13	
chi*Jomvu*	Dialect of Swahili 327M42?	
Jonga	327C0-18 Bantu, Miscellaneous Group	Zaïre
Jonga	shiTsonga 327S53	
Jongor	Jonkor 44J64	
Jonkor	44J64 Afro-Asiatic, Chadic, Sahel Group, Mubi Subgroup	Chad
Jorto	44A427 Afro-Asiatic, Chadic, Western Group, Bolewa-Plateau Group, Plateau Subgroup	Nigeria
Jo-tha	Lendu 2E26	
JU FAMILY	BUSHMAN, NORTHERN 1A	
Jukon	Jukun cluster 326B23	
Jukum	Jukun cluster 326B23	
Jukun cluster	326B23 Benue, Jukunoid, Jukun-Mbembe Group	Nigeria
JUKUN-MBEMBE GROUP	326B2 Benue, Jukunoid	Nigeria, Cameroun
JUKUNOID	326B Benue	Nigeria, Cameroun
Jula	Dyula 322A16	
Juman	Kim 44J19	
Jumjum	2E19113 Nilo-Saharan, Chari-Nile, Eastern Sudanic, Nilotic Group, Western Nilotic, Mabaan Subgroup	Sudan
Jumu	Yoruba 324C1	
Junguru	Banda 325B2	
Jur	Lwo 2E191215	

K

Ka	Banda 325B2	
Kaa	Mbo cluster 327A15	
Kaakhoe	Ɖeti-khwe 1C23	
lə*Kaalong*	327A52 Bantu, Bafia Group	Cameroun
ki*Kaamba*	kiKongo cluster, Northern Group 327H16	
kiKaanu	327D43 Bantu, Konjo Group	Zaïre
Kaba	2E2123 Nilo-Saharan, Chari-Nile, Central Sudanic, Bongo-Bagirmi Group, Sara-Bagirmi Subgroup	Central African Republic
Kaba	She 46A422	
Kaba Dunjo	2E2124 Nilo-Saharan, Chari-Nile, Central Sudanic, Bongo-Bagirmi Group, Sara-Bagirmi Subgroup	Central African Republic
Kabalai	Gablai 44J17	
Kabalai	Nancere 44J1-11	
Kabarasi	luLuhya 327E32	
Kabba	Kaba 2E2123	
K'abena	Kambatta 45C122	
Kabin	Gabin 44C21	
Kabo	Kru cluster 324A6	

Kabre	323A3412	Gur, Central Gur, Grusi Group, Eastern Subgroup, Lamba Subgroup	Togo, Benin
Kabu	Kebu 324B-13		
Kabure	Kabre 323A3412		
Kabwari	327D56	Bantu, Bembe-Kabwari Group	Zaïre
Kabye	Kabre 323A3412		
Kabyle	43B1	Afro-Asiatic, Berber, Tamazight-Riff-Kabule Group	Algeria
Kacama	Kachama 46A4444		
Kachama	46A4444	Afro-Asiatic, Omotic, Northern Branch, Gimojan Group, Ometo Subgroup, Eastern Subgroup	Ethiopia
Kache	Kaje 326A2242		
Kachichere	Katab dialect cluster 326A2244		
Kadam	Suk 2E1932		
Kadara	326A2253	Benue, Plateau 2, Zaria Group, Kadara Subgroup	Nigeria
KADARA SUBGROUP	326A225	Benue, Plateau 2, Zaria Group	Nigeria
Kadaru	Kordofan Nubian 2E112		
Kadaru, Western	Kordofan Nubian 2E112		
Kadero	Kordofan Nubian 2E112		
Kadiro	Moru 2E231		
Kado	Dari 44H7		
Kadugli	31D7	Kordofanian, Tumtum Group	Sudan
Kadum	Kwanka 326A431		
Kaele	Mundang 325A64		
Kafa	46A331	Afro-Asiatic, Omotic, Northern Branch, Gonga Group, Southern Subgroup	Ethiopia
Kafachan	Katab dialect cluster 326A2244		
Kaffa	Kafa 46A331		
Kaffer	isiXhosa 327S41		
Kafficho	Kafa 46A331		
Kaffir	Nguni Group 327S40		
Kaffir	isiXhosa 327S41		
Kaffir, Kitchen	Fanagalo 327S46		
Kaffir, Mine	Fanagalo 327S46		
Kafico	Kafa 46A331		
Kafire	Senari, Central, Senari Subgroup 323H11		
Kagama	Kanuri 2B11		
KaGbarika	Kebu 324B-13		
Kagbe	Mandekan 322A16		
Kagoma	326A2221	Benue, Plateau 2, Zaria Group, Jaba Subgroup	Nigeria
Kagoro	Katab dialect cluster 326A2244		
Kagoro	Mandekan 322A16		
ciKagulu	327G12	Bantu, Gogo Group	Tanzania
Kaguru	ciKagulu 327G12		
kiKahe	327E64	Bantu, Chaga Group	Tanzania
Kaho	Reported to be a Kwa language.		
Kaho	Dan 322B12		
Kahonde	kiKaonde 327L41		
Kahugu	326A1232	Benue, Plateau 1B, Central Group.	Nigeria
Kaibe	Kaivi 326A1234		
Kaibi	Kaivi 326A1234		

iKaiku	Bira 327D22	
Kaila	Felasha 45B5	
Kailinya	Felasha 45B5	
Kaive	Kaivi 326A1234	
Kaivi	326A1234 Benue, Plateau 1B, Central Group	Nigeria
Kajaja	Tingal 31B4	
Kajakja	Tingal 31B4	
Kajakse	Mubi 44J61	
Kaje	326A2242 Benue, Plateau 2, Zaria Group, Central Subgroup	Nigeria
Kajji	Kaje 326A2242	
Kajuru	326A2256 Benue, Plateau 2, Zaria Group, Kadara Subgroup	Nigeria
Kaka dialect cluster	326D23-11 Benue, Bantoid, Bane, Grasslands Group	Cameroun
Kaka	Kako 327A93	
Kaka	Gbaya 325B11	
KAKA GROUP	327A90 Bantu. Central African Republic, Cameroun	
Kaka of Sala	Mbimu cluster 327A86	
Kakaba	Kamkam 326D112	
KaKamega	luLuhya 327E32	
Kakanda	Nupe 324D1	
luKakelelwa	luLuhya 327E32	
Kakia	Masarwa 1B12	
Kako	327A93 Bantu, Kaka Group	Cameroun
KaKongo	kiKongo cluster, Eastern Group 327H16	
KaKoongo	kiKongo cluster, Western Coastal Group 327H16	
Kakua	Bari 2E1921	
KaKumega	luLuhya 327E32	
Kakwa	Bari 2E1921	
Kala	Mongo-Nkundo 327C61	
Kalabari	Ijo 324H	
Kalaka	chiKalanga 327S16	
Kalaka	chiKalanga 327S16	
Kalanga	kiHoloholo 327D28	
Kalanga	chiKalanga 327S16	
chiKalanga	327S16 Bantu, Shona Group	Zimbabwe/Rhodesia
Kalebwe	Luba-Lulua 327L31	
Kalebwe	luSonge 327L23	
KALENJIN	NILOTIC, SOUTHERN 2E193	
'Kaleri'	Mabo 326A61 and Horom 326A62	
Kali	Kare 325A6-11	
Kaliko	2E2323 Nilo-Saharan, Chari-Nile, Central Sudanic, Moru-Madi Group, Central Subgroup	Zaïre, Sudan
Kalkus	Manjaku 321A321	
Kalla	Gbaya 325B11	
loKalo	Nkutu 327C73	
Kalongo	Mandekan 322A16	
Kalunka	Mandekan 322A16	
Kam	325A8 Adamawa-Eastern, Adamawa. Nigeria, Cameroun	
Kama	Karaboro 323H4	
ciKamanga	Tumbuka 327N21	
Kamant	Kemant 45B2	

Kamantan	Kamanton	326A2222	
Kamanton	326A2222	Benue, Plateau 2, Zaria Group, Jaba Subgroup	Nigeria
Kamasia	Nandi	2E1931	
Kamasya	Nandi	2E1931	
kiKamba	327E55	Bantu, Kikuyu-Kamba Group	Kenya
Kambali	Kambari	326A111	
Kambara	Kambatta	45C122	
Kambari	326A111	Benue, Plateau 1A	Nigeria
Kambariire	Fula	321A11	
Kambatta	45C122	Afro-Asiatic, Eastern Cushitic, Highland Group, Sidamo Subgroup	Ethiopia
Kambe	kiNyika	327E72	
Kamberchi	Kambari	326A111	
Kamberi	Kambari	326A111	
Kamberri	Kambari	326A111	
Kamdang	Tuleshi	31D2	
kaKamega	luLuhya	327E32	
kiKami	327G36	Bantu, Zigula-Zaramo Group	Tanzania
Kamir	Xamtanga	45B3	
|kam-ka !ka	|xam	1B24	
|kamka!e !ka	|xam	1B24	
Kamkam	326D112	Benue, Non-Bantu Bantoid, Mambiloid	Nigeria
Kamo	Kamu	325A15	
Kamu	325A15	Adamawa-Eastern, Adamawa, Tula Group	Nigeria
Kamuke	Limba	321C3	
Kamuku dialect cluster	326A1132	Benue, Plateau 1A, Kamuku Group	Nigeria
KAMUKU GROUP	326A113	Benue, Plateau 1A	Nigeria
Kana	326C241	Benue, Cross River 2 & 3, Ogoni Group	Nigeria
‖Kanakhoe	G‖ana-khwe	1C27	
Kanakuru	Dera	44A417	
Kanandjoho	Minduumo	327B63	
Kanda	Gabin	44C21	
Kanda	Kande	327B32	
Kande	327B32	Bantu, Tsogo Group	Gabon
Kandere	323H16	Gur, Senufo Group, Senari Subgroup	Ivory Coast
Kanderma	31A2	Kordofanian, Koalib Group	Sudan
Kanembu	2B12	Nilo-Saharan, Saharan Branch, Kanuri Group	Chad
Kanembu	Kanuri	2B11	
Kanga	31D-10	Kordofanian, Tumtum Group	Sudan
Kanga Bono	Kweni	322B17	
Kangana	Losengo	327C36	
Kangbe	Mandekan	322A16	
Kangeju	Hadza	1E	
liKango	327C0-12	Bantu, Miscellaneous Group	Zaïre
Kangu	Fali	325A-11	
‖Kani-khoe	G‖ani-khwe	1C24	
‖Kanikxoe	G‖ani-khwe	1C24	
Kaningkon	Kaninkon	326A444	
Kaninkon	326A444	Benue, Plateau 4, Ninzam Group	Nigeria
Kaninkon	Kaninkon	326A444	

Kaninkwom	Kaninkon 326A444	
Kanioka	ciKanyoka 327L32	
Kanjaga	323A335 Gur, Central Gur, Grusi Group, Southern Subgroup	
Kanjaga	Buli 323A122	
KaNjiningi	Teke, Northern 327B71	
Kanoury	Kanuri 2B11	
Kantohe	Balanta 321A331	
Kanu	kiKaanu 327D43	
Kanufi	Kaninkon 326A444	
Kanuri	2B11 Nilo-Saharan, Saharan Branch, Kanuri Group	Nigeria
KANURI GROUP	2B1 Nilo-Saharan, Saharan Branch	Chad, Nigeria
ciKanyoka	327L32 Bantu, Luba Group	Zaïre
Kanyop	Manjaku 321A321	
Kao	Fungor 31A9	
Kaon	Grebo 324A3	
KAONDE GROUP	327L40 Bantu	Zaïre, Zambia
kiKaonde	327L41 Bantu, Kaonde Group	Zaïre, Zambia
Kapala	Kreish 2E221	
Kapsiki	44C19 Afro-Asiatic, Chadic, Bata-Tera Group, Bata Subgroup	Cameroun, Nigeria
Kapugu	Kahugu 326A1232	
Kara	2E212-10 Nilo-Saharan, Chari-Nile, Central Sudanic, Bongo-Bagirmi Group, Sara-Bagirmi Subgroup	Sudan
Kara	Quara 45B6	
Kara	ekiKerebe 327E24	
Karaboro	323H4 Gur, Senufo Group	Ivory Coast
KaRagwe	ekiNyambo 327E21	
Karama	Karaboro 323H4	
Karamojong	2E192224 Nilo-Saharan, Chari-Nile, Eastern Sudanic, Nilotic Group, Eastern Nilotic, Masai-Teso Subgroup, Teso Subgroup	Uganda
Karan	Krahn 324A7	
Karanga	2C12 Nilo-Saharan, Maban Branch, Maba Group	Chad
chiKaranga	327S14 Bantu, Shona Group	Zimbabwe/Rhodesia
Karbo	44J62 Afro-Asiatic, Chadic, Sahel Group, Mubi Subgroup	Chad
Karda	Kanuri 2B11	
Kare	325A6-11 Adamawa-Eastern, Adamawa, Mbum Group	Chad
Kare	liKarili 327X11	
Karekare	44A412 Afro-Asiatic, Chadic, Western Group, Bolewa-Plateau Group, Bolewa Subgroup	Nigeria
Kari	Kare 325A6-11	
Kari	liKarili 327X11	
liKarili	327X11 Bantu	Central African Republic, Congo
Karim	326B11 Benue, Jukunoid, Karim Group	Nigeria
KARIM GROUP	326B1 Benue, Jukunoid	Nigeria
Karimojong	Karamojong 2E192224	
Karko	Kordofan Nubian 2E112	
Karo	Banna 46B1	

Karombe	chiManyika cluster	327S13	
Karon	321A313	West Atlantic, Northern Branch, Bak Group, Diola Subgroup	Senegal?
Karondi	31D4	Kordofanian, Tumtum Group	Sudan
Karones	Karon 321A313		
Karre	Kare 325A6-11		
Kasa	Diola 321A311		
Kasanga	321A432	West Atlantic, Northern Branch, Eastern Senegal-Guinea Group, Kobiana-Banhum Subgroup	Guinea
Kasara	Senari, Central, Senari Subgroup 323H11		
Kasele	Basari-Kasele-Chamba 323A142		
Kasem	323A311	Gur, Central Gur, Grusi Group, Northern Subgroup	Ghana, Upper Volta
Kasena	Kasem 323A311		
Kasene	Kasem 323A311		
Kashirda	Daza 2B22		
Kasonke	Khasonke 322A15		
Kassanga	Kasanga 321A432		
Kassele	Basari-Kasele-Chamba 323A142		
Kassena	Kasem 323A311		
Kasson	Khasonke 322A15		
Kassonke	Khasonke 322A15		
Katab dialect cluster	326A2244	Benue, Plateau 2, Zaria Group, Central Subgroup	Nigeria
Katab	Katab dialect cluster 326A2244		
Katcha	31D8	Kordofanian, Tumtum Group	Sudan
KaTeke	Teke, Northern 327B71		
Katiara	Tagbana 323H3		
Katiola	Tagbana 323H3		
Katla	31E1	Kordofanian, Katla Group	Sudan
KATLA GROUP	31E	Kordofanian	Sudan
Kattea	Kathea 1B13		
Kau	Fungor 31A9		
‖*Kau‖ẹn*	!xũ 1A1		
‖*Kʔau‖ẹn*	!xũ 1A1		
‖*Kʔʔau‖ẹn*	!xũ 1A1		
Kaukau	!xũ 1A1		
Kauma	kiNyika 327E72		
Kavirondo, Nilotic	Luo 2E191228		
Kaw	Kosin 326D244		
Kawalib	Koalib 31A1		
Kawama	Otoro 31A5		
Kawanga	luLuhya 327E32		
Kawonde	kiKaonde 327L41		
Kayla	Felasha 45B5		
Keaka	Ekoi dialect cluster 326D2112		
Keaqa	Ekoi dialect cluster 326D2112		
Kebena	Kambatta 45C122		
Kebu	324B-13	Kwa, Western Group	Togo
Kedde	Hai-ŋ‖um 1C3		
Keddi	Hai-ŋ‖um 1C3		
Ke-dha	Lendu 2E26		
Kedi	Hai-ŋ‖um 1C3		
Keembo	loMbole 327D11		
Kefa	Kafa 46A331		

Kefinya	Kafa	46A331	
KeGberike	Kebu	324B-13	
KeGengele	keGengele	327D24	
Keiga	31D3	Kordofanian, Tumtum Group	Sudan
Keiga	Keiga	31D3	
Keiga Jirru	2E162	Nilo-Saharan, Chari-Nile, Eastern Sudanic, Temein Group	Sudan
Kejaka	Ekoi dialect cluster	326D2112	
oKela	327C75	Bantu, Tetela Group	Zaïre
Kelawa	Keri-ni	326A1126	
KELE GROUP	327B20	Bantu	Gabon, Congo
Kele, Western	diKele	327B22	
diKele cluster	327B22	Bantu, Kele Group	Gabon
eKele	327C55	Bantu, Soko-Kele Group	Zaïre
liKele	Losengo	327C36	
loKele	eKele	327C55	
Keleng	Limba	321C3	
Keliko	Kaliko	2E2323	
Kemant	45B2	Afro-Asiatic, Central Cushitic	Ethiopia, Sudan
Kemantnay	Kemant	45B2	
Kembata	Kambatta	45C122	
Kembatinya	Kambatta	45C122	
Kenga	2E212-13	Nilo-Saharan, Chari-Nile, Central Sudanic, Bongo-Bagirmi Group, Sara-Bagirmi Subgroup	Chad
Kensense	326D2381	Benue, Bantoid, Bane, Grasslands Group, Ndop Subgroup	Cameroun
Kentohe	Balanta	321A331	
Kentu	326B31	Benue, Jukunoid, Kentu Group	Nigeria
KENTU GROUP	326B3	Benue, Jukunoid	Nigeria
Kenuz	Nile Nubian	2E111	
Kenuzi	Nile Nubian	2E111	
Kenyang	Nyang	326D222	
Kenyi	Jaba	326A2223	
luKenyi	327E17	Bantu, Nyoro-Ganda Group	Uganda
Kepere	325A67	Adamawa-Eastern, Adamawa, Mbum Group	Cameroun
Kera	Tuburi	44J5	
Kere	Mao, Northern	2F46	
ekiKerebe	327E24	Bantu, Haya-Jita Group	Tanzania
Kerekere	Karekare	44A412	
Kʔere-khwe	Tshu-khwe Group, Central Subgroup	1C23	
Kerewe	ekiKerebe	327E24	
Kerikeri	Karekare	44A412	
Keri-ni	326A1126	Benue, Plateau 1A, Duka Group	Nigeria
Kerre	Banna	46B1	
KeSengele	keSengele	327C33	
KeSongola	keSongola	327D23	
Kete	Akye	324B-20	
kiKete	luKete	327L21	
luKete	327L21	Bantu, Songe Group	Zaïre
Ke-tha	Lendu	2E26	
Ketuen	Mbe	326D212	
Keyo	Nandi	2E1931	
loKə	Ko dialect cluster	326C2124	

Kəstanənna	Soddo 41B2233		
Kgaga	sePedi 327S32		
Kgalagadi	seTswana 327S31		
Kgatla	seTswana 327S31		
Kha	Banda 325B2		
Khakea	Masarwa 1B12		
Khakhea	Masarwa 1B12		
Khalahadi	seTswana 327S31		
|Kham	|xam 1B24		
Khambana	shiTswa 327S51		
Khamir	Xamtanga 45B3		
Khamit	Xamtanga 45B3		
Khamta	Xamtanga 45B3		
Khamta	Xamtanga 45B3		
Khana	Kana 326C241		
Khasonke	322A15	Mande, Northern-Western Branch, Northern Group	Mali
Khassa	Tigre 41B12		
Khathea	1B13	Khoisan, Southern Bushman, Taa Group	Botswana
Khathia	Kathea 1B13		
Khatia	Kathea 1B13		
Khatla	seTswana 327S31		
Khattea	Kathea 1B13		
||Khau	ŋ|huki cluster 1B21		
||Khʔau||ʔen	!xũ 1A1		
Khayo	luLuhya 327E32		
ǂKheβakhoe	G||ana-khwe 1C27		
||Khegwi	||xegwi 1B22		
KHOI	NAMA GROUP 1C1		
KHOISAN	1	Comprises "Bushman", "Hottentot", Sandawe, and Hadza.	
KHOISAN, CENTRAL	"HOTTENTOT" 1C		
Khoke	Koke 325A-133		
ǂ*Khomani*	ŋ|huki cluster 1B21		
!Khong	!xõ 1B11		
Khumbi	327R14	Bantu, Umbundu Group	Angola
!Khung	!xũ 1A1		
!Khung, East	!xũ 1A1		
!Khung, North	!xũ 1A1		
!Khung, West	!xũ 1A1		
Khutshwe	sePedi 327S32		
Khutswe	sePedi 327S32		
Khutswi	sePedi 327S32		
Khutu	kiKutu 327G37		
KHWE-KOVAB	"HOTTENTOT" 1C		
KiBala	kiMbundu cluster 327H21		
Kiballo	326A1235	Benue, Plateau 1B, Central Group	Nigeria
KiBangubangu	kiBangubangu 327D27		
Kibaku	Chibak 44C1-17		
Kibakuri	Chibak 44C1-17		
KiBangi	boBangi 327C32		
Kibbo	Birom 326A31		
KiBeembe	kiBembe 327H11		
KiBembe	kiBembe 327A11		

Kibet	2E174	Nilo-Saharan, Chari-Nile, Eastern Sudanic, Tama Group Chad
KiBila, Forest	Bira	327D22
KiBirra, Plains	Bira	327D22
KiBira, Ruwenzori	Bira	327D22
Kibo	Birom	326A31
KiBoma	kiBoma	327B82
KiBombi	Bira	327D22
KiBondei	kiBondei	327G24
KiBujwe	kiBangubangu	327D27
KiBulamatadi	kiTuba	327H17
KiBuyu	kiBangubangu	327D27
KiBwari	Kabwari	327D56
KiBweende	kiKongo cluster, Northern Group 327H16	
KiBwende	kiKongo cluster, Northern Group 327H16	
Kibyen	Birom	326A31
KiCago	kiCago	327E62
Kichi	327P16	Bantu, Matumbi Group Tanzania
KiDabida	kiTaita	327E74
KiDhaiso	kiDhaiso	327E56
KiDigo	kiDigo	327E73
KiDjia	kiSakata cluster	327C34
KiDoondo	kiKongo cluster, Northern Group 327H16	
Kidzem	Kom	326D2378
Kidzom	326D237-10	Benue, Bantoid, Bane, Grasslands Group, Kom-Bardem Subgroup Cameroun
Kiefo	Tiefo	323H8
KiEmbu	kiEmbu	327E52
igiKiga	ikinyaRwanda	327D61
oruKiga	oluCiga	327E14
ruKiga	ikinyaRwanda	327D61
KiGaangala	kiKongo cluster, Northern Group 327H16	
KiGoma	Kabwari	327D56
KiGweno	kiGweno	327E65
KiHai	kiCaga	327E62
ki|hazi	Masarwa	1B12
KiHehe	ekiHehe	327G62
KiHema	nyanNkore	327E13
KiHembe	kiHembe	327L34
KiHindi	kiSwahili	327G42
KiHoloholo	kiHoloholo	327D28
KiHolu	kiHolu	327L12
KiHolu	kiKongo cluster, Eastern Group 327H16	
KiHorohoro	kiHoloholo	327D28
KiHumu	Bira	327D22
KiHunde	kiHunde	327D51
KiHungana	kiHungana	327H42
KiHunganna	kiHungana	327H42
KiHungu	kiHungu	327H33
KiHyanzi	Bira	327D22
KiKaamba	kiKongo cluster, Northern Group 327H16	
KiKaanu	kiKaanu	327D43
KiKahe	kiKahe	327E64
KiKamba	kiKamba	327E55
KiKami	kiKami	327G36
KiKaonde	kiKaonde	327L41

Alphabetic Index

KiKete	luKete	327L21	
KiKimbu	kiKimbu	327F24	
KiKomo	kiKomo	327D23	
KiKongo	kiKongo dialect cluster	327H16	
KiKongo commercial	kiTuba	327H17	
KiKongo keleve	kiTuba	327H17	
KiKongo simplifié	kiTuba	327H17	
KiKongo véhiculaire	kiTuba	327H17	
KiKongo ya Leta	kiTuba	327H17	
KIKONGO GROUP	327H10 Bantu		Congo, Cabinda, Zaïre, Angola
KiKoongo	kiKongo cluster, Northeastern Group	327H16	
KiKoongo	kiKongo cluster, Southeastern Group	327H16	
'*KiKoongo simplifié du Kwilu*'			
	kiKongo cluster, Eastern Group	327H16	
KiKumu	kiKomo	327D23	
KiKunyi	kiKunyi	327H13	
KiKutu	kiKutu	327G37	
KiKuumu	kiKomo	327D23	
Kikuyu	giGikuyu	327E51	
KIKUYU-KAMBA GROUP	327E50 Bantu		Kenya, Tanzania
KiKwango	kiTuba	327H17	
KiKwese	kiKwese	327L13	
KiKwese	kiKongo cluster, Eastern Group	327H16	
ki‖kxigwi	‖xegwi	1B22	
Kila	326D115 Benue, Non-Bantu Bantoid,		
	Mambiloid		Nigeria
KiLangi	kiLangi	327F33	
KiLari	kiKongo cluster, Northeastern Group	327H16	
Kilba	44C1-18 Afro-Asiatic, Chadic, Bata-Tera		
	Group, Bata Subgroup		Nigeria
KiLeega	kiLega	327D25	
KiLega	kiLega	327D25	
KiLengola	kiLengola	327D12	
KiLeta	kiTuba	327H17	
Kili	eKele	327C55	
KiLuba	kiLuba	327L33	
KiLuba-KiTuba	Luba	327L31	
KiLuwa	kiKongo cluster, Eastern Group	327H16	
Kim	44J19 Afro-Asiatic, Chadic, Sahel Group,		
	Somrai Subgroup		
			Central African Republic, Chad
Kim	Krim	321C224	
KiMambwe	iciMambwe	327M15	
Kimanga	Mba	325B82	
Kimant	Kemant	45B2	
Kimantinya	Kemant	45B2	
KiMashami	kiCaga	327E62	
KiMatengo	ciMatengo	327N13	
KiMatumbi	kiMatumbi	327P13	
Kimawanda	ciNdonde	327P24	
KiMawiha	ciMabiha	327P25	
KiMbaamba	kiKongo Group, East Central Group	327H16	
KiMbaamba	kiMbundu cluster	327H21	
KiMbala	kiMbala	327H41	
KiMbala	kiKongo cluster, Western Inland Group	327H16	
KIMBALA GROUP	327H40 Bantu		Zaïre

KiMbamba	kiMbundu cluster 327H21	
KiMbata	kiKongo cluster, Southern Group 327H16	
KiMbeeko	kiKongo cluster, Southeastern Group 327H16	
KiMbinsa	kiKongo cluster, Northeastern Group 327H16	
KiMbo	kiMbo 327D35	
KiMboma	kiKongo cluster, Central Group 327H16	
kiKimbu	327F24 Bantu, Sukuma-Nyamwezi Group	Tanzania
Kimanga	Mba 325B82	
KiMbunda	kiMbunda 327K15	
Kimbunda	uMbundu 327R11	
KiMbundu	kiMbundu cluster 327H21	
KIMBUNDU GROUP	327H20 Bantu	Angola
KiMbundu of Nyambuangongo	kiMbundu of Nyambuangongo 327H25	
KiMbuti	Bira 327D22	
KiMeru	kiMeru 327E53	
Kimi	Krim 321C224	
KiMoci	kiCaga 327E62	
KiMpaangu	kiKongo cluster, East Central Group 327H16	
KiMpese	kiKongo cluster, East Central Group 327H16	
KiMpoto	ciMpoto 327N14	
KiMwali	Komoro 327G44	
KinaMweri	kiNyamwesi 327F22	
KiNdengereko	kiNdengereko 327P11	
Kinderma	Kanderma 31A2	
KiNdibu	kiKongo cluster, Central Group 327H16	
Kindiga	Hadza 1E	
KiNdongo	kiMbundu cluster 327H21	
ekiKinga	327G65 Bantu, Bena-Kinga Group	Tanzania
KiNgala	kiTuba 327H17	
KiNgazija	Komoro 327G44	
KiNghwele	kiNghwele 327G32	
KiNgindo	kiNgindo 327P14	
KiNgoni	ciNgoni 327N12	
KiNgoy	kiKongo cluster, Central Group 327H16	
KiNgulu	kiNgulu 327G34	
KiNgwana	kiSwahili 327G42	
KiNjuani	Komoro 327G44	
KiNkanu	kiKongo cluster, Southeastern Group 327H16	
Kinkwa	326D22-12 Benue, Bantoid, Bane, Mamfe Group	Cameroun
KiNtaandu	kiKongo cluster, East Central Group 327H16	
KiNtandu	kiKongo cluster, East Central Group 327H16	
Kinuku	326A1237 Benue, Plateau 1B, Central Group	Nigeria
KinyaMetoko	Mituku 327D13	
KiNyamwesi	kiNyamwesi 327F22	
KiNyanga	kiNyanga 327D43	
KiNyanyembe	kiNyamwesi 327F22	
KinyaRwanda	ikinyaRwanda 327D61	
KiNyasa	ciManda 327N11	
KiNyasa	ciMpoto 327N14	
KinyaTuru	kiRimi 327F33	
KiNyika	kiNyika 327E72	
KiNyindu	kiNyindu 327D57	
KiNzamba	kiKongo cluster, Southern Group 327H16	
KiPatu	kiKongo cluster, Southeastern Group 327H16	
KiPende	kiPende 327L11	
KiPende	kiKongo cluster, Eastern Group 327H16	

KiPhatu	kiKongo cluster, Southeastern Group	327H16
KiPindi	kiKongo cluster, Eastern Group	327H16
KiPokomo	kiPokomo 327E71	
KiPoombo	kiKongo cluster, Eastern Group	327H16
Kipsigi	Nandi 2E1931	
Kipsigis	Nandi 2E1931	
Kipsiki	Nandi 2E1931	
Kipsikis	Nandi 2E1931	
Kipsorai	Nandi 2E1931	
Kir	326B21 Benue, Jukunoid, Jukun-Mbembe Group	Nigeria
Kira	Vagala 323A333	
ekiKira	ekiSwaga 327D45	
KiRega	kiLega 327D25	
Kirifawa	44A416 Afro-Asiatic, Chadic, Western Group, Bolewa-Plateau Group, Bolewa Subgroup	Nigeria
Kirim	Krim 321C224	
KiRimi	kiRimi 327F32	
Kirma	Kirma-Tyurama 323F	
Kirma-Tyurama	323F Gur	
Kiroba	ikiKuria 327E43	
KiRombo	kiCaga 327E62	
KiRuguru	kiRuguru 327G35	
KiRuihi	kiRuihi 327P12	
KiRwo	kiRwo 327E61	
luKisa	luLuhya 327E32	
KiSagala	kiSagala 327G39	
KiSagala	kiTeri 327E74	
KiSakata	kiSakata cluster 327C34	
KiSama	kiSama 327H22	
KiSantu	kiKongo cluster, East Central Group	327H16
KiSanzi	kiBangubangu 327D27	
KiSanzi	Kabwari 327D56	
KiSetla	kiSwahili 327G42	
KiSettla	kiSwahili 327G42	
KiShambaa	kiShambaa 327G23	
KiShamba	kiSwahili 327G42	
KishiKongo	kiKongo cluster, Southern Group	327H16
KishiKoongo	kiKongo cluster, Southern Group	327H16
KiShinji	kiShinji 327H35	
Kisi	321C225 West Atlantic, Southern Branch, Mel Group, Bullom Subgroup	Guinea, Sierra Leone, Liberia
Kisi	327G67 Bantu, Bena-Kinga Group	Tanzania
Kisii	ikiGusii 327E42	
KisiLuangu	kiKongo cluster, Western Coastal Group	327H16
KisimaLuangu	kiKongo cluster, Western Coastal Group	327H16
KisimaNgoyo	kiKongo cluster, Western Coastal Group	327H16
KisiNgoyo	kiKongo cluster, Western Coastal Group	327H16
KiSodi	kiTuba 327H17	
KiSolongo	kiKongo cluster, Central Group	327H16
KiSonge	luSonge 327L23	
KiSoonde	kiKongo cluster, Eastern Group	327H16
KiSsama	kiSama 327H22	
Kissi	Kisi 321C225	

Kistane	Soddo	41B2233	
Kistaninnya	Soddo	41B2233	
uluKisu	Masaba	327E31	
KiSuku	kiSuku	327H32	
KiSukuma	kiSukuma	327F21	
KiSumbwa	kiSumbwa	327F23	
KiSumbwa	kiNyamwesi	327F22	
KiSutu of Tanzania	ciNgoni	327N12	
KiSuundi	kiKongo cluster, Central Group	327H16	
KiSwahili	kiSwahili	327G42	
KiTaita	kiTaita	327E74	
KiTalinge	kiTalinge	327E19	
Kitchen Kaffir	Fanagalo	327S46	
KiTembo	Nyabungu	327D53	
KiTeri	kiTaita	327E74	
KiTharaka	kiTharaka	327E54	
KiTiene	kiTiene	327B81	
KiTiini	kiTiene	327B81	
Kitimi	326A1236	Benue, Plateau 1B, Central Group	Nigeria
KiTonga	ciTonga	327N15	
KiTongwe	kiTongwe	327F11	
Kitosh	Masaba	327E31	
KiTsaamba	kiKongo cluster, Eastern Group	327H16	
KiTswa	shiTswa	327S51	
Kittim	Krim	321C224	
KiTuba [lingua franca]	kiTuba	327H17	
KiTuba	Luba	327L31	
KiTubeta	kiTubeta	327G20	
KiTwii	Nyang	326D222	
KiVidunda	kiVidunda	327G38	
KiVili	kiVili	327H12	
KiVita	kiSwahili	327G42	
KiVungunya	kiKongo cluster, Western Inland Group	327H16	
KiWunjo	kiCago	327E62	
Kiya	kiSukuma	327F21	
KiYaka	kiYaka	327H31	
KiYaka	kiKongo cluster, Northern Group	327H16	
KIYAKA GROUP	327H30	Bantu	Zaïre, Angola
KiYanzi	iYans	327B85	
KiYoba	Kabwari	327D56	
KiYombe	kiKongo cluster, Western Inland Group	327H16	
'KiYombe classique'	kiKongo cluster, Western Inland Group	327H16	
KiZabave	kiTuba	327H17	
KiZaramo	kiZaramo	327G33	
Kiziere	Mundang	325A64	
KiZigula	kiZigula	327G31	
KiZoombo	kiKongo cluster, Southern Group	327H16	
Klao dialect cluster	Kru cluster	324A6	
Kler	Karaboro	323H4	
Klipkaffer	Nama	1C11	
Kloukle	ǁxegwi	1B22	
Ko dialect cluster	Benue, Cross River 3, Eastern Subgroup		Nigeria
Ko	Mende-Bande	322A21	
!Ko	!xõ	1B11	

!Kõ	!xõ	1B11	
!kõ, Naosanabis	!xõ	1B11	
Koalib	31A1	Kordofanian, Koalib Group	Sudan
KOALIB GROUP	31A	Kordofanian	Sudan
Koba	ciYeei	327R41	
Kobe	Fanyan	325A-136	
ruKobi	kiHunde	327D51	
Kobiana	321A431	West Atlantic, Northern Branch, Eastern Senegal-Guinea Group, Kobiana-Banhum Subgroup	Guinea
KOBIANA-BANHUM SUBGROUP	321A43	West Atlantic, Northern Branch, Eastern Senegal-Guinea Group	Guinea, Senegal
Kobochi	Njei	44C16	
Kobotschi	Njei	44C16	
Koβee-ntʃhori	Hietshware cluster	1C21	
Koena	sePedi	327S32	
Kofa	326D23-121	Benue, Bantoid, Bane, Grasslands Group, Mfumte Subgroup	Cameroun
Kofa	Kofa	326D23-121	
Kogi	Bada	326D2131	
Kogo	Basa	327A43	
Kogoro	Boguru	327X33	
Kogoro	Mandekan	322A16	
Koguru	Boguru	327X33	
Kohumono	Humono	326C2133	
Koke	325A-133	Adamawa-Eastern, Adamawa, Boa Group	Chad
Koko	Basa	327A43	
Koko	!xũ	1A1	
Kokomba	Konkomba	323A143	
Kolango	Kulango	323E	
Kolbila	325A44	Adamawa-Eastern, Adamawa, Duru Group	Cameroun
Kolbilari	Kolbila	325A44	
Kolbilla	Kolbila	325A44	
Kole	327A29	Bantu, Duala Group	Cameroun
Kolo	Ogbia	326C253	
Kolobo	Kim	44J19	
Kolokuma	Ijo	324H	
Kololo	siLozi	327K21	
siKololo	siLozi	327K21	
Kolomende	Mende-Bandi	322A21	
Kom	326D2378	Benue, Bantoid, Bane, Grasslands Group, Kom-Bandem Subgroup	Cameroun
KOM-BANDEM SUBGROUP	326D237	Benue, Bantoid, Bane, Grasslands Group	Cameroun, Nigeria?
Koma	325A4-13	Adamawa-Eastern, Adamawa, Duru Group	Cameroun
Koma, Central	2F43	Nilo-Saharan, Koman, Koma Group	Ethiopia, Sudan
Koma, Northern	2F41	Nilo-Saharan, Koman, Koma Group	Ethiopia, Sudan
Koma, Southern	2F42	Nilo-Saharan, Koman, Koma Group	Ethiopia, Sudan
KOMA GROUP	2F4	Nilo-Saharan, Koman	Ethiopia, Sudan

Koma of Asosa	Koma, Northern	2F41	
Koma of Begi	Koma, Southern	2F42	
Koman	2F Nilo-Saharan		Sudan, Ethiopia
Kombe	Cinga 327A66		
Kombe	Yasa cluster 327A33		
Kombo	Diola 321A311		
Komboya	Mende-Bandi 322A21		
kiKomo	327D23 Bantu, Lega-Kalanga Group		Zaïre
Komono	323C6 Gur, Lobi Group		Upper Volta
Komoro	327G44 Bantu, Swahili Group		Comoro Islands
Komso	Konso 45C22131		
Kona	Jukun cluster 326B23		
Konabem	327A85 Bantu, Maka-Njem Group		Cameroun, Gabon, Congo
Konabemb	Konabem 327A85		
Konabembe	Konabem 327A85		
Konde	shiRonga 327S54		
Konde	ikiNyakyusa 327M31		
KONDE GROUP	327M30 Bantu		Malawi, Tanzania
Kondjo	oluKonzo 327D41		
Kondo	Kono 322A142		
Kondoa	kiSagala 327G39		
Kongbaa	Gola 321C23		
'Kongo simplifié'	kiKongo cluster, Central Group 327H16		
Kongo, Southern	kiKongo cluster, Southern Group 327H16		
kaKongo	kiKongo cluster, Eastern Group 327H16		
kiKongo dialect cluster	327H16 Bantu, kiKongo Group		Angola, Zaïre, Cabinda, Congo
kiKONGO GROUP	327H10 Bantu		Angola, Zaïre, Cabinda, Congo
kiKongo commercial	kiTuba 327H17		
kiKongo keleve	kiTuba 327H17		
kiKongo simplifié	kiTuba 327H17		
kiKongo véhiculaire	kiTuba 327H17		
kiKongo ya Leta	kiTuba 327H17		
kishiKongo	kiKongo cluster, Southern Group 327H16		
Kongola	Kusu 327C72		
Kongola-Meno	Nkutu 327C73		
Koni	sePedi 327S32		
Koniagi	Konyagi 321A414		
KONJO GROUP	327D40 Bantu		Zaïre, Uganda
oluKonjo	oluKonzo 327D41		
Konkomba	323A143 Gur, Central Gur, Moore-Gurma Group, Eastern Subgroup		Ghana
Konnoh	Kono 322A142		
Kono	322A142 Mande, Northern-Western Branch, Northern Group, Vai-Kono Subgroup		Liberia, Sierra Leone, Guinea
Konongo	kiNyamwesi 327F22		
Konsinya	Konso 45C22131		
Konso	45C22131 Afro-Asiatic, Eastern Cushitic, Lowland Group, Oromo Subgroup, Konso-Galla Subgroup, Konso Subgroup		Ethiopia
KONSO SUBGROUP	45C2213 Afro-Asiatic, Eastern Cushitic, Lowland Group, Oromo Subgroup, Konso-Galla Subgroup		Ethiopia

KONSO-GALLA SUBGROUP	45C221	Afro-Asiatic, Eastern Cushitic, Lowland Group, Oromo Subgroup Ethiopia, Kenya
Konta	Dauro	46A4416
Konta	Dauro	46A4416
Kony	Nandi	2E1931
Konya	Mandekan	322A16
Konyagi	321A414	West Atlantic, Northern Branch, Eastern Senegal-Guinea Group, Tenda-Konyagi Subgroup Guinea
KONYAGI SUBGROUP	TENDA-KONYAGI SUBGROUP	321A41
Konyaki	Konyagi	321A414
oluKonzo	327D41	Bantu, Konjo Group Zaïre, Uganda
Koo	Bassa	324A4
oluKooki	327E22	Bantu, Haya-Jita Group Tanzania
Koon	!xõ	1B11
Koon	!xõ	1B11
kaKoongo	kiKongo cluster, Western Coastal Group	327H16
kiKoongo	kiKongo cluster, Northeastern Group	327H16
kiKoongo	kiKongo cluster, Southeastern Group	327H16
'kiKoongo simplifié du Kwilu'	kiKongo cluster, Eastern Group	327H16
kishiKoongo	kiKongo cluster, Southern Group	327H16
Koosa	isiXhosa	327S41
aKoose	Mbo cluster	327A15
ciKopabeeluti	Town Bemba	327M43
Kora	Korana	1C12
!kora	Korana	1C12
Koran	Korana	1C12
Korana	1C12	Khoisan, "Hottentot", Nama Group South Africa
Koranko	Mandekan	322A16
Koraqua	Korana	1C12
Kordofan Nubian	2E112	Nilo-Saharan, Chari-Nile, Eastern Sudanic, Nubian Group Sudan
KORDOFANIAN	31	Grouped by Greenberg with Niger-Congo to comprise the most extensive of the four language families in Africa, Congo-Kordofanian.
Kordofanian Nubian	Kordofan Nubian	2E112
nyanKore	327E13	Nyoro-Ganda Group Uganda
‖*Koree-khoe*	Ʃuá-khwe cluster	1C22
Korekore	chiKorekore	327S11
chiKorekore	327S11	Bantu, Shona Group Moçambique, Zimbabwe /Rhodesia
Koria	ikiKuria	327E43
Koring	Oring dialect cluster	326C2132
Koriok	Lotuko	2E192221
Koriuk	Lotuko	2E192221
Koro dialect cluster	326A2211	Benue, Plateau 2, Zaria Group, Koro Subgroup Nigeria
Koro	Migili	326A2214
KORO SUBGROUP	326A221	Benue, Plateau 2, Zaria Group Nigeria
Koroca	Kwadi	1C4
Koroma	Karaboro	323H4
Korop	326C222	Benue, Cross River 2 & 3, Southeastern Group Cameroun border
Kosap	Kim	44J19

Kosin	326D244	Benue, Bantoid, Bane, Misaje Group Cameroun
Koso	Mende-Bandi 322A21	
Kosob	Reported to be an Adamawa-Eastern language.	
Kosova	ikiGusii 327E42	
Kossa	Mende-Bandi 322A21	
Kossee-ntshori	Hietshware cluster 1C21	
Kosso	Mende-Bandi 322A21	
Kota	iKota 327B25	
diKota	327C17	Bantu, Ngundi Group Central African Republic
iKota	327B25	Bantu, Kele Group Gabon, Congo
Kotafon	Ewe 324B-15	
Kotoffo	Kotopo 325A49	
Kotofo	Kotopo 325A49	
Kotoko	44B9	Afro-Asiatic, Chadic, Kotoko Group Cameroun, Chad
Kotoko Daa	Kotoko 44B9	
KOTOKO GROUP	44B	Afro-Asiatic, Chadic Cameroun, Chad
Kotokoli	Tem 323A342	
Kotopo	325A49	Adamawa-Eastern, Adamawa, Duru Group Cameroun
Kotpojo	Kotopo 325A49	
liKouala	liKwala 327C26	
Koukouya	Teke, Southern 327B77	
Koulango	Kulango 323E	
Koura	Quara 45B6	
Kouranke	Mandekan 322A16	
Kouranko	Mandekan 322A16	
Kouroumba	Kurumba 323A323	
Kourtey	Songhai 2A	
KOVAB	"HOTTENTOT" 1C	
Kowalib	Koalib 31A1	
Koyam	Kanuri 2B11	
Koyo	327C24	Bantu, Mboshi Group Congo
Koyo	Kara 2E212-10	
Koyra	46A4445	Afro-Asiatic, Omotic, Northern Branch, Gimojan Group, Ometo Subgroup, Eastern Subgroup Ethiopia
Koyta	Nara 2E13	
Kozime	Njem 327A84	
!Kõ	!xõ 1B11	
Kpa	Mende-Bandi 322A21	
rəKpa	327A53	Bantu, Bafia Group Cameroun
Kpaimba	Turuka 323C8	
Kpala	325B57	Adamawa-Eastern, Eastern Branch, Mayogo Group Zaïre
Kpala	Kreish 2E221	
Kpala	Ndaanda 327C19	
Kpalagha	Palara 323H5	
Kpallagha	Palara 323H5	
Kpanzo	326B41	Benue, Jukunoid, Kpanzo Group Nigeria
KPANZO GROUP	326B4	Benue, Jukunoid Nigeria
Kpara	Kreish 2E221	
Kpati	326D2355	Benue, Bantoid, Bane, Grasslands Group, Ngemba Subgroup Cameroun
Kpe	Turuka 323C8	

Kpelego	Kulango	323E	
Kpelle	322A24	Mande, Northern-Western Branch, Southwestern Group	Liberia, Guinea
Kper	Kepere	325A67	
Kpere	Kepere	325A67	
Kpilakpila	Pilapila	323A131	
Kpo	Gola	321C23	
Kposo	324B7	Kwa, Western Group	Togo
Kpwala	Kpala	325B57	
Kpwate	Hwaye	326B42	
Kpwessi	Kpelle	322A24	
Krachi	324B-2434	Kwa, Western Group, Volta-Comoe Group, Guan Subgroup	Ghana
Krahn	324A7	Kwa, Kru Group	Liberia, Ivory Coast
Kran	Krahn	324A7	
Kratschi	Krachi	324B-2434	
Kratyi	Krachi	324B-2434	
Krawi	Kru	324A6	
Krebo	Grebo	324A3	
Kreda	Daza	2B22	
Kreish	2E221	Nilo-Saharan, Chari-Nile, Central Sudanic, Kreish Group	Sudan
KREISH GROUP	2E22	Nilo-Saharan, Chari-Nile, Central Sudanic	Sudan, Zaïre
Krepe	Ewe	324B-15	
Krepi	Ewe	324B-15	
Kresh	Kreish	2E221	
Krim	321C224	West Atlantic, Southern Branch, Mel Group, Bullom Subgroup	Sierra Leone
Krio	An English-based creole spoken widely in West Africa, also known as Wes-Cos, Aku, Patois.		
Krobo	Adangme	324B-26	
Krongo	31D5	Kordofanian, Tumtum Group	Sudan
Kru cluster	324A6	Kwa, Kru Group	Liberia
KRU GROUP	324A	Kwa	Ivory Coast
!ku	!xõ	1B11	
!Ku	!xũ	1A1	
!kũ	!xõ	1B11	
KuAmba	Bira	327D22	
oshiKuanjama	ociKwanyama	327R21	
osiKuanjama	ociKwanyama	327R21	
ociKuanyama	ociKwanyama	327R21	
Kuba	Bushoong	327C83	
Kuba	ciYeei	327R41	
KUBA GROUP	327C80	Bantu	Zaïre
liKuba	327C27	Bantu, Mboshi Group	Congo
KuBira	kiBira	327D22	
Kucha	Dauro	46A4416	
Kuda	326A1243	Benue, Plateau 1B, Northern Group	Nigeria
Kudamato	Diola	321A311	
Kudawa	Kuda	326A1243	
Kudugli	Kadugli	31D7	
‖*Ku*‖*e*	Lesotho Bushman cluster	1B231	
‖*Ku-*‖*ʼe*	Lesotho Bushman cluster	1B231	
Kuengo	*Xu-khwe*	1C24	

Kuera	Koyra	46A4445	
Kufuru	Senari, Central, Senari Subgroup	323H11	
Kugama	325A57	Adamawa-Eastern, Adamawa, Mumuye Group	Nigeria
Kugbo	326C252	Benue, Cross River 2 & 3, Abua-Ogbia Group	Nigeria
Kuile	Tsamay	45C22244	
Kujamat	Diola	321A311	
Kuka	2E212-12	Nilo-Saharan, Chari-Nile, Central Sudanic, Bongo-Bagirmi Group, Sara-Bagirmi Subgroup	Chad
Kukawa	Kambari	326A111	
Kukele	Ukele dialect cluster	326C2131	
Kuku	Bari	2E1921	
Kuku-Lumun	Lumun	31C6	
Kukuruku	324E3	Kwa, Edo Group	Nigeria
Kukuya	Teke, Southern	327B77	
Kukwa	Teke, Southern	327B77	
isiKula	Fanagalo	327S46	
Kulaal	Gula	325A-138	
Kulango	323E	Gur	Ivory Coast
Kule	Tsamay	45C22244	
Kulele	323H9	Gur, Senufo Group	Ivory Coast
Kulere	44A436	Afro-Asiatic, Chadic, Western Group, Bolewa-Plateau Group, Ron Subgroup	Nigeria
Kullo	Dauro	46A4416	
Kulu	Grebo	324A3	
Kulung	326D2136	Benue, Bantoid, Bane, Nigerian Group, Jarawa Subgroup	Nigeria
Kulung	44H4	Afro-Asiatic, Chadic, Bana Group	Chad
Kuma	Rusha	327E63	
Kumaju	326D241	Benue, Bantoid, Bane, Misaje Group	Cameroun
Kumaju	Kumaju	326D241	
Kumam	2E191223	Nilo-Saharan, Chari-Nile, Eastern Sudanic, Nilotic Group, Western Nilotic, Lwo Subgroup, Southern Lwo	Uganda
Kuman	Kumam	2E191223	
Kumba	325A52	Adamawa-Eastern, Adamawa, Mumuye Group	Nigeria
Kumbo	Kpanzo	326B41	
ekiKumbule	oruNdandi	327D42	
kaKumega	luLuhya	327E32	
Kumfel	Awngi	45B4	
kiKumu	kiKomo	327D23	
Kumum	Kumam	2E191223	
Kumwenu	Komono	323C6	
Kun	Fe'fe	326D2327	
Kunama	2E3	Nilo-Saharan, Chari-Nile	Ethiopia, Sudan
Kunant	Sua	321C1	
Kunante	Sua	321C1	
Kunat	Sua	321C1	
Kunda	327C07	Bantu, Miscellaneous Group	Zaïre
ciKunda	327N42	Bantu, Senga-Sena Group	Moçambique, Zambia, Zimbabwe/Rhodesia

Kundu	Lundu cluster	327A11	
Kundu, Western	baRue	327A12	
baKundu	Lundu cluster	327A11	
loKundu	Lundu cluster	327A11	
Kundugr	Kordofan Nubian	2E112	
Kunfel	Awngi	45B4	
Kung	!xũ	1A1	
!Kung	!xũ	1A1	
Kunike, Deep	Temne	321C211	
Kunike, Eastern	Temne	321C211	
Kunike, Western	Temne	321C211	
Kunja	Nkonya	324B-2433	
Kunuzi	Nile Nubian	2E111	
Kunya	Nkonya	324B-2433	
kiKunyi	327H13	Bantu, Kikongo Group	Congo
!Kuŋ	!xũ	1A1	
Kupa	Nupe	324D1	
Kupanchi	Nupe	324D1	
Kurama	326A1239	Benue, Plateau 1B, Central Group	Nigeria
Kuranke	Mandekan	322A16	
Kuranko	Mandekan	322A16	
Kuri	44B4	Afro-Asiatic, Chadic, Kotoko Group	Lake Chad Islands
ikiKuria	327E43	Bantu, Ragoli-Kuria Group	Kenya, Tanzania
Kurumba	323A323	Gur, Central Gur, Grusi Group, Central Subgroup	
Kurumfe	Kurumba	323A323	
Kurya	ikiKuria	327E43	
Kusal	323A1216	Gur, Central Gur, Moore-Gurma Group, North-Central Subgroup	Upper Volta, Ghana
Kusale	Kusal	323A1216	
Kusasi	Kusal	323A1216	
Kuseki	Kumba	325A52	
Kuseri	44B8	Afro-Asiatic, Chadic, Kotoko Group	Cameroun, Chad
Kusha	Dauro	46A4416	
Kushi	Baushi	326A1137	
Kusu	327C72	Bantu, Tetela Group	Zaïre
KuSutu	kiBira	327D22	
KuSuwa	Bira	327D22	
diKuta	diKota	327C17	
iKuta	iKota	327B25	
Kuteb	Kutep	326B5	
Kutep	326B5	Benue, Jukunoid	Nigeria
Kutev	Kutep	326B5	
Kutin	325A4-10	Adamawa-Eastern, Adamawa, Duru Group	Nigeria, Cameroun
Kutine	Kutin	325A4-10	
Kutinn	Kutin	325A4-10	
loKutsu	Kusu	327C72	
Kutswe	sePedi	327S32	
Kutu	boYela	327C74	
Kutu	Doko of Ngiri	327C0-10	

kiKutu	327G37 Bantu, Zigula-Zaramo Group	Tanzania
Kuturmi	326A2251 Benue, Plateau 2, Zaria Group, Kadara Subgroup	Nigeria
Kuu	Fe'fe 326D2327	
kiKuumu	kiKomo 327D23	
Kuwaa	Kwaa 324A8	
Kuya	Minduumo 327B63	
Kuyobe	Soruba-Kuyobo 323A147	
Kuyobo	Soruba-Kuyobo 323A147	
Kuzamani	326A1233 Benue, Plateau 1B, Central Group.	Nigeria
KWA	324 One of the main branches of Niger-Congo.	
Kwa	Ekoi dialect cluster 326D2112	
Kwa	Bete 324A1	
Kwaa	324A8 Kwa, Kru Group	Liberia
Kwaatay	321A314 West Atlantic, Northern Branch, Bak Group, Diola Subgroup	Senegal?
Kwachikwakwa	chiZezuru 327S12	
Kwadi	1C4 Khoisan, "Hottentot"	Angola
Kwadya	Bete 324A1	
Kwaja	326D23-123 Benue, Bantoid, Bane, Grasslands Group, Mfumte Subgroup	Cameroun
Kwakum	327A91 Bantu, Kaka Group	Cameroun
Kwakwa	Avikam 324B-17	
chiKwakwa	chiZezuru 327A12	
Kwakwak	Bari 2E1921	
liKwala	327C26 Bantu, Mboshi Group	Congo
Kwale	Igbo 324G	
Kwambi	327R23 Bantu, Ndonga Group	Angola
Kwandi	esiLuyana 327K31	
ruKwangali	siKwangari cluster 327K33	
siKwangali	siKwangari cluster 327K33	
siKwangari cluster	327K33 Bantu, Luyana Group	Zambia
Kwange	Gbari 324D2	
kiKwango	kiTuba 327H17	
Kwangwa	327K37 Bantu, Luyana Group	Zambia
Kwanka	326A431 Benue, Plateau 4, Boi Group	Nigeria
Kwanyama	ociKwanyama 327R21	
ociKwanyama	327R21 Bantu, Ndonga Group	Angola, Namibia/South West Africa
Kwara	Quara 45B6	
dhoKwara	Otoro 31A5	
Kwaya	eciJita 327E25	
Kwaya	Bete 324A1	
Kwayam	Kanuri 2B11	
Kwazvimba	chiZezuru 327S12	
Kwazwimba	chiZezuru 327S12	
Kwe	Hietshware cluster 1C21	
Kwe	Teke, Western 327B73	
Kwedi	Baakpe 327A22	
Kwee	Hietshware cluster 1C21	
Kwe-etShori	Hietshware cluster 1C21	
Kwegu	2E129 Nilo-Saharan, Chari-Nile, Eastern Sudanic, Didinga-Murle Subgroup	Ethiopia
Kweli	Baakpe 327A22	
Kwena	sePedi 327S32	
Kwengo	Xu-khwe 1C24	

Alphabetic Index

Kweni	322B17	Mande, Southern-Eastern Branch, Southern Group Ivory Coast
Kwenyi	kiSagala 327G39	
Kwera	Koyra 46A4445	
kiKwese	327L13	Bantu, Pende Group Zaïre
kiKwese	kiKongo cluster, Eastern Group 327 H16	
uKwese	kiKwese 327L13	
uKwese	kiKongo cluster, Eastern Group 327H16	
Kwiatuo	Kru cluster 324A6	
Kwili	Baakpe 327A22	
Kwire	Baakpe 327A22	
beKwiri	Baakpe 327A22	
Kwoll	Irigwe 326A2241	
Kwolla	44A428	Afro-Asiatic, Chadic, Western Group, Bolewa-Plateau Group, Plateau Subgroup Nigeria
Kwollanyoch	Awngi 45B4	
Kwotto	Igbira 324D3	
Kxalaxadi	seTswana 327S31	
Kxalaxari	seTswana 327S31	
Kxatla	seTswana 327S31	
‖*Kxau*	ŋ‖huki cluster 1B21	
Kxaxa	sePedi 327S32	
Kxhalaxadi	seTswana 327S31	
Kxhatla	seTswana 327S31	
Kxloukxle	‖xegwi 1B22	
Kxoe	*Xu-khwe* 1C24	
Kyama	324B-19	Kwa, Western Group Ivory Coast
Kyan	Bobo Gbe 323D2	
Kyato	Kentu 326B31	
Kyedye	Gade 324D4	
Kyentu	Kentu 326B31	
Kyeto	Kentu 326B31	
Kyopi	oruNyoro 327E11	

L

Laadi	kiKongo cluster, Northeastern Group 327H16	
iLaali	Teke, Western 327B73	
Laamang	44F5	Afro-Asiatic, Chadic, Mandara Group Nigeria?
Labibi	liBati 327C43	
Labwor	2E191225	Nilo-Saharan, Chari-Nile, Eastern Sudanic, Nilotic Group, Western Nilotic, Lwo Subgroup, Southern Lwo Uganda
Ladi	kiKongo cluster, Northeastern Group 327H16	
Lafana	Lefana 324B8	
Lafofa	31C2	Kordofanian, Talodi Group Sudan
Lag	Gambai 2E2122	
Lagba	Banda 325B2	
Lago	Nandi 2E1931	
Lagos	Yoruba 324C1	
Lagubi	Mambila dialect cluster 326D111	
Lahu	Avikam 324B-17	

Lai	Gablai	44J17
Lak	Gambai	2E122
Laka	Lakka	325A6-10
Laka	Gambai	2E2122
Lakama'di	Moru	2E231
Laka Mbere	Mbum	325A66
Lakka	325A-10	Adamawa-Eastern, Adamawa, Mbum Group Cameroun
Lako	Nandi	2E1931
Lala	Yungur	325A71
Lala	!xõ	1B11
Lala	isiZulu	327S42
iciLala	327M52	Bantu, Bisa-Lamba Group Zaïre, Zambia
Lali	Teke, Western	327B73
Lalia	327C62	Bantu, Mongo-Nkundu Group Zaïre
Lama	Lamba	323A3411
Lamba	323A3411	Gur, Central Gur, Grusi Group, Eastern Subgroup, Lamba Subgroup Benin
Lamba Anima	Lamba	323A3411
LAMBA SUBGROUP	323A341	Gur, Central Gur, Grusi Group, Eastern Subgroup Benin, Togo, Ghana
iciLamba	327M54	Bantu, Bisa-Lamba Group Zaïre, Zambia
Lambia	iciLambya	327M28
LaMbong	ləKaalong	327A52
Lambwa	iciLambya	327M28
iciLambya	327M28	Bantu, Nyika-Safwa Group Tanzania, Malawi
Lame	44H3	Afro-Asiatic, Chadic, Bana Group Chad, Cameroun
Lamja	Daka	325A31
Lamnso	326D239	Benue, Bantoid, Bane, Grasslands Group Cameroun
Lamso	Lamnso	326D239
Lamu	kiSwahili	327G42
Landogho	Loko	322A22
Landogo	Loko	322A22
Landoma	Landuma	321C218
Landouman	Landuma	321C219
Landro	Loko	322A22
Landuma	321C218	West Atlantic, Southern Branch, Mel Group, Temne Subgroup Guinea
Langa	2F44	Nilo-Saharan, Koman, Koma Group Ethiopia
Langa	327C0-16	Bantu, Miscellaneous Group Zaïre
Langba	Banda	325B2
Langbase	Banda	325B2
Langbwasse	Banda	325B2
chishiLange	Luba-Lulua	327L31
kiLangi	327F33	Bantu, Ilamba-Irangi Group Tanzania
Lango	2E191222	Nilo-Saharan, Chari-Nile, Eastern Sudanic, Nilotic Group, Western Nilotic, Lwo Subgroup, Southern Lwo Uganda
Lango	Lotuko	2E192221
Langwasi	Banda	325B2
Lare	Kanuri	2B11

Larewa	Kanuri	2B11	
kiLari	kiKongo cluster, Northeastern Group	327H16	
Laro	31A4 Kordofanian, Koalib Group		Sudan
yilLaro	Laro 31A4		
Larteh	Chiripon-Lete-Anum 324B-2432		
Lattuka	Lotuko 2E192221		
Latuka	Lotuko 2E192221		
Latuko	Lotuko 2E192221		
Lau	326B15 Benue, Jukunoid, Karim Group		Nigeria
Lay	Gablai 44J17		
LeAngba	liAngba 327C45		
LeBendia	liBinza 327C46		
LeBendja	liBinza 327C46		
LeBoro	liAngba 327C45		
Lebou	Wolof 321A13		
eLeedji	Peri 327D31		
iLeega	kiLega 327D25		
kiLeega	kiLega 327D25		
Lefana	324B8 Kwa, Western Group		Ghana, Togo
Lega	eBudu 327D34		
ekiLega	327D47 Bantu, Konjo Group		Zaïre, Uganda
kiLega	327D25 Bantu, Lega-Kalanga Group		Zaïre
LEGA-KALANGA GROUP	327D20 Bantu		Zaïre, Uganda, Tanzania
Legba	Dompago 323A3413		
Legbo	Gbo 326C2121		
LeGenza	liBinza 327C46		
Lego	Lekon 325A23		
LeHanga	liBinza 327C46		
Lehar	321A21 West Atlantic, Northern Branch, Cangin Group		Senegal?
Leko	325A28 Adamawa-Eastern, Adamawa, Chamba Group		Nigeria, Cameroun
eLeko	Losengo 327C36		
liLeko	eKele 327C55		
Lekon	325A23 Adamawa-Eastern, Adamawa, Chamba Group		Nigeria, Cameroun
loLeku	Losengo 327C36		
Lela	Lyele 323A312		
Lele	44J1-12 Afro-Asiatic, Chadic, Sahel Group, Somrai Subgroup		Chad, Cameroun?
Lele	Lyele 323A312		
L'ele	Lyele 323A312		
Lele	Mandekan 322A16		
Lele	Igbira 324D3		
usiLele	327C84 Bantu, Kuba Group		Zaïre
Lelemi	Lefana 324B8		
Lelese	Lyele 323A312		
LeLima	liBinza 327C46		
LeMande	Mandi 327A46		
Lemba	Mulimba 327A27		
Lemba	oKela 327C75		
Lembue	iciBemba 327M42		
Lendu	2E26 Nilo-Saharan, Chari-Nile, Central Sudanic		Zaïre, Uganda
Lendu, Northern	Lendu 2E26		
Lendu, Southern	Lendu 2E26		

Lenge	shiChopi 327S61	
Lengi	ciLenje 327M61	
kiLengola	327D12 Bantu, Mbole-Ena Group	Zaïre
Lengora	kiLengola 327D12	
Lengue	kiMbundu cluster 327H21	
LENJE-TONGA GROUP	327M60 Bantu	Zambia
ciLenje	327M61 Bantu, Lenje-Tonga Group	Zambia
Lepǝk	Ewondo cluster 327A72	
Lepuk	Ewondo cluster 327A72	
uruLera	ikinyaRwanda 327D61	
Lere	Mundang 325A64	
Lere	Lyele 323A312	
Lerewa	Kanuri 2B11	
Lesa	Lese 2E2533	
Lesa	kiSakata cluster 327C34	
LeSalia	liBinza 327C46	
Lese	2E2533 Nilo-Saharan, Chari-Nile, Central Sudanic, Mangbutu-Efe Group, Mamvu-Efe Subgroup	Uganda, Zaïre
Lesotho Bushman cluster	1B231 Khoisan, Southern Bushman, !Wi Group, Southeastern Subgroup.	Lesotho, South Africa
Lesse	Lese 2E2533	
kiLeta	kiTuba 327H17	
Lete	Chiripon-Lete-Anum 324B-2432	
Lete	seTswana 327S31	
Lewi	luLuhya 327E32	
Leya	Tonga cluster 327M64	
LeYigha	Gbo 326C2121	
LiAngba	liAngba 327C45	
Liaro	Kisi 321C225	
LiBaali	liBali 327D21	
LiBaati	liBoa 327C44	
LiBali	liBali 327D21	
LiBati	liBati 327C43	
LiBenge	liBati 327C43	
Libido	Hadiyya 45C125	
LiBindja	liBinza 327C46	
LiBinja	liBinza 327C46	
LiBinza	liBinza 327C46	
LiBita	liBoa 327C44	
Libo	325A73 Adamawa-Eastern, Adamawa, Yungur Group	Nigeria
LiBoa	liBoa 327C44	
Libobi	Doko of Ngiri 327C0-10	
LiBolo	liBolo 327H23	
LiBombi	liNyali 327D33	
LiBvanuma	liNyali 327D33	
LiBwali	liBoa 327C44	
LiBwela	liBwela 327C42	
LiDjandu	Doko of Ngiri 327C0-10	
LiDuma	liDuma 327B51	
LiFoma	liFoma 327C56	
LiGbaase	liBati 327C43	
LiGbe	liBati 327C43	
Ligbi	322A132 Mande, Northern-Western Branch, Northern Group, Hwela-Ligbi Subgroup	Ivory Coast

LiGendja	liBinza 327C46	
LiGendza	liBinza 327C46	
Ligony	Ligbi 322A132	
Ligoue	Ligbi 322A132	
Ligoui	Ligbi 322A132	
Ligri	326D213-11	Benue, Bantoid, Bane, Nigerian Group, Jarawa Subgroup Nigeria
Liguri	2E1822	Nilo-Saharan, Chari-Nile, Eastern Sudanic, Daju Group, Eastern Subgroup Sudan
Ligwi	Ligbi 322A132	
LiHuku	liNyali 327D33	
LiHuku	liNyali 327D33	
Lika	Ko 326C2124	
LiKango	liKango 327C0-12	
LiKarili	liKarili 327X11	
Likas-utsia	Manjaku 321A321	
Likaw	Kunda 327C07	
LiKele	Losengo 327C36	
Likila	327C04	Bantu, Miscellaneous Group Zaïre
liLiko	327D29	Bantu, Lega-Kalanga Group Zaïre
Likolo	toPoke 327C53	
LiKouala	liKwala 327C26	
Likpe	324B5	Kwa, Western Group Ghana, Togo
iLiku	Losengo 327C36	
LiKwala	liKwala 327C26	
LiLeko	eKele 327C55	
LiLiko	liLiko 327D29	
Lilima	chiKalanga 327S16	
leLima	liBinza 327C46	
Limba	321C3	West Atlantic, Southern Branch Sierra Leone, Guinea
Limba	Mulimba 327A27	
LiMbede	Mbete 327B61	
LiMbudza	Losengo 327C36	
Limbum	326D23-10	Benue, Bantoid, Bane, Grasslands Group Cameroun
Limi	kiRimi 327F32	
LiMpesa	Losengo 327C36	
Linda	Banda 325B2	
Lindiri	Nungu 326A51	
Lindja	ekiHaavu 327D52	
LiNdjeli	Pande 327C12	
LiNgala	Losengo 327C36	
Lingbe	liNgbee 327X41	
LiNgbee	liNgbee 327X41	
Lingi	liBwela 327C42	
LiNgombe	liNgombe 327C41	
Lingunda	Doko of Ngiri 327C0-10	
Lino	Bomwali 327A87	
LiNyali	liNyali 327D33	
LiNyali	liNyali 327D33	
LiNyangali	liNyangali 327X21	
LiNyeli	Pande 327C12	
LiNzeli	Pande 327C12	
Lipanja	loMabaale 327C01	

LiPoto	Losengo	327C36	
LiSena	liBinza	327C46	
LiSongo	Mbati	327C13	
Lissi	Lese	2E2533	
Lissongo	Mbati	327C13	
LiTembo	liTembo	327C09	
Lituka	Doko of Ngiri	327C0-10	
Liutwa	toPoke	327C53	
LiVanuma	liNyali	327D33	
Llimbumi	Limbum	326D23-10	
Llogole	Logooli	327E41	
Llugule	Logooli	327E41	
Lo	Kweni	322B17	
Lobala	327C16	Bantu, Ngundi Group	Zaïre
Lobedu	sePedi	327S32	
Lober	Birifor	323A1113	
Lober	Lobi	323C1	
Lobi	323C1	Gur, Lobi Group	Upper Volta, Ivory Coast
Lobi	Gan	323C3	
LOBI GROUP	323C	Gur	Upper Volta, Ivory Coast
Lobiri	Lobi	323C1	
Lobo	loMabaale	327C01	
Logananga	Banen	327A44	
Logba	324B4	Kwa, Western Group	Ghana, Togo
Logba	Dompago	323A3413	
Loghoma	Loma	322A23	
Loghon	Kulango	323E	
Logir	Lotuko	2E192221	
Logiri	Lotuko	2E192221	
Logo	2E2322	Nilo-Saharan, Chari-Nile, Central Sudanic, Moru-Madi Group, Central Subgroup	Zaïre, Sudan
Logone	44B1	Afro-Asiatic, Chadic, Kotoko Group	Cameroun, Chad
Logooli	327E41	Bantu, Ragoli-Kuria Group	Kenya
Loi	Loi-Ngiri	327C31	
Loi-Ngiri	327C31	Bantu, Bangi-Ntumba Group	Zaïre
Lojash	ciLuchazi	327K13	
Lokai	Madi	2E233	
LoKalo	Nkutu	327C73	
Lokǝ	Ko dialect cluster	326C2124	
LoKele	eKele	327C55	
Lokko	Loko	322A22	
Loko	322A22	Mande, Northern-Western Branch, Southwestern Group	Sierra Leone, Guinea
Lokoiya	Lotuko	2E192221	
Lokoja	Lotuko	2E192221	
Lokoya	Lotuko	2E192221	
LoKundu	Lundu cluster	327A11	
LoKutsu	Kusu	327C72	
LoLeku	Losengo	327C36	
Lolo	ciCuabo	327P34	
Lolo	Delo	323A3431	
Lolo	iLomwe	327P32	
Lolo	Mongo-Nkundo	327C61	

isiLololo	Fanagalo 327S46		
Loma	322A23	Mande, Northern-Western Branch, Southwestern Group	Liberia, Guinea
LoMabaale	loMabaale 327C01		
Lombi	327A41	Bantu, Basa Group	Cameroun
Lombi	Mangbetu 2E241		
oLombo	327C54	Bantu, Soko-Kele Group	Zaïre
LoMbole	loMbole 327D11		
Lombooki	toPoke 327C53		
LoMongo	Mongo-Nkundo 327C61		
Lomotua	iciBemba 327M42		
Lomotwa	iciBemba 327M42		
Lomue	iLomwe 327P32		
Lomuriki	Tima 31E2		
iLomwe	327P32	Bantu, Makua Group	Moçambique
Lomya	Lotuko 2E192221		
eLong	Mbo cluster 327A15		
Longarim	2E122	Nilo-Saharan, Chari-Nile, Eastern Sudanic, Didinga-Murle Group	Sudan
Longe-Longe	ekiHaavu 327D52		
Longo	Mongo-Nkundo 327C61		
Longuda	325A-10	Adamawa-Eastern, Adamawa	Nigeria
Longuda, Hill	Longuda 325A-10		
Longuda, *Plains*	Longuda 325A-10		
LoNkundo	Mongo-Nkundo Group 327C61		
LoNkundu	Mongo-Nkundo 327C61		
LoNtomba	loNtomba-Bolia 327C35		
Looma	Loma 322A23		
Loomago	Loma 322A23		
LoOmbo	loOmbo 327C76		
Lopit	Lotuko 2E192221		
Loppit	Lotuko 2E192221		
Lorhon	Kulango 323E		
Loron	Kulango 323E		
Lorwama	Lotuko 2E192221		
Losengo	327C36	Bantu, Bangi-Ntumba Group	Zaïre
Lotuho	Lotuko 2E192221		
Lotuko	2E192221	Nilo-Saharan, Chari-Nile, Eastern Sudanic, Nilotic Group, Eastern Nilotic, Masai-Teso Subgroup, Teso Subgroup	Sudan
Lotuxo	Lotuko 2E192221		
Lou	Nuer 2E191321		
Louyi	esiLuyana 327K31		
Lovale	Lwena 327K14		
Lovedu	sePedi 327S32		
Lowama	Lotuko 2E192221		
ciLowe	iLomwe 327P32		
Lowudo	Lotuko 2E192221		
LOZI GROUP	327K20	Bantu	Zambia
siLozi	327K21	Bantu, Lozi Group	Zambia
kisiLuangu	kiKongo cluster, Western Coastal Group 327H16		
kisimaLuangu	kiKongo cluster, Western Coastal Group 327H16		
Luano	esiLuyana 327K31		
Luano	Seba 327M55		
Luba	327L31	Bantu, Luba Group [lingua franca]	Congo

Luba, Eastern	kiHemba	327L34	
Luba, Northeastern	luSonge	327L23	
Luba, Northern	Luna	327L24	
Luba, Southern	Sanga	327L35	
Luba, Western	Luba-Lulua	327L31	
LUBA GROUP	327L30	Bantu	Zaïre
Luba-Hemba	kiHemba	327L34	
Luba-Katanga	kiLuba	327L33	
Luba-Lulua	327L31	Bantu, Luba Group	Zaïre
Luba-Sanga	Sanga	327L35	
ciLuba of Kasai	Luba-Lulua	327L31	
kiLuba	327L33	Bantu, Luba Group	Zaïre
kiLuba-kiTuba	Luba	327L31	
tshiLuba	Luba-Lulua	327L31	
tshiLuba de traite	Luba	327L31	
Lubale	Lwena	327K14	
Lubedu	sePedi	327S32	
LuBolo	liBolo	327H23	
Lucazi	ciLuchazi	327K13	
ciLuchazi	327K13	Bantu, Chokwe-Luchazi Group	Angola, Zambia
Lue	baRue	327A12	
Luena	Lwena	327K14	
Luganda	oluGanda	327E15	
Lugbara, 'High'	2E2324	Nilo-Saharan, Chari-Nile, Central Sudanic, Moru-Madi Group, Central Subgroup	Uganda, Zaïre
Lugbara, 'Low'	2E2325	Nilo-Saharan, Chari-Nile, Central Sudanic, Moru-Madi Group, Central Subgroup	Uganda
LuGisu	Masaba	327E31	
Lugooli	Logooli	327E41	
Luguru	kiRuguru	327G35	
LuGwe	luLuhya	327E32	
LuGwere	oluGwere	327E17	
LuHanga	luLuhya	327E32	
luLuhya	327E32	Bantu, Masaba-Luhya Group	Kenya
Lui	esiLuyana	327K31	
Luiana	esiLuyana	327K31	
Luimbe	Luimbi cluster	327K12	
Luimbi cluster	327K12	Bantu, Chokwe-Luchazi Group	Angola
ciLuimbi	Luimbi cluster	327K12	
Lujash	ciLuchazi	327K13	
Lujazi	ciLuchazi	327K13	
LuKakelelwa	luLuhya	327E32	
LuKenyi	luKenyi	327E17	
LuKete	luKete	327L21	
Lukha	Fungor	31A9	
LuKisa	luLuhya	327E32	
Luko	Ko dialect cluster	326C2124	
Lukolwe	shiMbwera	327L61	
iLuku	Losengo	327C36	
Lulua	Luba-Lulua	327L31	
Lulua	Luba-Lulua	327L31	
LuLuhya	luLuhya	327E32	

Lulumo	326C2125	Benue, Cross River 3, Eastern Subgroup Nigeria
LuLuyia	luLuhya	327E32
LuMarachi	luLuhya	327E32
LuMaraci	luLuhya	327E32
LuMarama	luLuhya	327E32
Lumbi	Mangbetu	2E241
Lumbo	kiKongo cluster, Southern Group 327H16	
iLumbu	327B44	Bantu, Shira-Punu Group Gabon, Congo
uLumbu	oLombo	327C54
Lumbwa	Masai	2E192211
Lumun	31C6	Kordofanian, Talodi Group Sudan
Luna	327L24	Bantu, Songe Group Zaïre
Luna Inkongo	Luna	327L24
Lund	Manjaku	321A321
LUNDA GROUP	327L50	Bantu Zaïre, Angola, Zambia
Lunda Muatiamvua	uRuund	327L53
Lunda Muatiavua	uRuund	327L53
Lunda, Northern	uRuund	327L53
Lunda, Southern	ciLunda	327L52
ciLunda	327L52	Bantu, Lunda Group Zaïre, Angola, Zambia
Lundu cluster	327A11	Bantu, Lundu-Balong Group Cameroun
Lundu	Lundu cluster	327A11
LUNDU-BALONG GROUP	327A10	Bantu Cameroun
baLundu	Lundu cluster	327A11
Lundwe	Tonga cluster	327M64
Lungu	326A2212	Benue, Plateau 2, Zaria Group, Koro Subgroup Nigeria
Lungu	iciRungu	327M14
isiLunguboi	Fanagalo	327S46
Luntu	327L54	Bantu, Lunda Group Zaïre
LuNtumba	loNtumba-Bolia	327C35
LuNyala	luLuhya	327E32
LuNyaneka	luNyaneka	327R13
LuNyole	oluNyore	327E33
Luo	2E191228	Nilo-Saharan, Chari-Nile, Eastern Sudanic, Nilotic Group, Western Nilotic, Lwo Subgroup, Southern Lwo Kenya, Tanzania
Luo	Lwo	2E191215
Lur	Alur	2E191224
Luri	Alur	2E191224
Lus	Kofa	326D23-121
LuSaamia	oluSaamia	327E34
Lusengo	Losengo	327C36
Lushange	shiMbwera	327L61
LuSonge	luSonge	327L23
LuTiriki	luLuhya	327E32
Lutshase	ciLuchazi	327K13
LuTsootso	luLuhya	327E32
Luula	kiKongo cluster, East Central Group 327H16	
Luunda	uRuund	327L53
kiLuwa	kiKongo cluster, Eastern Group 327H16	
Luva	Luba-Lulua	327L31
Luvale	Lwena	327K14
ciLuwunda	uRuund	327L53

Luxage	ciLuchazi 327K13	
LuYana	esiLuyana 327K31	
LUYANA GROUP	327K30 Bantu	Zambia
esiLuyana	327K31 Bantu, Luyana Group	Zambia
Luyi	esiLuyana 327K31	
luLuyia	luLuhya 327E32	
LuXaayo	luLuhya 327E32	
Lwalu	327L26 Bantu, Songe Group	Zaïre
Lwena	327K14 Bantu, Chokwe-Luchazi Group	Angola, Zambia
LwIdaxo	luLuhya 327E32	
Lwimbe	Luimbi cluster 327K12	
Lwimbi	Luimbi cluster 327K12	
Lwindja	ekiHaavu 327D52	
LwIsuxa	luLuhya 327E32	
Lwo	2E191215 Nilo-Saharan, Chari-Nile, Eastern Sudanic, Nilotic Group, Western Nilotic, Lwo Subgroup, Northern Lwo	Sudan
Lwo	2E191226 Nilo-Saharan, Chari-Nile, Eastern Sudanic, Nilotic Group, Western Nilotic, Lwo Subgroup, Southern Lwo	Uganda
Lwo, Northern	2E19121 Nilo-Saharan, Chari-Nile, Eastern Sudanic, Nilotic Group, Western Nilotic, Lwo Subgroup	Sudan, Ethiopia
Lwo, Southern	2E19122 Nilo-Saharan, Chari-Nile, Eastern Sudanic, Nilotic Group, Western Nilotic, Lwo Subgroup	Tanzania, Uganda, Sudan, Zaïre, Kenya
LWO SUBGROUP	2E1912 Nilo-Saharan, Chari-Nile, Eastern Sudanic, Nilotic Group, Western Nilotic.	Zaïre, Sudan, Ethiopia, Uganda
Lyase-ne	326A1127 Benue, Plateau 1A, Duka Group	Nigeria
Lyele	323A312 Gur, Central Gur, Grusi Group, Northern Subgroup	Upper Volta

M

Ma	Amadi 325B7	
Ma Mia	Mano 322B11	
Maa	Mano 322B11	
Ma'a	Mbugu 45D5	
Maaba	Bassa 324A4	
Ma'adi	Madi 2E233	
kiMaamba	kiMbundu cluster 327H21	
Maasai	Masai 2E192211	
Maba	2C11 Nilo-Saharan, Maban Branch, Maba Group	Chad, Sudan
MABA GROUP	2C1 Nilo-Saharan, Maban Branch	Sudan, Chad
loMabaale	327C01 Bantu, Miscellaneous Group	Zaïre
Mabaan	2E19112 Nilo-Saharan, Chari-Nile, Eastern Sudanic, Nilotic Group, Western Nilotic, Mabaan Subgroup	Sudan

MABAAN SUBGROUP	2E1911	Nilo-Saharan, Chari-Nile, Eastern Sudanic, Nilotic Group, Western Nilotic	Sudan
Mabale	loMabaale 327C01		
Maban	Mabaan 2E19112		
MABAN BRANCH	2C	One of the six branches of the Nilo-Saharan family.	Chad, Sudan
Mabang	Maba 2C11		
Mabangi	Maba 2C11		
Mabar	Kanuri 2B11		
ciMabiha	327P25	Bantu, Yao Group	Moçambique
Mabisanga	Mangbetu 2E241		
Mabo	326A61	Benue, Plateau 6	Nigeria
Macame	kiCaga 327E62		
Maccha	Galla 45C2211		
Machame	kiCaga 327E62		
Macina	Fula 321A11		
Maciu	Maji 46A11		
Macoco	!xũ 1A1		
MACRO-KHOISAN	KHOISAN 1		
MACRO-SUDANIC BRANCH	CHARI-NILE BRANCH 2E		
Mada	326A443	Benue, Plateau 4, Ninzam Group	Nigeria
Mada, Hill	Egon 326A52		
Madache	Maji 46A11		
Madanisi	Ṣuà-khwe cluster 1C22		
Madenassa	Ṣuà-khwe cluster 1C22		
Madenasse	Ṣuà-khwe cluster 1C22		
Madi	2E233	Nilo-Saharan, Chari-Nile, Central Sudanic, Moru-Madi Group, Central Subgroup	Uganda, Sudan
Madi	Amadi 325B7		
Madi	Kaliko 2E2323		
Madinnisane	Ṣuà-khwe cluster 1C22		
Ma'di	Madi 2E233		
Madiin	Koma, Southern 2F42		
Madin	Koma, Southern 2F42		
Madjinngay	Sara 2E2121		
Mado	Amadi 325B7		
Madschame	kiCaga 327E62		
Ma'du	Morokodo 2E2113		
Madyak	Manjaku 321A321		
Madyo	Amadi 325B7		
Maele	Mangbetu 2E241		
Maganja	Nyanja cluster 327N31		
Magi	Maji 46A11		
MAGIMBA	NGEMBA SUBGROUP 326D235		
Magon	!xõ 1B11		
Magong	!xõ 1B11		
Magu	326D114	Benue, non-Bantu Bantoid, Mambiloid	Nigeria
Mah	Mano 322B11		
Maha	44A41-12	Afro-Asiatic, Chadic, Western Group, Bolewa-Plateau Group, Bolewa Subgroup	Nigeria
Mahas-Fadidja	Nile Nubian 2E111		
Mahi	Ewe 324B-15		
Mahongwe	iKota 327B25		

Mahu	Mandekan	322A16	
Mahum	Bandjoun	326D23241	
Maidjuwu	Mangbetu	2E241	
Maigo	Mayogo	325B55	
Maji	46A11	Afro-Asiatic, Omotic, Northern Branch, Majoid Group	Ethiopia
Majingai	Sara	2E2121	
Majingai-Ngama	Sara	2E2121	
Majinngay	Sara	2E2121	
Majoid Group	46A1	Afro-Asiatic, Omotic, Northern Branch	Ethiopia
Majuu	Mangbetu	2E241	
Maka	Makaa	327A83	
MAKA-NJEM GROUP	327A80	Bantu	Cameroun, Equatorial Guinea, Congo, Central African Republic
Makaa	327A83	Bantu, Maka-Njem Group	Cameroun
Makari	Kotoko	44B9	
Make	Fang	327A75	
Makere	Mangbetu	2E241	
Makia	Samo	322B21	
Makoa	iMakua	327P31	
Makoane	iMakua	327P31	
Makoda	eBudu	327D34	
Makodo	eBudu	327D34	
Makoko	!xũ	1A1	
chiniMakonde	ciMakonde	327P23	
ciMakonde	327P23	Bantu, Yao Group	Tanzania
Makoroka	Kwadi	1C4	
Makoukou	!xũ	1A1	
MAKUA GROUP	327P30	Bantu	Moçambique, Malawi
Makua, Western	iLomwe	327P32	
Makua, Western	iNgulu	327P33	
iMakua	327P31	Bantu, Makua Group	Moçambique
Makutu	Loi-Ngiri	327C31	
Makwa	iMakua	327P31	
Makwakwe	shiTswa	327S51	
Mala	Tonga cluster	327M64	
Malabu	44C15	Afro-Asiatic, Chadic, Bata-Tera Group, Bata Subgroup	Nigeria, Cameroun
Malamba	eBudu	327D34	
Male	46A442	Afro-Asiatic, Omotic, Northern Branch, Gimojan Group, Omoto Subgroup	Ethiopia
MALE	MANDE	322	
Malele	Mangbetu	2E241	
MALI	MANDE	322	
Maligo	!xũ	1A1	
ishiMalila	327M24	Bantu, Nyika-Safwa Group	Tanzania
Malimba	Mulimba	327A27	
Malinke	Mandekan	322A16	
Malo	46A4415	Afro-Asiatic, Omotic, Northern Branch, Gimojan Group, Ometo Subgroup, Central Subgroup	Ethiopia
Malo	Zayse	46A4441	
Mama	326D2138	Benue, Bantoid, Bane, Nigerian Group, Jarawa Subgroup	Nigeria

Mambai	Mangbei 325A69	
Mambere	Mambila dialect cluster 326D111	
Mambetto	Mangbetu 2E241	
Mambila dialect cluster	326D111 Benue, non-Bantu Bantoid, Mambiloid	Nigeria, Cameroun
Mambila, Northern	Mambila dialect cluster 326D111	
Mambila, Southern	Mambila dialect cluster 326D111	
MAMBILA-WUTE GROUP	MAMBILOID 326D11	
Mambilla	Mambila dialect cluster 326D111	
MAMBILOID	326D11 Benue, non-Bantu Bantoid	Nigeria, Cameroun
Mambukush	siKwangari cluster 327K33	
iciMambwe	327M15 Bantu, Fipa-Mambwe Group	Zambia, Tanzania
kiMambwe	iciMambwe 327M15	
MAMFE GROUP	326D22 Benue, Bantoid, Bane	Cameroun
Mampa	Sherbro 321C221	
Mampele	Dagbani-Mampruli-Nanuni 323A1215	
Mampoko	Loi-Ngiri 327C31	
Mampruli	Dagbani-Mampruli-Nanuni 323A1215	
Mamprusi	Dagbani-Mampruli-Nanuni 323A1215	
Mamprussi	Dagbani-Mampruli-Nanuni 323A1215	
Mampukush	siKwangari cluster 327K33	
Mampuliga	Dagbani-Mampruli-Nanuni 323A1215	
Mampulusi	Dagbani-Mampruli-Nanuni 323A1215	
Mampwa	Sherbro 321C221	
Mamvu	2E2531 Nilo-Saharan, Chari-Nile, Central Sudanic, Mangbutu-Efe Group, Mamvu-Efe Subgroup	Zaïre, Uganda
MAMVU-EFE SUBGROUP	2E253 Nilo-Saharan, Chari-Nile, Central Sudanic, Mangbutu-Efe Group	Zaïre, Uganda
Mana	325A-134 Adamawa-Eastern, Adamawa, Boa Group	Chad
Managobla	Gola 321C23	
Manangeer	Thuri 2E191213	
Mancagne	Mankanya 321A323	
Mancanha	Mankanya 321A323	
Mancho	Maji 46A11	
MANDA GROUP	327N10 Bantu	Tanzania, Malawi
ciManda	327N11 Bantu, Manda Group	Tanzania
Mandankwe	Nkwen 326D2353	
Mandara	44F1 Afro-Asiatic, Chadic, Mandara Group	Cameroun, Nigeria
MANDARA GROUP	44F Afro-Asiatic, Chadic	Cameroun, Nigeria
Mandari	Bari 2E1921	
MANDE	322 One of the main branches of Niger-Congo.	
Mande	Mandekan 322A16	
leMande	Mandi 327A46	
Mandekan	322A16 Mande, Northern-Western Branch, Northern Group	Senegal, Guinea, Sierra Leone, Gambia, Mali, Ivory Coast, Liberia, Ghana, Upper Volta
Mandenyi	Mmani 321C222	
Mandi	327A46 Bantu, Basa Group	Cameroun
Manding	Mandekan 322A16	
Mandingi	Mmani 321C222	

MANDINGO	MANDE	322
Mandingo	Mandekan	322A16
Mandingo, Common	Mandekan	322A16
Mandingue	Mandekan	322A16
Mandinka	Mandekan	322A16
Mandjaque	Manjaku	321A321
Mandjia	Manza	325B12
Mandju	Bandjoun	326D23241
Mandyak	Manjaku	321A321
Mandyako	Manjaku	321A321
Mane	Balanta	321A331
Manehas	Mbo cluster	327A15
Manga	Mba	325B82
Manga	Kanuri	2B11
Mangaiyat	Mangaya	325B69
MaNgala	Losengo	327C36
Manganapo	Lamba	323A3411
Manganasise	Lamba	323A3411
Mangandja	Nyanja cluster	327N31
Manganepo	Lamba	323A3411
ciManganja	Nyanja cluster	327N31
Manganji	Loi-Ngiri	327C31

Mangaya 325B69 Adamawa-Eastern, Eastern Branch, Ndogo-Feroge Group — Sudan

Mangbai	Mangbei	325A69
Mangbara	Lamba	323A3411

Mangbei 325A69 Adamawa-Eastern, Adamawa, Mbum Group — Cameroun, Chad

Mangbele	liNgbee	327X41
Mangbettu	Mangbetu	2E241

Mangbetu 2E241 Nilo-Saharan, Chari-Nile, Central Sudanic, Mangbetu Group — Zaïre

MANGBETU GROUP 2E24 Nilo-Saharan, Chari-Nile, Central Sudanic — Zaïre

Mangbutu 2E251 Nilo-Saharan, Chari-Nile, Central Sudanic, Mangbutu-Efe Group — Zaïre

Mangbutu Karo	Mangbutu	2E251
Mangbutu Lobo	Mangbutu	2E251

MANGBUTU-EFE GROUP 2E25 Nilo-Saharan, Chari-Nile, Central Sudanic — Zaïre, Uganda

Mangen Konkwa	Kinkwa	326D22-12
Mangisa	327A63	Bantu, Sanaga Group — Cameroun
Mangutu	Mangbutu	2E251
Mangwato	seTswana	327S31
Maninka	Mandekan	322A16
Manja	Manza	325B12
Manjaco	Manjaku	321A321

Manjaku 321A321 West Atlantic, Northern Branch, Bak Group, Manjaku Subgroup — Guinea, Senegal

MANJAKU SUBGROUP 321A32 West Atlantic, Northern Branch, Bak Group — Guinea, Senegal

Manjiak	Manjaku	321A321
Mankanha	Mankanya	321A323

Mankanya 321A323 West Atlantic, Northern Branch, Bak Group, Manjaku Subgroup — Guinea

Mankon	Pinyin	326D2351
Mano	322B11	Mande, Southern-Eastern Branch, Southern Group Liberia, Guinea
Manon	Mano	322B11
Mansoanka	Sua	321C1
Manta	Ekoi dialect cluster	326D2112
Manya	Mandekan	322A16
Manyaga	Reported to be an Adamawa-Eastern language. Sudan	
Manyemen	Nyang	326D222
Manyika	chiManyika cluster	327S13
chiManyika cluster	327S13	Bantu, Shona Group Moçambique, Zimbabwe /Rhodesia
Manza	325B12	Adamawa-Eastern, Eastern Branch, Gbaya-Ngbaka-Manza Group Zaïre
Mao	46A2	Afro-Asiatic, Omotic, Northern Branch, Majoid Group Ethiopia
Mao, Northern	2F46	Nilo-Saharan, Koman, Koma Group Ethiopia
Mao, Southern	Anfillo	46A32
Maquoua	iMakua	327P31
Maraba	Banda	325B2
luMarachi	luLuhya	327E32
luMaraci	luLuhya	327E32
Maragoli	Logooli	327E41
Maragwet	Suk	2E1932
Marakwet	Suk	2E1932
luMarama	luLuhya	327E32
Marangu	kiCaga	327E62
Maraqo	Hadiyya	45C125
Mararet	Merarit	2E173
Mararit	Merarit	2E173
Maravi	Nyanja cluster	327N31
Marba	44H6	Afro-Asiatic, Chadic, Bana Group Chad?
Marba	Masalit	2C13
Marda	Kunama	2E3
Marfa	Marba	44H6
Marfa	Masalit	2C13
Marghi	Margi	44C1-16
Margi	44C1-16	Afro-Asiatic, Chadic, Bata-Tera Group, Bata Subgroup Nigeria
Mari	chiKaranga	327S14
Marille	Dathanaik	45C2222
Marin	Koma, Southern	2F42
Marka	Soninke	322A12
Markwet	Suk	2E1932
Marwa	Katab dialect cluster	326A2244
Marya, Black	Tigre	41B12
Masa	325A-14	Adamawa-Eastern, Adamawa Chad
Masa	Banana	44H2
Masa	Banda	325B2
Masa Gbaya	Musei	44H5
Masaba	327E31	Bantu, Masaba-Luhya Group Uganda, Kenya
MASABA-LUHYA GROUP	327E30	Bantu Uganda, Kenya
Masai	2E192211	Nilo-Saharan, Chari-Nile, Eastern Sudanic, Nilotic Group, Eastern Nilotic, Masai-Teso Subgroup, Masai Subgroup Tanzania, Kenya

MASAI SUBGROUP	2E19221	Nilo-Saharan, Chari-Nile, Eastern Sudanic, Nilotic Group, Eastern Nilotic, Masai-Teso Subgroup Tanzania, Kenya
MASAI-TESO SUBGROUP	2E1922	Nilo-Saharan, Chari-Nile, Eastern Sudanic, Nilotic Group, Eastern Nilotic Tanzania, Kenya, Sudan, Uganda
Masakin	31C4	Kordofanian, Talodi Group Sudan
Masalit	2C13	Nilo-Saharan, Maban Branch, Maba Group Sudan, Chad
Masanze	Zyoba 327D15	
Masarwa	1B12	Khoisan, Southern Bushman, Taa Group Namibia/South West Africa, Botswana
MASARWA	TSHU-KHWE GROUP 1C2	
Masarwa Tati	Hietshware cluster 1C21	
Masasi	Mandekan 322A16	
Masemola	sePedi 327S32	
Masemula	sePedi 327S32	
kiMashami	kiCago 327E62	
Mashasha	shiMbwera 327L61	
Mashi	327K34	Bantu, Luyana Group Zambia
Mashile	Gobeze 45C22243	
Mashuakwe	Sua-khwe cluster 1C22	
Masi	Maji 46A11	
Maskan	Misqan 41B2221	
Masmaje	Mubi 44J61	
Masongo	2E127	Nilo-Saharan, Chari-Nile, Eastern Sudanic, Didinga-Murle Group Ethiopia
Masqan	Misqan 41B2221	
Maswaka	iciSwaka 327M53	
Mata	Tuburi 44J5	
Matai	Gbari 324D2	
Matakam	44D25	Afro-Asiatic, Chadic, Daba-Gisiga-Matakam Group, Gisiga-Matakam Subgroup Cameroun
Matatarwa	Egon 326A52	
ekiMate	oruNdandi 327D42	
Matengala	Egon 326A52	
ciMatengo	327N13	Bantu, Manda Group Tanzania
kiMatengo	ciMatengo 327N13	
Mato	iMakua 327P31	
Matta	eBudu 327D34	
MATUMBI GROUP	327P10	Bantu Tanzania
kiMatumbi	327P13	Bantu, Matumbi Group Tanzania
Mau	Mandekan 322A16	
Mauka	Mandekan 322A16	
Mavia	ciMabiha 327P25	
Maviha	ciMabiha 327P25	
Mawi	Mano 322B11	
Mawia	ciMabiha 327P25	
kiMawiha	ciMabiha 327P25	
Mawisi	oluBwisi 327E19	
Maya	Reported to be a Chadic language. Cameroun	
Maya	Samo 322B21	
Mayeka	327X23	Bantu, "Pseudo-Bangba" Group Central African Republic, Congo

MayMay	Somali	45C231
Mayogo	325B55	Adamawa-Eastern, Eastern Branch, Mayogo Group Zaïre
MAYOGO GROUP	325B5	Afro-Asiatic, Eastern Branch Zaïre Central African Republic, Congo, Sudan
Mazi	Maji	46A11
Mba	325B82	Adamawa-Eastern, Eastern Branch, Mba Group Congo
MBA GROUP	325B8	Adamawa-Eastern, Eastern Branch Congo
Mbaama	327B62	Bantu, Mbete Group Congo
kiMbaamba	kiKongo cluster, East Central Group	327H16
Mbacca	Ngbaka	325B13
Mbada	Bada	326D2131
M'bagga	Banda	325B2
Mbai	2E2129	Nilo-Saharan, Chari-Nile, Central Sudanic, Bongo-Bagirmi Group, Sara-Bagirmi Subgroup Central African Republic
Mbai	Nandi	2E1931
Mbai	isiSwati	327S43
Mbaka	Ngbaka	325B13
Mbaka	kiMbundu cluster	327H21
Mbako	kiKongo cluster, East Central Group	327H16
Mbala	Bushoong	327C83
Mbala	Banda	325B2
kiMbala	327H41	Bantu, Kimbala Group Zaïre
kiMbala	kiKongo cluster, Western Inland Group	327H16
ruMbala	327L25	Bantu, Songe Group Zaïre
ciMbalazi	kiSwahili	327G42
Mbale	Bushoong	327C83
Mbali	loMabaale	327C01
Mbali	uMbundu	327R11
Mbamba	Mbaama	327B62
kiMbamba	kiMbundu cluster	327H21
Mbana	Reported to be a possible Adamawa-Eastern language. Nigeria	
Mbandieru	ociHerero	327R31
Mbandja	Banda	325B2
Mbang	Basa	327A43
ciMbangala	327H34	Bantu, Kiyaka Group Angola
Mbangwe	327B23	Bantu, Kele Group Congo
Mba-ni	Mba	325B82
Mbanja	Banda	325B2
Mbarakwengo	Xu-khwe	1C24
Mbari	uMbundu	327R11
Mbarike	Kutep	326B5
Mbat	Bada	326D2131
kiMbata	kiKongo cluster, Southern Group	327H16
Mbati	327C13	Bantu, Ngundi Group Central African Republic
Mbay	Mbai	2E2129
Mbaye	Mbai	2E2129
Mbayi	isiSwati	327S43
Mbe	326D212	Benue, Bantoid, Bane, Nigerian Group Nigeria
Mbe	Menemo	326D2363

Mbe Afal	Mbube, Eastern 326C117	
Mbeafal	Mbube, Eastern 326C117	
liMbede	Mbete 327B61	
kiMbeeko	kiKongo cluster, Southeastern Group 327H16	
Mbele	Banda 325B2	
Mbele	Nkwen 326D2353	
Mbem	Kaka dialect cluster 326D23-11	
Mbembe dialect cluster	326B26 Benue, Jukunoid, Jukun-Mbembe Group	Cameroun
Mbembe dialect cluster	326C2122 Benue, Cross River 3, Eastern Subgroup	Nigeria
Mbembe	kiBembe 327H11	
Mbene	Basa 327A43	
Mbene, Northern	Basa 327A43	
Mbengui	Senari, Central, Senari Subgroup 323H11	
Mbenkpe	Nde 326D2114	
Mbensa	kiKongo cluster, Northeastern Group 327H16	
Mbere	325A63 Adamawa-Eastern, Adamawa, Mbum Group	Cameroun
Mbere	Gbaya 325B11	
Mbere	Mbum 325A66	
uMbesa	327C51 Bantu, Soko-Kele Group	Zaïre
Mbete	327B61 Bantu, Mbete Group	Congo
Mbete	Bete 326C112	
MBETE GROUP	327B60 Bantu	Congo
Mbi	Banda 325B2	
Mbiem	iYans 327B85	
Mbili	Nkwen 326D2353	
Mbimu	Mbimu cluster 327A86	
Mbimu cluster	327A86 Bantu, Maka-Njem Group	Central African Republic, Cameroun
Mbinga	loMabaale 327C01	
kiMbinsa	kiKongo cluster, Northeastern Group 327H16	
Mbire	chiZezuru 327S12	
Mbiya	Doko 327C08	
Mbo	Welmers reports probably a dialect of ciNyanja 327N31	
Mbo cluster	327A15 Bantu, Lundu-Balong Group	Cameroun
Mbo	Mbo cluster 327A15	
iMbo	kiMbo 327D35	
kiMbo	327D35 Bantu, Bira-Huku Group	Zaïre
Mboa	326D213-13 Benue, Bantoid, Bane, Nigerian Group, Jarawa Subgroup	Cameroun
Mbofon	Nde 326D2114	
shiMbogedu	siKwangari cluster 327K33	
Mbogu	Banda 325B2	
Mboi	325A72 Adamawa-Eastern, Adamawa, Yungur Group	Nigeria
Mboka	327H15 Bantu, kiKongo Group	Cabinda, Zaïre
Mboko	327C21 Bantu, Mboshi Group	Congo
Mboko	Bomboko 327A21	
loMbole	327D11 Bantu, Mbole-Ena Group	Zaïre
MBOLE-ENA GROUP	327D10 Bantu	Zaïre
kiMboma	kiKongo cluster, Central Group 327H16	
Mbomotaba	327C14 Bantu, Ngundi Group	Central African Republic

laMbong	laKaalong	327A52	
ləMbong	ləKaalong	327A52	
Mbonge	Lundu cluster	327A11	
Mboshi	Mbosi	327C25	
MBOSHI GROUP	327C20	Bantu	Congo
Mbosi	327C25	Bantu, Mboshi Group	Congo
Mbougou	Mbugu	45D5	
Mbouin	Kirma-Tyurama	323F	
M'boulou	Banda	325B2	
esiMbowe	327K32	Bantu, Luyana Group	Zambia
Mbre	Banda	325B2	
Mbria	Banda	325B2	
Mbrou	Banda	325B2	
Mbru	Banda	325B2	
Mbuba	liNyali	327D33	
Mbube, Eastern	326C117	Benue, Cross River 1, Bekwarra Group	Nigeria
Mbube, Western	Mbe	326D212	
Mbubu	Banda	325B2	
Mbudikem	Iyirikum	326D2364	
Mbudja	Losengo	327C36	
liMbudza	Losengo	327C36	
Mbugu	45D5	Afro-Asiatic, Southern Cushitic	Tanzania
Mbugu	Banda	325B2	
Mbugwe	327F34	Bantu, Ilamba-Irangi Group	Tanzania
Mbui	Nkwen	326D2353	
Mbuku	Reported to be a Bantu language.		Congo
Mbukuhu	siKwangari cluster	327K33	
thiMbukushu	siKwangari cluster	327K33	
Mbula	Bare	326D213-10	
Mbuli	327C0-17	Bantu, Miscellaneous Group	Zaïre
Mbulu	Banda	325B2	
Mbulu	Iraqw	45D4	
Mbulugwe	Burungi	45D1	
Mbulunge	Burungi	45D1	
Mbulungish	321A52	West Atlantic, Northern Branch, Nalu Group	Guinea?
Mbulungu	Burungi	45D1	
Mbulungwe	Burungi	45D1	
Mbum	325A66	Adamawa-Eastern, Adamawa, Mbum Group	Cameroun
MBUM GROUP	325A6	Adamawa-Eastern, Adamawa	Chad, Cameroun
Mbuma	Ekoi dialect cluster	326D2112	
Mbumbum	Mbimu cluster	327A86	
Mbunda	Mbuun	327B87	
ciMbunda	327K15	Bantu, Chokwe-Luchazi Group	Angola, Zambia
giMbunda	ciMbunda	327K15	
kiMbunda	ciMbunda	327K15	
M'Bundo	uMbundu	327R11	
kiMbundu cluster	327H21	Bantu, Kimbundu Group	Angola
kiMbundu of Nambuangongo	327H25	Bantu, Kimbundu Group	Angola
uMbundu	327R11	Bantu, Umbundu Group	Angola
Mbunga	327P15	Bantu, Matumbi Group	Tanzania
Mbuno	Mbuun	327B87	

Mbunu	Mbuun 327B87		
giMbunu	Mbuun 327B87		
iMbuki	Bira 327D22		
kiMbuti	Bira 327D22		
Mbuun	327B87	Bantu, Tende-Yanzi Group	Zaïre
Mbuunda	ciMbunda 327K15		
Mbwela	327K17	Bantu, Chokwe-Luchazi Group	Angola
Mbwela	shiMbwera 327L61		
Mbwera	Mbwela 327K17		
shiMbwera	327L61	Bantu, Nkoya Group	Zambia
Mbwin	Kirma-Tyurama 323F		
Mecha	Galla 45C2211		
Mediban	Somali 45C231		
Medjime	Mbimu cluster 327A86		
Medo	iMakua 327P31		
Medzime	Mbimu cluster 327A86		
Me'en	Mekan 2E126		
Megamaw	Moghamo 326D2362		
ciMegi	ciKagulu 327G12		
MEGIMBA	NGEMBA SUBGROUP 326D235		
Meje	Mangbetu 2E241		
Mekaf	Tiv 326D121		
Mekan	2E126	Nilo-Saharan, Chari-Nile, Eastern Sudanic, Didinga-Murle Group	Ethiopia, Sudan
Mekibo	Betibe 324B-2412		
MEL GROUP	321C2	West Atlantic, Southern Branch	Sierra Leone, Guinea, Liberia
MELAMBA	NDOP SUBGROUP 326D238		
Memmi	Akye 324B-20		
Memne	Kweni 322B17		
Men	Mekan 2E126		
Mende	Mende-Bandi 322A21		
Mende-Bandi	322A21	Mande, Northern-Western Branch, Southwestern Group	Sierra Leone, Liberia, Guinea
Mendi	Mende-Bandi 322A21		
Mendzime	Mbimu cluster 327A86		
Menemo	326D2363	Benue, Bantoid, Bane, Grasslands Group, Tadkon Subgroup	Cameroun
Mengang	Ewondo cluster 327A72		
Meninka	Mandekan 322A16		
Menka	326D229	Benue, Bantoid, Bane, Mamfe Group	Cameroun
Mensa	Tigre 41B12		
Meqan	Mekan 2E126		
Merarit	2E173	Nilo-Saharan, Chari-Nile, Eastern Sudanic, Tama Group	Chad, Sudan
Merdu	Murzu 2E125		
Meritu	Murzu 2E125		
Merkwet	Suk 2E1932		
Merniang	Miriam 44A429		
Mero	kiMeru 327E53		
Meroitic	2E1-11	Nilo-Saharan, Chari-Nile, Eastern Sudanic	[extinct]
Meru	kiRwo 327E61		
Meru	kiCago 327E62		

kiMeru	327E53	Bantu, Kikuyu-Kamba Group	Kenya
Merule	Murle 2E123		
Mesakin	Masakin 31C4		
Mesengo	Masongo 2E127		
Meskan	Misqan 41B2221		
Mesketo	Basketo 46A4431		
Mesmes	Innemor cluster 41B2223		
Mesona	Mano 322B11		
Messei	Takpasyeeri 323H13		
Meta	Menemo 326D2363		
baMeta	Menemo 326D2363		
Meta, Eastern	Ngamambo 326D2361		
METCHO	MISAJE GROUP 326D24		
kinyaMetoko	Mituku 327D13		
Metyibo	Betibe 324B-2412		
Meyobe	Soruba-Kuyobo 323A147		
Mfantse	Akan 324B-2422		
Mfengu, Old	isiSwati 327S43		
eMfinu	327B83	Bantu, Tende-Yanzi Group	Zaïre
eMfinu	eMfinu 327B83		
MFUMTE SUBGROUP	326D23-12	Benue, Bantoid, Bane, Grasslands Group	Cameroun
Mfumu	Teke, Southern 327B77		
Mfununga	eMfinu 327B83		
Mgao	Swahili 327G42		
Mgoumba	Mvumbo 327A81		
Mhari	chiKaranga 327S14		
Miangba	Barambu 325B43		
Mianka	Suppire 323H2		
Midob	2E113	Nilo-Saharan, Chari-Nile, Eastern Sudanic, Nubian Group	Sudan
Mie'en	Mekan 2E126		
Mieken	Mekan 2E126		
Mieru	Gimira 46A421		
Migili	326A2214	Benue, Plateau 2, Zaria Group, Koro Subgroup	Nigeria
Mihavane	iNgulu 327P33		
Mihavani	iNgulu 327P33		
Mihawani	iNgulu 327P33		
Miltu	44J14	Afro-Asiatic, Chadic, Sahel Group, Somrai Subgroup	Chad
Mimbo	Doko 327C08		
Mimi (of Gaudefroy-Demombynes)	2C2	Nilo-Saharan, Maban Branch	Chad
Mimi (of Nachtigal)	2C3	Nilo-Saharan, Maban Branch	Chad
Mimi	Ijo 324H		
Mina	Ewe 324B-15		
Minda	326B13	Benue, Jukunoid, Karim Group	Nigeria
Mindumbu	Minduumo 327B63		
Minduumo	327B63	Bantu, Mbete Group	Congo
Mine Kaffir	Fanagalo 327S46		
Mingi	Ngie 326D225		
Mini	326C254	Benue, Cross River 2 & 3, Abua-Ogbia Group	Nigeria
Minianka	Suppire 323H2		
Miniferi	Saho 45C212		

MiNungo	kiKongo cluster, Eastern Group	327H16
Minya	Mandekan 322A16	
Miri	31D6 Kordofanian, Tumtum Group	Sudan
Miriam	44A429 Afro-Asiatic, Chadic, Western Group, Bolewa-Plateau Group, Plateau Subgroup	Nigeria
MISAJE GROUP	326D24 Benue, Bantoid, Bane	Cameroun
Misqan	41B2221 Afro-Asiatic, African Semitic, Ethio-Semitic, Southern Ethiopic, Gurage Group, Western Gurage Subgroup	Ethiopia
Mitaa	Moghamo 326D2362	
Mitshi	Tiv 326D121	
Mitsogo	Tsogo 327B31	
Mittu	Morokodo 2E2113	
Mituku	327D13 Bantu, Mbole-Ena Group	Zaïre
Miyawa	44A314 Afro-Asiatic, Chadic, Western Group, Warjawa-Gesawa Group, Warjawa Subgroup	Nigeria
Miza	Moru 2E231	
Mjillem	Nielim 325A-132	
Mmani	321C222 West Atlantic, Southern Branch, Mel Group, Bullom Subgroup	Sierra Leone
Mme	326D2377 Benue, Bantoid, Bane, Grasslands Group, Kom-Bandem Subgroup	Cameroun
Mo	323A334 Gur, Central Gur, Grusi Group, Central Subgroup	Ivory Coast, Ghana
shiMo	siKwangari 327K33	
Moa	Bimobo 323A141	
Moab	Bimobo 323A141	
Moaba	Bimobo 323A141	
Moare	Bimobo 323A141	
Moba	Bimobo 323A141	
Moban	Bimobo 323A141	
Mobber	Kanuri 2B11	
Mober	44A22 Afro-Asiatic, Chadic, Western Group, Ngizim Group	Nigeria, Niger
Mober	Kanuri 2B11	
Mobeur	Kanuri 2B11	
Moca	Mocha 46A332	
Mocha	46A332 Afro-Asiatic, Omotic, Northern Branch, Gonga Group, Southern Subgroup	Ethiopia
kiMoci	kiCaga 327E62	
Modgel	44J4 Afro-Asiatic, Chadic, Sahel Group	Chad
Modin	Koma, Southern 2F42	
Modjembo	Monjombo 325B52	
Modjingaye	Sara 2E2121	
Mofou	Mofu 44D24	
Mofu	44D24 Afro-Asiatic, Chadic, Daba-Gisiga-Matakam Group, Gisiga-Matakam Subgroup	Cameroun, Chad
Mogamaw	Moghamo 326D2362	
Mogamo	Moghamo 326D2362	
Mogareb	Nara 2E13	
Moggingain	Sara 2E2121	

Moghamo	326D2362	Benue, Bantoid, Bane, Grasslands Group, Tadkon Subgroup Cameroun
MOGIMBA	NGEMBA SUBGROUP	326D235
Mogogodo	45C2223	Afro-Asiatic, Eastern Cushitic, Lowland Group, Oromo Subgroup, Arbore-Werize Subgroup Kenya
Mogum	44J68	Afro-Asiatic, Chadic, Sahel Group, Mubi Subgroup Chad
Mohisa	Hietshware cluster	1C21
Mohissa	Hietshware cluster	1C21
Mokpe	Baakpe	327A22
Mole	Moore	323A1111
Mom	Bamoun	326D231
Mombe	ikiNyakyusa	327M31
Mombe	Gbaya	325B11
Mombesa	uMbesa	327C51
Mombuttu	Mangbutu	2E251
Momfu	Mamvu	2E2531
Momvu	Mamvu	2E2531
Mona	Cham-Mona	325A14
Mondari	Bari	2E1921
Mondjembo	Monjombo	325B52
Mondo	Mundu	325B54
Mondugu	Mondunga	325B81
Mondunga	325B81	Adamawa-Eastern, Eastern Branch, Mba Group Congo
Mongaiyat	Mangaya	325B69
Mongbutu	Mangbutu	2E251
Mongo	Bushoong	327C83
Mongo	Mongo-Nkundo	327C61
Mongo-Nkundo	327C61	Bantu, Mongo-Nkundu Group Zaïre
MONGO-NKUNDU GROUP	327C60	Bantu Zaïre
baMongo	Bushoong	327C83
loMongo	Mongo-Nkundo	327C61
Mongombo	Doko	327C08
Mongombo	Dokko	46A4432
Monia	Doko of Ngiri	327C0-10
Monjombo	325B52	Adamawa-Eastern, Eastern Branch, Mayogo Group Congo, Central African Republic
Mono	325A62	Adamawa-Eastern, Adamawa, Mbum Group Cameroun
Mono	Banda	325B2
Monokutuba	kiTuba	327H17
Montoil	Montol	44A42-10
Montol	44A42-10	Afro-Asiatic, Chadic, Western Group, Bolewa-Plateau Group, Plateau Subgroup Nigeria
Monzombo	Monjombo	325B52
Moonya	Doko of Ngiri	327C0-10
Moore	323A1111	Gur, Central Gur, Moore-Gurma Group, Northwestern Subgroup Upper Volta, Ghana
MOORE-GURMA GROUP	323A1	Gur, Central Gur Upper Volta, Ghana, Togo, Benin, Ivory Coast
Mora	44D26	Afro-Asiatic, Chadic, Daba-Gisiga-Matakam Group, Gisiga-Matakam Subgroup Cameroun

More	Moore 323A1111	
Moreb	Tagoi 31B2	
Moriil	Gula 325A-138	
Moro	31A8 Kordofanian, Koalib Group	Sudan
'Moro Hills'	31C8 Kordofanian, Talodi Group	Sudan
Moroa	Katab dialect cluster 326A2244	
Morokodo	2E2113 Nilo-Saharan, Chari-Nile, Central Sudanic, Bongo-Bagirmi Group, Bongo-Baka Subgroup	Sudan
dhiMorong	Moro 31A8	
Morouba	Banda 325B2	
Moru	2E231 Nilo-Saharan, Chari-Nile, Central Sudanic, Moru-Madi Group	Sudan
Moru	323C7 Gur, Lobi Group	
MORU-MADI GROUP	2E23 Nilo-Saharan, Chari-Nile, Central Sudanic	Sudan, Zaïre, Uganda
Moruba	Banda 325B2	
Moruwa'di	Moru 2E231	
Morwa	Katab dialect cluster 326A2244	
Moshi	Moore 323A1111	
Moshi	kiCaga 327E62	
Mosi	kiCaga 327E62	
Mosieno	Teke, Eastern 327B76	
Mossi	Moore 323A1111	
Moubi	Mubi 44J61	
Mouhar	Muher 41B2232	
Mouher	Muher 41B2232	
Mouin	Mwa 322B14	
Moundan	Mundang 325A64	
Mountou	Mundu 325B54	
Mourle	Murle 2E123	
Mourse	Murzu 2E125	
Mousgou	Musgu 44G	
Moutou	Muturua 44D23	
Mowa	Bimobo 323A141	
Mowan	Bimobo 323A141	
kiMpaangu	kiKongo cluster, East Central Group 327H16	
Mpako	kiKongo cluster, East Central Group 327H16	
Mpama	Mongo-Nkundo 327C61	
sala-Mpasu	ciSalampasu 327L51	
tshiMpasu	ciSalampasu 327L51	
liMpesa	Losengo 327C36	
kiMpese	kiKongo cluster, East Central Group 327H16	
Mpiemo	Mbimu cluster 327A86	
Mpombo	Bwaka 325B51	
Mpompo	Mbimu cluster 327A86	
Mpondo	isiXhosa 327S41	
Mpondomise	isiXhosa 327S41	
Mpondomse	isiXhosa 327S41	
Mpongo	loNtomba-Bolia 327C35	
Mpongoue	Myene cluster 327B11	
Mpongwe	Myene cluster 327B11	
ciMpoto	327N14 Bantu, Manda Group	Tanzania
kiMpoto	ciMpoto 327N14	
Mpu	Teke, Northeastern 327B72	
Mpukushu	siKwangari cluster 327K33	

Mpukusu	siKwangari 327K33	
Mpumpu	Teke, Northeastern 327B72	
Mpumpum	Teke, Northeastern 327B72	
Mpungwe	Myene cluster 327B11	
Mpuono	327B84 Bantu, Tende-Yanzi Group	Zaïre
Mpuono	Mpuono 327B84	
Mpur	iYans 327B85	
Mpuun	Mpuono 327B84	
Mrima	kiSwahili 327G42	
Mtangata	kiSwahili 327G42	
Mu	Likpe 324B5	
Muamenam	Mbo cluster 327A15	
Muatiamvua, Lunda	uRuund 327L53	
Muatiavua, Lunda	uRuund 327L53	
Mubako	Mumbaka 325A25	
Mubi	44J61 Afro-Asiatic, Chadic, Sahel Group, Mubi Subgroup	Chad
Mubi	Gude 44C1-12	
Mubi	Mubi 44J61	
MUBI SUBGROUP	44J6 Afro-Asiatic, Chadic, Sahel Group	Chad
Mucoroca	Kwadi 1C4	
Muffo	Mofu 44D24	
Muffu	Mofu 44D24	
Mufu	Mofu 44D24	
Muher	41B2232 Afro-Asiatic, African Semitic, Ethio-Semitic, Southern Ethiopic, Gurage Group, Northern Gurage Subgroup	Ethiopia
Muila	luNyaneka 327R13	
Muka	326D2386 Benue, Bantoid, Bane, Grasslands Group, Ndop Subgroup	Cameroun
ciinaMukuni	ciLenje 327M61	
Mulimba	327A27 Bantu, Duala Group	Cameroun
Mumbake	325A25 Adamawa-Eastern, Adamawa, Chamba Group	Nigeria, Cameroun
Mumbako	Mumbake 325A25	
Mumbala	kiMbala 327H41	
Mumbala	kiKongo cluster, Western Inland Group 327H16	
Mumuye	325A51 Adamawa-Eastern, Adamawa, Mumuye Group	Nigeria, Cameroun
Mumuye, Hill	Mumuye 325A51	
MUMUYE GROUP	325A5 Adamawa-Eastern, Adamawa	Nigeria, Cameroun
Munchi	Tiv 326D121	
Mundang	325A64 Adamawa-Eastern, Adamawa, Mbum Group	Cameroun
Mundani, Lower	326D227 Benue, Bantoid, Bane, Mamfe Group	Cameroun
Mundani, Upper	326D226 Benue, Bantoid, Bane, Mamfe Group	Cameroun
Mundari	Bari 2E1921	
Mundjinga	Doko 327C08	
Mundju	Bamendjou 326D23242	
Mundo	Mundu 325B54	
Mundongo	Doko of Ngiri 327C0-10	
Mundu	325B54 Adamawa-Eastern, Eastern Branch, Mayogo Group	Zaïre, Sudan

Munga	325A92	Adamawa-Eastern, Adamawa, Jen Group	Nigeria
Mungaaka	Mungaka	326D233	
Mungaka	326D233	Benue, Bantoid, Bane, Grasslands Group	Cameroun
Mungo	327A26	Bantu, Duala Group	Cameroun
Muni, Southern	Murzu	2E125	
Munshi	Tiv	326D121	
Munukutuba	kiTuba	327H17	
Murdha	Murzu	2E125	
Murle	2E123	Nilo-Saharan, Chari-Nile, Eastern Sudanic, Didinga-Murle Group	Ethiopia, Sudan
Mursi	Murzu	2E125	
Murule	Murle	2E123	
Murzi	Murzu	2E125	
Murzu	2E125	Nilo-Saharan, Chari-Nile, Eastern Sudanic, Didinga-Murle Group	Ethiopia
Musei	44H5	Afro-Asiatic, Chadic, Bana Group	Chad, Cameroun
Musey	Musei	44H5	
Musgo	Musgu	44G	
Musgoi	44D13	Afro-Asiatic, Chadic, Daba-Gisiga-Matakam Group, Daba Subgroup	Cameroun
Musgow	Musgu	44G	
Musgoy	Musgoi	44D13	
Musgu	44G	Afro-Asiatic, Chadic	Chad, Cameroun
Musgum	Musgu	44G	
Musguw	Musgu	44G	
Mussende	kiMbundu cluster	327H21	
Musserongo	kiKongo cluster, Central Group	327H16	
Mussoi	Musei	44H5	
Musuk	Musgu	44G	
Muta	Menemo	326D2363	
Muturua	44D23	Afro-Asiatic, Chadic, Daba-Gisiga-Matakam Group, Gisiga-Matakam Subgroup	Cameroun, Nigeria, Chad
Muusgou	Musgu	44G	
Muxir	Muher	41B2232	
Muxer	Muher	41B2232	
Mvang	Ewondo cluster	327A72	
Mvanip	Magu	326D114	
Mvedere	Banda	325B2	
Mvele	Ewondo cluster	327A72	
Mvele	Basa	327A43	
baMvele	Bebele	327A73	
Mvita	kiSwahili	327G42	
Mvuba	Mvu'ba	2E2534	
Mvu'ba	2E2534	Nilo-Saharan, Chari-Nile, Central Sudanic, Mangbutu-Efe Group, Mamvu-Efe Subgroup	Zaïre, Uganda
Mvumbo	327A81	Bantu, Maka-Njem Group	Cameroun, Equatorial Guinea
Mwa	322B14	Mande, Southern-Eastern Branch, Southern Group	Ivory Coast
MwaDiko	Kunda	327C07	

Mwahet	Mbo cluster 327A15	
kiMwali	Komoro 327G44	
iciinaMwanga	327M22 Bantu, Nyika-Safwa Group	Zambia, Tanzania
Mwani	ekiHaya 327E22	
Mwe	Mwa 322B14	
Mwela	ciMwera 327P22	
ciMwera	327P22 Bantu, Yao Group	Tanzania
kinaMweri	kiNyamwesi 327F22	
Mwila	luNyaneka 327R13	
Myene	327B11 Bantu, Myene Cluster	Gabon
MYENE CLUSTER	327B10 Bantu	Gabon
Myoro	Moru 323C7	
Mzab	Mzabi 43A-13	
Mzabi	43A-13 Afro-Asiatic, Berber, Zenati Group	Algeria

N

N1	ǂau‖eĩ under !xũ 1A1	
N1a	*Nogau* under !xũ 1A1	
N2	!xu of S.W.A. under !xũ 1A1	
N2a	Hai-ŋ‖um 1C3	
N2b	*Kedi* 1C3	
N2c	*Chwagga* 1C3	
N3	!o!uŋ under !xũ 1A1	
Naa	Nao 46A14	
Nabdam	Nabt 323A1214	
Nabde	Nabt 323A1214	
Nabdug	Nabt 323A1214	
Nabrug	Nabt 323A1214	
Nabt	323A1214 Gur, Central Gur, Moore-Gurma Group, North-Central Subgroup	Ghana
Nabte	Nabt 323A1214	
Nabwa Kru	Gweabo 324A3	
Nafana	Senari, Central, Senari Subgroup 323H11	
NAFANA	PANTERA-FANTERA SUBGROUP 323H7	
Nafara	Senari, Central, Senari Subgroup 323H11	
Naga	46A312 Afro-Asiatic, Omotic, Northern Branch, Gonga Group, Northern Subgroup	Ethiopia
Naga	Balanta 321A331	
Nago	Yoruba 324C1	
Nagot	Yoruba 324C1	
Nagumi	326D213-12 Benue, Bantoid, Bane, Nigerian Group, Jarawa Subgroup	Cameroun
ʔ‖haʰeʰ	!xõ 1B11	
Naka	Kreish 2E221	
Naka	baTanga 327A32	
Nakeyare	325A26 Adamawa-Eastern, Adamawa, Chamba Group	Nigeria
Nalou	Nalu 321A51	
Nalu	321A51 West Atlantic, Northern Branch, Nalu Group	Guinea

NALU GROUP	321A5	West Atlantic, Northern Branch Guinea
Nama	1C11	Khoisan, "Hottentot", Nama Group
		Namibia/South West Africa, South Africa
Nama	326B25	Benue, Jukunoid, Jukun-Mbembe Group Nigeria
Nama, Gemsbok	1C14	Khoisan, "Hottentot", Nama Group
		South Africa
NAMA GROUP	1C1	Khoisan, "Hottentot"
		Namibia/South West Africa, South Africa
Namaele-ti	Mangbetu	2E241
Namakere-ti	Mangbetu	2E241
Namakwa	Nama	1C11
Namangbetu-ti	Mangbetu	2E241
N|amani	!xõ	1B11
|Namani	!xõ	1B11
Namaqua	Nama	1C11
Naman	Nama	1C11
Namba	Lamba	323A3411
Nambzya	chiKalanga	327S16
Namchi	Namshi	325A43
Namci	Namshi	325A43
Namdji	Namshi	325A43
Namji	Namshi	325A43
Namnam	Nabt	323A1214
Namshi	325A43	Adamawa-Eastern, Adamawa, Duru Group Cameroun, Nigeria
Namtchi	Namshi	325A43
Namwanga	iciinaMwanga	327M22
Namwezi	kiNyamwesi	327F22
Nancere	44J1-11	Afro-Asiatic, Chadic, Sahel Group, Somrai Subgroup Chad, Cameroun?
Nande	oruNandi	327D42
Nande, Northern	oruNandi	327D42
ekiNande	oruNandi	327D42
Nandi	2E1931	Nilo-Saharan, Chari-Nile, Eastern Sudanic, Nilotic Group, Southern Nilotic Kenya
Nandi	oruNandi	327D42
Nandi	Nandi	2E1931
NANDI-SUK	NILOTIC, SOUTHERN	2E193
Nandu	326A2231	Benue, Plateau 2, Zaria Group, Nandu Subgroup Nigeria
NANDU SUBGROUP	326A223	Benue, Plateau 2, Zaria Group Nigeria
Nanerge	Samo	322B21
Nangire	44J24	Afro-Asiatic, Chadic, Sahel Group, Gabere Subgroup
		Central African Republic
Nanjeri	Nancere	44J1-11
Nankana	Nankani	323A1211
Nankane	Nankani	323A1211
Nankani	323A1211	Gur, Central Gur, Moore-Gurma Group, North-Central Subgroup
		Ghana, Upper Volta
Nankanse	Nankani	323A1211
Nankense	Nankani	323A1211
Nano	uMbundu	327R11

Nantcere	Nancere	44J1-11	
Nantchoa	Nancere	44J1-11	
Nanumba	Dagbani-Mampruli-Nanuni	323A1215	
Nanune	Dagbani-Mampruli-Nanuni	323A1215	
Nanuni	Dagbani-Mampruli-Nanuni	323A1215	
Nao	46A14	Afro-Asiatic, Omotic, Northern Branch, Majoid Group	Ethiopia
Na'o	Nao	46A14	
Naosanabis !kõ	!xõ	1B11	
Naoudam	Naudm	323A132	
Naoudeba	Naudm	323A132	
Naoudemba	Naudm	323A132	
Naoulou	Senari, Southwest	323H15	
Napagibetini	liBoa	327C44	
Napagisene	liBoa	327C44	
Napagitene	liBoa	327C44	
Nar	Sara	2E2121	
Nara	2E13	Nilo-Saharan, Chari-Nile, Eastern Sudanic	Ethiopia
Naraguta	Anaguta	326A123-16	
Nari	sePedi	327S32	
Naro	Nharo-n	1C26	
Naron	Nharo-n	1C26	
ikiNata	327E45	Bantu, Ragoli-Kuria Group	Tanzania
Natemba	323A146	Gur, Central Gur, Moore-Gurma Group, Eastern Subgroup	Togo
Natimba	Natemba	323A146	
Natioro	323H-12	Gur, Senufo Group	Ivory Coast, Upper Volta, Mali
Natyoro	Natioro	323H-12	
Naudm	323A132	Gur, Central Gur, Moore-Gurma Group, Northeastern Subgroup	Toga
Nawdam	Naudm	323A132	
Nawo	Nao	46A14	
Nawuri	324B-2438	Kwa, Western Group, Volta-Comoe Group, Guan Subgroup	Ghana
N'Bundo	kiMbundu cluster	327H21	
Nbundu	kiMbundu cluster	327H21	
Ncha	326D23-122	Benue, Bantoid, Bane, Grasslands Group, Mfumte Subgroup	Cameroun
Nchummuru	324B-2437	Kwa, Western Group, Volta-Comoe Group, Guan Subgroup	Ghana
Nchumuru	Nchummuru	324B-2437	
Ncumuru	Nchummuru	324B-2437	
iNdaaka	327D36	Bantu, Bira-Huku Group	Zaïre
Ndaanda	327C19	Bantu, Ngundi Group	Zaïre?
Ndagam	Donga	325A22	
Ndakpwa	Banda	325B2	
Ndaktup	326D23-126	Benue, Bantoid, Bane, Grasslands Group, Mfumte Group	Cameroun
Ndali	327M21	Bantu, Nyika-Safwa Group	Tanzania
Ndali	ikiZanaki	327E44	
Ndam	44J13	Afro-Asiatic, Chadic, Sahel Group, Somrai Subgroup	Central African Republic
Ndamba	327G52	Bantu, Pogolo Group	Tanzania
oruNdame		Reported to be a Bantu language.	Congo

Ndanda	oruNdandi	327D42	
ekiNdande	oruNdandi	327D42	
oruNdandi	327D42 Bantu, Konjo Group		Zaïre
Ndara	Mandara 44F1		
chiNdau	327S15 Bantu, Shona Group		Moçambique, Zimbabwe
Ndau	chiNdau 327S15		/Rhodesia
Nde	326D2114 Benue, Bantoid, Bane, Nigerian Group, Ekoid Subgroup		Nigeria
Nde	Nde 326D2114		
isiNdebele of Rhodesia	327S44 Bantu, Nguni Group		Zimbabwe
Ndebele of the Transvaal	327S45 Bantu, Nguni Group		/Rhodesia South Africa
Ndeke	Doko 327C08		
Ndele	Banda 325B2		
Ndem	Nnam 326D2118		
Ndembo	ciLunda 327L52		
Ndembu	ciLunda 327L52		
kiNdengereko	327P11 Bantu, Matumbi Group		Tanzania
Ndengese	Dengese 327C81		
Ndenye	Anyi-Bawule 324B-24211		
Ndere	Banda 325B2		
Nderobo	Nandi 2E1931		
Ndi	Banda 325B2		
kiNdibu	kiKongo cluster, Central Group 327H16		
Ndingi	327H14 Bantu, kiKongo Group		Cabinda
Ndinzi	Ndingi 327H14		
Ndjabi	yiNzebi 327B52		
Ndjeli	Pande 327C12		
liNdjeli	Pande 327C12		
Ndjem	Njem 327A84		
Ndjembe	Wongo 327C85		
Ndjevi	yiNzebi 327B52		
Ndjinini	Teke, Northern 327B71		
Ndjuboga	Bangante 326D23292		
Ndjubuga	Bangante 326D23292		
Ndlambe	isiXhosa 327S41		
Ndo	2E252 Nilo-Saharan, Chari-Nile, Central Sudanic, Mangbutu-Efe Group		Zaïre
Ndob	Bandobo 326D252		
Ndobo	Ndoobo 327C03		
Ndoe	326D2111 Benue, Bantoid, Bane, Nigerian Group, Ekoid Subgroup		Nigeria
Ndogbang	Banen 327A44		
Ndogbanol	Banen 327A44		
Ndogo	325B61 Adamawa-Eastern, Eastern Branch, Ndogo-Feroge Group		Sudan, Zaïre Central African Republic
Ndogo	Kreish 2E221		
NDOGO-FEROGE GROUP	325B6 Adamawa-Eastern, Eastern Branch Zaïre, Central African Republic, Chad		Sudan
Ndokama	Basa 327A43		
Ndokbele	Basa 327A43		
Ndokbiakat	Banen 327A44		
Ndokoua	Banda 325B2		
Ndokpa	Banda 325B2		
Ndokpenda	Basa 327A43		

Ndokpwa	Banda	325B2	
Ndoktuna	Banen	327A44	
Ndolo	Loi-Ngiri	327C31	
Ndombe	327R12	Bantu, Umbundu Group	Angola
ciNdonde	327P24	Bantu, Yao Group	Tanzania
NDONGA GROUP	327R20	Bantu Namibia/South West Africa, Angola	
ociNdonga	327R22	Bantu, Ndonga Group Namibia/South West Africa	
oshiNdonga	ociNdonga	327R22	
osiNdonga	ociNdonga	327R22	
kiNdongo	kiMbundu cluster	327H21	
Ndoobo	327C03	Bantu, Miscellaneous Group	Zaïre
Ndoolo	327C06	Bantu, Miscellaneous Group	Zaïre
Ndop	Bandobo	326D252	
NDOP SUBGROUP	326D238	Benue, Bantoid, Bane, Grasslands Group	Cameroun
Ndopa	Banda	325B2	
Ndore	Tuburi	44J5	
Ndoro	326D116	Benue, non-Bantu Bantoid, Mambiloid	Nigeria
Ndorobo	Nandi	2E1931	
Ndorwa	ikinyaRwanda	327D61	
Ndouka	Nduka	2E2126	
Ndoumbo	Minduumo	327B63	
Ndoute	Serer	321A12	
Ndri	Banda	325B2	
Ndru	Lendu	2E26	
ikinyaNduga	ikinyaRwanda	327D61	
Nduka	2E2126	Nilo-Saharan, Chari-Nile, Central Sudanic, Bongo-Bagirmi Group, Sara-Bagirmi Subgroup	Central African Republic
Ndum	Oso	326D2375	
Ndumbo	Minduumo	327B63	
Ndumu	Minduumo	327B63	
nguNduna	Koalib	31A1	
Ndunga	Mondunga	325B81	
Ndunga-le	Mondunga	325B81	
Ndut	321A24	West Atlantic, Northern Branch, Cangin Group	Senegal?
Nduumo	Minduumo	327B63	
Nduupa	325A4-12	Adamawa-Eastern, Adamawa, Duru Group	Cameroun
Ndyander	Wolof	321A13	
Ndyanger	Wolof	321A13	
Ndyegem	Serer	321A12	
Ndyura	Dyula	322A16	
Ndzale	Mbembe dialect cluster	326B26	
Ndzali	Pande	327C12	
Ndzawu	chiNdau	327S15	
Ndzem	Njem	327A84	
Ndzen	Mundani, Lower	326D227	
Ndzikou	Teke, Central	327B74	
Ndzindzihu	Teke, Central	327B74	
Ndzindziu	Teke, Central	327B74	
Ndzubuga	Bangante	326D23292	

Ndzundza	Ndebele of the Transvaal 327S45	
Ndzungle	Limbum 326D23-10	
Ndzungli	Limbum 326D23-10	
Nedi	Akye 324B-20	
Negrillo	Welmers (1971b) notes "a term used as recently as 1953 for some non-Bantu languages, apparently largely Nilo-Saharan, perhaps specifically the Eastern Sudanic branch of Nilo-Saharan."	
Nembe, Brass	Ijo 324H	
nNenu	Mbo cluster 327A15	
Newo	Bete 324A1	
Neyo	Bete 324A1	
NFUMTE	MFUMTE SUBGROUP 326D23-12	
Ngaaka	Mungaka 326D233	
Ngadju	Banda 325B2	
Ngadye	Akye 324B-20	
Ngaja	Banda 325B2	
Ngala	44B2 Afro-Asiatic, Chadic, Kotoko Group	Cameroun, Chad?
Ngala	[lingua franca] *see* Losengo 327C36	
baNgala	[pidginised lingua franca] *see* Losengo 327C36	
kiNgala	kiTuba 327H17	
liNgala	Losengo 327C36	
maNgala	Losengo 327C36	
Ngama	Sara 2E2121	
Ngamam	Gangam 323A144	
Ngamambo	326D2361 Benue, Bantoid, Bane, Grasslands Group, Tadkon Subgroup	Cameroun
Ngamay'o	Ngamo 44A413	
Ngambai	Gambai 2E2122	
Ngame	Musei 44H5	
Ngamgam	Gangam 323A144	
Ngamo	44A413 Afro-Asiatic, Chadic, Western Group, Bolewa-Plateau Group, Bolewa Subgroup	Nigeria
Ngando	327C63 Bantu, Mongo-Nkundu Group	Zaire
diNgando	327C18 Bantu, Ngundi Group	Central African Republic
Ngandu	Ngando 327C63	
Ngandyera	327R24 Bantu, Ndonga Group	Angola
Ngangela	Luimbi cluster 327K12	
Ngangoulou	Teke, Northeastern 327B72	
Ngangulu	Teke, Northeastern 327B72	
Ngangwela	Luimbi cluster 327K12	
Ngao	Banda 325B2	
Ngapou	Banda 325B2	
Ngapu	Banda 325B2	
Ngare	327C23 Bantu, Mboshi Group	Congo
Ngasa	2E192212 Nilo-Saharan, Chari-Nile, Eastern Sudanic, Nilotic Group, Eastern Nilotic, Masai-Teso Subgroup, Masai Subgroup	Tanzania
Ngawo	Banda 325B2	
ləNgayaba	327A54 Bantu, Bafia Group	Cameroun
Ngazar	Kanuri 2B11	
Ngazidja	Komoro 327G44	

Alphabetic Index

kiNgazija	Komoro	327G44
Ngbaka	325B13	Adamawa-Eastern, Eastern Branch, Gbaya-Ngbaka-Manza Group Congo
Ngbaka-Ma'bo	Bwaka	325B51
Ngbandi dialect cluster	325B31	Adamawa-Eastern, Eastern Branch, Ngbandi Group Congo
NGBANDI GROUP	325B3	Adamawa-Eastern, Eastern Branch Congo, Central African Republic, Chad
Ngbang	Duru	325A41
Ngbanyato	Gonja	324B-243-10
liNgbee	327X41	Bantu Congo
buNgbinda	327X51	Bantu Sudan, Congo
Ngbundu	Banda	325B2
Ngbwandi	Ngbandi dialect cluster	325B31
esiNgee	Teke, Eastern	327B76
Ngele	Banda	325B2
Ngele of Irebu	327C39	Bantu, Bangi-Ntumba Group Zaïre
Ngelima	liAngba	327C45
NGEMBA SUBGROUP	326D235	Benue, Bantoid, Bane, Grasslands Group Cameroun
Ngen	Mbo cluster	327A15
Ngengu	kiMbundu cluster	327H21
Nger	Mbum	325A66
Ngere	Dan	322B12
Ngezzim	Ngizim	44A21
kiNghwele	327G32	Bantu, Zigula-Zaramo Group Tanzania
Ngi	Ngie	326D225
Ngie	326D225	Benue, Bantoid, Bane, Mamfe Group Cameroun
Ngikadama	Suk	2E1932
kiNgindo	327P14	Bantu, Matumbi Group Tanzania
Ngingi	Ndingi	327H14
NgiNyukwur	Koalib	31A1
NgiRere	Koalib	31A1
Ngiri	Loi-Ngiri	327C31
Ngizim	44A21	Afro-Asiatic, Chadic, Western Group, Ngizim Group Nigeria
NGIZIM GROUP	44A2	Afro-Asiatic, Chadic, Western Group Nigeria, Niger
Ngizzem	Ngizim	44A21
‖*Ng!ke*	ŋ|huki cluster	1B21
‖*Ng-!ke*	ŋ|huki cluster	1B21
Ngo	326D2385	Benue, Bantoid, Bane, Grasslands Group, Ndop Subgroup Cameroun
Ngoba	chiKaranga	327S14
Ngobo	Banda	325B2
Ngobu	Banda	325B2
Ngola	kiMbundu cluster	327H21
Ngoli	iNgul	327B64
Ngolo	Lundu cluster	327A11
aNgom	diKele	327B22
Ngoma	iciBemba	327M42
Ngomandju	Bandjoun	326D23241
NGOMBA	NGEMBA SUBGROUP	326D235
NGOMBE GROUP	327C40	Bantu Zaïre
Ngombe kaka	Gbaya	324B11

liNgombe	327C41	Bantu, Ngombe Group	Zaïre
Ngomvia	45D7	Afro-Asiatic, Southern Cuthitic	Kenya?
Ngonde	ikiNyakyusa 327M31		
Ngondi	327C11	Bantu, Ngundi Group	Central African Republic
Ngondi	iNgondi 327C11		
iNgondi	327C11	Bantu, Ngundi Group	Central African Republic
Ngong	Kumaju 326D241		
Ngongo	Nkutu 327C73		
Ngoni of Malawi	isiZulu 327S42		
ciNgoni	327N12	Bantu, Manda Group	Tanzania
kiNgoni	ciNgoni 327N12		
Ngonu	Ngunu 326D224		
Ngoongo	kiKongo cluster, Eastern Group 327H16		
Ngoreme	ikiNgurimi 327E47		
Ngoro	327A61	Bantu, Sanaga Group	Cameroun
Ngoro	Lundu cluster 327A11		
Ngoug	Reported to be an Adamawa-Eastern language.		Nigeria
Ngoumba	Mvumbo 327A81		
Ngova	chiKaranga 327S14		
Ngoy	kiKongo cluster, Northern Group 327H16		
kiNgoy	kiTuba 327H17		
kisiNgoyo	kiKongo cluster, Western Coastal Group 327H16		
kisimaNgoyo	kiKongo cluster, Western Coastal Group 327H16		
Ngqika	isiXhosa 327S41		
Ngruimi	ikiNgurimi 327E47		
NguGwurang	Koalib 31A1		
Nguili	Loi-Ngiri 327C31		
iNgul	327B64	Bantu, Mbete Group	Congo
Nguli	iNgul 327B64		
Ngulu	iNgul 327B64		
iNgulu	327P33	Bantu, Makua Group	Malawi, Moçambique
kiNgulu	327G34	Bantu, Zigula-Zaramo Group	Tanzania
Ngumatiwu	Kanuri 2B11		
Ngumba	Mvumbo 327A81		
Ngumbi	Yasa cluster 327A33		
Ngundi	Ngondi 327C11		
NGUNDI GROUP	327C10	Bantu	Central African Republic
iNgundji	Losengo 327C36		
NguNduna	Koalib 31A1		
Ngungulu	Teke, Northeastern 327B72		
Ngungwel	Teke, Northeastern 327B72		
Ngungwoni	Teke, Northeastern 327B72		
Nguni, Basic Modified	Fanagalo 327S46		
NGUNI GROUP	327S40	Bantu	South Africa, Malawi Swaziland, Zimbabwe/Rhodesia
Nguni of Malawi	isiZulu 327S42		
Ngunu	326D224	Benue, Bantoid, Bane, Mamfe Group	Cameroun
Ngura	Banda 325B2		
ikiNgurimi	327E47	Bantu, Ragoli-Kuria Group	Tanzania
Nguru	iLomwe 327P32		
Nguru	iNgulu 327P33		
Nguru	kiNgulu 327G34		

Nguru	Kara	2E212-10
Nguruimi	ikiNgurimi	327E47
Ngurun nga ludumor	Shwai	31A6
Ngwa	Ngunu	326D224
Ngwa	Igbo	324G
Ngwaketse	seTswana	327S31
shiNgwalungu	shiTsonga	327S53
kiNgwana	kiSwahili	327G42
Ngwandi	Ngbandi dialect cluster	325B31
Ngwato	seTswana	327S31
Ngwatu	seTswana	327S31
Ngwe	326D23211	Benue, Bantoid, Bane, Grasslands Group, Bamileke Subgroup, Ngwe Subgroup Cameroun
Ngwe	Bangwa	326D23293
Ngwe	Ngwoi	326A1133
NGWE SUBGROUP	326D2321	Benue, Bantoid, Bane, Grasslands Group, Bamileke Subgroup Cameroun
Ngwo	Ngunu	326D224
Ngwoi	326A1133	Benue, Plateau 1A, Kamuku Group Nigeria
N|hai	*N|haints'e*	1C25
N|haints'e	Tshu-khwe Group, dialect cluster	1C25
Nhaneca	luNyaneka	327R13
Nharo-n	1C26	Khoisan, "Hottentot", Tshu-khwe Group Botswana
Nhauru	Nharo-n	1C26
N|hoo-khwe	Suá-khwe cluster	1C22
N|hu	!WI GROUP	1B2
N|huci	ŋ|huki cluster	1B21
N|hu||et	!xõ	1B11
N|huki	ŋ|huki cluster	1B21
|Nhuki	ŋ|huki cluster	1B21
N|husi	!xõ	1B11
Ni boe kwidin	Bassa	324A4
Niakaramadougou	Tagbana	323H3
Niakinsa	ikiNyakyusa	327M31
Niam-niam	Zande	325B41
Niangbo	Tagbana	323H3
Nianu	Kru cluster	324A6
Niao	Kru cluster	324A6
Nibulu	Nunuma	323A313
Nica	kiNyika	327E72
Nicat	kiNyika	327E72
Nidem	Kaninkon	326A444
Nidu	Nyidu	326B33
Niediekaha	Tagbana	323H3
Nielim	325A-132	Adamawa-Eastern, Adamawa, Boa Group Chad
Nielle	Senari, Central, Senari Subgroup	323H11
Niende	Somba	323A149
Nienegue	Bwamu	323D1
Nifa	Kru cluster	324A6
Nigbi	Ligbi	322A132
Niger-Congo	32	Comprises West Atlantic, Mande, Gur, Kwa, Adamawa-Eastern, Benue, Bantu, and together with Kordofanian comprises Congo-Kordofanian.

Niger-Kordofanian	3	Comprises Kordofanian and Niger-Congo	
NIGERIAN GROUP	326D21	Benue, Bantoid, Bane	Nigeria, Cameroun
Nigone	Ligbi	322A132	
Nigoni	Ligbi	322A132	
Nigui	Ligbi	322A132	
Nigwi	Ligbi	322A132	
Nihiri	Bete	324A1	
Nika	kiNyika	327E72	
ikiNilamba	327F31	Bantu, Ilamba-Irangi Group	Tanzania
Nile Nubian	2E111	Nilo-Saharan, Chari-Nile, Eastern Sudanic, Nubian Group	Sudan, Egypt
NILO-HAMITIC	NILOTIC, EASTERN	2E192	
NILO-HAMITIC	NILOTIC, SOUTHERN	2E193	
NILO-SAHARAN	2	One of the four major African language families postulated by Greenberg.	
NILOTIC, EASTERN	2E192	Nilo-Saharan, Chari-Nile, Eastern Sudanic, Nilotic Group	Zaïre, Sudan, Tanzania, Uganda, Kenya, Ethiopia
NILOTIC, SOUTHERN	2E193	Nilo-Saharan, Chari-Nile, Eastern Sudanic, Nilotic Group	Kenya, Uganda, Tanzania
NILOTIC, WESTERN	2E191	Nilo-Saharan, Chari-Nile, Eastern Sudanic, Nilotic Group	Sudan, Zaïre, Ethiopia, Uganda, Kenya, Tanzania
NILOTIC GROUP	2E19	Nilo-Saharan, Chari-Nile, Eastern Sudanic	Sudan, Ethiopia, Uganda, Zaïre, Kenya, Tanzania
Nilotic Kavirondo	Luo	2E191228	
Nilyamba	ikiNilamba	327F31	
Nimala	Kru cluster	324A6	
Nimbari	325A-12	Adamawa-Eastern, Adamawa.	Cameroun, Chad
Nimbi	324H		
Ningawa	Ningi	326A1242	
Ningawa	Gure	326A1231	
	Kahugu	326A1232	
Ningi	326A1242	Benue, Plateau 1B, Northern Group	Nigeria
Ninong	Mbo cluster	327A15	
Ninzam	326A441	Benue, Plateau 4, Ninzam Group	Nigeria
NINZAM GROUP	326A44	Benue, Plateau 4	Nigeria
Niramba	ikiNilamba	327F31	
Niua	Kru cluster	324A6	
NJABI GROUP	327B50	Bantu	Gabon, Congo
Njai	Njei	44C16	
Njal	Mbum	325A66	
Njalgulgule	2E1816	Nilo-Saharan, Chari-Nile, Eastern Branch, Daju Group, Western Subgroup	Sudan
Njanja	chiZezuru	327S12	
Njanti	ləNgayaba	327A54	
Njao	chiNdau	327S15	
Njari	Mbembe dialect cluster	326B26	
Njei	44C16	Afro-Asiatic, Chadic, Bata-Tera Group, Bata Subgroup	Nigeria, Cameroun
Njel	Njei	44C16	

Njem	327A84 Bantu, Maka-Njem Group	Cameroun
Njemnjem	Wute 326D118	
Njeng	Jen 325A91	
Njeny	Njei 44C16	
Njevi	yiNzebi 327B52	
Njiem	Njem 327A84	
Njikini	Teke, Northern 327B71	
Njindo	kiNgindo 327P14	
Njinga	kiMbundu cluster 327H21	
ka*Njiningi*	Teke, Northern 327B71	
Njinini	Teke, Northern 327B71	
Njinju	Teke, Central 327B74	
ki*Njuani*	Komoro 327G44	
Njungene	Limbum 326D23-10	
Njwande	Bitare 326D124	
Nkami	Nkonya 324B-2433	
Nkangala	327K18 Bantu, Chokwe-Luchazi Group	Angola
ki*Nkanu*	kiKongo cluster, Southeastern Group 327H16	
Nkembe	loMbole 327D11	
Nki	Boki dialect cluster 326C12	
Nkim	326D2116 Benue, Bantoid, Bane, Nigerian Group, Ekoid Subgroup	Nigeria
Nkogna	Gonja 324B-243-10	
Nkokolle	326C2123 Benue, Cross River 3, Eastern Subgroup	Nigeria
Nkole	loNtomba-Bolia 327C35	
olungaNkole	nyanNkore 327E13	
Nkom	Kom 326D2378	
Nkomi	Myene cluster 327B11	
Nkonde	ikiNyakyusa 327M31	
Nkonya	324B-2433 Kwa, Western Kwa, Volta-Comoe Group, Guan Subgroup	Ghana
Nkor	Kumaju 326D241	
olungaNkore	nyanNkore 327E13	
Nkosi	Mbo cluster 327A15	
NKOYA GROUP	327L60 Bantu	Zambia
shiNkoya	327L62 Bantu, Nkoya Group	Zambia
Nkpani	Ko 326C2124	
Nkqeshe	‖xegwi 1B22	
Nkuchu	Nkutu 327C73	
Nkucu	Nkutu 327C73	
Nkum	Nkumm 326D2117	
Nkumm	326D2117 Benue, Bantoid, Bane, Nigerian Group, Ekoid Subgroup	Nigeria
Nkunda	kiSagala 327G39	
Nkundo, Southern	Mongo-Nkundo 327C61	
loNkundo	Mongo-Nkundo 327C61	
loNkundu	Mongo-Nkundo 327C61	
Nkunya	Nkonya 324B-2433	
Nkutshu	Nkutu 327C73	
Nkutu	327C73 Bantu, Tetela Group	Zaïre
Nkutu	Dengese 327C81	
Nkwen	326D2353 Benue, Bantoid, Bane, Grasslands Group, Ngemba Subgroup	Cameroun
Nkwen	Nkwen 326D2353	
Nkwifiya	kiSagala 327G39	

Nkwoi	Ngwoi	326A1133
Nnam	326D2118 Benue, Bantoid, Bane, Nigerian Group, Ekoid Subgroup	Nigeria
Nnenu	Mbo cluster	327A15
nʔǀŋʉmde	!xõ	1B11
No	Bete	324A1
‖*nǫ*	!xõ	1B11
Nobvu	chiZezuru	327S12
Nogau	!xũ	1A1
baNoh	baTanga	327A32
Noho	Lundu cluster	327A11
Noho	baTanga	327A32
Noholo	Senari, Southwest	323H15
Nohwe	chiZezuru	327S12
Nokanoka	Koma, Northern	2F41
Noko	baTanga	327A32
Nome	Dagaari	323A1114
Non	321A23 West Atlantic, Northern Branch, Cangin Group	Senegal
Non	Serer	321A12
NON-BANTU BANTOID	326D1 Benue, Bantoid	Nigeria, Cameroun
None	Serer	321A12
Noni	Kumaju	326D241
baNoo	Lundu cluster	327A11
nǁoo-khwe	Ṣuȧ-khwe cluster	1C22
Noosan	!xõ	1B11
Noua	Nwa	322B15
Noumou	Hwela-Numu	322A131
Nowulo	Senari, Southwest	323H15
Npongue	Myene cluster	327B11
Npongwe	Myene cluster	327B11
Nrebele	Ndebele of the Transvaal	327S45
Nri-Awka	Igbo	324G
Nsakkara	Nzakara	325B42
Nsare	Mbembe dialect cluster	326B26
Nsaw	Lamnso	326D239
baNsaw	Lamnso	326D239
Nsei	Kensense	326D2381
Nsele	Nde	326D2114
ciNsenga	327N41 Bantu, Senga-Sena Group	Zambia
Nso	Lamnso	326D239
baNso	Lamnso	326D239
Nsongo	Songo	327H24
Nsugni	Limbum	326D23-10
Nsungali	Limbum	326D23-10
Nsungli	Limbum	326D23-10
Nsungi	Limbum	326D23-10
Nsuundi	kiKongo cluster, Central Group	327H16
NSwase	Mbo cluster	327A15
Nta	Nde	326D2114
kiNtaandu	kiKongo cluster, East Central Group	327H16
kiNtandu	kiKongo cluster, East Central Group	327H16
Ntem	326D23-125 Benue, Bantoid, Bane, Grasslands Group, Mfumte Subgroup	Cameroun
Ntem	Ntem	326D23-125
loNtomba-Bolia	327C35 Bantu, Bangi-Ntumba Group	Zaïre

Ntribu	Delo 323A3431	
Ntsaayi	Teke, Western 327B73	
Ntshanti	Kumaju 326D241	
Ntsiam	eMfinu 327B83	
Ntsuo	iYans 327B85	
Ntswar	eMfinu 327B83	
Ntum	Fang 327A75	
luNtumba	loNtumba-Bolia 327C35	
Nǯale	Mbembe dialect cluster 326B26	
NUBA	NUBIAN GROUP 2E11	
NUBA GROUP	NUBIAN GROUP 2E11	
Nubian, Hill	Kordofan Nubian 2E112	
Nubian, Old	Nile Nubian 2E111	
NUBIAN GROUP	2E11 Nilo-Saharan, Chari-Nile, Eastern Sudanic	Sudan, Egypt
NUBIYIN	NUBIAN GROUP 2E11	
N|u||ein	!xõ 1B11	
|nu||en	!xõ 1B11	
|nu||e:n	!xõ 1B11	
|Nu-||ʔen	!xõ 1B11	
Nuer	2E19132l Nilo-Saharan, Chari-Nile, Eastern Sudanic, Nilotic Group, Western Nilotic, Dinka-Nuer Subgroup, Nuer Subgroup	Sudan, Ethiopia
NUER SUBGROUP	2E19132 Nilo-Saharan, Chari-Nile, Eastern Sudanic, Nilotic Group, Western Nilotic, Dinka-Nuer Subgroup	Sudan, Ethiopia
Nugzum	Ngizim 44A21	
N?|ʊmde	!xõ 1B11	
Numu	Hwela-Numu 322A131	
Nuna	Koyra 46A4445	
Nuna	Nunuma 323A313	
Nungo	kiShinji 327H35	
miNungo	kiKongo cluster, Eastern Group 327H16	
Nungu	326A51 Benue, Plateau 5	Nigeria
Nunguda	Longuda 325A-10	
Nunku	Mada 326A443	
Nunu	Loi-Ngiri 327C31	
Nunuma	323A313 Gur, Central Gur, Grusi Group, Northern Subgroup	Upper Volta
Nupe	324D1 Kwa, Nupe Group	Nigeria
NUPE GROUP	324D Kwa	Nigeria
Nura	Dagara-Nura 323A1112	
Nuruma	Nunuma 323A313	
Nusan	!xõ 1B11	
Nu-san	!xõ 1B11	
Nwa	322B15 Mande, Southern-Eastern Branch, Southern Group	Ivory Coast
Nwesi	iciBemba 327M42	
Nyabungu	327D53 Bantu, Bembe-Kabwari Group	Zaïre
Nyai	chiKalanga 327S16	
Nyakisasa	ekiHaya 327E22	
Nyakusa	ikiNyakyusa 327M31	
ikiNyakyusa	327M31 Bantu, Konde Group	Malawi, Tanzania
luNyala	luLuhya 327E32	

oluNyala	327E18 Bantu, Nyoro-Ganda Group	Uganda
liNyali	327D33 Bantu, Bira-Huku Group	Zaïre
liNyali	liNyali 327D33	
Nyam-nyam	Zande 325B41	
Nyamasa	Mandekan 322A16	
Nyambara	Bari 2E1921	
ekiNyambo	327E21 Bantu, Haya-Jita Group	Tanzania
ruNyambo	ekiNyambo 327E21	
Nyamtam	Basa 327A43	
Nyamtan	Basa 327A43	
Nyamuka	chiManyika cluster 327S13	
Nyamusa	Morokodo 2E2113	
Nyamwanga	iciinaMwanga 327M22	
kiNyamwesi	327F22 Bantu, Sukuma-Nyamwezi Group	Tanzania
Nyamwezi	kiNyamwezi 327F22	
luNyaneka	327R13 Bantu, Umbundu Group	Angola
Nyang	326D222 Benue, Bantoid, Bane, Mamfe Group	Cameroun
kiNyanga	327D43 Bantu, Konjo Group	Zaïre
liNyangali	327X21 Bantu, "Pseudo-Bangba" Group	Congo
Nyangatom	Toposa 2E192223	
Nyangbara	Bari 2E1921	
Nyangbo	324B2 Kwa, Western Group	Ghana, Togo
Nyangeya	Teuso 2E1-10	
Nyangia	Teuso 2E1-10	
Nyangiya	Teuso 2E1-10	
Nyangnori	Nandi 2E1931	
Nyango	Kpala 325B57	
Nyangori	Nandi 2E1931	
Nyangwara	Bari 2E1921	
Nyani	Minduumo 327B63	
Nyanja cluster	327N31 Bantu, Nyanja Group	Malawi, Zambia
NYANJA GROUP	327N30 Bantu	Malawi, Zambia
ciNyanja	Nyanja cluster 327N31	
oluNyankole	nyanNkore 327E13	
NyanNkore	nyanNkore 327E13	
kiNyanyembe	kiNyamwesi 327F22	
Nyara	oluNyara 327E18	
Nyarafoloro	323H18 Gur, Senufo Group, Senari Subgroup	Ivory Coast
Nyari	liNyali 327D33	
Nyaro	Fungor 31A9	
NyaRuanda	ikinyaRwanda 327D61	
Nyasa	Nyanja cluster 327N31	
Nyasa, Western	ciTonga 327N15	
kiNyasa	ciManda 327N11	
kiNyasa	ciMpoto 327N14	
Nyaturu	kiRimi 327F32	
Nyatwe	chiManyika cluster 327S13	
Nyefu	Bari 2E1921	
ekeNyekyosa	ikiNyakyusa 327M31	
Nyele	Banda 325B2	
liNyeli	Pande 327C12	
Nyem	Njem 327A84	
Nyenege	Bwamu 323D1	
Nyengo	327K16 Bantu, Chokwe-Luchazi Group	Angola

Nyenyege	Bwamu 323D1		
Nyepo	Bari 2E1921		
Nyepu	Bari 2E1921		
Nyidu	326B33	Benue, Jukunoid, Kentu Group	Nigeria
ishiNyiha	327M23	Bantu, Nyika-Safwa Group	Zambia, Tanzania
Nyika	ishiNyiha 327M23		
NYIKA-SAFWA GROUP	327M20	Bantu	Zambia, Tanzania
NYIKA-TAITA GROUP	327E70	Bantu	Tanzania, Kenya
kiNyika	327E72	Bantu, Nyika-Taita Group	Tanzania
Nyikyusa	ikiNyakyusa 327M31		
Nyima	Nyimang 2E151		
Nyimang	2E151	Nilo-Saharan, Chari-Nile, Eastern Sudanic, Nyimang Group	Sudan
NYIMANG GROUP	2E15	Nilo-Saharan, Chari-Nile, Eastern Sudanic	Sudan
kiNyindu	327D57	Bantu, Bembe-Kabwari Group	Zaïre
Nyivu	Nyidu 326B33		
Nyixa	ishiNyiha 327M23		
Nyokon	Nyo'o 327A45		
luNyole	oluNyore 327E33		
Nyomi	Serer 321A12		
Nyominka	Serer 321A12		
Nyongnepa	Mumbake 325A25		
Nyongwe	ciNungwe 327N43		
Nyongwe	chiKorekore 327S11		
Nyo'o	327A45	Bantu, Basa Group	Cameroun
Nyoole	oluNyore 327E33		
oluNyore	327E33	Bantu, Masaba-Luhya Group	Kenya
NYORO-GANDA GROUP	327E10	Bantu	Uganda
oluNyoro	oruNyoro 327E11		
oruNyoro	327E11	Bantu, Nyoro-Ganda Group	Uganda
Nyoru	Moru 323C7		
Nypho	Bari 2E1921		
Nyubi	chiKaranga 327S14		
ngiNyukwur	Koalib 31A1		
oluNyuli 327E35	Bantu, Masaba-Luhya Group		Uganda
Nyungwe	Nyanja cluster 327N31		
ciNyungwe	327N43	Bantu, Senga-Sena Group	Moçambique
Nzaamba	kiKongo cluster, Southern Group 327H16		
biNzabi	yiNzebi 327B52		
Nzakara	325B42	Adamawa-Eastern, Eastern Branch, Zande Group	Central African Republic, Congo
kiNzamba	kiKongo cluster, Southern Group 327H16		
Nzangi	Njei 44C16		
yiNzebi	327B52	Bantu, Njabi Group	Gabon, Congo
liNzeli	Pande 327C12		
Nzeme	324B-24213	Kwa, Western Kwa, Volta-Comoe Group, Tano Subgroup, Bia	Ivory Coast, Ghana
Nzhimamungong	Kumaju 326D241		
Nzikini	Teke, Northern 327B71		
Nziku	Teke, Central 327B74		
Nzima	Nzeme 324B-24213		
Nzinzihu	Teke, Central 327B74		

Nzombo	kiKongo cluster, Southern Group	327H16
Nzoombo	kiKongo cluster, Southern Group	327H16
Nzuani	Komoro 327G44	
Nzwani	Komoro 327G44	
‖ŋ‖	ŋ|huki cluster 1B21	
?‖ŋaʰmsa	!xõ 1B11	
ŋ|amani	!xõ 1B11	
|ŋamani	!xõ 1B11	
|ŋamasa	!xõ 1B11	
ŋ‖╞e	ŋ|huki cluster 1B21	
ŋ|huki cluster 1B21	Khoisan, Southern Bushman, !Wi Group	Cape, /South Africa
ŋ|huki	!Wi Group 1B2	
ŋ|huki	ŋ|huki cluster 1B21	
‖ŋ!ke	ŋ|huki cluster 1B21	
ŋ|u‖en	!xõ 1B11	
|ŋuʰci	ŋ|huki cluster 1B21	
ŋ|usan	!xõ 1B11	

O

‖oa‖ɛi	!xõ 1B11	
Obamba	Mbete 327B61	
Obang	Ekoi dialect cluster 326D2112	
OBini	Akunakuna 326C2134	
Obolo	Andoni 326C238	
OciHerero	ociHerero 327R31	
OciKuanyama	ociKwanyama 327R21	
OciKwanyama	ociKwanyama 327R21	
OciNdonga	ociNdonga 327R22	
Oderiga	Mbembe dialect cluster 326C2122	
ODim	Akunakuna 326C2134	
Odjiga	Avukaya 2E2321	
Odjila	Avukaya 2E2321	
Ododop	Korop 326C222	
Odual	kiSakata cluster 327C34	
Odual	Abua 326C251	
Ofunobwan	Mbembe dialect cluster 326C2122	
Ofutop	Efutop 326D2113	
Ogaden	Somali 45C231	
Ogbia	326C253 Benue, Cross River 2 & 3, Abua-Ogbia Group	Nigeria
Ogbinya	Ijo 324H	
OGONI GROUP	326C24 Benue, Cross River 2 & 3	Nigeria
Ogu Uku	Igbo 324G	
Ohaffia	Igbo 324G	
Ohafya	Igbo 324G	
!oʰju	!xõ 1B11	
Ohuhu-Ngwa	Igbo 324G	
Ojila	Avukaya 2E2321	
Okam	Mbembe dialect cluster 326C2122	
Okande	Kande 327B32	
Oke-'bu	Ndo 2E252	
OKela	oKela 327C75	
!ʔO-!khung	!xũ 1A1	

Okii	Boki dialect cluster 326C12		
Okobo	326C234	Benue, Cross River 2 & 3, Efik-Andoni Group	Nigeria
Okonyong	326C221	Benue, Cross River 2 & 3, Southeastern Group	Nigeria
Okorogung	Utungwang 326C119		
Okorotung	Utungwang 326C119		
Okpara-Agbada	Sobo 324E4		
Okpe	Sobo 324E4		
Okpepe	Kukuruku 324E3		
Okpoto II	Oring dialect cluster 326C2132		
Okpoto-Mtezi	Oring dialect cluster 326C2132		
Oku	Ukfwo 326D2379		
!o!kung	!xũ 1A1		
Okuni	Lulumo 326C2125		
!O!kuŋ	!xũ 1A1		
Okwoga	Idoma 324F1		
Oli	327A25	Bantu, Duala Group	Cameroun
Oloibiri	Ogbia 326C253		
OLombo	oLombo 327C54		
OluBwisi	oluBwisi 327E19		
Olu'bo	Madi 2E233		
OluCiga	oluCiga 327E14		
OluGanda	oluGanda 327E15		
OluGaya	oluSese 327E11		
OluGwere	oluGwere 327E17		
OluHanga	luLuhya 327E32		
OruKiga	oluCiga 327E14		
OluKonjo	oluKonzo 327D41		
OluKonzo	oluKonzo 327D41		
OluKooki	oluKooki 327E22		
Olulumo	Lulumo 326C2125		
OlungaNkole	nyanNkore 327E13		
OlungaNkore	nyanNkore 327E13		
OluNyala	oluNyala 327E18		
OluNyankole	nyanNkore 327E13		
OluNyore	oluNyore 327E33		
OluNyoro	oruNyoro 327E11		
OluNyuli	oluNyuli 327E35		
OluSaamia	oluSaamia 327E34		
OluSese	oluSese 327E11		
OluSoga	oluSoga 327E16		
OluToro	oruToro 327E12		
OluVuma	oluSese 327E11		
OluWanga	luLuhya 327E32		
OluZiba	ikiHaya 327E22		
Omati	See index entry Ometo		
loOmbo	327C76	Bantu, Tetela Group	Zaïre
Ometi	See index entry Ometo		
Ometo	A term used to designate a grouping of Omotic languages, also known as Omati, and Ometi.		
OMETO SUBGROUP	46A44	Afro-Asiatic, Omotic, Northern Branch, Gimojan Group	Ethiopia
OMOTIC	46	One of the branches of Afro-Asiatic, customarily included within Cushitic.	
Omvang	Ewondo cluster 327A72		

Omyene	Myene cluster	327B11
Ondo	Yoruba	324C1
Ondoumbo	Minduumo	327B63
Onian	Tanda-Basari	321A412
Onitsha	Igbo	324G
ONO SUBGROUP	324B-241	Kwa, Western Group, Volta-Comoe Group
Ora	Kukuruku	324E3
!ora	Korana	1C12
Orango	Bijago	321B
Orase	Gobeze	45C22243
Orase	Werize	45C22241
Oratta-Ikwerri	Igbo	324G
‖oree-khwe	Suá-khwe cluster	1C22
Orikan	Ijo	324H
Oring dialect cluster	326C2132	Benue, Cross River 3, Western Subgroup Nigeria
Orma	Galla	45C2211
Oro	Kreish	2E221
OROMO SUBGROUP	45C22	Afro-Asiatic, Eastern Cushitic, Lowland Group Ethiopia, Kenya
Oromo	Galla	45C2211
Oron	326C235	Benue, Cross River 2 & 3, Efik-Andoni Group Nigeria
Orra	Tama	2E171
Orri	Oring dialect cluster	326C2132
OruHema	nyanNkore	327E13
OruHima	nyanNkore	327E13
OruHuma	nyanNkore	327E13
OruNdame	Reported to be a Bantu language.	Congo
OruNdandi	oruNdandi	327D42
Orungu	Myene cluster	327B11
OrungaRwanda	ikinyaRwanda	327D61
OruNyoro	oruNyoro	327E11
OruSyan	oruSyan	327E17
OruTagwenda	nyanNkore	327E13
OruTooro	oruToro	327E12
OruToro	oruToro	327E12
OshiKuanjama	ociKwanyama	327R21
OshiNdonga	ociNdonga	327R22
Osikom	Boki dialect cluster	326C12
Osikuanjama	ociKwanyama	327R21
OsiNdonga	ociNdonga	327R22
Oso	326D2375	Benue, Bantoid, Bane, Grasslands Group, Kom-Bandem Subgroup Cameroun
Osso	Oso	326D2375
OTetela	oTetela	327C71
OtjiHerero	ociHerero	327R31
Otoro	31A5	Kordofanian, Koalib Group Sudan
Otukpa	Idoma	324F1
Otukpo	Idoma	324F1
Otwa	Kukuruku	324E3
OtyiHerero	ociHerero	327R31
Ouadda	Banda	325B2
Ouala	Wala	323A1218
Ouala	Wara	323H-10

Ouara	Wara 323H-10	
Ouargla	43A-11 Afro-Asiatic, Berber, Zenati Group	Algeria
Ouatchi	Ewe 324B-15	
Ouassa	Banda 325B2	
Ouassoulounke	Mandekan 322A16	
Oubi	Dan 322B12	
Ouobi	Dan 322B12	
Ouolof	Wolof 321A13	
Oued Righ	Ouargla 43A-11	
!o!uŋ	!xũ 1A1	
Ouobi	Bete 324A1	
Ouri	Oli 327A25	
Ovambo	ociKwanyama 327R21	
Owe	Yoruba 324C1	
Owerri	Igbo 324G	
Owo	Yoruba 324C1	
Oyda	46A4417 Afro-Asiatic, Omotic, Northern Branch, Gimojan Group, Ometo Subgroup, Central Subgroup	Ethiopia
Oyo	Yoruba 324C1	
Oʰa	!xõ 1B11	
Okha	!xõ 1B11	
ʔOnaʰnsa	!xõ 1B11	
ʔOŋaʰnsa	!xõ 1B11	
Owa	!xõ 1B11	

P

Pa'a	Afawa 44A312	
Paani	Duru 325A41	
Pabir	44C1-25 Afro-Asiatic, Chadic, Bata-Tera Group, Bata Subgroup	Nigeria, Cameroun
Padang	Dinka 2E19131	
Padogho	Gan 323C3	
Padogho	Padorho 323C5	
Padorho	323C5 Gur, Lobi Group	Upper Volta
Padorho	Gan 323C3	
Paduko	Reported to be a possible Chadic language.	Cameroun
Pahouin	Fang 327A75	
Pai	326A42 Benue, Plateau 4	Nigeria
Pai	Pia 44A419	
Pai	isiSwati 327S43	
Paiem	Pyem 326A63	
Paiema	Pyem 326A63	
Pain	Turuka 323C8	
Pajade	321A422 West Atlantic, Northern Branch, Eastern Senegal-Guinea Group, Biafada-Pajade Subgroup	Guinea, Senegal
PAJADE SUBGROUP	BIAFADE-PAJADE SUBGROUP 321A42	
Pajadinca	Pajade 321A422	
Pajulu	Bari 2E1921	
Pakombe	Peri 327D31	

Pakum	Kwakum	327A91
Palaka	Palara	323H5
Palara	323H5	Gur, Senufo Group
Palhilh	Manjaku	321A321
Pallaka	Palara	323H5
Pallakha	Palara	323H5
Palmerin	Serer	321A12
Pambia	325B44	Adamawa-Eastern, Eastern Branch, Zande Group
		Sudan, Central African Republic
PaMiangba	Barambu	325B43
Pamue	Fang	327A75
Pamunguup	Bamendjou	326D23242
Pana	Kare	325A6-11
Panda	Igbira	324D3
Pande	327C12	Bantu, Ngundi Group
		Central African Republic
Pandikeri	Madi	2E233
iPanga	Mongo-Nkundo	327C61
ekiPangwa	327G64	Bantu, Bena-Kinga Group Tanzania
Pangwe	Fang	327A75
Pani	Mbum	325A66
Panon	Duru	325A41
Pantara	Pantera	323H71
Pantera	323H71	Gur, Senufo Group, Pantera-Fantera Subgroup Ghana
PANTERA-FANTERA SUBGROUP	323H7	Gur, Senufo Group Ghana
Papara	323H17	Gur, Senufo Group, Senari Subgroup Ivory Coast
Pape	325A45	Adamawa-Eastern, Adamawa, Duru Group Cameroun
Papei	Papel	321A322
Papel	321A322	West Atlantic, Northern Branch, Bak Group, Manjaku Subgroup Guinea
Papwantu	Fe'fe	326D2327
PARA-NILOTIC	EASTERN NILOTIC	2E192
	SOUTHERN NILOTIC	2E193
Pare	ciAsu	327G22
Passam	Yendang	325A56
Patani	Ijo	324H
Patapori	Reported to be an Adamawa-Eastern language of the Adamawa branch.	
Pate	kiSwahili	327G42
Patois	See index entry Krio	
Patool	Gula	325A-138
Patoro	Senari, Central, Senari Subgroup	323H11
Patri	Zande	325B41
Patschuni	Tikuu	327G41
Patta	kiSwahili	327G42
kiPatu	kiKongo cluster, Southeastern Group	327H16
Payema	Pyem	326A63
PaZande	Zande	325B41
Pecixe	Manjaku	321A321
sePedi	327S32	Bantu, Sotho-Tswana Group South Africa
Pein	Pyem	326A63
Pemawa	Pyem	326A63

Pemba cluster	327G43	Bantu, Swahili Group	Zanzibar
Pemba	Pemba cluster	327G43	
PENDE GROUP	327L10	Bantu	Zaïre
kiPende	327L11	Bantu, Pende Group	Zaïre
kiPende	kiKongo cluster, Eastern Group	327H16	
Pendia	Bonkeng	327A14	
Peni	Sara	2E2121	
Penin	Banen	327A44	
Penyin	Banen	327A44	
Pepel	Papel	321A322	
Pere	Kepere	325A67	
Pere	Peri	327D31	
Pereba	Wom	325A24	
Peri	327D31	Bantu, Bira-Huku Group	Zaïre
Peri	chiKalanga	327S16	
Peripheral Western Gurage	Innemor cluster	41B2223	
Pero	44A41-10	Afro-Asiatic, Chadic, Western Group, Bolewa-Plateau Group, Bolewa Subgroup	Nigeria
Peske	Fali	325A-11	
Pessa	Kpelle	322A24	
Pessi	Kpelle	322A24	
Pessy	Kpelle	322A24	
ciPeta	Nyanja cluster	327N31	
Pete	Kru cluster	324A6	
Petit nègre	A pidginised form of French spoken in West Africa, also known as Sabir.		
Peul	Fula	321A11	
Peulh	Fula	321A11	
Peve	Dari	44H7	
Pfokomo	kiPokomo	327E71	
Pfunde	chiKorekore	327S11	
Pfungwe	chiKorekore	327S11	
Phaku	kiKongo cluster, East Central Group	327H16	
Phalaborwa	sePedi	327S32	
Phalaburwa	sePedi	327S32	
Phani	chiVenda	327S21	
kiPhatu	kiKongo cluster, Southeastern Group	327H16	
Phemba	Pemba cluster	327G43	
Phoka	Tumbuka	327N21	
Phuthi	isiSwati	327S43	
Pia	44A419	Afro-Asiatic, Chadic, Western Group, Bolewa-Plateau Group, Bolewa Subgroup	Nigeria
Pidgin A70	Ewondo populaire	327A76	
Pidgin Adamawa Fu	Fula	321A11	
Pidgin Bantu	Fanagalo	327S46	
Pidgin Ewondo	Ewondo populaire	327A76	
Pidgin Sango	Sango	325B32	
Pi-dha	Lendu	2E26	
Pidlimdi	44C27	Afro-Asiatic, Chadic, Bata-Tera Group, Tera Subgroup	Nigeria
Piindi	kiKongo cluster, Eastern Group	327H16	
isiPiki	Fanagalo	327S46	
Pila	Pilapila	323A131	
Pilapila	323A131	Gur, Central Gur, Moore-Gurma Group, Northeastern Subgroup	Benin

Pili	Peri 327D31	
iciPimbwe	327M11 Bantu, Fipa-Mambwe Group	Tanzania
Pin	Turuka 323C8	
Pindi	kiKwese 327L13	
Pindi	kiPende 327L11	
Pindi	kiKongo cluster, Eastern Group 327H16	
kiPindi	kiKongo cluster, Eastern Group 327H16	
Pindiga	Jukun 326B23	
Pinji	kiPende 327L11	
Pinji	kiKongo cluster, Eastern Group 327H16	
Pinyin	326D2351 Benue, Bantoid, Bane, Grasslands Group, Ngemba Subgroup	Cameroun
Pinyin	Pinyin 326D2351	
Pio	Gola 321C23	
Piti	326A1211 Benue, Plateau 1B, Chawai Group. Nigeria	
Pitti	Piti 326A1211	
Plains Longuda	Longuda 325A-10	
Pleon	Grebo 324A3	
Podogo	Podokwo 44C1-26	
Podokwo	44C1-26 Afro-Asiatic, Chadic, Bata-Tera Group, Bata Subgroup	Cameroun
ciPodzo	327N46 Bantu, Senga-Sena Group	Moçambique
Pogara	Senari, Central, Senari Subgroup, Central dialects 323H11	
POGOLO GROUP	327G50 Bantu	Tanzania
ciPogolo	327G51 Bantu, Pogolo Group	Tanzania
Pogoro	ciPogolo 327G51	
Pojulu	Bari 2E1921	
Pok	Nandi 2E1931	
ciPoka	Tumbuka 327N21	
toPoke	327C53 Bantu, Soko-Kele Group	Zaïre
Poko	baTanga 327A32	
kiPokomo	327E71 Bantu, Nyika-Taita Group	Tanzania
Pokot	Suk 2E1932	
Pol	327A92 Bantu, Kaka Group	Cameroun Central African Republic
Pomo	327A92 Bantu, Kaka Group	Cameroun Central African Republic
Pombo	kiKongo cluster, Eastern Group 327H16	
Ponda	ciLuchazi 327K13	
Pondo	Kare 325A6-11	
Ponek	Banen 327A44	
Pongaal	Gula 325A-138	
Pongo	327A26 Bantu, Duala Group	Cameroun
Pongo	Pongu 326A1135	
Pongue	Myene cluster 327B11	
Pongu	326A1135 Benue, Plateau 1A, Kamuku Group. Nigeria	
kiPoombo	kiKongo cluster, Eastern Group 327H16	
Popo	Ewe 324B-15	
Popoi	Mangbetu 2E241	
Popolo	Doko 327C08	
liPoto	Losengo 327C36	
'Potopoto Swahili'	kiSwahili 327G42	
Potou	Gwa 324B-18	
Potu	Gwa 324B-18	
Pougouli	Puguli 323A322	

Poular	Fula 321A11	
Pouno	yiPunu 327B43	
Pouton	Apparently a cover term for some Kwa languages	Ivory Coast
"PSEUDO-BANGBA" GROUP	327X20 Bantu	Congo, Central African Republic
Pugu	Mumuye 325A51	
Puguli	323A322 Gur, Central Gur, Grusi Group, Central Subgroup	Upper Volta
Puki	toPoko 327C53	
Puku	baTanga 327A32	
Puku-nu	326A1125 Benue, Plateau 1A, Duka Group	Nigeria
Pul	Pol 327A92	
Pulana	sePedi 327S32	
Pular	Fula 321A11	
Puna	kiKongo cluster, Southeastern Group 327H16	
Puno	yiPunu 327B43	
yiPunu	327B43 Bantu, Shira-Punu Group	Congo, Gabon
Pus	Musgu 44G	
Puthlundi	44C26 Afro-Asiatic, Chadic, Bata-Tera Group, Tera Subgroup	Nigeria
Pwe	Bwamu 323D1	
Pya	Bakwe 324A2	
Pyam	Pyem 326A63	
Pye	Bakwe 324A2	
Pyem	326A63 Benue, Plateau 6	Nigeria

Q

Qabekhoe	Tshu-khwe Group, dialect cluster 1C25	
Qebena	Kambatta 45C122	
Qemant	Kemant 45B2	
Qimant	Kemant 45B2	
Qimr	Tama 2E171	
Qottu	Galla 45C2211	
Qua	Ekoi dialect cluster 326D2112	
Quara	45B6 Afro-Asiatic, Central Cushitic	Ethiopia
Quarasa	Quara 45B6	
Quarinya	Quara 45B6	
Quarra	Quara 45B6	
Quembo	kiMbundu cluster 327H21	
QuiBala	kiMbundu cluster 327H21	
Quimbundo	uMbundu 327R11	
Quissama	kiSama 327H22	
Qwabe	isiZulu 327S42	
Qwarasa	Quara 45B6	
Qwarra	Quara 45B6	
Qwera	Koyra 46A4445	

R

Rabai	kiNyika	327E72	
RAGOLI-KURIA GROUP		327E40 Bantu	Kenya, Tanzania
uluRagoli	Logooli	327E41	
Ragreig	Burun	2E19111	
kaRagwe	ekiNyambo	327E21	
uruRagwe	ekiNyambo	327E21	
Rahanwein	Somali	45C231	
Rahanwen	Somali	45C231	
Rakamgo	liKango	327CO-12	
Rambia	iciLambya	327M28	
Rashad	Tegali	31B1	
Raya	Galla	45C2211	
Rebu	boBangi	327C32	
Rebu	Loi-Ngiri	327C31	
Red Bobo	Bwamu	323D1	
kiRega	kiLega	327D25	
Regba	Hwaye	326B42	
Rek	Dinka	2E19131	
Remi	kiRimi	327F32	
Rendile	45C234	Afro-Asiatic, Eastern Cushitic, Lowland Group, Somali Subgroup	Kenya
ngiRere	Koalib	31A1	
Reshe	326A114	Benue, Plateau 1A	Nigeria
Reshiat	Dathanaik	45C2222	
ekiRhinyirhinyi	327D57	Bantu, Bembe-Kabwari Group	Zaïre
Ribe	kiNyika	327E72	
Ribina	Bunu	326A123-13	
Riff	43B2	Afro-Asiatic, Berber, Tamazight-Riff-Kabyle Group	Morocco, Algeria
Rigwe	Irigwe	326A2241	
Rihe	kiNyika	327E72	
Rikabiyyah	Berta	2E41	
kiRimi	327F32	Bantu, Ilamba-Irangi Group	Tanzania
Rindre	Nungu	326A51	
Rindri	Nungu	326A51	
Ripere	Kepere	325A67	
Rishuwa	Kuzamani	326A1233	
"Riverain" Ika	Igbo	324G	
Roba	325A74	Adamawa-Eastern, Adamawa, Yungur Group	Nigeria
dhoRobe	Otoro	31A5	
Rofik	Keiga	31D3	
Rolong	seTswana	327S31	
dhoRombe	Otoro	31A5	
baRombi	Lombi	327A41	
kiRombo	kiCaga	327E62	
Ron	44A431	Afro-Asiatic, Chadic, Western Group, Bolewa-Plateau Group, Ron Subgroup	Nigeria
RON SUBGROUP	44A43	Afro-Asiatic, Chadic, Western Group, Bolewa-Plateau Group	Nigeria
shiRonga	327S54	Bantu, Tswa-Ronga Group	Moçambique South Africa

Rongo	Myene cluster 327B11	
Ronyi	esiLuyana 327K31	
Rori	eshiSango 327G61	
Rotse	siLozi 327K21	
Rounga	Maba 2C11	
Rouyi	esiLuyana 327K31	
Rozi	siLozi 327K21	
Rozi	chiKalanga 327S16	
Rozvi	siLozi 327K21	
Rozvi	chiKalanga 327S16	
Rozwi	chiKalanga 327S16	
RUANDA-RUNDI GROUP	327D60 Bantu	Rwanda, Burundi, Zaïre Tanzania
nyaRuanda	ikinyaRwanda 327D61	
urunyaRuanda	ikinyaRwanda 327D61	
uruRuanda	ikinyaRwanda 327D61	
RuCiga	ikinyaRwanda 327D61	
baRue	327A12 Bantu, Lundu-Balong Group	Cameroun
ciRue	327N45 Bantu, Senga-Sena Group	Moçambique
Rufiji	kiRuihi 327P12	
kiRuguru	327G35 Bantu, Zigula-Zaramo Group	Tanzania
ikiRuguru	kiRuguru 327G35	
RuHororo	nyanNkore 327E13	
kiRuihi	327P12 Bantu, Matumbi Group	Tanzania
RuKiga	ikinyaRwanda 327D61	
RuKobi	kiHunde 327D51	
Rukuba	326A45 Benue, Plateau 4	Nigeria
RuKwangali	siKwangari cluster 327K33	
Rum	Gisiga 44D21	
Rumaiya	Rumaya 326A123-11	
Rumaya	326A123-11 Benue, Plateau 1B, Central Group	Nigeria
RuMbala	ruMbala 327L25	
ikiRundi	327D62 Bantu, Ruanda-Rundi Group	Burundi
Runga	Maba 2C11	
iRungi	Reported to be a possible Bantu language.	Tanzania
Rungu	iciTaabwa 327M41	
Rungu	Myene cluster 327B11	
iciRungu	327M14 Bantu, Fipa-Mambwe Group.	Zambia, Tanzania
iciRungwa	327M12 Bantu, Fipa-Mambwe Group	Tanzania
RuNyambo	ekiNyambo 327E21	
RunyaRwanda	ikinyaRwanda 327D61	
Ruruma	326A123-10 Benue, Plateau 1B, Central Group	Nigeria
Rusha	327E63 Bantu, Chaga Group	Tanzania
Russia	Dathanaik 45C2222	
Rutse	siLozi 327K21	
RuTwa	ikinyaRwanda 327D61	
uRuund	327L53 Bantu, Lunda Group	Zaïre
Rwanda	ikinyaRwanda 327D61	
Rwanda	ikinyaRwanda 327D61	
ikinyaRwanda	327D61 Bantu, Ruanda-Rundi Group	Rwanda
kinyaRwanda	ikinyaRwanda 327D61	
orunyaRwanda	ikinyaRwanda 327D61	
runyaRwanda	ikinyaRwanda 327D61	
kiRwo	327E61 Bantu, Chaga Group	Tanzania

S

S1	ǀxam 1B24	
S2	ǁŋ!ke under ŋǀhuki cluster 1B21	
S2a	ǂKhomani under ŋǀhuki cluster 1B21	
S2b	ǁKxau under ŋǀhuki cluster 1B21	
S2c	ǁKuǁe under Lesotho Bushman cluster 1B231	
S2d	Seroa under Lesotho Bushman cluster 1B231	
S2e	!gã!ŋe under Lesotho Bushman cluster 1B231	
S3	ǁxegwi 1B22	
S4	ŋǀhuki cluster 1B21	
S4a	Kathea 1B13	
S4b	kiǀhazi under Masarwa 1B12	
S5	Masarwa 1B12	
S6	ǀnuǁen under !xõ 1B11	
S6a	ŋǀusan under !xõ 1B11	
luSaamia	oluSaamia 327E34	
oluSaamia	327E34 Bantu, Masaba-Luhya Group	Uganda
Saba	Sokoro 44J31	
Sabanga	Banda 325B2	
Sabaot	Nandi 2E1931	
Sabaut	Nandi 2E1931	
Sabei	Nandi 2E1931	
Sabir	See index entry Petit nègre	
Sadar	Mankanya 321A323	
Safalaba	323A112 Gur, Central Gur, Moore-Gurma Group, Western Subgroup	
Safen	321A22 West Atlantic, Northern Branch, Cangin Group	Senegal?
Safroko	Limba 321C3	
ishiSafwa	327M25 Bantu, Nyika-Safwa Group	Tanzania
Safwi	Anyi-Bawule 324B-24211	
kiSagala	327G39 Bantu, Zigula-Zaramo Group	Tanzania
kiSagala	kiTaita 327E74	
Sagalla	kiTaita 327E74	
Sagara	kiSagala 327G39	
Sagara, North	ciKagulu 327G12	
Sageju	kiDhaiso 327E56	
SAHARAN	2B One of the six branches of the Nilo-Saharan family.	
SAHEL GROUP	44J Afro-Asiatic, Chadic	Central African Republic, Chad
Sahidic	Coptic 42B	
Saho	45C212 Afro-Asiatic, Eastern Cushitic, Lowland Group, Saho-Afar Subgroup	Ethiopia
SAHO-AFAR SUBGROUP	45C21 Afro-Asiatic, Eastern Cushitic, Lowland Group	Ethiopia, Somali Republic
Sai	Gumuz 2F2	
Saka	kiSakata cluster 327C34	
Saka	Abua 326C251	
Sakani	Sankanyi 327C0-14	
Sakanyi	Sankanyi 327C0-14	
kiSakata cluster	327C34 Bantu, Bangi-Ntumba Group	Zaïre

Sala-Mpasu	ciSalampasu 327L51	
ciSalampasu	327L51 Bantu, Lunda Group	Zaïre
leSalia	liBinza 327C46	
Saloum	Wolof 321A13	
Sama	Chamba 325A21	
kiSama	327H22 Bantu, Kimbundu Group	Angola
uSamba	327E12 Bantu, Pende Group	Zaïre
Sambaa	kiShambaa 327G23	
Sambala	kiShambaa 327G23	
Samban	Jaba 326A2223	
Sambara	kiShambaa 327G23	
Sambila	Samo 322B21	
Sambio	siKwangari cluster 327K33	
Sambiu	siKwangari cluster 327K33	
shiSambyu	siKwangari cluster 327K33	
Samia	oluSaamia 327E34	
Samo	322B21 Mande, Southern-Eastern Branch, Eastern Group	Upper Volta, Mali
Samogho	Samo 322B21	
Samogo	Samo 322B21	
Samorho	Samo 322B21	
Samwi	Anyi-Bawule 324B-24211	
Samya	oluSaamia 327E34	
San	Hai-ŋǁum 1C3	
SANAGA GROUP	327A60 Bantu	Cameroun
Sandaui	Sandawe 1D	
Sandawe	1D Khoisan	Tanzania
Sandawi	Sandawe 1D	
Sanga	326A123-18 Benue, Plateau 1B, Central Group	Nigeria
Sanga	327L35 Bantu, Luba Group	Zaïre
Sangawa	Sanga 326A123-18	
Sango [trade language]	325B32 Adamawa-Eastern, Eastern Branch, Ngbandi Group	Congo Central African Republic, Chad
Sango [tribal language]	*see* Ngbandi dialect cluster 325B31	
Sango commercial	Sango 325B32	
Sango, Pidgin	Sango 325B32	
Sango ti salawisi	Sango 325B32	
Sango ti tulugu	Sango 325B32	
eshiSango	327G61 Bantu, Bena-Kinga Group	Tanzania
Sangu	eshiSango 327G61	
yiSangu	327B42 Bantu, Shira-Punu Group	Gabon
Sankani	Sankanyi 327C0-14	
Sankanyi	327C0-14 Bantu, Miscellaneous Group	Zaïre
Sankura	323D3 Gur, Bobo Group	Upper Volta
Sano	Samo 322B21	
Santora	Nara 2E13	
Santrokofi	324B-11 Kwa, Western Group	Ghana, Togo
kiSantu	kiKongo cluster, East Central Group 327H16	
Sanu	Samo 322B21	
Sanya	Sanye 45D6	
Sanye	45D6 Afro-Asiatic, Southern Cushitic	Kenya
ekiSanza	327D49 Bantu, Konjo Group	Zaïre, Uganda
kiSanzi	kiBangubangu 327D27	
kiSanzi	Kabwari 327D56	

Sao	Saho	45C212
Sapiny	Nandi	2E1931
Sapo Krahn	Krahn	324A7
Sara	2E2121	Nilo-Saharan, Chari-Nile, Central Sudanic, Bongo-Bagirmi Group, Sara-Bagirmi Subgroup Central African Republic, Chad
Sara	Kaba	2E2123
Sara	Kaba Dunjo	2E2124
Sara	Vale	2E2125
SARA-BAGIRMI SUBGROUP	2E212	Nilo-Saharan, Chari-Nile, Central Sudanic, Bongo-Bagirmi Group Chad, Sudan, Central African Republic
Sara Gambai	Gambai	2E2122
Sara Kaba	Kaba	2E2123
Sara Mbai	Mbai	2E2129
Saracole	Soninke	322A12
Saraka	kiTharaka	327E54
Sarakole	Soninke	322A12
Sarakolle	Soninke	322A12
Sarar	Manjaku	321A321
Sarawule	Soninke	322A12
Saremde	Moore	323A1111
Sari	325A46	Adamawa-Eastern, Adamawa, Duru Group Cameroun
Sarua	Sarwa	44J15
Sarwa	44J15	Afro-Asiatic, Chadic, Sahel Group, Somrai Subgroup Chad
Sarwa	Hietshware cluster	1C21
seSarwa	Hietshware cluster	1C21
Sassu	kiKongo cluster, Southern Group	327H16
Sate	Kumba	325A52
Savei	Nandi	2E1931
Sawi	Anyi-Bawule	324B-24211
Sawknah	Sokna	43A3
Sayara	Seiyawa	44A322
Saysay	Sese	2F3
Sce	She	46A422
Schabun	Shwai	31A6
Schambala	kiShambaa	327G23
Shekere	Xu-khwe	1C24
Sciacco	Shako	46A13
Scinascia	Shinasha	46A311
Seba	327M55	Bantu, Bisa-Lamba Group Zaïre, Zambia
Sebei	Nandi	2E1931
Sechile	ikiNyakyusa	327M31
Sechuana	seTswana	327S31
Sedere	Adele	324B-12
Segeju	kiDhaiso	327E56
Segum	Serer	321A12
Sehura	Ṣuá-khwe cluster	1C22
Seiyara	Seiyawa	44A322
Seiyawa	44A322	Afro-Asiatic, Chadic, Western Group, Warjawa-Gesawa Group, Gezawa Subgroup Nigeria

Sekiana	Sekiyani	327B21	
Sekiyani	327B21	Bantu, Kele Group	Gabon
Sekle	Kru cluster	324A6	
Sela	Limba	321C3	
Sele	Santrokofi	324B-11	
Seleka	seTswana	327S31	
Selti	Gurage, East	41B2211	
Sembla	Samo	322B21	
Seme	323J Gur		
SEMITIC, AFRICAN	41 One of the branches of Afro-Asiatic.		
Semitic Ethiopian	Ethiosemitic	41B	
Semolika	Kukuruku	324E3	
Semou	Samo	322B21	
Semu	Samo	322B21	
Sena	Nyanja cluster	327N31	
ciSena	327N44	Bantu, Senga-Sena Group	Moçambique
liSena	liBinza	327C46	
SENADI	SENARI SUBGROUP	323H1	
Senar	323H1-10	Gur, Senufo Group, Senari Subgroup	Ivory Coast
Senari, Central	323H11	Gur, Senufo Group, Senari Subgroup	Ivory Coast
Senari, Southwest	323H15	Gur, Senufo Group, Senari Subgroup	Ivory Coast
SENARI SUBGROUP	323H1	Gur, Senufo Group	Ivory Coast
Sene	Gola	321C23	
Sened	43A-10	Afro-Asiatic, Berber, Zenati Group	Tunisia
SENEGAL GROUP	321A1	West Atlantic, Northern Branch	West Africa, Senegal to Sudan
SÉNÉGALO-GUINÉEN	WEST ATLANTIC	321	
Senga	Tumbuka	327N21	
Senga	ciNsenga	327N41	
SENGA-SENA GROUP	327N40	Bantu	Zambia, Moçambique, Zimbabwe /Rhodesia
Sengeju	kiDhaiso	327E56	
keSengele	327C33	Bantu, Bangi-Ntumba Group	Zaïre
Sengere	keSengele	327C33	
Senhaja de Srair	Riff	43B2	
Senje	Gola	321C23	
'Senufo'	Suppire	323H2	
SENUFO GROUP	323H Gur	Ivory Coast, Mali, Ghana, Upper Volta	
Senye	Gola	321C23	
Seo	Kru cluster	324A6	
SePedi	sePedi	327S32	
Serahuli	Soninke	322A12	
Sere	325B65	Adamawa-Eastern, Eastern Branch, Ndogo-Feroge Group	Sudan
Serer	321A12	West Atlantic, Northern Branch, Senegal Group	Senegal, Gambia
Serer	Manjaku	321A321	
Serer-Non	Non	321A23	
Serere	Serer	321A12	
Seroa	Lesotho Bushman cluster	1B231	
Serre	Sere	325B65	
Serrer	Serer	321A12	
SESARWA	TSHU-KHWE GROUP	1C2	

Sese	2F3	Nilo-Saharan, Koman	Ethiopia
Sese	Bira 327D32		
oluSese	327E11	Bantu, Nyoro-Ganda Group	Uganda
SeSotho	seSotho 327S33		
SeSuto	seSotho 327S33		
Setiit	Kunama 2E3		
Setit	Kunama 2E3		
kiSetla	kiSwahili 327G42		
SeTswana	seTswana 327S31		
kiSettla	kiSwahili 327G42		
Sevei	Nandi 2E1931		
Sewa	Seba 327M55		
Sewa-Mende	Mende-Bandi 322A21		
SEWARE	TSHU-KHWE 1C2		
Sewe	325A47	Adamawa-Eastern, Adamawa, Duru Group	Nigeria, Cameroun
Sha	44A435	Afro-Asiatic, Chadic, Western Group, Bolewa-Plateau Group, Ron Subgroup	Nigeria
Shabun	Shwai 31A6		
Shadal	Mankanya 321A323		
Shaho	Saho 45C212		
Shaire	Sere 325B65		
Shaka	kiCago 327E62		
Shaka	Ngasa 2E192212		
Shake	iKota 327B25		
Shakko	Shako 46A13		
Shako	46A13	Afro-Asiatic, Omotic, Northern Branch, Majoid Group	Ethiopia
Shal	326A433	Benue, Plateau 4, Boi Group	Nigeria
kiShamba	kiSwahili 327G42		
kiShambaa	327G23	Bantu, Shambala Group	Tanzania
Shambala	kiShambaa 327G23		
SHAMBALA GROUP	327G20	Bantu	Tanzania
Shanga	chiNdau 327S15		
Shangaan	shiTsonga 327S53		
Shangaan	shiTsonga 327S53		
Shango	yiSangu 327B42		
Shangwe	chiKorekore 327S11		
Shanjo	327K36	Bantu, Luyana Group	Zambia
Shankadi	uSamba 327L12		
Shankillinya	Gumuz 2F2		
Sharoka	Reported to be a possible Bantu language.		Kenya
Shatt	2E1821	Nilo-Saharan, Chari-Nile, Eastern Sudanic, Daju Group, Eastern Subgroup	Sudan
Shawasha	chiZezuru 327S12		
Shawi	Shoe 44B7		
She	46A422	Afro-Asiatic, Omotic, Northern Branch, Gimojan Group, Gimira Subgroup	Ethiopia
Shebo	Reported to be a possible Bantu language.		Gabon
Sheetswa	shiTswa 327S51		
Sheke	Sekiyani 327B21		
Shekiana	Sekiyani 327B21		
Shekiri	Yoruba 324C1		

Shekiyana	Sekiyani	327B21	
Shekka	Mocha	46A332	
Sheko	Shako	46A13	
Shenge Sherbro	Sherbro	321C221	
Shengwe	giTonga	327S62	
Sheni	326A123-17	Benue, Plateau 1B, Central Group	Nigeria
Sherbro	321C221	West Atlantic, Southern Branch, Mel Group, Bullom Subgroup	Sierra Leone
Sherbro, Shenge	Sherbro	321C221	
Sherbro, Sitia	Sherbro	321C221	
Shere	Sere	325B65	
Sheri	Sere	325B65	
Shete Tsere	Ṣuá-khwe cluster	1C22	
Sheva	Nyanja cluster	327N31	
Shewa	Galla	45C2211	
Shewa	She	46A422	
Shi	ekiHaavu	327D52	
ShiChopi	shiChopi	327S61	
ShiCopi	shiChopi	327S61	
ShiHlanganu	shiTsonga	327S53	
ShiHlengwe	shiTswa	327S51	
Shila	iciTaabwa	327M41	
Shilha	43C	Afro-Asiatic, Berber	Morocco, Algeria
Shilluk	2E191211	Nilo-Saharan, Chari-Nile, Eastern Sudanic, Nilotic Group, Western Nilotic, Lwo Subgroup, Northern Lwo	Sudan, Ethiopia
ShiMbwera	shiMbwera	327L61	
ShiMo	siKwangari	327K33	
Shinasha	46A311	Afro-Asiatic, Omotic, Northern Branch, Gonga Group, Northern Subgroup	Ethiopia
Shinge	kiShinji	327H35	
ShiNgwalungu	shiTsonga	327S53	
kiShinji	327H35	Bantu, Kiyaka Group	Angola
ShiNkoya	shiNkoya	327L62	
Shinshe	kiShinji	327H35	
Shioko	Ciokwe	327K11	
Shira	kiCaga	327E62	
SHIRA-PUNU GROUP	327B40	Bantu	Congo, Gabon
iShira	iSira	327B41	
Shirawa	44A24	Afro-Asiatic, Chadic, Western Group, Ngizim Group	Nigeria
ShiRonga	shiRonga	327S54	
ShiSambyu	siKwangari cluster	327K33	
Shishi	Seba	327M55	
ShiTsonga	shiTsonga	327S53	
ShiTswa	shiTswa	327S51	
ShiTswa	shiTswa	327S51	
Shleuh	Shilha	43C	
Sho	Grebo	324A3	
Shoa	Galla	45C2211	
ikiShobyo	ikinyaRwanda	327D61	
Shoe	44B7	Afro-Asiatic, Chadic, Kotoko Group	Cameroun, Chad
Shona, Central	chiZezuru	327S12	

```
Shona, Northern    chiKorekore    327S11
Shona, Southeastern    chiNdau    327S15
Shona, Western    chiKalanga    327S16
SHONA GROUP    327S10    Bantu    Moçambique, Zimbabwe
Shongo    Bushoong    327C83                              /Rhodesia
Shu    oruNdandi    327D42
ekiShu    327D46    Bantu, Konjo Group    Zaïre, Uganda
Shua    Ṣuà-khwe cluster    1C22
Shuakhoe    Ṣuà-khwe cluster    1C22
Shuakwe    Ṣuà-khwe cluster    1C22
uruShubi    327D64    Bantu, Ruanda-Rundi Group    Tanzania
*ekiShukaali*    ekiShu    327D46
Shukulumbwe    ciIla    327M63
Shuli    Acholi    2E191221
Shupaman    Bamoun    326D231
Shuri    Suri    2E124
Shuro    Mekan    2E126
Shwai    31A6    Kordofanian, Koalib Group    Sudan
Shuway    Shwai    31A6
Sidama    Sidamo    45C121
Sidaminya    Sidamo    45C121
Sidamo    45C121    Afro-Asiatic, Eastern Cushitic,
                    Highland Group, Sidamo Subgroup    Ethiopia
SIDAMO SUBGROUP    45C12    Afro-Asiatic, Eastern Cushitic,
                    Highland Group    Ethiopia
*Sidianka*    Mandekan    322A16
*Sidya*    Mandekan    322A16
*Sidyanka*    Mandekan    322A16
*Sigala-Todala*    Tagbana    323H3
Siggoyo    Mao, Northern    2F46
Sigila    44H8    Afro-Asiatic, Chadic, Bana Group    Cameroun
*Siis*    Manjaku    321A321
SiKololo    siLozi    327K21
SiKwangali    siKwangari cluster    327K33
SiKwangari cluster    siKwangari cluster    327K33
Sila    Listed by Welmers as a Chari-Nile Eastern
        language.    Chad
*Silak*    Berta    2E41
*Sili*    Ṣuà-khwe cluster    1C22
*Sillok*    Berta    2E41
SiLozi    siLozi    327K21
*Silti*    Gurage, East    41B2211
Silunguboi    Fanagalo    327S46
Simaa    327K35    Bantu, Luyana Group    Zambia
*Simba*    ociHerero    327R31
*Simbiti*    ikiKuria    327E43
Simpi    Esimbi    326D223
*Sin*    Serer    321A12
*Sine-sine*    Serer    321A12
luSinga    327E18    Bantu, Nyoro-Ganda Group    Uganda
Sinja    uruShubi    327D64
*Sinsin*    Serer    321A12
Sinyar    2E214    Nilo-Saharan, Chari-Nile, Central
                    Sudanic, Bongo-Bagirmi Group    Chad, Sudan
*Siora*    ikiZanaki    327E44
iSira    327B41    Bantu, Shira-Punu Group    Gabon
```

Alphabetic Index   Sir-Som

Sirawa	44A315	Afro-Asiatic, Chadic, Western Group, Warjawa-Gesawa Group, Warjawa Subgroup	Nigeria
Sisai	Sisala	323A321	
Sisala	323A321	Gur, Central Gur, Grusi Group, Central Subgroup	Ghana, Upper Volta
Sisale	Sisala	323A321	
Siska	ciTonga	327N15	
SiSuthu	seSotho	327S33	
Sisya	ciTonga	327N15	
Siti	Vagala	323A333	
Sitia Sherbro	Sherbro	321C211	
Sitohn	Kru cluster	324A6	
Siu	kiSwahili	327G42	
Siwa	43A1	Afro-Asiatic, Berber, Zenati Group	Egypt
Siwi	Siwa	43A1	
Siwu	Akpafu	324B-10	
Siwuri	Bowili	324B9	
SiYase	Avatime	324B1	
Siyu	kiSwahili	327G42	
So	327A82	Bantu, Maka-Njem Group	Cameroun
eSo	heSo	327C52	
heSo	327C52	Bantu, Soko-Kele Group	Zaïre
Sobo	324E4	Kwa, Edo Group	Nigeria
Sochile	ikiNyakyusa	327M31	
Soddo	41B2233	Afro-Asiatic, African Semitic, Ethio-Semitic, Southern Ethiopic, Gurage Group, Northern Gurage Subgroup	Ethiopia
kiSodi	kiTuba	327H17	
Sofala	chiNdau	327S15	
Soga, Northern	oluSoga	327E16	
Soga, Southern	oluSoga	327E16	
oluSoga	327E16	Bantu, Nyoro-Ganda Group	Uganda
Sogadas	Kunama	2E3	
Soghaua	Zaghawa	2B3	
Sokile	ikiNyakyusa	327M31	
Sokili	ikiNyakyusa	327M31	
Sokna	43A3	Afro-Asiatic, Berber, Zenati Group	Libya
Soko	327C0-15	Bantu, Miscellaneous Group	Zaïre
Soko	heSo	327C52	
SOKO-KELE GROUP	327C50	Bantu	Zaïre
Sokoro	44J31	Afro-Asiatic, Chadic, Sahel Group, Sokoro Subgroup	Chad
SOKORO SUBGROUP	44J3	Afro-Asiatic, Chadic, Sahel Group	Chad
ciSoli	327M62	Bantu, Lenje-Tonga Group	Zambia
kiSolongo	kiKongo cluster, Central Group	327H16	
Solwe	kiSagala	327G39	
Soma	Somba	323A149	
Soma	Tamari	323A2	
Somali	45C231	Afro-Asiatic, Eastern Cushitic, Lowland Group, Somali Subgroup	Somali Republic, Kenya, Ethiopia
Somali, Central	Somali	45C231	
Somali, Coastal	Somali	45C231	
Somali, Common	Somali	45C231	

SOMALI SUBGROUP	45C23	Afro-Asiatic, Eastern Cushitic, Lowland Group Somali Republic, Kenya, Ethiopia
Somalinya	Somali	45C231
Somba	323A149	Gur, Central Gur, Moore-Gurma Group, Eastern Subgroup Benin, Toga
Somba	Tamari	323A2
Some	Somba	323A149
Some	Tamari	323A2
Somo	Gbaya	324B11
Somono	Mandekan	322A16
Somrai	44J11	Afro-Asiatic, Chadic, Sahel Group, Somrai Subgroup Central African Republic
SOMRAI SUBGROUP	44J1	Afro-Asiatic, Chadic, Sahel Group Chad, Central African Republic
Somre	Somrai	44J11
Sonay	Songhai	2A
Sondi	kiKongo cluster, Central Group 327H16	
Songai	Songhai	2A
SONGE GROUP	327L20	Bantu Zaïre
luSonge	327L23	Bantu, Songe Group Zaïre
kiSonge	luSonge	327L23
SONGHAI BRANCH	2A	Nilo-Saharan
Songhai	Songhai	2A
Songhay	Songhai	2A
Songi	luSonge	327L23
Songo	327H24	Bantu, Kimbundu Group Angola
iSongo	Mbati	327C13
liSongo	Mbati	327C13
Songola	loOmbo	327C76
keSongola	327D24	Bantu, Lega-Kalanga Group Zaïre
Songomeno	327C82	Bantu, Kuba Group Zaïre
ekiSongoora	327D48	Bantu, Konjo Group Zaïre, Uganda
Songu	Songo	327H24
Soninke	322A12	Mande, Northwestern Branch, Northern Group Senegal, Mali, Mauritania, Gambia, Upper Volta
Sonjo	327E46	Bantu, Ragoli-Kuria Tanzania
Sonrai	Songhai	2A
Sonrhai	Songhai	2A
Sonyo	Sonjo	327E46
kiSoonde	kiKongo cluster, Eastern Group 327H16	
Sooso	kiKongo cluster, Southeastern Group 327H16	
Sore	Nandi	2E1931
Sorko	Soninke	322A12
Sorogo	Soninke	322A12
Sorouba	Soruba-Kuyobo	323A147
Soruba-Kuyobo	323A147	Gur, Central Gur, Moore-Gurma Group, Eastern Subgroup Togo, Benin
Soso	kiKongo cluster, Southeastern Group 327H16	
Sosso	kiKongo cluster, Southeastern Group 327H16	
Sosso	Susu-Yalunka	322A11
seSotho	327S33	Bantu, Sotho-Tswana Group Lesotho, South Africa
Sotho, Northern	sePedi	327S32
Sotho, Southern	seSotho	327S33

Sotho, Transvaal	sePedi	327S32	
SOTHO-TSWANA GROUP	327S30	Bantu	Botswana, Lesotho, Zimbabwe /Rhodesia, South Africa
Soubiya	eciSubia	327K42	
Soumray	Somrai	44J11	
Soungor	Sungor	2E172	
Soussou	Susu-Yalunka	322A11	
Souto	seSotho	327S33	
Srubu	Surubu	326A1238	
kiSsama	kiSama	327H22	
quiSsama	kiSama	327H22	
Ssuga	Wute	326D118	
Ssugnassi	!xũ	1A1	
Ssu-gnassi	!xũ	1A1	
Ssugur	Sukur	44C1-19	
iSu	327A23	Bantu, Duala Group	Cameroun
Sua	321C1	West Atlantic, Southern Branch	Guinea
Suaheli	kiSwahili	327G42	
Suahili	kiSwahili	327G42	
Suamle	Kweni	322B17	
Sub-Akhmimic	Coptic	42B	
Subi	uruShubi	327D64	
eciSubia	327K42	Bantu, Subiya Group	Botswana
Subiya	eciSubia	327K42	
SUBIYA GROUP	327K40	Bantu	Zambia, Botswana
iSubu	iSu	327A23	
Subya	eciSubia	327K42	
SUDANIC	An obsolete term used to designate a postulated language family comprising West Atlantic, Mande, Gur, Kwa, Benue, Adamawa-Eastern, Chadic, Kordofanian, and Nilo-Saharan.		
SUDANIC, CENTRAL	2E2	Nilo-Saharan, Chari-Nile	Sudan, Zaïre Central African Republic, Chad, Uganda
SUDANIC, EASTERN	2E1	Nilo-Saharan, Chari-Nile	Egypt, Chad Tanzania, Sudan, Ethiopia, Zaïre Central African Republic, Uganda, Kenya
Suga	Wute	326D118	
Sugur	Sukur	44C1-19	
Suk	2E1932	Nilo-Saharan, Chari-Nile, Eastern Sudanic, Nilotic Group, Southern Nilotic	Kenya, Uganda
Suka	Chuka	327E57	
Sukku	Suk	2E1932	
kiSuku	327H32	Bantu, Kiyaka Group	Zaïre
Sukulumbwe	ciIla	327M63	
SUKUMA-NYAMWEZI GROUP	327F20	Bantu	Tanzania
kiSukuma	327F21	Bantu, Sukuma-Nyamwezi Group	Tanzania
Sukur	44C1-19	Afro-Asiatic, Chadic, Bata-Tera Group, Bata Subgroup	Nigeria
Sumburu	Bira	327D32	
kiSumbwa	327F23	Bantu, Sukuma-Nyamwezi Group	Tanzania
kiSumbwa	kiNyamwesi	327F22	
Sungor	2E172	Nilo-Saharan, Chari-Nile, Eastern Sudanic, Tama Group	Chad, Sudan
Sungu	oTetela	327C71	

Supia	eciSubia	327K42
Sup'ide	Suppire	323H2
Suppire	323H2 Gur Senufo Group	Mali
Suppire	Suppire 323H2	
Sura	44A42-11 Afro-Asiatic, Chadic, Western Group, Bolewa-Plateau Group, Plateau Subgroup	Nigeria
Suri	2E124 Nilo-Saharan, Chari-Nile, Eastern Sudanic, Didinga-Murle Group	Ethiopia, Sudan
Surma	Mekan 2E126	
SURMA GROUP	DIDINGA-MURLE GROUP 2E12	
Surubu	326A1238 Benue, Plateau 1B, Central Group	Nigeria
Susoo	Susu-Yalunka	322A11
Sussu	Susu-Yalunka	322A11
Susu	Susu-Yalunka	322A11
Susu-Yalunka	322A11 Mande, Northern-Western Branch, Northern Group. Guinea, Sierra Leone, Mali	
siSuthu	seSotho	327S33
seSuto	seSotho	327S33
kiSutu of Tanzania	ciNgoni	327N12
kuSutu	kiBira	327D22
kiSuundi	kiKongo cluster, Central Group	327H16
kuSuwa	Bira	327D22
iSuwu	iSu	327A23
ekiSwaga	327D45 Bantu, Konjo Group	Zaïre, Uganda
'Swahili, Army'	kiSwahili	327G42
'Swahili, Indian'	kiSwahili	327G42
Swahili, Potopoto	kiSwahili	327G42
'Swahili, Settler'	kiSwahili	327G42
'Swahili, Upcountry'	kiSwahili	327G42
SWAHILI GROUP	327G40 Bantu Kenya, Somali Republic, Tanzania Zanzibar, Comoro Islands	
kiSwahili	327G42 Bantu, Swahili Group Kenya, Tanzania, Zanzibar	
iciSwaka	327M53 Bantu, Bisa-Lamba Group	Zaïre, Zambia
nSwase	Mbo cluster	327A15
isiSwati	327S43 Bantu, Nguni Group. Swaziland, South Africa	
Swazi	isiSwati	327S43
Sweta	ikiKuria	327E43
chiSwina	chiZezuru	327S12
nSwose	Mbo cluster	327A15
Sya	Bobo Fing	322C
oruSyan	327E18 Bantu, Nyoro-Ganda Group	Uganda
SYENERE	SENARI SUBGROUP	323H1
Syer	Karaboro	323H4
Syouah	Siwa	43A1
ʃua-khwe cluster	1C22 Khoisan, "Hottentot", Tshu-khwe Group	Botswana

T

TAA GROUP	1B1	Khoisan, Southern Bushman	Botswana
			Namibia/South West Africa
Taabwa	iciTaabwa 327M41		
iciTaabwa	327M41	Bantu, Bemba Group	Zaïre, Zambia
Taataal	Gula 325A-138		
Tabara	chiKorekore 327S11		
Tabele	isiNdebele of Rhodesia 327S44		
Tabi	Ingassana 2E14		
Tabosa	Toposa 2E192223		
Tabwa	iciTaabwa 327M41		
Tacho	31C5	Kordofanian, Talodi Group	Sudan, Ethiopia
Taconi	luLuhya 327E32		
Tadjoni	luLuhya 327E32		
TADKON SUBGROUP	326D236	Benue, Bantoid, Bane, Grasslands Group	Cameroun
Tafi	324B3	Kwa, Western Group	Ghana, Togo
Tafile	Tagbana 323H3		
Tafire	Tagbana 323H3		
Tafiri	Tagbana 323H3		
Tagale	Tegali 31B1		
Tagara	Senari, Central, Senari Subgroup 323H11		
Tagba	Tagbo 325B66		
Tagba	Suppire 323H2		
Tagba	Tagbana 323H3		
Tagbana	323H3	Gur, Senufo Group	Ivory Coast
Tagbana	Tagbana 323H3		
Tagbari	Senari, Central, Senari Subgroup 323H11		
Tagbo	325B66	Adamawa-Eastern, Eastern Branch, Ndogo-Feroge Group	Sudan
Tagbo	Banda 325B2		
Tagbo	Mambila dialect cluster 326D111		
Tagbona	Tagbana 323H3		
Tagbu	Tagbo 325B66		
Tagbwali	Banda 325B2		
Tagoi	31B2	Kordofanian, Tegali Group	Sudan
Tagoi	Tagoi 31B2		
Tagouana	Tagbana 323H3		
Tagoy	Tagoi 31B2		
Tagwana	Tagbana 323H3		
oruTagwenda	nyanNkore 327E13		
kiTaita	327E74	Bantu, Nyika-Taita Group	Kenya
Tajuoso cluster	Grebo 324A3		
Takama	kiNyamwesi 327F22		
Takamanda	326D228	Benue, Bantoid, Bane, Mamfe Group	Cameroun
Takemba	323A14-10	Gur, Central Gur, Moore-Gurma Group, Eastern Subgroup	Benin
Takpasyeeri	323H13	Gur, Senufo Group, Senari Subgroup	Ivory Coast
Takponin	Tagbana 323H3		
Takwenda	nyanNkore 327E13		
Tal	44A42-12	Afro-Asiatic, Chadic, Western Group, Bolewa-Plateau Group, Plateau Subgroup	Nigeria

Talahundra	chiKalanga 327S16	
Talansi	Talensi 323A1217	
Tale	Kare 325A6-11	
Talene	Talensi 323A1217	
Talense	Talensi 323A1217	
Talensi	323A1217 Gur, Central Gur, Moore-Gurma Group, North-Central Subgroup	
Tali	Kare 325A6-11	
Talinga	kiTalinge 327E19	
kiTalinge	327E19 Bantu, Nyoro-Ganda Group	Uganda
Talis	Talensi 323A1217	
Tallense	Talensi 323A1217	
Tallensi	Talensi 323A1217	
Talni	323A1213 Gur, Central Gur, Moore-Gurma Group, North Central Subgroup	
Talo	Kru cluster 324A6	
Talodi	31C1 Kordofanian, Talodi Group	Sudan
TALODI GROUP	31C Kordofanian	Sudan
Tama	2E171 Nilo-Saharan, Chari-Nile, Eastern Sudanic, Tama Group	Chad, Sudan
TAMA GROUP	2E17 Nilo-Saharan, Chari-Nile, Eastern Sudanic	Chad, Sudan
Tamaba	Tamari 323A2	
Tamachek	Tuareg 43E	
Tamanraset	Tuareg 43E	
Tamari	323A2 Gur, Central Gur	Togo, Benin
Tamasek	Tamazight 43B3	
Tamashek	Tuareg 43E	
Tamasheq	Tuareg 43E	
Tamazight	43B3 Afro-Asiatic, Berber, Tamazight-Riff-Kabyle Group	Morocco, Algeria, Libya Mali, Nigeria
TAMAZIGHT-RIFF-KABYLE GROUP	43B Afro-Asiatic, Berber	Morocco, Algeria Libya, Mali, Nigeria
Tambaggo	Banda 325B2	
Tambago	Banda 325B2	
Tambaro	Kambatta 45C122	
Tamberma	Somba 323A149	
Tamberma	Tamari 323A2	
Tambo	327M27 Bantu, Nyika-Safwa Group	Zambia
Tambuka	Tumbuka 327N21	
Tambwa	iciTaabwa 327M41	
Tamezret	43A6 Afro-Asiatic, Berber, Zenati Group.	Tunisia
Tampele	Tampulma 323A332	
Tampole	Tampulma 323A332	
Tampolem	Tampulma 323A332	
Tampolema	Tampulma 323A332	
Tampolense	Tampulma 323A332	
Tamprusi	Tampulma 323A332	
Tampulma	323A332 Gur, Central Gur, Grusi Group, Southern Subgroup	Ghana
Tana	2E2127 Nilo-Saharan, Chari-Nile, Central Sudanic, Bongo-Bagirmi Group, Sara-Bagirmi Subgroup	Central African Republic, Chad
Tanbo	Tumbuka 327N21	

Tanda-Basari	321A412	West Atlantic, Northern Branch, Eastern Senegal-Guinea Group, Tenda-Konyagi Subgroup Guinea, Senegal, Gambia
Tande	chiKorekore 327S11	
Tanga	kiSwahili 327G42	
baTanga	327A32	Bantu, Bube-Benga Group Cameroun
Tangala	Tangale 44A418	
Tangale	44A418	Afro-Asiatic, Chadic, Western Group, Bolewa-Plateau Group, Bolewa Subgroup Nigeria
ekiTangi	oruNdandi 327D42	
Tankamba	Takemba 323A14-10	
Tannekwe	G‖anikhwe 1C24	
TANO SUBGROUP	324B-242	Kwa, Western Kwa, Volta-Comoe Group Ghana, Ivory Coast
Taolende	Moore 323A1111	
Taoujjout	43A8	Afro-Asiatic, Berber, Zenati Group Tunisia
Tapessi	Tyapi 321C219	
Taposa	Toposa 2E192223	
Tar Bagrimma	Bagirmi 2E212-11	
Tara	Bwamu 323D1	
Taram	325A32	Adamawa-Eastern, Adamawa, Daka Group Cameroun, Nigeria?
Tari	326A2232	Benue, Plateau 2, Zaria Group, Nandu Subgroup Nigeria
Taroh	Yergam 326A71	
Tashelhayt	Shilha 43C	
Tatog	Tatoga 2E1933	
Tatoga	2E1933	Nilo-Saharan, Chari-Nile, Eastern Sudanic, Nilotic Group, Southern Nilotic Tanzania
Tatsoni	Taconi 327E32	
Taturu	Tatoga 2E1933	
Tatwe-Kwiatuo	Kru cluster 324A6	
Tau	sePedi 327S32	
Taung	seSotho 327S33	
Taura	326A126	Benue, Plateau 1B Nigeria
Taurawa	Taura 326A126	
Tavara	chiKorekore 327S11	
Taveta	kiTubeta 327G21	
Tavhatsindi	chiVenda 327S21	
Tawana	seTswana 327S31	
Tayakou	323A14-11	Gur, Central Gur, Moore-Gurma Group, Eastern Subgroup Benin
Tayaku	Tayakou 323A14-11	
TB	Town Bemba 327M43	
Tcaiti	Ṣuã-khwe cluster 1C22	
Tcengui	iTsaangi 327B53	
Tchangui	iTsaangi 327B53	
Tdama	Suri 2E124	
Tebe	ciManyika cluster 327S13	
Tebele	isiNdebele 327S44	
Tebu	Daza 2B22	
Teda	2B21	Nilo-Saharan, Saharan Branch, Teda Group Chad, Nigeria, Libya

TEDA GROUP	2B2	Nilo-Saharan, Saharan Branch
		Chad, Nigeria, Libya, Niger
Tee	Gola 321C23	
Tegali	31B1	Kordofanian, Tegali Group Sudan
TEGALI GROUP	31B	Kordofanian Sudan
Tege	Teke, Northern 327B71	
Tege	Gola 321C23	
Tege-Kali	Teke, Northern 327B71	
Tegele	Tegali 31B1	
Tegesye	Kulango 323E	
iTeghe	Teke, Northern 327B71	
Tegue	Kulango 323E	
Tegue	Teke, Northern 327B71	
Teguessie	Kulango 323E	
Teis-um-Danab	Keiga Jirru 2E162	
Teita	kiTaita 327E74	
Teke	Bali 327B75	
Teke, Central	327B74	Bantu, Teke Group Congo
Teke, Eastern	327B76	Bantu, Teke Group Zaïre
Teke, Northeastern	327B72	Bantu, Teke Group Congo
Teke, Northern	327B71	Bantu, Teke Group Congo
Teke, Southern	327B77	Bantu, Teke Group Congo
Teke, Western	327B73	Bantu, Teke Group Congo
TEKE GROUP	327B70	Bantu Congo, Zaïre
kaTeke	Teke, Northern 327B71	
Tekela	isiSwati 327S43	
Tekele	Tegali 31B1	
Tekeza	isiSwati 327S43	
Tem	323A342	Gur, Central Gur, Grusi Group, Eastern Subgroup Benin, Togo, Ghana
Temacin	Ouargla 43A-11	
Temainian	Temein 2E161	
Tembo	Tambo 327M27	
Tembo	Tumbuka 327N21	
kiTembo	Nyabungu 327D53	
liTembo	327C09	Bantu, Miscellaneous Group Zaïre
Teme	325A54	Adamawa-Eastern, Adamawa, Mumuye Group Nigeria
Temein	2E161	Nilo-Saharan, Chari-Nile, Eastern Sudanic, Temein Group Sudan
TEMEIN GROUP	2E16	Nilo-Saharan, Chari-Nile, Eastern Sudanic Sudan
Temne	321C211	West Atlantic, Southern Branch, Mel Group, Temne Subgroup Sierra Leone
Temne, Western	Temne 321C211	
TEMNE SUBGROUP	321C21	West Atlantic, Southern Branch, Mel Group Guinea, Sierra Leone
Tenda	Tanda-Basari 321A412	
Tenda Banda	Bedik 321A411	
Tenda Duka	Konyagi 321A414	
TENDA-KONYAGI SUBGROUP	321A41	West Atlantic, Northern Branch, Eastern Senegal-Guinea Group Guinea, Senegal, Gambia
Tendanke	Bedik 321A411	
Tende	ikiKuria 327E43	
Tende	kiTiene 327B81	

TENDE-YANZI GROUP	327B80	Bantu	Zaïre
Tenere	323H12	Gur, Senufo Group, Senari Subgroup	Ivory Coast
Tengrala	Kandere 323H16		
Tengrela	Kandere 323H16		
Tenyer	Karaboro 323H4		
Teo	Bali 327B75		
Tep	326D113	Benue, non-Bantu Bantoid, Mambiloid	Nigeria
Tepes	Teuso 2E1-10		
Tepeth	Teuso 2E1-10		
Tera	44C23	Afro-Asiatic, Chadic, Bata-Tera Group, Tera Subgroup	Nigeria
Tera	Chara 326A33		
Tera	Songhai 2A		
TERA SUBGROUP	44C2	Afro-Asiatic, Chadic, Bata-Tera Group	Nigeria
Terawa	Tera 44C23		
Terema	Suri 2E124		
kiTeri	kiTaita 327E74		
Teria	Chara 326A33		
Terik	Nandi 2E1931		
Terna	Suri 2E124		
Teshina	Mekan 2E126		
Teso	2E192222	Nilo-Saharan, Chari-Nile, Eastern Sudanic, Nilotic Group, Eastern Nilotic, Masai-Teso Subgroup, Teso Subgroup	Uganda, Kenya
TESO SUBGROUP	2E19222	Nilo-Saharan, Chari-Nile, Eastern Sudanic, Nilotic Group, Eastern Nilotic, Masai-Teso Subgroup	Sudan, Uganda, Kenya, Ethiopia
Teta	ciNyungwe 327N43		
Tete	Ḍeti-khwe 1C23		
TETELA GROUP	327C70	Bantu	Zaïre
oTetela	327C71	Bantu, Tetela Group	Zaïre
Teti	Ḍeti-khwe 1C23		
Teuso	2E1-10	Nilo-Saharan, Chari-Nile, Eastern Sudanic	Uganda
Teuso	Teuso 2E1-10		
Teuth	Teuso 2E1-10		
Teve	chiManyika cluster 327S13		
kiTharaka	327E54	Bantu, Kikuyu-Kamba Group	Kenya
Thembu	isiXhosa 327S41		
Themne	Temne 321C211		
Thiang	Nuer 2E191321		
ThiMbukushu	siKwangari cluster 327K33		
Thiro	Tira 31A7		
Thlaping	seTswana 327S31		
Thlaro	seTswana 327S31		
Thlaru	seTswana 327S31		
Thonga	shiTsonga 327S53		
Thuri	2E191213	Nilo-Saharan, Chari-Nile, Eastern Sudanic, Nilotic Group, Western Nilotic, Lwo Subgroup, Northern Lwo	Sudan

Tiaal	Gula	325A-138
Tiaala	Gula	325A-138
Tian	Bobo Gbe	323D2
Tiapi	Tyapi	321C219
Tibba	Mbum	325A66
Tibbu	Daza	2B22
Tid	Suri	2E124
Tidi	Suri	2E124
Tidikelt	43A-16 Afro-Asiatic, Berber, Zenati Group	Algeria
Tiebala	Tyebala	323H14
Tiefo	323H8 Gur, Senufo Group	Mali, Upper Volta
Tiene	kiTiene	327B81
kiTiene	327B81 Bantu, Tende-Yanzi Group	Zaïre
Tigon	Mbembe dialect cluster	326B26
Tigong	Mbembe dialect cluster	326B26
Tigrai	Tigrinya	41B13
Tigray	Tigrinya	41B13
Tigre	41B12 Afro-Asiatic, African Semitic, Ethio-Semitic, Northern Ethiopic	Ethiopia
Tigre, Highland	Tigre	41B12
Tigre, Lowland	Tigre	41B12
Tigre, Northern	Tigre	41B12
Tigre, Southern	Tigre	41B12
Tigrenna	Tigrinya	41B13
Tigrensis	Tigrinya	41B13
Tigrigna	Tigrinya	41B13
Tigrina	Tigrinya	41B13
Tigrinya	41B13 Afro-Asiatic, African Semitic, Ethio-Semitic, Northern Ethiopic	Ethiopia
Tigum	Mbembe dialect cluster	326B26
Tiika	Kunama	2E3
kiTiini	kiTiene	327B81
Tiitaal	Gula	325A-138
Tika	Tikar	326D251
Tika	Kunama	2E3
Tikali	Tikar	326D251
Tikar	326D251 Benue, Bantoid, Bane, Tikar Group	Cameroun
TIKAR GROUP	326D25 Benue, Bantoid, Bane	Cameroun
Tikari	Tikar	326D251
Tikave	Tikar	326D251
eTike	Peri	327D31
Tiker	Tikar	326D251
Tikuli	Tikar	326D251
Tikulu	Tikuu	327G41
Tikuu	327G41 Bantu, Swahili Group	Kenya, Somali Republic
Tilaberi	Songhai	2A
Tilma	Suri	2E124
Tim	Tem	323A342
Tima	31E2 Kordofanian, Katla Group	Sudan
Timasinin	Tuareg	43E
Timbara	Kambatta	45C122
Timbuka	Tumbuka	327N21
Timene	Temne	321C211

Timmannee	Temne	321C211	
Timne	Temne	321C211	
Timu	Tem	323A342	
Tindi	luLuhya	327E32	
Tindiga	Hadza	1E	
Tingal	31B4	Kordofanian, Tegali Group	Sudan
Tingelin	Fali	325A-11	
Tio	Bali	327B75	
Tiokossi	Chakosi	324B-24212	
Tira	31A7	Kordofanian, Koalib Group	Sudan
luTiriki	luLuhya	327E32	
Tirima	Suri	2E124	
Tirma	Suri	2E124	
Tiro	Tira	31A7	
Tishana	Mekan	2E126	
Tita	326C211	Benue, Cross River 3	Nigeria
Titu	Mongo-Nkundo	327C61	
Tiv	326D121	Benue, non-Bantu Bantoid, Tivoid.	Nigeria
TIV-BATU GROUP	TIVOID	326D12	
Tivi	Tiv	326D121	
TIVOID	326D12	Benue, non-Bantu Bantoid	Nigeria
Tiwi	Tiv	326D121	
Tiwirkum	Iyirikum	326D2364	
Tjimba	ociHerero	327R31	
Tlapi	seTswana	327S31	
Tletle	ǁetikhwe	1C23	
Tlokoa	sePedi	327S32	
Tlokwa	sePedi	327S32	
Tloue	ǁxegwi	1B22	
Tloutle	ǁxegwi	1B22	
Tmagourt	43A9	Afro-Asiatic, Berber, Zenati Group	Tunisia
Tňa	Tigrinya	41B13	
To	Suk	2E1932	
Tobote	Basari-Kasele-Chamba	323A142	
Todala	Tagbana	323H3	
Toda	Teda	2B21	
Todaga	Teda	2B21	
Todga	Teda	2B21	
ToFoke	toPoke	327C53	
Togbo	Banda	325B2	
Togole	Tegali	31B1	
Togoyo	325B6-10	Adamawa-Eastern, Eastern Branch, Ndogo-Feroge Group	Sudan
Toicho	Tacho	31C5	
Toka	Tonga cluster	327M64	
Tokwa	sePedi	327S32	
Toldil	Gola	321C23	
Tolo	Kru cluster	324A6	
Toma	Loma	322A23	
Tombaggo	Banda	325B2	
Tombo	Dogon	323K	
Tombucas	Tumbuka	327N21	
Tonga	shiTsonga	327S53	
Tonga cluster	327M64	Bantu, Lenje-Tonga Group	Zambia
Tonga, Southern	Tonga cluster	327M64	
Tonga, Valley	Tonga cluster	327M64	

Tonga	chiNdau 327S15	
Tonga, Plateau	Tonga cluster 327M64	
ciTonga	327N15 Bantu, Manda Group	Malawi
ciTonga	Tonga cluster 327M64	
ciTonga	Tumbuka 327N21	
giTonga	327S62 Bantu, Chopi Group	Moçambique
kiTonga	ciTonga 327N15	
Tongbo	Mambila dialect cluster 326D111	
TONGWE GROUP	327F10 Bantu	Tanzania
kiTongwe	327F11 Bantu, Tongwe Group	Tanzania
Tonko	Limba 321C3	
Toodii	Gola 321C23	
Tooma	Loma 322A23	
oruTooro	oruToro 327E12	
ToPoke	toPoke 327C53	
Toposa	2E192223 Nilo-Saharan, Chari-Nile, Eastern Sudanic, Nilotic Group, Eastern Nilotic, Masai-Teso Subgroup, Teso Subgroup	Sudan
Topotha	Toposa 2E192223	
Toram	Mubi 44J61	
Torbi	Mambila dialect cluster 326D111	
Tornasi	Berta 2E41	
Toro	Mandekan 322A16	
dhiToro	Otoro 31A5	
oluToro	oruToro 327E12	
oruToro	327E12 Bantu, Nyoro-Ganda Group	Uganda
Torobo	Nandi 2E1931	
Torona	'Moro Hills' 31C8	
echiTotela	327K41 Bantu, Subiya Group	Zambia
Touareg	Tuareg 43E	
Touat	43A-15 Afro-Asiatic, Berber, Zenati Group.Algeria	
Toubakai	Soninke 322A12	
Toubou	Daza 2B22	
Toubouri	Tuburi 44J5	
Toucouleur	Fula 321A11	
Touggourt	Ouargla 43A-11	
Tougourt	Ouargla 43A-11	
Toumak	Tumak 44J12	
Tounia	Tunya 325A-135	
Toura	Tura 322B13	
Tourouka	Turuka 323C8	
Toussia	Win 323G	
ToVoke	toPoke 327C53	
Town Bemba	327M43 Bantu, Bemba Group	Zambia
Transvaal Sotho	sePedi 327S32	
Tribu	Delo 323A3431	
Tro	Kru cluster 324A6	
Tsaam	kiKongo cluster, Eastern Group 327H16	
Tsaam	uSamba 327L12	
Tsaam	Manjaku 321A321	
Tsaamba	uSamba 327L12	
kiTsaamba	kiKongo cluster, Eastern Group 327H16	
iTsaangi	327B53 Bantu, Njabi Group	Gabon, Congo
Tsaayi	Teke, Western 327B73	
Tsam	Kom 326D2378	

Tsamai	Tsamay	45C22244
Tsamako	Tsamay	45C22244
Tsamay	45C22244	Afro-Asiatic, Eastern Cushitic, Lowland Group, Oromo Subgroup, Arbore-Werize Subgroup, Werize Subgroup Ethiopia
Tsamba	Chamba	325A21
Tsangi	iTsaangi	327B53
Tsʔaokhoe	N|haintsʔe	1C25
Tsase	!xõ	1B11
Tsaso	Babadjou	326D232-16
Tsaukwe	N|haintsʔe	1C25
Tsaya	Teke, Western	327B73
Tsaye	Teke, Western	327B73
Tsayi	Teke, Western	327B73
Tschako	Shako	46A13
Tschamba	Basari-Kasele-Chamba	323A142
Tschamina	Basari-Kasele-Chamba	323A142
Tschokossi	Chakosi	324B-24212
Tschokwe	Ciokwe	327K11
Tschopi	shiChopi	327S61
Tsere	*Shete Tsere* of Ṣuà-khwe cluster 1C22	
Tsʔexa	*Handa-khwe*	1C24
Tshala	Cala	323A3432
Tshasi	!xõ	1B11
Tsheenya	Ena	327D14
Tshʔerekhwe	Tshu-khwe Group, Central Subgroup 1C23	
Tshi	Akan	324B-2422
Tshiboko	Ciokwe	327K11
Tshidi	seTswana	327S31
Tshidi-khwe	Ṣuà-khwe cluster	1C22
igiTshiga	ikinyaRwanda	327D61
TshiLuba	Luba-Lulua	327L31
TshiLuba de traite	Luba	327L31
Tshimiang	Dari	44H7
TshiMpasu	ciSalampasu	327L51
Tshintsche	Ntem	326D23-125
Tshiok	Ciokwe	327K11
Tshiokwe	Ciokwe	327K11
Tshirambo	326D2382	Benue, Bantoid, Bane, Grasslands Group, Ndop Subgroup Cameroun
Tshire	Chiri	44J22
Tshiti	Ṣuà-khwe cluster	1C22
TshiTuba	Luba	327L31
TshiVenda	tshiVenda	327S21
iTshogo	ikinyaRwanda	327D61
TSHU-KHWE GROUP	1C2	Khoisan, "Hottentot". South Africa, Botswana
Tshumakwe	Ṣuà-khwe cluster	1C22
Tshwana	seTswana	327S31
Tsilmanu	Zulmanu	2E128
Tsʔixa	*Handa-khwe*	1C24
Tsogap	Bagam	326D232-13
Tsogo	327B31	Bantu, Tsogo Group Gabon
TSOGO GROUP	327B30	Bantu Gabon
shiTsonga	327S53	Bantu, Tswa-Ronga Group Moçambique, South Africa

luTsootso	luLuhya	327E32
Tsotso	kiKongo cluster, Southeastern Group	327H16
Tsotso	luLuhya	327E32
Tsunga	chiZezuru	327S12
Tsureshe	Reshe	326A114
TSWA-RONGA GROUP	327S50 Bantu	Moçambique, Zimbabwe/Rhodesia, /South Africa
kiTswa	shiTswa	327S51
shiTswa	327S51 Bantu, Tswa-Ronga Group	Moçambique Zimbabwe/Rhodesia
shiTswa	shiTswa	327S51
seTswana	327S31 Bantu, Sotho-Tswana Group	Botswana Zimbabwe/Rhodesia, South Africa
Tswene	sePedi	327S32
Tsweni	sePedi	327S32
Tṣidi-khwe	Ṣuá-khwe cluster	1C22
Tuareg	43E Afro-Asiatic, Berber	Algeria, Libya Mali, Nigeria, Niger
Tuba	Ligbi	322A132
kiTuba [pidgin lingua franca]	327H17 Bantu, Kikongo Group	Congo, Zaïre
kiTuba	Luba	327L31
tshiTuba	Luba	327L31
kiTubeta	327G21 Bantu, Shambala Group	Tanzania
Tubu	Daza	2B22
TUBU	TEDA GROUP	2B2
Tuburi	44J5 Afro-Asiatic, Chadic, Sahel Group	Cameroun, Chad
Tuda	Teda	2B21
Tudaga	Teda	2B21
Tugen	Nandi	2E1931
Tugin	Nandi	2E1931
Tungun	Mbembe dialect cluster	326B26
Tukam	Tukum	31B5
Tuken	Nandi	2E1931
Tukin	Nandi	2E1931
Tukkongo	Wongo	327C85
Tukolor	Fula	321A11
Tukongo	Wongo	327C85
Tukulor	Fula	321A11
Tukulu	Tikuu	327G41
Tukum	31B5 Kordofanian, Tegali Group	Sudan
Tukun	Mbembe dialect cluster	326B26
Tukungo	Wongo	327C85
Tula	325A11 Adamawa-Eastern, Adamawa, Tula Group	Nigeria
TULA GROUP	325A1 Adamawa-Eastern, Adamawa	Nigeria
Tulema	Galla	45C2211
Tuleshi	31D2 Kordofanian, Tumtum Group	Sudan
Tulishi	Tuleshi	31D2
Tulishi	Tuleshi	31D2
Tumak	44J12 Afro-Asiatic, Chadic, Sahel Group, Somrai Subgroup.	Central African Republic
Tumale	31B3 Kordofanian, Tegali Group	Sudan
Tumbatu	Pemba cluster	327G43
Tumboka	Tumbuka	327N21
Tumbuka	327N21 Bantu, Tumbuka Group	Malawi, Tanzania, Zambia

TUMBUKA GROUP	327N20 Bantu	Malawi, Tanzania, Zambia
ciTumbuka	Tumbuka 327N21	
eTumbwe	kiLega 327D25	
Tumma	31D9 Kordofanian, Tumtum Group	Sudan
Tummok	Tumak 44J12	
Tumok	Tumak 44J12	
Tumtum	31D1 Kordofanian, Tumtum Group	Sudan
TUMTUM GROUP	31D Kordofanian	Sudan
Tumu	Tikar 326D251	
Tungu	liAngba 327C45	
Tunia	Tunya 325A-135	
Tunya	325A-135 Adamawa-Eastern, Adamawa, Boa Group	Central African Republic
Tupuri	Tuburi 44J5	
Tur	44C1-23 Afro-Asiatic, Chadic, Bata-Tera Group, Bata Subgroup.	Nigeria, Cameroun
Tura	322B13 Mande, Southern-Eastern Branch, Southern Group	Ivory Coast
Turka	Turuka 323C8	
Turkana	2E192225 Nilo-Saharan, Chari-Nile, Eastern Sudanic, Nilotic Group, Eastern Nilotic, Masai-Teso Subgroup, Teso Subgroup	Kenya, Ethiopia
Turkongo	Wongo 327C85	
kinyaTuru	kiRimi 327F32	
Turuka	323C8 Gur, Lobi Group	
Turum	31B6 Kordofanian, Tegali Group	Sudan
Turumbu	oLombo 327C54	
Tusia	Win 323G	
tuu ʔoŋaʰnsa	!xõ 1B11	
Twa	ciLenje 327M61	
ruTwa	ikinyaRwanda 327D61	
Twakwama	Koma, Southern 2F42	
Twao	Kru cluster 324A6	
Twi	Akan 324B-2422	
Twi-Fante	Akan 324B-2422	
kiTwii	Nyang 326D222	
Tyaman	Kyama 324B-19	
Tyan	Bobo Gbe 323D2	
Tyapi	321C219 West Atlantic, Southern Branch, Mel Group, Temne Subgroup	
Tyebala	323H14 Gur, Senufo Group, Senari Subgroup	Ivory Coast
Tyebale	Tyebala 323H14	
Tyebali	Tyebala 323H14	
Tyebara	Senari, Central, Senari Subgroup 323H11	
Tyefo	Tiefo 323H8	
Tyeliri	323H6 Gur, Senufo Group	Ivory Coast
Tyhua	Hietshware cluster 1C21	
Tyo	Bali 327B75	
Tyoro	!xõ 1B11	
Tyua	Hietshware cluster 1C21	
Tyurama	Kirma-Tyurama 323F	
Tywa	Hietshware cluster 1C21	

U

Ualamo	Welamo 46A4411	
Uassi	Alawa 45D3	
Uba	Zayse 46A4441	
Ubang	326C115 Benue, Cross River 1, Bekwarra Group	Nigeria
Uboi	Kobiana 321A431	
Ucinda	Kamuku 326A1132	
Udak	Uduk 2F45	
Udom	Nde 326D2114	
Uduk	2F45 Nilo-Saharan, Koman, Koma Group	Sudan, Ethiopia
ǁuǀɛn	!xõ 1B11	
Ufia	Oring dialect cluster 326C2132	
Ugbala	Oring dialect cluster 326C2132	
Uge	Basang 326C113	
Ugep	Ko 326C2124	
Ugie	Ngie 326D225	
ʔŭka	!xõ 1B11	
ʔŭkate	!xõ 1B11	
Ukele dialect cluster	326C2131 Benue, Cross River 3, Western Subgroup	Nigeria
Ukelle	Ukele dialect cluster 326C2131	
Ukfwo	326D2379 Benue, Bantoid, Bane, Grasslands Group, Kom-Bandem Subgroup	Cameroun
Ukpe	326C114 Benue, Cross River 1, Bekwarra Group	Nigeria
Ukpe	Ukpe 326C114	
UKwese	kiKwese 327L13	
UKwese	kiKongo cluster, Eastern Group 327H16	
Ulbarag	Gurage, East 41B2211	
Uli	Oli 327A25	
UluBukusu	Masaba 327E31	
UluBuya	Masaba 327E31	
UluDadiri	Masaba 327E31	
UluGishu	Masaba 327E31	
UluGisu	Masaba 327E31	
UluGisu	Masaba 327E31	
UluKisu	Masaba 327E31	
ULumbu	oLombo 327C54	
UluRagoli	Logooli 327E41	
UMbesa	uMbesa 327C51	
UMbundu	uMbundu 327R11	
UMBUNDU GROUP	327R10 Bantu	Angola
Umon	Akunakuna 326C2134	
Ungourra	Banda 325B2	
Unguja	kiSwahili 327G42	
"Union Ibo"	Igbo 324G	
Unyama	chiManyika cluster 327S13	
Uollamo	Welamo 46A4411	
UPoto	Losengo 327C36	
Ura	326A1136 Benue, Plateau 1A, Kamuku Group	Nigeria
Urbarag	Gurage, East 41B2211	
Urbareg	Gurage, East 41B2211	

Urhobo	Sobo	324E4
Uri	Oli	327A25
Urib	Misqan	41B2221
Urriaghel	Riff	43B2
UruLera	ikinyaRwanda	327D61
UrunyaRuanda	ikinyaRwanda	327D61
UruRagwe	ekiNyambo	327E21
UruRuanda	ikinyaRwanda	327D61
UruShubi	uruShubi	327D64
URuund	uRuund	327L53
USamba	uSamba	327L12
Ushi	iciBemba	327M42
Usi	iciBemba	327M42
UsiLele	usiLele	327C84
Uta'	Menemo	326D2363
Utugwang	Utungwang	326C119
Utungwang	326C119	Benue, Cross River 1, Bekwarra Group Nigeria
Utungwang	Utungwang	326C119
Uwassi	Alawa	45D3
Uwet	Bakpinka	326C223
Uyanga	326C224	Benue, Cross River 2 & 3, Southeastern Group Nigeria
Uzhil	iciBemba	327M42

V

Vaalpens	Kathea	1B13
Vagala	323A333	Gur, Central Gur, Grusi Group, Central Subgroup Ghana, Ivory Coast
Vai	322A141	Mande, Northern-Western Branch, Northern Group, Vai-Kono Subgroup Liberia, Sierra Leone
VAI-KONO SUBGROUP	322A14	Mande, Northern-Western Branch, Northern Group Liberia, Sierra Leone, Guinea
Vale	2E2125	Nilo-Saharan, Chari-Nile, Central Sudanic, Bongo-Bagirmi Group, Sara-Bagirmi Subgroup Central African Republic
Vandra	Pantera	323H71
liVanuma	liNyali	327D33
Vazama	Xu-khwe	1C24
Vei	Vai	322A141
Veiao	ciYao	327P21
Vemgo	44C1-21	Afro-Asiatic, Chadic, Bata-Tera Group, Bata Subgroup Nigeria, Cameroun
VENDA GROUP	327S20	Bantu South Africa, Zimbabwe /Rhodesia
chiVenda	tshiVenda	327S21
tshiVenda	327S21	Bantu, Venda Group. South Africa, Zimbabwe /Rhodesia
Vere	325A42	Adamawa-Eastern, Adamawa, Duru Group Nigeria, Cameroun
Verre	Vere	325A42
Vidri	Banda	325B2
chiVidunda	kiVidunda	327G38

kiVidunda	327G38	Bantu, Zigula-Zaramo Group	Tanzania
Vige	323H-11	Gur, Senufo Group	Ivory Coast
Vigue	Vige	323H-11	
Viguie	Vige	323H-11	
Vigye	Vige	323H-11	
Vili	327B55	Bantu, Njabi Group	Gabon
kiVili	327H12	Bantu, kiKongo Group	Congo
Vinza	327D67	Bantu, Ruanda-Rundi Group	Tanzania
Vira	Zyoba	327D15	
kiVita	kiSwahili	327G42	
Vitre	Betibe	324B-2412	
Vizik	44C1-20	Afro-Asiatic, Chadic, Bata-Tera Group, Bata Subgroup	Nigeria, Cameroun
Vodere	Banda	325B2	
toVoke	toPoke	327C53	
Voko	Woko	325A48	
Volof	Wolof	321A13	
VOLTA-COMOE, EASTERN, SUBGROUP	GUAN SUBGROUP	324B-243	
VOLTA-COMOE, WESTERN	ONO SUBGROUP	324B-241	
VOLTA-COMOE GROUP	324B-24	Kwa, Western Group	Ivory Coast, Ghana
VOLTAIC	GUR	323	
Vora	Banda	325B2	
Vouaousi	iciBemba	327M42	
Vulum	Musgu	44G	
oluVuma	oluSese	327E11	
Vumba	kiSwahili	327G42	
kiVungunya	kiKongo cluster, Western Inland Group	327H16	
Vute	Wute	326D118	
Vy	Vai	322A141	

W

Waa	Bete	324A1	
Waana	Bidyo	44J66	
Waata	Sanye	45D6	
Wada	Banda	325B2	
Wadai-Birgid	44J65	Afro-Asiatic, Chadic, Sahel Group, Mubi Subgroup	Chad?
Wa-'dashi	Berta	2E41	
Wadda	Banda	325B2	
Wadi	Zumu	44C17	
Wadye	Bete	324A1	
Waga	Bete	324A1	
Waganga	Nyanja cluster	327N31	
Waja	325A13	Adamawa-Eastern, Adamawa, Tula Group	Nigeria
Wajao	ciYao	327P21	
Waka	325A55	Adamawa-Eastern, Adamawa, Mumuye Group	Nigeria
Wakande	Mbembe dialect cluster	326C2122	
Wakingdiga	Hadza	1E	
Wakore	Soninke	322A12	
Wa-kosho	Berta	2E41	

Wala	323A1218 Gur, Central Gur, Moore-Gurma Group, North-Central Subgroup	
Walaf	Wolof 321A13	
Walaitta	Welamo 46A4411	
Walamo	Welamo 46A4411	
Walane	Gurage, East 41B2211	
Walani	Gurage, East 41B2211	
Wali	Dagaari 323A1114	
Wali	Kordofan Nubian 2E112	
Wallaf	Wolof 321A13	
Wallamo	Welamo 46A4411	
Walo	Wolof 321A13	
Wambutu	Mangbutu 2E251	
iciWanda	327M21 Bantu, Nyika-Safwa Group	Zambia
Wandala	Mandara 44F1	
Wandara	Mandara 44F1	
Wandia	iciWanda 327M21	
Wandji	327B54 Bantu, Njabi Group	Gabon
oluWanga	luLuhya 327E32	
Wangara	Dyula 322A16	
Wangata	Mongo-Nkundo 327C61	
Wanji	327G66 Bantu, Bena-Kinga Group	Tanzania
Wankara	Dyula 322A16	
Wano	Kukuruku 324E3	
Wante	Ntem 326D23-125	
Wanti	Ntem 326D23-125	
Wara	323H-10 Gur, Senufo Group	Upper Volta, Mali, Ivory Coast
Warawa	Limba 321C3	
Warawa	Limba 321C3	
Warazi	Werize 45C22241	
Ware	Reported to be a Bantu tribal name by NBiii (p. 131). No linguistic information.	Tanzania
Warjawa	44A311 Afro-Asiatic, Chadic, Western Group, Warjawa-Gesawa Group, Warjawa Subgroup	Nigeria
WARJAWA SUBGROUP	44A31 Afro-Asiatic, Chadic, Western Group, Warjawa-Gesawa Group	Nigeria
WARJAWA-GESAWA GROUP	44A3 Afro-Asiatic, Chadic, Western Group	Nigeria
Warji	Warjawa 44A311	
Warri	Ijo 324H	
Wasa	Banda 325B2	
Wase Tofa	Jukun cluster 326B23	
Wasi	Alawa 45D3	
Wassandaui	Sandawe 1D	
Wassi	Alawa 45D3	
Wasulu	Mandekan 322A16	
Watawit	Berta 2E41	
Watindega	Hadza 1E	
Watyi	Ewe 324B-15	
Wawi	Bete 324A1	
Waya	Bete 324A1	
We	326D2374 Benue, Bantoid, Bane, Grasslands Group, Kom-Bandem Subgroup	Cameroun

We	Tonga cluster	327M64
Weh	We	326D2374
Weima	Loma	322A23
Welaita	Welamo	46A4411
Welamo	46A4411	Afro-Asiatic, Omotic, Northern Branch, Gimojan Group, Ometo Subgroup, Central Subgroup Ethiopia
Welango	Gobeze	45C22243
Welataitu	Welamo	46A4411
Weleni	Gurage, East	41B2211
Wellega	Galla	45C2211
Wello	Galla	45C2211
Wemba	iciBemba	327M42
Wenya	Tumbuka	327N21
Weo	Kru cluster	324A6
Were	Vere	325A42
Werize	45C22241	Afro-Asiatic, Eastern Cushitic, Lowland Group, Oromo Subgroup, Arbore-Werize Subgroup, Werize Subgroup Ethiopia
WERIZE SUBGROUP	45C2224	Afro-Asiatic, Eastern Cushitic, Lowland Group, Oromo Subgroup, Arbore-Werize Subgroup Ethiopia
Werna	Fungor	31A9
Werni	Fungor	31A9
Wes-Cos	See index entry Krio.	
WEST ATLANTIC	321	One of the main branches of Niger-Congo.
Wetawit	Berta	2E41
Wete	Kru cluster	324A6
White Bobo	Bobo Gbe	323D2
!WI GROUP	1B2	Khoisan, Southern Bushman Cape & Transvaal, South Africa, Lesotho
WIDE BANTU	BANE	326D2
Widekum	Iyirikum	326D2364
Widikum	Iyirikum	326D2364
Wiinza-Baali	liBinza	327C46
Wimbum	Limbum	326D23-10
Win	323G	Gur Upper Volta
Wipsi-ni	326A1124	Benue, Plateau 1A, Duka Group Nigeria
Wira	Morokodo	2E2113
Wisa	iciBiisa	327M51
Wiyap	Jiru	326B22
Wo	Tanda-Basari	321A412
Wobe	Bete	324A1
Wobe	Dan	322B12
Woga	44C1-22	Afro-Asiatic, Chadic, Bata-Tera Group, Bata Subgroup Nigeria, Cameroun
Wogo	Songhai	2A
Woko	325A48	Adamawa-Eastern, Adamawa Branch, Duru Group Nigeria, Cameroun
Wolaitsa	Welamo	46A4411
Wolane	Gurage, East	41B2211
Wolani	Gurage, East	41B2211
Woli	Kru cluster	324A6
Wolita	Welamo	46A4411
Wollamo	Welamo	46A4411

Wollega	Galla 45C2211	
Wollo	Galla 45C2211	
Wolof	321A13 West Atlantic, Northern Branch, Senegal Group	Senegal, Gambia, Mauritania
Wom	325A24 Adamawa-Eastern, Adamawa Group, Chamba Group	Nigeria, Cameroun
Wongbo	Ntem 326D23-125	
Wongo	327C85 Bantu, Kuba Group	Zaire
Woro	Kreish 2E221	
Wouri	Oli 327A25	
Wovea	Bobea 327A28	
Woyo	kiKongo cluster, Western Coastal Group 327H16	
Wukari	Jukun cluster 326B23	
Wule	Dagaari 323A1114	
Wulewule	Dagaari 323A1114	
Wuli	Wule 323A1114	
Wulima	Seba 327M55	
Wum	Aghem 326D2371	
Wumbu	iWuumu 327B78	
Wumbvu	327B24 Bantu, Kele Group	Gabon
Wumu	iWuumu 327B78	
kiWunjo	kiCago 327E62	
Wuo	Teke, Central 327B74	
Wurbarag	Gurage, East 41B2211	
Wuri	Oli 327A25	
Wurkum	Kulung 326D2136	
Wurkun	Kulung 326D2136	
Wute	326D118 Benue, Non-Bantu Bantoid, Mambiloid	Cameroun
Wuti	Wute 326D118	
iWuumu	327B78 Bantu, Teke Group	Zaire

X

luXaayo	luLuhya 327E32	
ǀXaise	Ṣuá-khwe cluster 1C22	
ǀxam	1B24 Khoisan, Southern Bushman, !Wi Group	Cape, South Africa
Xamir	Xamtanga 45B3	
ǀxam-kaǃka	ǀxam 1B24	
Xamta	Xamtanga 45B3	
Xamtanga	45B3 Afro-Asiatic, Central Cushitic	Ethiopia
Xananwa	sePedi 327S32	
Xasonke	Khasonke 322A15	
Xassa	Tigre 41B12	
Xatea	Kathea 1B13	
Xatia	Kathea 1B13	
‖xegwi	1B22 Khoisan, Southern Bushman, !Wi Group	Transvaal, South Africa
Xesibe	isiXhosa 327S41	
isiXhosa	327S41 Bantu, Nguni Group	South Africa
Xikongo	kiKongo cluster, Southern Group 327H16	
Xinji	kiShinji 327H35	

Xiri	Griqua 1C13	
Xirikwa	Griqua 1C13	
!xõ	1B11 Khoisan, Southern Bushman, Taa Group	Botswana
!xõ	!xõ 1B11	
!xõ, Aminuis	!xõ 1B11	
!xong	!xõ 1B11	
!xoŋ	!xõ 1B11	
Xosa	isiXhosa 327S41	
Xrikwa	Griqua 1C13	
!xũ	1A1 Khoisan, Northern Bushman	Namibia/South West Africa, Angola
!xũ of Angola	!xu 1A1	
!xũ of SWA	!xu 1A1	
!XŨ FAMILY	BUSHMAN, NORTHERN 1A	
Xu-khwe	Tshu-khwe Group, dialect cluster 1C24	

Y

iYaa	Teke, Western 327B73	
Yabasi	Basa 327A43	
Yache	Yatye 324F4	
Yachi	Yatye 324F4	
Yacoua	Banda 325B2	
Yadre	Moore 323A1111	
Yagba	Yoruba 324C1	
Yailima	Mongo-Nkundo 327C61	
Yajima	Mongo-Nkundo 327C61	
Yaka	Kako 327A93	
Yaka	Teke, Western 327B73	
kiYaka	327H31 Bantu, Kiyaka Group	Zaïre
kiYaka	kiKongo cluster, Northern Group 327H16	
Yako	Ko 326C2124	
Yakoko	Mumuye 325A51	
Yakoma	325B33 Adamawa-Eastern, Eastern Branch, Ngbandi Group	Congo, Central African Republic
Yakoro	Bekwarra 326C111	
Yakpa	Banda 325B2	
Yakpwa	Banda 325B2	
Yakuba	Dan 322B12	
Yakwa	Banda 325B2	
Yala	324F3 Kwa, Idoma Group	Nigeria
Yallof	Wolof 321A13	
Yalunka	Susu-Yalunka 322A11	
Yalunka	Susu-Yalunka 322A11	
Yalunke	Susu-Yalunka 322A11	
Yambasa	327A62 Bantu, Sanaga Group	Cameroun
Yambeta	Banen 327A44	
Yamongeri	327C38 Bantu, Bangi-Ntumba Group	Zaïre
luYana	esiLuyana 327K31	
Yanchi	iYans 327B85	
Yanderika	Indri 325B68	
Yandirika	Indri 325B68	
Yanga	Moore 323A1111	

boYanga	liBati	327C43
Yangafek	Ewondo cluster	327A72
Yangafuk	Ewondo cluster	327A72
Yangele	Gbaya	325B11
Yangere	Banda	325B2
Yans, Eastern	iYans	327B85
iYans	327B85	Bantu, Tende-Yanzi Group Zaïre
Yansi	iYans	327B85
Yansi	Moore	323A1111
Yanzi	iYans	327B85
iYanzi	iYans	327B85
kiYanzi	iYans	327B85
YAO GROUP	327P20	Bantu Malawi, Moçambique, Tanzania
ciYao	327P21	Bantu, Yao Group
		Malawi, Moçambique, Tanzania
Yaounde	Ewondo cluster	327A72
Yariba	Yoruba	324C1
Yasa	327A33	Bantu, Bube-Benga Group
		Cameroun, Equatorial Guinea
Yasa	Yasa cluster	327A33
siYase	Avatime	324B1
Yasem	Ewondo cluster	327A72
Yasgua	Yeskwa	326A2213
Yashem	Ewondo cluster	327A72
Yashi	326A53	Benue, Plateau 5 Nigeria
Yasing	325A65	Adamawa-Eastern, Adamawa, Mbum Group Cameroun
Yassing	Yasing	325A65
Yatye	324F4	Kwa, Idoma Group Nigeria
Yaunde	Ewondo cluster	327A72
YAUNDE-FANG GROUP	327A70	Bantu Cameroun, Gabon Equatorial Guinea
Yawaziru	Mende-Bandi	322A21
Ya win	Mano	322B11
Yawotatakha	44F4	Afro-Asiatic, Chadic, Mandara Group Nigeria?
Yeei	iYans	327B85
ciYeei	327R41	Bantu, Yeye Group Botswana
Yei	ciYeei	327R41
Yeji	324B-2439	Kwa, Western Group, Volta-Comoe Group, Guan Subgroup Ghana
boYela	327C74	Bantu, Tetela Group Zaïre
Yembe	kiKongo cluster, Southern Group	327H16
Yembe	luSonge	327L23
Yemma	Janjero	46A41
Yendang	325A56	Adamawa-Eastern, Adamawa, Mumuye Group Nigeria
Yere	Vere	325A42
Yergam	326A71	Benue, Plateau 7 Nigeria
Yergon	Yergam	326A71
Yergum	Yergam	326A71
Yesko	Yeskwa	326A2213
Yeskwa	326A2213	Benue, Plateau 2, Zaria Group, Koro Subgroup Nigeria
Yesoum	Ewondo cluster	327A72
Yewu	liBoa	327C44

Yey	iYans 327B85	
YEYE GROUP	327R40 Bantu	Botswana
Yeye	ciYeei 327R41	
Yeyi	ciYeei 327R41	
Yezum	Ewondo cluster 327A72	
Yidinich	Kwegu 2E129	
Yidinit	Kwegu 2E129	
Yigha	Gbo 326C2121	
leYigha	Gbo 326C2121	
YilLaro	Laro 31A4	
Yimbe	Limba 321C3	
Yingulu	Reported to be an Adamawa-Eastern language of the Adamawa Branch.	
YiNzebi	yiNzebi 327B52	
YiPunu	yiPunu 327B43	
ekiYira	327D44 Bantu, Konjo Group	Zaïre
Yiru	nyanNkore 327E13	
YiSangu	yiSangu 327B42	
Yoa	Kabwari 327D56	
Yoabu	Somba 323A149	
kiYoba	Kabwari 327D56	
Yofo	Kumba 325A52	
Yola	Diola 321A311	
Yom	Pilapila 323A131	
Yombe	Tumbuka 327N21	
kiYombe	kiKongo cluster, Western Inland Group 327H16	
'kiYombe classique'	kiKongo cluster, Western Inland Group 327H16	
Yoni	Temne 321C211	
Yooba	Yoruba 324C1	
Yoruba	324C1 Kwa, Yoruba Group	Nigeria, Benin
YORUBA GROUP	324C Kwa	Nigeria, Benin
Youabou	Somba 323A149	
Youlou	Yulu 2E213	
Yoza	ekiHaya 327E22	
Yu	Manjaku 321A321	
Yukube	Boritsu 326B43	
Yukutare	Bitare 326D124	
Yulu	2E213 Nilo-Saharan, Chari-Nile, Central Sudanic, Bongo-Bagirmi Group	Sudan, Zaïre
Yum	Aghem 326D2371	
Yungur	325A71 Adamawa-Eastern, Adamawa, Yungur Group	Nigeria
YUNGUR GROUP	325A7 Adamawa-Eastern, Adamawa	Nigeria, Cameroun
Yungwe	ciNyungwe 327N43	

Z

Zabarma	Songhai 2A
kiZabave	kiTuba 327H17
Zabirmawa	Songhai 2A
Zadye	Dan 322B12
Zagai	Wom 325A24
Zagaoua	Zaghawa 2B3
Zage	Dan 322B12

Zaghawa	2B3	Nilo-Saharan, Saharan Branch	
			Chad, Sudan, Libya
Zaisse	Zayse	46A4441	
Zala	46A4414	Afro-Asiatic, Omotic, Northern Branch, Gimojan Group, Ometo Subgroup, Central Subgroup	Ethiopia
Zama	Xu-khwe	1C24	
Zan	Gula	325A-138	
ikiZanaki	327E44	Bantu, Ragoli-Kuria Group	Tanzania
ikiZanaki	ikiZanaki	327E44	
Zande	325B41	Adamawa-Eastern, Eastern Branch, Zande Group	Sudan, Zaïre
			Central African Republic
ZANDE GROUP	325B4	Adamawa-Eastern, Eastern Branch	Sudan
		Central African Republic, Zaïre, Congo	
paZande	Zande	325B41	
Zanga	Dyan	323C2	
Zani	Njei	44C16	
Zany	Njei	44C16	
Zara	Sankura	323D3	
kiZaramo	327G33	Bantu, Zigula-Zaramo Group	Tanzania
ZARIA GROUP	326A22	Benue, Plateau 2	Nigeria
Zarma	Songhai	2A	
Zayse	46A4441	Afro-Asiatic, Omotic, Northern Branch, Gimojan Group, Ometo Subgroup, Eastern Subgroup	Ethiopia
Zaysse	Zayse	46A4441	
Zazing	Yasing	325A65	
Zegbe	Bete	324A1	
Zeggaoua	Zaghawa	2B3	
Zeguha	kiZigula	327G31	
Zelmamo	Zulmanu	2E128	
Zelmamu	Zulmanu	2E128	
Zelmanu	Zulmanu	2E128	
Zenaga	43D	Afro-Asiatic, Berber	Mauritania, Senegal
ZENATI GROUP	43A	Afro-Asiatic, Berber	Western Desert, Egypt
			Libya, Tunisia, Algeria
Zergula	Zayse	46A4441	
Zergulla	Zayse	46A4441	
Zerma	Songhai	2A	
chiZezuru	327S12	Bantu, Shona Group	Zimbabwe/Rhodesia
Zhu|oase	!xũ	1A1	
Ziba	ekiHaavu	327D52	
amaZiba	ekiHaavu	327D52	
ekiZiba	ekiHaya	327E22	
oluZiba	ekiHaya	327E22	
Zigoua	kiZigula	327G31	
Zigua	kiZigula	327G31	
kiZigula	327G31	Bantu, Zigula-Zaramo Group	Tanzania
ZIGULA-ZARAMO GROUP	327G30	Bantu	Tanzania
Zilmamu	Zulmanu	2E128	
Zilmanu	Zulmanu	2E128	
Zimba	327D26	Bantu, Lega-Kalanga Group	Zaïre
Zimba	Ena	327D14	
Zimba	chiZezuru	327S12	
Zimu	Njem	327A84	
Zinja	eciDzindza	327E23	

eciZinja	eciDzindza 327E23	
Zinna	Mumuye 325A51	
Zinza	eciDzindza 327E23	
Ziraha	kiSagala 327G39	
Zombo	kiKongo cluster, Southern Group 327H16	
Zomo	Zumu 44C17	
Zomper	Kutep 326B5	
Zompre	Kutep 326B5	
kiZoombo	kiKongo cluster, Southern Group 327H16	
Zorhaua	Zaghawa 2B3	
Zouaouah	Kabyle 43B1	
Zraoua	43A7 Afro-Asiatic, Berber, Zenati Group	Tunisia
Zuara	Jebel Nefusa 43A4	
Zugweya	Busa 322B23	
zu|hoa	!xũ 1A1	
Žu|ʔhõasi	!xũ 1A1	
Zulmamu	Zulmanu 2E128	
Zulmanu	2E128 Nilo-Saharan, Chari-Nile, Eastern Sudanic, Didinga-Murle Group	Ethiopia
Zulu, Basic	Fanagalo 327S46	
isiZulu	327S42 Bantu, Nguni Group. Zululand, South Africa	
isiZulu of Natal	isiZulu 327S42	
isiZulu of Zululand	isiZulu 327S42	
Zumper	Kutep 326B5	
Zumperi	Kutep 326B5	
Zumu	44C17 Afro-Asiatic, Chadic, Bata-Tera Group, Bata Subgroup	Nigeria, Cameroun
Zunda	isiZulu 327S42	
Zungle	Limbum 326D23-10	
Zusu	Wipsi-ni 326A1124	
Zuwarah	Jebel Nefusa 43A4	
Zway	Gurage, East 41B2211	
Zyoba	327D15 Bantu, Mbole-Ena Group	Zaïre

CLASSIFICATION SCHEDULE REFERENCES AND SOURCES

References and Sources   Khoisan 1

1
Khoisan References

1. The terms "Khoisan", "Bushman", "Hottentot", and "Click" as
    possible designations of the single genetic family postulated for
    the languages involved by Greenberg are critically reviewed by
    Westphal.

    Several classifications of "Bushman" and "Hottentot" languages have
    been proposed, the fullest being those of Bleek and Westphal. The
    most important disagreements concern the possible genetic affiliation
    of the generally accepted main groups to one another within one family.
    Greenberg and certain other scholars recognise the genetic unity of
    the main divisions here re-presented, viz. Northern Bushman, Southern
    Bushman, Hottentot (or Central Bushman), Sandawe and Hadza. Westphal
    disputes this higher level genetic grouping, but Voegelin (p. 247)
    has observed that "those who doubt this seem to lack the phylum
    perspective; they look for closer relationships (sub-relationships)
    such as one could expect to encounter in a close-knit language family
    rather than in a language phylum." Traill 1973 (pp. 26,27) similarly
    appears to adopt this view of Westphal's position.

    Westphal 1962 (pp. 1-3), Köhler 1963, Voegelin 1964 (pp. 247-267),
    and Westphal 1971 (pp. 383-388) provide useful comparison and discussion
    of competing classifications and of the issues involved.

    The names used to identify "Bushman" and "Hottentot" languages present
    extraordinary problems of a type apparently not found elsewhere in
    Africa. Traill 1974 (p. 9) concludes an illuminating discussion of
    "The problem of names" by observing that "there is nothing in Bushman
    politics or linguistic self awareness that will provide a motivated
    name [for !xũ]."

    It will be noticed that many of the alternant names listed are
    obviously variants in some sense of one another. Included in the
    alternants for some of the entries are Bleek's alphabetic and
    numerical reference numbers as presented in her 1927 work and re-
    presented in her Bushman dictionary published in 1956.

2. The relationship to one another of the entries under !xũ is not entirely
    clear. Westphal 1962 (p. 7) notes the following: "This group of
    languages is spoken over a very wide area in South-West Africa,
    Bechuanaland and Angola. Only one group in Angola was visited and
    it is not known how much other groups differ from this or from the
    South-West Africa dialect. The !xũ language is related to the ǂau‖ʔeĩ
    known as ‖au‖en, Auen, Makoukou, etc. spoken near Ghanzi." Westphal
    1963 (p. 244) clearly indicates dialect relationship in the following
    terms, "Bush 'A' or !xũ ... with the following dialects: (a) !xũ of
    SWA and Bechuanaland as the central dialect which includes au‖eĩ (Auen,
    Macoco, Makoko, &c.) of Ghanzi, and (b) !xũ of Angola consisting of a
    variety of dialects genetically related to SWA !xũ ..." However,
    Westphal in his 1971 work (pp. 380,381) assigns separate numbers to

Khoisan 1   References and Sources

    the !xũ spoken in SWA and the !xũ spoken in Angola, and this implies separate language status. Bleek's numerics also imply separate language status, and Greenberg follows her in this. Westphal 1956 (p. 163) lists some of the languages concerned in the "!Kung dialect cluster."

3. Westphal 1956 (p. 163) lists !Kung, Zhu|oase, and ||Au||en (?) as co-ordinate dialects in the !Kung dialect cluster, but in 1971 (p. 380) he lists !Kung and Dʒu|ʔoãsi as alternate names for !xũ. Voegelin 1963 (p. 269) also lists two dialect areas under !xũ, (a) SWA - Botswana, with dialects "Kung proper", Zhu|oase, and Auen ; (b) !O!Kung.

4. Traill 1973 deals with this hitherto unrecorded language, Eastern ǂHũâ A2, (which is distinct from the ǂhua of Southern Bushman B11), and suggests (p. 27) that it can possibly be assigned to either Northern or Southern Bushman on available evidence.

5. The entries under the Taa Group constitute a separate genetic family according to Westphal 1963 (p. 244), 1966 (p. 137), and 1971 (p. 381).

6. Traill 1974 (pp. 9-25) offers a very explicit discussion of dialect variation in the !xõ area. He notes that "the results of this survey present for the first time a systematic and (fairly) exhaustive investigation of the dialectal diversity found in one of the so-called Khoisan languages" (p. 7). The entries ||nǫ, and ǂgẽ under !xõ are derived from Traill 1974 (p. 9), but as he does not mention either in his fairly detailed discussion of !xõ dialects we are unable to indicate their dialect status.

7. The relationship between |nu||en and ŋ|usan is not entirely clear. Traill 1974 (p. 11) quotes Bleek (1927) to the effect that "The Hottentots call them ... [i.e. the |nu-||e:n (sic) A.T.] the |nu-san which the white man turned into "Nusan" or "Noosan."" He continues, "So the !ko the |nu||en and the |nu-san are the same; Bleek classifies the latter two as S6 and S6a respectively. Regarding S6a Kronlein's data (Kronlein, 1861, Bleek 1956), have very little in common with S6, S5 and any other !xõ dialects with which I am familiar..." He observes (p. 11) that |nu||en or S6 "shows a number of distinguishing features, which would serve to mark it quite clearly as a variant of the other !xõ dialects." Westphal 1956 (p. 163) and Voegelin (p. 270) treat the two together as one language.

8. The linguistic relationships between ʔ||ŋaʰmsa, ɵwa, and Lala are not entirely clear. See Traill 1974 p. 18.

9. Traill 1974 (p. 10) notes that "The dialectal status of S5 [Bleek's Masarwa, our B12] is not clear to me for it shows a number of features which would lead one to consider giving it separate status, as a distinct but closely related *language* [to !xõ]."

10. Traill 1973 (p. 25) states that "Bleek's lexical data shows quite clearly ... that the language [viz. Khathea] is not a !xõ dialect."

11. The entries under the !Wi Group constitute a separate genetic family according to Westphal 1963 (p. 244), 1966 (p. 137), and 1971 (p. 381).

12. The position of |auni B21 is not entirely clear: compare Westphal 1963 (p. 244), Westphal 1971 (p. 381), and Traill 1974 (p. 14). It is noteworthy that Traill in his very extensive discussion of !xõ dialects does not include |auni.

13. ǁxegwi B22 was regarded by Westphal 1963 (p. 244) and 1966 (p. 137) as a tentative genetic family distinct from the other families recognised by him. In his 1971 work (p. 381), however, ǁxegwi is included in the !Wi Family.

14. The listing of the Southeastern group languages B23 and ǀxam B24 follows that of Westphal 1971 (p. 381).

15. Westphal's several articles mainly provide the information on which our classification of the "Hottentot" languages is based. For a survey of various views on the relationship of "Hottentot" to Northern and Southern Bushman, see the sources listed in footnote 1. It should be noted that the fact that the Tshu-khwe, Nharo-n, and Hai-ŋǁum languages are all spoken by "Bush-type" peoples somewhat clouded the now accepted genetic relationship with "Hottentot" proper. Bleek did not formally propose this relationship but had noted similarity between "Central Bushman" and Hottentot.

16. Mohissa (Bleek's C1b) is not mentioned by Westphal 1971 in his own classification (p. 378 ff.) although he cross-references Mohissa to his Tshu-khwe Group (our C2). Köhler 1975 (p. 230) groups Mohisa with Hietshware and ǀHaitshuari, our C21.

17. *Hura* (Bleek's Sehura, C1a) is not mentioned by Westphal 1971 in his own classification (p. 378 ff.) although he cross-references Sehura in Bleek's classification to his Tshu-khwe Group (our C2). Köhler 1975 (p. 230) groups Hura with Teti (our C23), Danisa (our C22), Shuakhoe (our C22) and Ts'ixa (our C24).

18. Hainǁum is listed as a Nama-speaking people by Westphal 1956 (p. 159). Their original language appears to be extinct, and they now speak Nama.

19. Kwadi C4 was regarded by Westphal as "an entirely new language type" in his 1963 work (p. 247). In 1971 however, he places Kwadi in his Hottentot family "as a concession to the possibility of a genetic relationship" (p. 380).

20. Sandawe D was related by Westphal 1956 (pp. 158 ff.) to Hottentot, but Greenberg 1963 assigns Sandawe status co-ordinate with South African Khoisan and Hadza. Westphal 1971 (p. 381), however, assigns the language independent family status. Köhler 1975 (p. 230) notes that "Sandawe has similarities to Central Khoisan and may be regarded as distantly related."

21. Hadza E was included by Bleek in her central branch, but Greenberg 1963 assigns Hadza status co-ordinate with South African Khoisan and Sandawe. Westphal 1956 (p. 162) relates Hadza to the Bushman languages but notes "whether Hadza belongs to this larger unit or should be regarded as an Isolated Unit is a moot point." In his 1971 work, however, Westphal (p. 381) assigns the language independent family status. Köhler 1975 (p. 230) states the following: "Hadza shows some relationships to Khoisan and relatively few connections to Sandawe. Its inclusion in Khoisan is problematic and assumes a very high, abstract level of classification, presupposing that the languages separated a long time ago... This high level of classification is also characteristic of all three Khoisan groups [i.e. Northern, Central, and Southern]."

Khoisan 1 References and Sources

Khoisan Sources

Bleek, Dorothea F.
   1956 *A Bushman dictionary.* New Haven, Conn.: American Oriental Society.

Cole, Desmond T.
   1961 "Bushman languages." *Encyclopaedia Britannica* 4, pp. 468-470.

Greenberg, Joseph H.
   1963 *The languages of Africa.* The Hague: Mouton for Indiana University, pp. 66-84.

Köhler, Oswin R.A.
   1963 "Observations on the central Khoisan language group." *Journal of African Languages* 2(3), pp. 227-234.
   1975 "Khoisan languages." In "African languages," by Morris F. Goodman, David W. Crabb and Oswin R.A. Köhler, *Encyclopaedia Britannica, Macropaedia* 1, pp. 228-232.

Lanham, L.W. and Hallowes, D.P.
   1956 "Linguistic relationships and contacts expressed in the vocabulary of Eastern Bushman." *African Studies* 15(1), pp. 45-48.

Snyman, J.W.
   1974 "The Bushman and Hottentot languages of Southern Africa." *Limi* 2(2), pp. 28-44.

Traill, A.
   1973 " "N4 or S7" : another Bushman language." *African Studies* 32, pp. 25-32.
   1974 *The compleat guide to the Koon.* Johannesburg: African Studies Institute, University of the Witwatersrand. (ASI Communication no. 1)
   1975 *Bushman and Hottentot linguistic studies*, edited by A. Traill. Johannesburg: African Studies Institute, University of the Witwatersrand. (ASI Communication no. 2)

Voegelin, C.F. and F.M.
   1964 "Languages of the world: African fascicle one." *Anthropological Linguistics* 6(5), pp. 247-280.

Welmers, Wm. E.
   1971 "Checklist of African language and dialect names." *Current Trends in Linguistics* 7, pp. 759-900.

Westphal, E.O.J.
   1956 "The non-Bantu languages of Southern Africa." Supplement to *The non-Bantu languages of North-Eastern Africa*, by A.N. Tucker and M.A. Bryan, London, pp. 158-173.

Westphal, E.O.J.
- 1962a "A re-classification of Southern African non-Bantu languages." *Journal of African Languages* 1(1), pp. 1-8.
- 1962b "On classifying Bushman and Hottentot languages." *African Language Studies* 3, pp. 30-48.
- 1963 "The linguistic prehistory of Southern Africa: Bush, Kwadi, Hottentot, and Bantu linguistic relationships." *Africa* 33, pp. 237-265.
- 1966 "Linguistic research in S.W.A. and Angola." *Ethnische Gruppen SWA. Wissench. Gesellsch.*, pp. 125-144.
- 1970 "Bushman languages." *Standard Encyclopaedia of Southern Africa* 2, pp. 612-613.
- 1971 "The click languages of Southern and Eastern Africa." *Current Trends in Linguistics* 7, pp. 367-420.

Nilo-Saharan 2   References and Sources

2
Nilo-Saharan References

1. Prost 1956 (pp. 11-15) proposes three main language divisions within Songhai 2A:
    I Tombouctou-Goundam
    II Sonay proper, dialects of Gao and neighbours
    III Zerma.
    He also demonstrates a definite distinction between the western dialects (Tombouctou-Goundam-Mopti) and those of the east (Sonay proper and Zerma). This is confirmed by Greenberg 1971 (p. 424).

2. Tucker and Bryan 1956 (pp. 47,48) specify the tribes speaking Kanuri dialects. These are listed under Kanuri B11 as dialects in the absence of further (available?) information, since these tribal names are used to identify the dialects. (See Tucker and Bryan's bibliography (p. 185) where Prietze's "Bornu-Texte" is described as being "in Manga dialect...")

    Kanuri B11 and Kanembu B12 are regarded as being very close, possibly even dialects, but Tucker and Bryan list them as independent languages (pp. 46-48).

3. *Kashirda* and *Kreda* B22 are added on the basis of Tucker and Bryan 1966, p. 168. The status of these is not entirely clear.

4. *Bideyat* B3 is listed by Tucker and Bryan 1956 (p. 52) as being either an independent language or a dialect of Zaghawa, with which it is mutually intelligible. Welmers in his checklist regards it as a dialect of Zaghawa.

5. Greenberg 1971 (p. 426) outlines the probable internal grouping of Maban.

6. Voegelin (pp. 205,206) lists ten dialects besides *Runga* under Maba C11, and five under Karanga C12. According to Tucker and Bryan 1956 (pp. 54,55) these are tribal names.

7. There are two distinct Mimi's within Maban. For a discussion see Greenberg 1971 (p. 426), and Tucker and Bryan 1956 (p. 53). Greenberg 1963 lists the Mimi of Gaudefroy-Demombynes as Mime, but this appears to be a typographical error (p. 130).

8. Greenberg 1971 states that Nile Nubian E111 consists of two dialects, *Dongola-Kenuz* and *Mahas-Fadidja*, see p. 428. Welmers in his checklist gives both dialects independent status, and notes that they are alternants for Nile Nubian (the latter presumably based on Greenberg 1963).

9. Greenberg 1963 (p. 85) lists *Dair, Dilling, Gulfan, Garko, Kadero* and *Kundugr* as languages of Kordofanian Nubian. Welmers largely follows this, but assigns independent status to Tucker and Bryan's *El Hugeirat, Western Kadaru* and *Wali*. Greenberg 1971 (p. 428), however, states that "in the Nuba hills of Kordofan from El Hugeirat to Jebel Dair

[there] are a number of dialects which are probably mutually intelligible and may be called collectively Kordofan Nubian." It appears that he thus reverts to Tucker and Bryan's assessment (pp. 76,77). Welmers lists *Kundugr* as a Chari-Nile, Eastern language and does not relate it specifically to Kordofan Nubian.

10. Greenberg 1971 (p. 428) mentions that Midob E113 and Birked E114 together comprise Zyhlarz' Dafur Nubian.

11. Considerable difficulties have been experienced in trying to resolve the classification of languages in the Didinga-Murle (Surma) Group. Greenberg 1971 (p. 429) comments that "while [Didinga-Murle's] identity as a group is well established, its internal classification is difficult because of fragmentary or non-existent documentation for certain languages."

12. Didinga E121 may be a dialect of Murle E123 according to Bender 1971 (p. 224)

13. Bender 1971 (p. 225) and Fleming and Bender 1976 (p. 59) treat Suri E124 as an alternant for Tirma. Greenberg 1963 lists Suri separately, and treats Tirma as part of Surma. Surma is here treated as an alternant of Mekan E126 following Welmers, but is only used as a group name by Bender 1971. Tid is treated by Bender 1971 (p. 225) as a "geographical name" under Tirma, but Welmers lists Tid as a dialect of Mekan E126.

14. Murzu E125 is treated by Welmers as a dialect of Mekan E126. Fleming and Bender 1976 (p. 59), however, relate Murzu to Suri E124.

15. The term 'Surma' appears in Bender 1971 and Fleming and Bender 1976 only as a group name.

16. Zulmanu E128 is listed as a dialect of Mekan E126 by Welmers.

17. Nara E13 is added on the basis of Fleming and Bender 1976 (p. 59).

18. Ingassana E14 was grouped by Bender 1971 (p. 203) with Berta (our E4). Greenberg and Welmers simply assign Ingassana to Eastern Sudanic, but we follow Fleming and Bender 1976 (p. 59) who classify the language within the Surma (Didinga-Murle) subgroup. Greenberg 1971 (p. 429) notes that "no grammar or dictionary of this language has ever been published and it is known only from a few wordlists and specimen sentences."

19. Baygo E1814 is listed by Tucker and Bryan 1956 (p. 60) as a dialect of Daju of Dar Fur (E1813), but Greenberg 1963 and Welmers' checklist assign it independent status.

20. Bender 1971 and Fleming and Bender 1976 differ from Greenberg on the classification of Nilotic in certain respects. Fleming and Bender are, however, dealing essentially with Ethiopian languages and so do not give a complete sub-classification of Nilotic. Integration of their partial alternatives within the Greenberg scheme is therefore difficult.

21. Authorities disagree on the treatment of Burun E19111, Mabaan E19112, and Jumjum E19113. Greenberg 1971 and Tucker and Bryan 1956 agree on the placing of these languages within Western Nilotic, but Bender 1971 and Fleming and Bender 1976 assign them to Eastern Nilotic. The relationship of these languages to each other is not entirely clear. Compare the treatments given by Tucker and Bryan 1956 (pp. 100-101), Fleming and Bender 1976 (pp. 55-56), and Welmers.

The latter two sources indicate that Jumjum may well be a distinct language.

22. Greenberg 1963 lists Jur and Luo as separate languages.

23. Welmers lists a Lango as a dialect of Lotuko E191222.

24. The genetic relationships of the languages treated by Greenberg in his Eastern Nilotic and Southern Nilotic groups are interpreted differently by some other authorities. A genetically hybrid group, Nilo-Hamitic, has been postulated comprising these languages, but there has been considerable dispute about this. The Nilo-Hamitic controversy has been summarised by Greenberg 1971 (pp. 427,428,431-433) and by Voegelin (pp. 235-242).

25. Greenberg 1963 (p. 86) lists *Fajulu, Kakwa* and *Mondari* E1921 as independent languages.

26. *Engutuk-Eloikob*, dialect of Masai E192211, is mentioned only by Welmers who cites as his source Krapf, 1854.

27. Greenberg 1963 lists Karamojong, *Jie*, and *Dodoth* E192224 as separate languages.

28. Greenberg 1963 (p. 86) assigns independent language status to *Nyangiya* and *Teuso* E1-10. Welmers in his checklist prefers this treatment, although he suggests, following Tucker and Bryan 1956 (p. 93), that *Nyangiya* may be a dialect of Teuso. Welmers also assigns language status to *Tepes* and *Dorobo*. Greenberg 1971 (p. 433), however, recognises four "small scattered groups" which speak closely related dialects. Tucker 1967 (pp. 660-661) regards Teuso as possibly being Afro-Asiatic 'Fringe' Cushitic.

29. Meroitic E1-11 [extinct] is assigned to Eastern Sudanic on the basis of Trigger's 1964 reported views. The position of Meroitic is outlined briefly by Greenberg 1971 (pp. 438,439).

30. The classification of Central Sudanic presented here follows that of Greenberg 1971, but with several language additions from Welmers. Tucker and Bryan 1956 (pp. 1-19) follow a somewhat different internal classification, and Greenberg 1971 (pp. 433-435) compares the two.

31. The Sara-Bagirmi subgroup E212 has been expanded following Welmers and Tucker and Bryan 1956 to include the separate languages Sara Mbai, Sara Gambai, Sara Kaba, Kaba Dunjo, and Vale (pp. 14-17). Greenberg 1963 (p. 109) treated *Madjinngay* E2121, *Gulai* E2121, Mbai E2129, Gamba E2122, Kaba E2123, Dendje E2124, and *Laka* E2122 as dialects of a single language, Sara. Greenberg 1971 (p. 434) states that "complete and reliable subdivision of the Sara-Bagirmi complex does not seem feasible on present evidence."

32. Nduka E2126, Tana E2127, and Horo E2128 are assigned independent status on the basis of Greenberg 1963 (p. 109). Tucker and Bryan 1956 (p. 17) list Nduka and Tana as tribes speaking dialects of Vale E2125, and state that nothing is known of Gaudefroy-Demombynes' Horo (p. 17). Welmers in his checklist follows Greenberg in assigning independent status to these languages, but notes that the first two may be dialects.

33. Bagirmi E212-11, explicitly treated by Greenberg 1971 (pp. 433,435) as Central Sudanic, is to be distinguished from *Bagirmi*, dialect of West Atlantic Fula (321A11). Welmers omits Nilo-Saharan Bagirmi from his checklist. It appears from Westermann and Bryan (p. 19) that *Bagirmi* is the geographical area in Chad where the Fulani dialect *Foulbere* is

spoken. Nilo-Saharan Bagirmi is also spoken in what appears to be the same area in Chad.

34. Kuka E212-12, Kanga E212-13, Disa E212-14, and Bubalia E212-15 are added on the basis of Tucker and Bryan 1956 (pp. 18,19).

35. *Binga* E213 is regarded by Greenberg 1971 (p. 434) as being only dialectally different from Yulu. Welmers accords *Binga* independent status.

36. Sinyar E214 is added on the basis of Tucker and Bryan 1956 (p. 14), and Welmers. Greenberg 1971 explicitly omits it from his classification as there is no published material available (p. 434).

37. Gula E215 and Gele are listed by Tucker and Bryan 1956 (p. 19) as "obviously belong[ing] to this Larger Unit [i.e. Bongo-Bagirmi]." They note, however, that "there is not sufficient material to make any more exact classification."

38. In order to accomodate Aja E222 and Furu E223, members of Tucker and Bryan's Kresh Group (pp. 12-14), it has been necessary to introduce a Kreish Group E22. Greenberg 1971 explicitly omits Furu E223 as there is no published material available (p. 435). Tucker and Bryan suggest that Furu may be a dialect of Kresh. Aja E222 could alternatively be classified with Adamawa-Eastern as it is "midway between Kresh and Banda [325B2]" (Tucker and Bryan 1956 p. 12, footnote 4). Voegelin (p. 213) lists Aja as a possible dialect of Yulu-Binga (E213).

39. *Lombi, Makere, Meje* and *Popoi*, dialects of Mangbetu E241, were listed as independent languages in Greenberg 1963 (p. 109). As they are omitted from Greenberg 1971 it is assumed that he now agrees with Tucker and Bryan (pp. 7,8) in regarding them as dialects.

40. Five dialects are listed under Mangbutu E251 on the basis of Tucker and Bryan 1956 (p. 5) reporting Costermanns.

41. Greenberg 1963 (p. 109) lists Mamvu E2531, Lese E2533, Mvuba E2534, and Efe E2535 as independent languages. Tucker and Bryan (pp. 6,7) regard them, together with Amengi E2532, as dialects of the Mamvu-Efe dialect cluster, but Welmers assignes them all independent status.

42. Bender 1971 (p. 193) removes Kunama E3 and Berta E4 from Chari-Nile and assigns them co-ordinate status with Greenberg's sixth branch of Nilo-Saharan, Koman F. Fleming and Bender 1976 (p. 56) further observe that "whether or not these three [Berta, Kunama, and Koman] are really all separate branches or related in a more complicated way is not fully clear from the vocabulary data." The Kunama dialects are those listed by Bender 1971 (p. 222).

43. Although Bender 1971 (p. 202) refers to *Ilit* as a language, in his index it is listed as a dialect of Kunama E3.

44. Bender 1971 (pp. 166,192,193,203-205) includes in Berta Wetawit (which appears to be an alternant for Berta), Gobata, Gamila, and Ingassana. The latter is here treated, following Greenberg, as belonging to the Didinga-Murle Group E12. Various other names are cited by Tucker and Bryan 1956 (p. 80) to denote what might be dialects of Berta, but they note that "further research is needed to determine to what realities all these names correspond." Greenberg 1971 (p. 435) suggests that Berta involves a number of distinct but closely related languages rather than dialects, and Fleming and

Bender 1976 (p. 59) list Wetawit, Gobato, and Gamila (our E41, E42, and E43) as languages.

45. The expanded classification of Koman F given here follows that of Bender 1971 and Fleming and Bender 1976, since Greenberg 1971 (p. 436) only suggests a division between Gule F1 and the remaining Koman languages.

Sources

Bender, M.L.
- 1971 "The languages of Ethiopia: a new lexicostatistic classification and some problems of diffusion." *Anthropological Linguistics* 13, pp. 165-288.
- 1972 "Addenda to Guide to Ethiopian Language Nomenclature." *Anthropological Linguistics* 14, pp. 196-203.
- 1976 *Language in Ethiopia*, edited by M.L. Bender et al. London: Oxford University Press.
- 1976 "Non-Semitic languages," by Harold C. Fleming and Marvin L. Bender. In *Language in Ethiopia*, op. cit., pp. 34-62.

Fleming, Harold C.
- 1976 "Non-Semitic languages," by Harold C. Fleming and Marvin L. Bender. In *Language in Ethiopia*, op. cit., pp. 34-62.

Greenberg, Joseph H.
- 1963 *The languages of Africa*. The Hague: Mouton for Indiana University, pp. 85-148.
- 1971 "Nilo-Saharan and Meroitic." *Current Trends in Linguistics* 7, pp. 421-442.

Prost, R.P.A.
- 1956 "La langue Sonay et ses dialectes." *Mémoires de l'Institut Français d'Afrique Noire* no. 47.

Tucker, A.N. and Bryan, M.A.
- 1956 *The non-Bantu languages of North-Eastern Africa*. London: Oxford University Press for the International African Institute. (Handbook of African Languages, pt III)
- 1966 *Linguistic analyses: the non-Bantu languages of North-Eastern Africa*. London: Oxford University Press for the International African Institute.

Voegelin, C.F. and F.M.
- 1964 "Languages of the world: African fascicle one." *Anthropological Linguistics* 6(5), pp. 202-246.

Welmers, Wm. E.
- 1971 "Checklist of African language and dialect names." *Current Trends in Linguistics* 7, pp. 759-900.

Westermann, Dietrich and Bryan, M.A.
- 1952 *The languages of West Africa*. London: Oxford University Press for the International African Institute. (Handbook of African Languages, pt II)

31
Kordofanian References

1. Tucker and Bryan only mention Kanderma A2 as a village where Tira (A7) is spoken. Welmers omits it from his checklist.

2. Phonetic ẟ is here romanised as dh on the basis of the romanisation of ẟi-toro (A5) as Dhitoro by both Tucker and Bryan, and Welmers.

3. There is insufficient information to establish conclusively the status of *Schabun*, A6. (See Tucker and Bryan p. 67)

4. Voegelin points out that Murdock in the Human Relations Area File treats *Werni* as a separate language from the other dialects here listed.

5. Tucker and Bryan (p. 70) regard Tegali B1 and *Rashad* as dialects of their Tegali dialect cluster and state that they are "almost identical and may perhaps be mere variants of one language." Welmers also lists *Rashad* and Tegali as dialects of Tegali, but Greenberg accords them language status.

6. Welmers, in his checklist, gives *Moreb* B2 language status. Tucker and Bryan (p. 71) list it as a dialect of Tagoi B2.

7. Tucker and Bryan (p. 71) list Tumale B3 as a dialect of Tagoi (B2).

8. Tingal B4, Tukum B5, and Turum B6 are not included in Greenberg or Welmers. Tingal is "reported to be different from ... Tegali and Rashad." (Tucker and Bryan, p. 70). Voegelin cites Welmers (orally?) as suggesting that Tingal is a dialect of Tegali B1, but Tucker and Bryan state that "it is uncertain whether it belongs to the TEGALI or TAGOI cluster."

9. Tukum B5 and Turum B6 are not included in Welmers and Greenberg. The names are geographical terms, and the dialects involved cannot, according to Tucker and Bryan (p. 71), on the information available be definitely assigned to either Tegali (our B1) or Tagoi (our B2).

10. Lafofa C2 is not included in their Talodi-Masakin group by Tucker and Bryan (pp. 68-70), but Welmers and Voegelin do include it in this group.

11. Tacho C5 and Lumun C6 are listed by Tucker and Bryan (p. 69) as places at which dialects of their "Moro Hills" dialect cluster are spoken. Welmers does not include Lumun in his checklist, but it is accorded language status by Greenberg.

12. Tucker and Bryan (p. 70) list Jebel el Amira as a place at which a dialect of Lafofa C2 is spoken.

13. Karondi D4 is not mentioned at all by either Tucker and Bryan or by Voegelin.

14. Tumma D9 has been added on the basis of Tucker and Bryan (p. 74). Welmers in his checklist suggests it should probably be assigned to the Tumtum group.

15. Kanga D-10 is added on the basis of Tucker and Bryan (p. 73) who

include it as a member of their Kadugli-Krongo Group which coincides largely with Greenberg's Tumtum Group. Welmers includes Kanga in his checklist with the query that it may be a branch of Kordofanian.

Sources

Greenberg, Joseph H.
   1963 *The languages of Africa*. The Hague: Mouton for Indiana University, pp. 149-160.

Tucker, A.N. and Bryan, M.A.
   1956 *The non-Bantu languages of North-Eastern Africa*. London: Oxford University Press for the International African Institute. (Handbook of African Languages, pt III)

Voegelin, C.F. and F.M.
   1964 "Languages of the world: African fascicle one." *Anthropological Linguistics* 6(5), pp. 190-201.

Welmers, Wm. E.
   1971 "Checklist of African language and dialect names." *Current Trends in Linguistics* 7, pp. 759-900.

321
West Atlantic References

1. *Bagirmi* A11 is to be distinguished from Nilo-Saharan Bagirmi 2E212-11, the latter being explicitly treated by Greenberg 1971 (pp. 433,435) as Central Sudanic.

2. Sapir (p. 58) lists Non A23 in the Cangin Group (A2). Westermann and Bryan (p. 18) list "Serer Non (None)" as a dialect of Serer (A12) which, following Sapir, we place in the Senegal Group (A1). Welmers lists Serer-Non and Non as alternants of the same language.

3. Bayot A315 is included by Westermann and Bryan (p. 17) in the Dyola dialect cluster A311.

4. Papel A322 is listed by Welmers as a dialect of Manjaku A321.

5. Ganja A332 is listed by Welmers as a possible dialect of Balanta (A331).

6. "Tenda" is also a cover term for Basari A412, Bapeng A413, Konyagi A414 and Pajade A422. See Westermann and Bryan pp. 16,17 and Welmers.

7. Kunante C1 is listed by Westermann and Bryan (p. 15) as a member of Balante (A331).

8. The various Baga languages C213-217 are listed as possible members of a dialect cluster by Westermann and Bryan (pp. 13,14). Barka is given as an alternant of Baga (*loc. sit.*) but it is not clear whether or not this term is an alternant for all the Baga languages.

9. Tyapi C219 is listed by Westermann and Bryan (p. 14) as a dialect of Landuma (C218).

10. Bom C223 and Krim C224 are listed together with Bulom (C221) as members of a dialect cluster by Westermann and Bryan (p. 12).

Sources

Greenberg, Joseph H.
  1963 *The languages of Africa*. The Hague: Mouton for Indiana University, pp. 6-41.

Sapir, J. David
  1971 "West Atlantic: an inventory of the languages, their noun class systems and consonant alternation." *Current Trends in Linguistics* 7, pp. 45-112.

Voegelin, C.F. and F.M.
  1964 "Languages of the world: African fasicicle one." *Anthropological Linguistics* 6(5), pp. 78-84.

Welmers, Wm. E.
  1971 "Checklist of African language and dialect names." *Current Trends in Linguistics* 7, pp. 759-900.

Westermann, Dietrich and Bryan, M.A.
  1952 *The languages of West Africa*. London: Oxford University Press for the International African Institute. (Handbook of African Languages, pt II)

322
Mande References

1. The relationship of *Bambara*, *Maninka*, and Dyula, A16, is not entirely clear. The latter term is used for the former two by other tribes, but there is also a separate Dyula language which appears to have diverged from *Bambara* to such an extent that Welmers is inclined to accord it language status. See Welmers 1971a (pp. 117,118) for discussion.

2. Mende and Bandi A21 are treated as separate languages by Westermann and Bryan (pp. 37,39).

3. *Gbunde* A23 is listed as a separate language by Greenberg, but as a dialect of Loma by Westermann and Bryan (p. 38) and by Welmers.

4. Welmers indicates that Tura B13, Mwa B14, and Gan B16, might be dialects of Kweni B17.

5. Welmers lists Nwa B15 as a dialect of Kweni B17.

6. Welmers states that Samo "probably includes two or more languages; two may tentatively be called Northern Samo and Southern Samo; correlation of these with dialects mentioned is unknown." (1971b p. 874)

7. Bisa B22 and Busa B23 are treated together as the same language by Westermann and Bryan (p. 41), but Welmers notes that they are not the same language (1971b p. 783).

8. For a brief discussion of the place of Bobo Fing 322C within Mande see Welmers 1971a p. 116. Westermann and Bryan (p. 60) list Bobo Fing together with Bobo Wule 323D1, Bobo Gbe 323D2, and Sankura 323D3, in their Bobo dialect cluster in Gur. Welmers, however, identifies Bobo Fing as a Mande language.

Sources

Greenberg, Joseph H.
   1963 *The languages of Africa*. The Hague: Mouton for Indiana University, pp. 6-41.

Voegelin, C.F. and F.M.
   1964 "Languages of the world: African fascicle one." *Anthropological Linguistics* 6(5), pp. 54-67.

Welmers, Wm. E.
   1971a "Niger-Congo, Mande." *Current Trends in Linguistics* 7, pp. 113-140.
   1971b "Checklist of African language and dialect names." *Current Trends in Linguistics* 6(5), pp. 759-900.

Westermann, Dietrich and Bryan, M.A.
   1952 *The languages of West Africa*. London: Oxford University Press for the International African Institute. (Handbook of African Languages pt II)

323

Gur References

1. Fra A1212 is listed by Westermann and Bryan (p. 65) as a name for Kusasi A1216, but Bendor-Samuel lists Fra independently.

2. Talensi A1217 and Wala A1218 are not treated by Bendor-Samuel. These languages are included by Westermann and Bryan (p. 65). Wala A1218 is apparently distinct from Wara H-10. For the latter see Westermann and Bryan p. 57. Greenberg lists these languages in his group D which corresponds to our North-Central Subgroup A121 plus our North-Western Subgroup A111, with the exception of A1112 Dagara-Nura, A1212 Frafra, and A1213 Talni.

3. Buli A122 under the entry "Kanjaga" is listed by Westermann and Bryan (p. 62) as a dialect in the Grusi dialect cluster.

4. Welmers lists "Nawdam" as a dialect of More A1111, but Bendor-Samuel accords Naudm A132 separate language status.

5. All the languages of the Eastern group, together with Pilapila A131 and Tamari A2, are listed in the Gurma dialect cluster by Westermann and Bryan (pp. 66-68).

6. Natemba A146, Soruba-Kuyobo A147, and Berba A148 are added on the basis of Westermann and Bryan (pp. 67,68). Bendor-Samuel indicates a possible assignment of Berba and Soruba to the Northeastern group A13.

7. Somba A149, Takemba A14-10, and Tayakou A14-11 are listed by Westermann and Bryan (pp. 67,68) and Welmers, but are not treated by Bendor-Samuel.

8. Tamari A2 is listed as a member of the Gurma dialect cluster by Westermann and Bryan (p. 67). Bendor-Samuel (p. 147) assigns Tamari with the whole of Moore-Gurma to an unnamed group.

9. Lyele A312 is listed as an alternant of Kasem A311 by Westermann and Bryan (p. 62), and Welmers.

10. Nunuma A313 is listed as a dialect of Kasena A311 by Welmers.

11. Kurumba A323 is added on the basis of Westermann and Bryan (p. 63).

12. Bendor-Samuel (p. 146) evidently equates Vagala and Siti (A333), but Westermann and Bryan (p. 62) and Welmers list these as separate languages.

13. Kanjaga A335 is added on the basis of Westermann and Bryan p. 62.

14. Welmers indicates that Lamba A3411, Kabre A3412, and Dompago A3413 might well be dialects of Tem A342. Westermann and Bryan (p. 69) include the languages of the Lamba subgroup A341 in Tem.

15. Dompago A3413 is listed as a possible dialect of Kabre A3412 by Welmers.

16. Gan C3 and Dorhosye C4 are considered by Welmers to be possible dialects of Lobi C1. He lists Padogho C5 and variants as alternants for Gan, but Westermann and Bryan (p. 56) list Padogho under the Senufo cluster (H).

17. Padorho C5 is listed by Welmers as an alternant of Gan, which he considers to be a possible dialect of Lobi (C1).

18. Westermann and Bryan (pp. 56,59,81) are uncertain as to whether Komono C6 is a member of their Lobi-Dogon dialect cluster or whether it is a member of the Senufo cluster (H), or whether it is possibly even a member of Baule of Kwa (324B-24211).

19. Moru C7 and Turuka C8 are added on the basis of Westermann and Bryan (p. 59). Greenberg lists Turuka in his group B which includes our Lobi group.

20. The Bobo group 323D includes the entries under Westermann and Bryan's Bobo dialect cluster (p. 60), with the exclusion of Bobo-Fing which Welmers in his Mande article 1971 (p. 116) clearly recognises as a Mande language (see our 322C). Nyenyege is equated with Red Bobo through the alternant Bouamou (Westermann and Bryan) and the main entry Bwamu by Bendor-Samuel (p. 149). Bobo Gbe D2 and Sankura D3 are not mentioned by Bendor-Samuel. Welmers' checklist lists Kyan (alternant Tian) of Bobo Gbe as an independent Gur language.

21. Welmers lists Kyan D2 (alternant Tian) as a language distinct from Bobo-Gbe.

22. Bendor-Samuel (p. 149) states that Westermann and Bryan's language entry of Mbwin (Mbouin) (p. 56) under Senufo and Gouin (Mbouin) (p. 59) in the Lobi dialect cluster, is the same as his Kirma (Tyurama). Welmers enters Tyurama, but with no details other than that it is a Gur language. He lists Mbwin as an alternant for Gwe which he gives as a dialect or closely related language of Lobi. To summarize, the authorities deal with Mbwin (Mbouin) in three ways:

    Westermann and Bryan: Two entries -- under Lobi and Senufo.
    Welmers: As a dialect of Lobi (via Gwe).
    Bendor-Samuel: Equates Mbouin with Kirma which is neither Senufo nor Lobi.

23. The entries and their arrangement of the Senufo group H are taken from the latest available authority, viz. Bendor-Samuel (pp. 149,150), who states that it is based on Welmers' (manuscript) "Report on Senufo dialect studies" 1957. Welmers in his checklist (p. 875) indicates that "older sources list numerous so-called 'dialects' of 'Senufo'; many are place or clan names poorly correlated with dialect differences ..."

24. Senari H1 ff., Suppire H2, *Tagwana* H3, *Dyimini* H3, and Palara H5, are also referred to by the general cover term 'Senufo' according to Welmers.

25. Tiefo H8, Kulele H9, Wara H-10, Vige H-11 are included by Westermann and Bryan (p. 57) in Senufo, but Bendor-Samuel (p. 152) indicates that there is no means as yet of confirming this.

26. Natioro H-12 is added on the basis of Westermann and Bryan p. 57.

27. Seme J is not included in Westermann and Bryan or Welmers.

28. Westermann and Bryan (p. 61) point out that the terms Habe and Cado

have been used by some French writers for Dogon; the Fulani use the term with a wider reference.

Sources

Bendor-Samuel, John T.
   1971 "Niger-Congo, Gur." *Current Trends in Linguistics* 7, pp. 141-178.

Greenberg, Joseph H.
   1963 *The languages of Africa.* The Hague: Mouton for Indiana University, pp. 6-41.
   1966 *The languages of Africa.* 2nd rev. edition. The Hague: Mouton, "Additions and Corrections," p. 179.

Voegelin, C.F. and F.M.
   1964 "Languages of the world: African fascicle one." *Anthropological Linguistics* 6(5), pp. 68-77.

Welmers, Wm. E.
   1971 "Checklist of African language and dialect names." *Current Trends in Linguistics* 7, pp. 759-900.

Westermann, Dietrich and Bryan, M.A.
   1952 *The languages of West Africa.* London: Oxford University Press for the International African Institute.
       (Handbook of African Languages, pt II)

324
Kwa References

1. The integrity of the Kwa group has been questioned by several scholars. See Voegelin (pp. 14-16), and Stewart (pp. 205-210) for an introduction to this subject.

   Voegelin (p. 14) states the families of Kwa to be the following:

Kru	Gã-Adangme	Yoruba-Edo	Ibo
Lagoon	Ewe	Nupe-Gbari	Ijo
Akan	Central Togo	Idoma.	

   Westermann and Bryan exclude Ijo, Kru, Central Togo and Idoma.

2. The Kru group was not included by Westermann and Bryan (pp. 48 ff.) in Kwa. There are two probable dialect chains in this group, viz. Bete-Bakwe, and Basa-De, Kru, Krahn.

3. Welmers regards De A5, Kru A6, Krahn A7, as possible dialects of Bassa A4. Duitsman et al. 1975 provide a detailed listing of Kru dialects. One group of dialects, the Tajuoso cluster, they indicate to be more closely related to Grebo 324A3 than to the other dialects of Kru. One of the dialects involved, however, viz. Tro, is indicated as having "transitional relationship" between Tajuoso and the main group of Kru dialects, Klao. A chain of dialects is evidently involved between Tajuoso and Klao, and through Tajuoso with Grebo. Duitsman et al. therefore question the traditional language divisions. See also Welmers' view reported above.

4. Greenberg's Western group was divided into several families by Westermann, and Westermann and Bryan. See Greenberg's discussion of this in his "History and present status of the Kwa problem," pp. 215-7, *Actes du Second Colloque International de Linguistique Négro Africaine*, edited by M. Houis and others, Dakar, 1963. [Cited by Stewart, pp. 205,206.]

5. Westermann and Bryan (p. 96) indicate that Nyangbo B2 and Tafi B3 are perhaps dialects of Avatime B1.

6. Abe B-22 is possibly a dialect of Baule B-24211 according to Welmers.

7. Adyukru B-23 is included in West Atlantic by Westermann and Bryan (p. 11).

8. Stewart (p. 207) notes that the group name "Volta-Comoe" was adopted by linguists and historians of the University of Ghana in 1966 in preference to "Akan" because of confusion with the language Akan (B-2422).

   Greenberg (1963) has only six languages within the Akan group. The extended list here reflects the expansion and groupings provided by Stewart (p. 208) and based on the work of several scholars in the Kwa field.

9. Stewart (p. 208) recognises two subgroups within Bia B-2421, the first comprising Anyi-Bawule and Chosi, and the second Nzema and Ahanta.

10. Chakosi B-24212, Nzeme B-24213, and Ahanta B-24214, are included by Westermann and Bryan (p. 80) and by Welmers with Anyi (B-24211). Stewart (p. 208), however, accords Chakosi, Nzeme, and Ahanta separate status, the former grouped with Anyi-Bawule, and the latter two constituting a separate group within Bia.

11. Westermann and Bryan (pp. 81-82) treat the entries included in the Guan group B-243 as constituting a dialect cluster. Stewart (p. 208), however, (whose treatment we follow here) indicates that recent scholarship would assign these language status.

12. Welmers lists Nchummuru B-2437 as an alternant for Nawuri B-2438.

13. Gomoa B-243-11 and Brong B-243-12 are omitted by Stewart (p. 208) from his expanded list of Guan. They are listed by Westermann and Bryan (p. 82) and by Welmers as dialects of Guang. However, Duthie 1974 (p. 99) specifically notes Brong to be "a dialect of Akan/TwiFante" (B-2422).

14. Westermann and Bryan (p. 82) treat Gã B-25 and Adangme B-26 as constituting a dialect cluster, but Voegelin (p. 27) indicates that "Gã has acquired so many borrowed words that Adangme people find it difficult to understand."

15. Igala C2 is treated as a dialect of Yoruba (C1) by Westermann and Bryan (p. 85).

16. Igbira D3 is included by Voegelin (p. 32) in their Yoruba-Edo family.

17. Westermann and Bryan (p. 88) indicate that the cover term "Sobo" denotes two main divisions which are Urhobo and Isoko. Some of the other entries under Sobo E4 have been considered to be separate languages. See Westermann and Bryan p. 89.

18. Engenni E5 is tentatively assigned to the Edo group by Pike 1966 (p. 9).

19. Degema E6 is assigned to the Edo group by Pike 1966 (p. 9) who notes that it is "related to Greenberg's Bini."

20. Agatu F2 is listed by Westermann and Bryan (p. 140) and by Welmers as a dialect of Idoma F1.

21. Yatye F4 is assigned to the Idoma group by Pike 1966 (p. 9).

22. Igede F5 is tentatively assigned to the Idoma group by Pike 1966 (p. 9).

23. Welmers notes that *Ika, Izi* and perhaps others are probably separate languages although generally considered to be dialects of Igbo G.

24. The closest linguistic affinities of Ijo are not clear, and Williamson (p. 281) indicates that her preliminary work shows a closer relationship with Bantu than with Yoruba of Kwa.

Kwa Sources

Duitsman, John et al.
    1975   "A survey of Kru dialects," by John Duitsman, Jana Bertkau and James Laesch. *Studies in African Linguistics* 6(1), pp. 77-103.

Greenberg, Joseph H.
    1963   *The languages of Africa*. The Hague: Mouton for Indiana University, pp. 6-41.

Pike, Kenneth L.
    1966   *Tagmemic and matrix linguistics applied to selected African languages*. Ann Arbor, Michigan: University of Michigan, Center for Research on Language and Language Behavior.
            (U.S. Dept of Health, Education and Welfare. Office of Education. Bureau of Research. Final Report No. OE-5-14-065)

Stewart, John M.
    1971   "Niger-Congo, Kwa." *Current Trends in Linguistics* 7, pp. 179-212.

Voegelin, C.F. and F.M.
    1964   "Languages of the world: African fascicle one." *Anthropological Linguistics* 6(5), pp. 14-37.

Welmers, Wm. E.
    1971   "Checklist of African language and dialect names." *Current Trends in Linguistics* 7, pp. 759-900.

Westermann, Dietrich and Bryan M.A.
    1952   *The languages of West Africa*. London: Oxford University Press for the International African Institute.
            (Handbook of African Languages pt II)

Williamson, Kay
    1971   "The Benue-Congo languages and Ịjọ." *Current Trends in Linguistics* 7, pp. 245-306.

325
Adamawa-Eastern References

1. Dadiya A12 is reported by Voegelin (evidently citing Westermann and Bryan (p. 112) citing Temple!) (p. 40) to be a dialect of Tula A11.

2. Awak A16 is an addition (personal communication to Samarin) by Jungraithmayr.   See Samarin p. 215.

3. It has been suggested that some of the languages of the Chamba group A2 are related to languages of the Duru group A4 or to Kam A8. See Samarin p. 216 for a synopsis of these views. Westermann and Bryan (pp. 149 ff.) indicate that Donga A22 (called there the Chamba of Donga), Lekon A23, Wom A24, and Kolbila A44 are dialects in the Chamba cluster.

4. *Ndagam* A22 is added by Samarin (p. 214) as a separate language. Westermann and Bryan (p. 150), however, treat Ndagam as an alternant for *Bali* which they list as a dialect of the Chamba of Donga (A22). Welmers follows this but assigns Bali to Chamba A21.

5. Nakeyare A26, Dako A27, and Leko A28 are added on the basis of Samarin (p. 216) reporting Flaten. They appear to be widely divergent former dialects of Chamba A21.

6. Westermann and Bryan recognise a Duru dialect cluster comprising Duru A41, Namshi A43, Pape A45, Woko A48, Kotopo A49, Kutin A4-10, and Koma A4-13.   See pp. 148-149.

7. The dialects of Duru A41 are listed by Samarin (p. 217) and Welmers.

8. Kolbila A44 and Bali-ndagam (A22) are reported by Voegelin (p. 40) to be "generally closely associated" with the languages of the Chamba group. Westermann and Bryan (p. 150) include Kolbila in the Chamba dialect cluster.

9. Kotopo A49 and Kutin A4-10 are reported by Lacroix (see Samarin p. 216) to be dialects of the same language, and Westermann and Bryan (p. 149) include them in their Duru dialect cluster.

10. Doyayo A4-11 is added on the basis of Samarin p. 217.

11. Nduupa A4-12 is added on the basis of Samarin p. 217.

12. Koma A4-13 is added by Voegelin (p. 41) evidently following Westermann and Bryan (p. 149) who treat Koma as a member of their Duru dialect cluster.

13. Westermann and Bryan (p. 139) distinguish a tentative Mumuye dialect cluster and a tentative Yendang dialect cluster, the former comprising the Mumuye dialects of A51 and the latter comprising the remaining entries in this group.   Welmers' treatment concurs with this.

14. *Zinna* A51 is given a separate language entry by Samarin (p. 214), although Westermann and Bryan (p. 139) treat it as a dialect of Mumuye A51.

15. *Passam* and *Bali* A56 are included in the "Yendang dialect cluster" by

Westermann and Bryan (p. 139).

16. Mono A62 is possibly a dialect of Banda B2 according to Welmers.

17. Mbere A63 and Lakka A6-10 are suggested by Samarin (p. 217) to be more ethnic than linguistic terms.

18. Samarin points out (p. 217) that the inclusion of Yasing A65 is dubious as Stennes relates it to Tupuri (44J5) which Greenberg, but not Stennes, regards as Chadic. Westermann and Bryan (p. 145), however, list Jasing as a dialect of Mundang (A64).

19. Kepere A67 is possibly a dialect of Mbum A66 according to Westermann and Bryan (p. 147).

20. Mangbei A69 is excluded from this group by some scholars. See Samarin p. 217.

21. Kare A6-11 is added on the basis of Westermann and Bryan (p. 147), Samarin (p. 218 ff.), and Welmers.

22. Roba A74 is treated by Welmers as an alternant for Yungur and Lala (A71).

23. The validity of the Jen group A9 is questioned by Samarin p. 220.

24. Longuda A-10 is regarded by Jungraithmayr (personal communication to Samarin) as a member of the Tula group (A1). Samarin p. 215.

25. Different Fali A-11 dialects are listed by Voegelin (p. 45) than by Samarin (p. 221), the latter reporting L. Stennes. The list given reflects Samarin and Voegelin combined.

26. Voegelin (p. 46) adds to Greenberg's group 13 (Bua, Nielim, Koke) several other (possibly Chadic) languages, including Miltu, Sarwa, Dai, and Buso (our 44J14, 44J15, omitted, omitted, respectively).

27. Mana A-134 is listed by Voegelin (p. 46) as a variant of Fanyan (A-136).

28. Tunya A-135 is reported as possibly being a Chadic language. See Voegelin p. 46.

29. The Gula A-138 dialects are given by Samarin (p. 221) who points out that the name is also an ethnic term of dubious wider linguistic significance.

30. Masa A-14 is regarded by Stennes (Samarin p. 224) as a Chadic language.

31. The three entries in the Gbaya-Ngbaka-Manza group B1, together with their dialects, constitute a dialect cluster but in many cases without sharp dialect boundaries. The reason for Greenberg and Samarin assigning separate language status to Manza (B12) and Ngbaka (B13) is not clear. See Greenberg (p. 9), Samarin (pp. 224 ff.), NBi (pp. 56-58), NBii (pp. 106-107), Voegelin (pp. 46-47), and Tucker and Bryan (p. 37).

32. Banda B2. *Dakpa, Mbanja, Ngbundu, Sabanga, Vora* and *Yangere* are dialects names, the remainder listed are tribal names. See Tucker and Bryan pp. 31-36.

33. Samarin (p. 228) indicates that there is "reported mutual intelligibility" between Ngbandi (B31), Sango (B32), and Yakoma (B33).

34. Samarin (p. 228) points out that the trade language Sango (B32) is to be distinguished from the tribal language Sango, and that the former "is a separate language." Sango the tribal language (our B31) is an Ngbandi dialect according to Tucker and Bryan p. 40.

35. Yakoma B33 is listed by Tucker and Bryan (p. 40) as a dialect of Ngbandi (B31).

36. Nzakara B42 is listed as a Zande dialect by Tucker and Bryan p. 29.

37. Tucker and Bryan (p. 22) consider that Mayogo B55 and Bangba B56 constitute one dialect cluster.

38. Tucker and Bryan (pp. 20,21) treat Ndogo B61, Bai B62, Bviri B63, Sere B65, and Tagbo B66 as dialects of the "Ndogo-Sere dialect cluster."

39. Tucker and Bryan (p. 21) tentatively group Feroge B67, Indri B68, Mangaya B69, and Togoyo B6-10 as members of the "Feroge language group."

40. Tucker and Bryan (pp. 26,27) group Amadi B7 with Mondunga B81, Mba B82, and Dongo B83. The latter is omitted by Greenberg and Samarin.

Sources

Greenberg, Joseph H.
   1963 *The languages of Africa.* The Hague: Mouton for Indiana University, pp. 6-41.

Linguistic survey of the Northern Bantu borderland. Vol. 1. London:
   1956 Oxford University Press for the International African Institute. Parts i and ii cited as NBi, NBii, respectively.

Samarin, William J.
   1971 "Adamawa-Eastern." *Current Trends in Linguistics* 7, pp. 213-244.

Tucker, A.N. and Bryan, M.A.
   1956 *The non-Bantu languages of North-Eastern Africa.* London: Oxford University Press for the International African Institute. (Handbook of African Languages, pt III)

Voegelin, C.F. and F.M.
   1964 "Languages of the world: African fascicle one." *Anthropological Linguistics* 6(5), pp. 38-53.

Welmers, Wm. E.
   1971 "Checklist of African language and dialect names." *Current Trends in Linguistics* 7, pp. 759-900.

Westermann, Dietrich and Bryan, M.A.
   1952 *The languages of West Africa.* London: Oxford University Press for the International African Institute. (Handbook of African Languages, pt II)

326
Benue References

1. Chawai A1212 is regarded by Westermann and Bryan (p. 106) as possibly being a dialect cluster including Kurama (A1239), Janji (A123-12), and Piti (A1211).

2. *Ningawa*, together with other languages (here classified separately), is listed by Westermann (p. 108) following van Bulck as a dialect of "Gure-Kahugu". Gure and Kahugu are treated by Williamson as separate languages and the assignment of *Ningawa* is therefore not clear.

3. Kurama A1239 is treated by Westermann and Bryan (p. 106) and Welmers as a dialect of Chawai (A1212).

4. Welmers lists Anaguta A123-16 as a Kwa language.

5. Sheni A123-17, Kuda A1243, and Chamo A1244, are listed by Westermann and Bryan (p. 108), following van Bulck, as "having some affinity with" Gure-Kahugu (A1231/2).

6. Migili A2214, is included here on the basis of Williamson's suggested reclassification (p. 270).

7. Kagoma A2221, Kamanton A2222, Kaje A2242, and Ikulu A2255 are listed by Westermann and Bryan (p. 105) as dialects of Katab (A2244).

8. Kajuru A2256 is listed by Welmers, evidently citing what seems to be the only other source of information, viz. Voegelin p. 180. Voegelin notes that "the Ajure are reported by HRAF to differ appreciably in language from the Kadara."

9. Affinities with Yergam (A71) have been claimed, but *Eregba* B42 is possibly extinct. See Voegelin p. 188. Our classification follows Williamson.

10. Welmers differs from Greenberg and Williamson in treating Efik C231 as a Kwa language.

11. Biase C239 is added from Williamson p. 263.

12. Enyong C23-10 is omitted by Williamson but listed by Westermann and Bryan (p. 133).

13. Ito C23-11 and Itumbuzo C23-12 are added from Voegelin p. 185.

14. The terms "Mambiloid" and "Tivoid" are proposed by Greenberg (1974, p. 115) for Williamson's Mambila-Wute and Tiv-Batu groups respectively.

15. Westermann and Bryan (p. 116) state that "the people of Mekaf ... assert that before settling in Mekaf they had dealings with the TIV, whose language they understood because of its likeness to their own."

16. Greenberg (1974, p. 116) proposes the term "Bane" for the "Wide Bantu" group.

17. Bada D2131, Duguranchi D2132, and Jar are treated by Welmers as

alternant names for Jarawa. Wurkum D2136 is treated by him as a dialect of Jarawa.

18. Nagumi D213-12 and Mboa D213-13 are possibly Adamawa-Eastern according to Welmers.

19. Batongtou D232-18 has been added from NBi, p. 51.

20. *Tsam* and *Kidzem* D2378 are listed by Voegelin (p. 164), citing Bruens, as dialects of Nkom.

21. Bandem D237-11 is listed by Welmers as a dialect of the Bantu language Basa (327A43).

22. *Tumu* D251 is listed as a dialect of Tikar by NBi, p. 41.

Sources

Greenberg, Joseph H.
    1963 *The languages of Africa*. The Hague: Mouton for Indiana University, pp. 6-41.
    1974 "Bantu and its closest relatives." *Studies in African Linguistics* Supplement 5, pp. 115-124.

Linguistic survey of the Northern Bantu borderland. Vol. 1. London:
    1956 Oxford University Press for the International African Institute. Parts i and ii cited as NBi, NBii, respectively.

Voegelin, C.F. and F.M.
    1964 "Languages of the world: African fascicle one." *Anthropological Linguistics* 6(5), pp. 160-189.

Welmers, Wm. E.
    1971 "Checklist of African language and dialect names." *Current Trends in Linguistics* 7, pp. 759-900.

Westermann, Dietrich and Bryan, M.A.
    1952 *The languages of West Africa*. London: Oxford University Press for the International African Institute. (Handbook of African Languages, pt II)

Williamson, Kay
    1971 "The Benue-Congo languages and Ịjọ." *Current Trends in Linguistics* 7, pp. 245-306.

327
Bantu References

1. Guthrie lists this language as Lọndọ, but Voegelin, Welmers, and Bryan have Lundu.

2. Welmers treats Balong A13 and Bonkeng A 14 as possible dialects of Basa (A43), but also lists Balong as an independent language.

3. The relationship of the Mbo cluster to other languages in this group is complex. See NBi, pp. 22-26.

4. Bobea A28 and Kole A29 were not included in Guthrie's classification but are treated by Bryan (pp. 6,7), Voegelin (p. 153), and Welmers.

5. Guthrie lists this language as Bubi in MG1, omits it in MG3, and has Bọbẹ in MG4. Voegelin and Welmers have Bube as their main entry.

6. Lombi A41 and Bankon A42 are treated by Welmers as dialects of Basa (A43).

7. The position regarding *Bakoko* A 43 is not entirely clear. See NBi, p. 27.

8. Welmers is apparently alone in treating *Bandem* A43 as a dialect of Basa. It does not appear in NBi, Bryan, or Guthrie's classification.

9. Nyo'o A45 is listed by Welmers as a dialect of Banen (A44).

10. The membership and relationship of the languages in the Bafia and Sanaga groups is not at all clear. NBi (pp. 29-31) includes Ngoro (A61), Cinga (A66), Yambasa (A62), and Sanaga (which are all listed under the Sanaga group by Guthrie) as members of Bafia.

11. Several of the entries in the Sanaga group A60 are treated by NBi (pp. 29-31) and Welmers as having dialect rather than language status.

12. Cinga A66 is listed by Bryan (p. 15), NBi (p. 31), and Voegelin (p.153) as a separate language, but is not included by Guthrie.

13. *Mpompo* A86 is mentioned only by Welmers.

14. Bethen A88 has been added on the basis of Bryan. See pp. 19 and 21.

15. Bryan (p. 22) indicates that *Azom* A91 is possibly a dialect of Kwakum (A91), but Welmers accords Azom language status.

16. Wandji B54 and Vili B55 have been added on the basis of Bryan (p. 27).

17. iNgul B64 is treated by Guthrie, in a personal communication to Bryan 1957, and Bryan (p. 32) as an isolated unit.

18. Bryan (p. 29) gives a slightly different grouping of dialects in Teke.

19. *eMfinu*, *Ntsiam*, and *Ntswar* (B83) are listed as dialects of eMfinu by Voegelin (p. 101).

20. Welmers and Bryan (p. 29) treat Di (B86) and Mbuun (B87) together with *Yeei* (B85) as codialects.

21. This miscellaneous group in Zone C has been created to accomodate those frontier Bantu languages which appear to align with Zone C but are not included by Guthrie in his classification. Languages C01 to C06 are treated by Bryan (p. 37) as members of the Ngala group. Languages C07 to C0-12 are treated by Bryan (p. 43) as members of the Ngombe group. C0-13 to C0-15 are included by Bryan (p. 48) in the Mongo-Nkundo group. C0-16 to C0-18 are included by Bryan (p. 52) in the Tetela group.

22. The dialects of Doko C08 are those listed by NBii (p. 73).

23. The dialects of Doko of Ngiri C0-10 are those listed by NBii (pp. 73, 74).

24. liKango C0-12 is reported by Welmers to be "apparently a pidginised language."

25. Boloki of River Ruki C0-13 is treated by Hulstaert and Welmers as being distinct from Guthrie's C36 Bolɔki (Boloki).

26. The position of Soko is not clear. Bryan relates Soko to three of her groups: (i) the Ngala group (pp. 38,42) where she refers to "the speech of the Basoa-Basoko", (ii) Soko of the Mongo-Nkundo group (pp. 48,50), and (iii) heSo in her Kele group (p. 46). Guthrie classifies heSo (Soko) C52 as a member of his Soko-Kele group C50.

27. Bryan names Guthrie's Ngundi group the Pande group (p. 34).

28. The Ngondi listed by NBi (pp. 36,37) is there stated to be "closely related to PANDE [our C12]." Bryan (p. 34) indicates that there appear to be two Ngondi languages, but the information in NBi and Bryan is insufficient to make more detailed classification possible.

29. Bryan includes Mbati C13, diKota C17, and diNgando C18 in the Ngando group. Kota was listed in MG1 but not included in MG3 or MG4.

30. Ndaanda C19 is listed by Bryan under the Pande group (p. 34).

31. The status of *kiDjia* C34 is not clear. It is added on the basis of Bryan (pp. 29,49,51).

32. Losengo C36 is described by Bryan (p. 40) as "geographical only, and not a tribal or linguistic name, [and] has been chosen by MG [Malcolm Guthrie] to cover a number of dialects." The linguistic relationship of the entries under Losengo to one another as dialects or distinct languages is not clear. One of these, viz. liNgala, is a major lingua franca.

33. Welmers lists Boloki as a dialect of both Bulia (C35) and Lusengo (C36).

34. Heine 1970 (p. 72, footnote) quotes J.A. Barney who, writing in 1934, noted concerning liNgala, "There are so many divergent views regarding this commercial language that one hesitates to make any statement for fear of adding confusion to what has always been confused." For some secondary source comments see Heine (pp. 72 ff.), Bryan 1959 (p. 41), and Berry 1971 (p. 524), each of which list some primary sources. There appears to be some agreement that baNgala is an "attenuated form of LINGALA..." (Bryan p. 41).

35. iBudja C37 is included by NBii (pp. 76-77) in the Ngombe group C40.

36. Basoa-Basoko, Baonga, and Yamongeri C38, are listed by NBii (p. 72) and Bryan (p. 38), but no linguistic information is given. Bryan

Bantu 327 References and Sources

lists these languages following iBuja (C37) and they are added here on that basis.

37. Ngele of Irebu C39 is included by Bryan (p. 38) quoting Hulstaert.

38. The status and relationship of these languages and/or dialects (C43, C44) to one another is somewhat uncertain. See NBii (pp. 78-81) and Bryan (pp. 43-45). Some of the names listed are nicknames.

39. Welmers lists liAngba and variants (C45) as a dialect of Bwa (C44) or closely related language.

40. liBinza C46 is included by NBii (p. 76) in the Ngombe bloc, but Bryan (pp. 37,43) also suggests that liBinza can be alternately related to her Ngala group.

41. Welmers suggests that Lalia C62 is possibly a dialect of Ngando C63.

42. The validity of the Mbole-Ena group D10 is doubtful -- see Bryan p. 103 for possible other group affiliations of the languages listed.

43. Zyoba D15 is listed by Bryan (p. 92) and Welmers.

44. The relationship of the various Bira/Bila languages to one another (including Guthrie's D32) is not clear. See Bryan pp. 89 ff.

45. keGengele D24 is added from Bryan pp. 92-93 who relates it to Songola.

46. *iBembe (eBeembe)* D25 is treated as a separate language by Guthrie (see D54), but Bryan (p. 92) also includes it with Lega (D25).

47. kiBangubangu D27 is related by Bryan (p. 92) to Lega (D25).

48. liLiko D29 is included by Bryan in her Bali group (p. 88).

49. eBudu D34, kiMbo D35, iNdaaka D36, and iBeeke D37, are included by Bryan in her Nyali group (p. 101).

50. The relationship of kiNyanga D43 to kiKaanu is not clear, but Bryan, following NBii, groups the two together in her Lega group (p. 92).

51. ekiYira D44, ekiSwaga D45, ekiShu D46, ekiLega and ekiHambo D47, ekiSongoora D48, and ekiSanza D49, are listed by Bryan in her Nande group (p. 95) together with oruNdandi D42.

52. kiHunde D51, and kiTembo D53 are treated by NBii (p. 89) as codialects. These languages are grouped together with kiNyindu and ekiRhinyirhinyi D57 in the Hunde group by NBii (p. 89) and Bryan (p. 97).

53. Bryan lists iBembe (Beembe) D54 with the Lega group (p. 92), and Welmers follows this treatment.

54. ikinyaRwanda D61 and ikiRundi D62 constitute one language according to Welmers.

55. Bryan groups Fuliro D63 with several D50 languages in the Hunde group (p. 97) and alternatively with several D60 languages in the Ha group.

56. oruNyoro E11 and oruToro E12 are treated by Welmers as dialects. oluSese is added here on the basis of Bryan's comment, p. 109.

57. The position of the oruHima forms is not entirely clear. Welmers suggests that these are dialects of nyanNkore E13. See also Bryan p. 105.

58. The position of luKenyi, oruSyan E17, and luSinga E18, is not clear. See Bryan pp. 105,109.

59. Welmers suggests that oluNyala E18 is possibly a dialect of luLuhya (E32).

60. oluBwisi and kiTalinge E19 are added on the basis of Bryan pp. 105, 108.

61. oluKooki E22 is added on the basis of Bryan pp. 104, 106.

62. oluSaamia E34 is treated by NBiii (p. 130), Bryan (p. 111), and Welmers as a dialect of luLuhya (E32).

63. Bryan lists Sonjo E46 in her Kikuyu group (p. 115).

64. ikiNgurimi E47 is added on the basis of NBiii (p. 131) and Bryan (p. 113). NBiii cites Whiteley (personal communication) to the effect that ikiNgurimi is related to Zanaki (E44).

65. It has been suggestd that kiDhaiso E56 is a dialect of kiKamba (E55). See Bryan p. 116.

66. Chuka E57 is added on the basis of NBiii (p. 135) and Bryan (p. 115).

67. kiRwo is treated by Bryan (p. 117) as a dialect of kiCaga (E62) and by NBiii (p. 134) as possibly being a dialect of kiCaga.

68. kiNyika E72 is treated by Bryan (pp. 126 ff.) as belonging to the Swahili group of Zone G.

69. Welmers suggests that kiSukuma F21 and kiNyamwesi F22 constitute one language.

70. Welmers treats kiKimbu F24 and ikiBungu F25 as alternate names of the same language, and Bryan similarly says "these two dialects are almost identical." See Bryan p. 119.

71. kiBondei G24 is regarded by Doke as being "the principal dialectal form of Shambala" (Guthrie's G23). See Doke p. 50.

72. kiNgulu G34 is mentioned by Doke (p. 50) as a dialect of kiZigula G31.

73. kiRuguru G35 and kiKami G36 are regarded by Doke (pp. 50, 51) as dialects of kiZaramo (G33).

74. Tikuu G41 is stated by several authorities, including Whiteley and Bryan, to be a dialect of Swahili (G42). See Bryan pp. 126, 127.

75. *kiMwali* G44 is added on the basis of Welmers.

76. ciPogolo G51 is included by Doke (pp. 52, 53) in his Rufiji group, which includes ekiHehe (G62), eshiSango (G61), ekiBena (G63), and kiMatumbi (P13).

77. ekiPangwa G64 is related by Doke (p. 54) to ciMatengo, Guthrie's N13.

78. Bryan (p. 79) cites Tew who lists ekiKinga G65 with ikiNyakyusa, Guthrie's M31, but she appears uncertain about this affiliation.

79. The dialectal situation within the kiKongo group is complex, and Guthrie's languages H11 to H15 are accorded dialect status by other authorities and treated within the kiKongo cluster. See Bryan pp. 56 ff.

80. Heine 1970 (p. 67) notes that, "Like other lingua francas, KITUBA has become known under a multiplicity of names..." The extent to which the names listed (with the exception of *kiKwango*, derived from Heine p. 67) are alternants, or denote different dialects, is not clear. Nida & Fehderau 1970 (p. 150) state that Kituba "is not merely a

simplified form of standard Kimanianga [i.e. the Kongo of the Manianga area], but a form of speech which is mutually unintelligible with Kimanianga and the other Kikongo dialects of the area."

81. Of these alternant names for kiMbundu H21 listed by Bryan (p. 64), Amboim, at least, is a place name.

82. Songo H24 is listed by Bryan (p. 67) in her Chokwe-Lunda group (Guthrie's Zone K), alternatively in the Kongo group H10 ff. (p. 58), and yet again with kiMbundu H21 (p. 63).

83. kiMbundu of Nambuangongo H25 is added on the basis of Bryan pp. 63,64.

84. kiYaka H31 is listed by Bryan under the Kongo group p. 58.

85. kiSuku H32 is listed by Bryan under the Kongo and Chokwe-Lunda groups, pp. 58 and 67.

86. kiHungu H33 is listed by Bryan under the Kongo group p. 58.

87. ciMbangala H34 is listed by Bryan in the Kongo group (p. 58), alternatively with kiMbundu H21 (p. 63), and yet again with her Chokwe-Lunda group (p.67).

88. kiShinji H35 is listed by Bryan under the Kongo and Chokwe-Lunda groups (pp. 57 and 67).

89. kiMbala H41 and kiHungana H42 are included by Bryan in the Kongo group (p. 57).

90. Nyengo K16 is listed alternatively by Bryan (p. 70) under the Luyana group, K30.

91. Concerning Mbwela K17 and Nkangala K18, Bryan (pp. 67-68) notes the following: "The name Ngangela (Portugese Ganguella) is a name used by the ovi-Mbundu for the Luimbi, Lucazi, Mbunda, Mbwela, etc. This may be the same as MG3's Ambwela and Ngangwela, and may be connected with Mbwela and perhaps even with Nkangala. McCulloch refers to 'the Mbwela (or Ambuella) of south-eastern Angola'."

92. The linguistic affinities of siLozi K21 are clear, but its classificatory assignment is disputed. Some authorites include Lozi with the Sotho-Tswana group in Zone S. See Bryan pp. 149 and 151. Bryan alternatively, following Guthrie, places siLozi in Zone K and relates it to her Luyana group. See Bryan p. 70.

93. *shiMo* is added to the dialects of siKwangari K33 from Welmers.

94. Bryan (pp. 83-85) points out that echiTotela K41 and eciSubia K42 have been classified in the Ila group by several authorities.

95. kiPende L11 and kiKwese L13 are listed by Bryan (p. 57) as dialects of Eastern kiKongo H16.

96. uSamba L12 is classed in the Luba group, L30, by Hulstaert but alternatively by Bryan in her "Samba-Holu group" (pp. 65,72,74).

97. ruMbala L25 and Lwalu L26 are added on the basis of Bryan pp. 72, 73.

98. Heine 1970 (p. 64) notes that "almost every author on the subject calls it [Luba lingua franca] by a different name." For discussion see his pages 64-67.

99. Sanga L35 and kiKaonde L41 are listed by Bryan under the Luba group L30 (p. 72) and alternatively under the Bemba group M40 (p. 80).

100. ciSalampasu L51 is listed by Bryan (p. 72) under the Luba group L30.

101. Luntu L54 is added on the basis of Bryan citing van Bulck (p. 72).

102. Doke groups shiMbwera L61 and shiNkoya L62 in his Luba group which also includes Luba (Guthrie's Zone L30), Luunda (Guthrie's L53), and Kanyoka (Guthrie's L32). See Doke pp. 32-36.

103. iciFipa M13 and iciRungu M14 are classed by Doke in his Bemba group (Guthrie's M40). See Doke pp. 38 and 40.

104. Bryan (p. 77) notes that "Ndali [M21] occurs in the Index to MG1, with reference number M.21 ... but is not mentioned in the text."

105. Tambo M27 is listed by Bryan (p. 77) under her Nyiha-Safwa group (Guthrie's M20) and alternatively with Tumbuka N21 (p. 137). Bryan cites MG3's number for this language as both M27 and N21.

106. Bryan lists iciLambya M28 in her Nyiha-Safwa group (evidently on the basis of alleged mutual intelligibility with Nyiha M23), and alternatively with Tumbuka N21. See Bryan pp. 77, 78, 137 and 138.

107. Heine 1970 (p. 56) notes that "Since a user of the vernacular BEMBA language -- from which "Town BEMBA" has derived -- does at first hardly understand the lingua franca and requires about five to six months to master it appropriately, it does not seem unjustifiable to look upon BEMBA and Town BEMBA as two different languages of the same group..."

108. Bryan (pp. 80-82) includes the languages of the Bisa-Lamba group M50 in her Bemba group.

109. Bryan (p. 82), apparently mistakenly, cites Doke 1945 as treating Seba, *Wulima* and *Luano* M55 as dialects of iciLamba M54. She reports that Whiteley groups Seba with Lala (M52).

110. Bryan (pp. 83 and 67) lists ciSoli M62 under her Ila group (Guthrie's Lenje-Tonga group M60) and alternatively under her Chokwe-Lunda group of Zone K.

111. Another Ngoni (of Malawi) is also listed by Bryan (p. 152) under the Nguni group where Guthrie's number for the language is S42/b. The Ngoni of Tanzania N12 is listed by Bryan (p. 136) under her Manda group where she cites Guthrie's number (MG3) for the language as N13.

112. Doke considers ciMatengo N13 to be a dialect of kiSutu (Guthrie's N12). See Doke p. 52.

113. Doke (pp. 66-67) treats ciTonga N15 with Tumbuka in his Nyasa group. Bryan (pp. 136, 137) lists ciTonga with both Tumbuka and the languages of the Manda group. She cites Guthrie's MG3 number for the languages as both N13 and N21.

114. *Tambo* N21 is alternatively listed by Bryan (p. 77) under her Nyiha-Safwa group where Guthrie's MG3 number is cited as MG 27/0. Her entry of Tambo with Tumbuka (p. 137) cites Guthrie's MG3 number for the language as N21/0.

115. Doke (p. 53) lists kiMatumbi P13 under his Rufiji group, which is roughly equivalent to Guthrie's Bena-Kinga group G60.

116. Kichi P16 is added on the basis of Bryan p. 133.

117. Doke (p. 53) treats ciMaviha P25 as a dialect of ciMakonde P23.

118. Doke (p. 72) treats iLomwe P32 as a dialect of iMakua P31.

119. Khumbi R14 and Ngandyera R24 apparently only appear in MG4 and Voegelin. Doke, Bryan, and Welmers make no mention of these languages.

120. Bryan (p. 144) alternatively lists *Birwa* S32 under the Shona group.

121. Another Ngoni of Tanzania N12 is also listed by Bryan (p. 136) under her Manda group where she cites Guthrie's number (MG3) for the language as N13. The Ngoni of Malawi is listed by Bryan (p. 152) under the Nguni group where Guthrie's number for the language is S42/b. Doke 1954 (p. 23) treats both Ngoni's as dialects in the Zulu cluster.

122. isiNdebele of Rhodesia S44 is a dialect of Zulu but is given a separate entry by Guthrie.

123. The two Ndebele dialects of the Transvaal differ quite considerably from Rhodesian Ndebele and Zulu. They are therefore given an independent entry.

124. The language versus dialect relationships between the languages of the Tswa-Ronga group S50 is not altogether clear.

125. Gwamba S52 is treated by Doke as a dialect of shiTsonga (S53). See Doke 1954 p. 25.

126. Guthrie does not include any members of the Kari group (our Zone X) in his classification. Bryan includes the Kari group in her treatment of Bantu and so implicitly assigns them to Bantu. Williamson 1971 does not include the Kari group in her very full treatment of Benue Congo. In the absence of any specific comment on its relationship to Bantu the Kari group can at present only arbitrarily be assigned to any one of Guthrie's zones. The solution we adopt here is that of creating an extra zone which unfortunately has to be numbered *after* S, incorrectly implying an extreme southern geographical location. See NBii pp. 74-75, and Bryan pp. 86-87.

Sources

Berry, Jack
   1971 "Pidgins and creoles in Africa." *Current Trends in Linguistics* 7, pp. 510-536.

Bryan, M.A.
   1959 *The Bantu languages of Africa*. London: Oxford University Press for the International African Institute. (Handbook of African Languages)

Doke, Clement M.
   1945 *Bantu modern grammatical, phonetical and lexicographical studies since 1860*. London: Percy Lund, Humphries for the International African Institute.
   1954 *The Southern Bantu languages*. London: Oxford University Press for the International African Institute. (Handbook of African Languages)

Guthrie, Malcolm
   1948 *The classification of the Bantu languages*. London: Oxford University Press for the International African Institute. Cited as MG1.

Guthrie, Malcolm
- 1953 *The Bantu languages of Western Equatorial Africa.* London: Oxford University Press for the International African Institute. (Handbook of African Languages) Cited as MG2.
- n.d. "Revised classified list of Bantu languages." (MS.) Cited by Bryan 1959 as MG3. [Supersedes the groupings and orthography of MG1 and MG2.]
- 1970 "Key list of Bantu languages." In his *Comparative Bantu: an introduction to the comparative linguistics and prehistory of the Bantu languages.* Farnborough, Hants, vol. 3, pp. 11-15. Cited as MG4.

Heine, Bernd
- 1970 *Status and use of African lingua francas.* München: Weltforum Verlag. (Afrika-Studien nr. 49)

Linguistic survey of the Northern Bantu borderland. Vol. 1. London:
- 1956 Oxford University Press for the International African Institute. Parts i, ii, and iii cited as NBi, NBii, and NBiii, respectively.

Nida, Eugene A. and Fehderau, Harold W.
- 1970 "Indigenous pidgins and koinés." *IJAL* 36, pp. 146-155.

Voegelin, C.F. and F.M.
- 1964 "Languages of the world: African fascicle one." *Anthropological Linguistics* 6(5), pp. 85-159.

Welmers, Wm. E.
- 1971 "Checklist of African languages and dialect names." *Current Trends in Linguistics* 7, pp. 759-900.

Williamson, Kay
- 1971 "The Benue-Congo languages and Ịjọ." *Current Trends in Linguistics* 7, pp. 245-306.

41
African Semitic References

1. The authorities consulted are all agreed on the division of Ethio-Semitic into two groups. The membership of Northern Ethiopic is not in dispute, but there is disagreement about the divisions within Southern Ethiopic and the languages within each group.

2. Geez B11 is the Coptic liturgical language and is no longer spoken as a common tongue. See Shack p. 12.

3. *Argobba* B21 is regarded by both Bender 1972 (p. 197) and Hetzron and Bender 1976 (p. 30) as a dialect of Amharic. Hetzron 1972 (p. 5) refers to *Argobba* as "a minor language on the verge of extinction."

4. Most authorities have recognised a Gurage cluster or group with North, West, and East divisions. Hetzron and Bender 1976 (p. 28), however, question the validity of this Gurage group and note "the fact that Gurage is now broken up and redistributed [following Hetzron 1972] together with other south Ethio-Semitic languages suggests that 'Gurage' is no longer a meaningful linguistic term. It should be used only to refer to 'a conglomeration of Semitic-speaking peoples surrounded by Cushitic (Sidamo)'." See also Hetzron 1972, pp. 1 and 4.

5. Harari B2212 is assigned to co-ordinate status with East Gurage on the basis of Hetzron and Bender 1976 (pp. 28, 29) following Hetzron 1972.

6. Hetzron 1972 (p. 6) has three Western Gurage divisions: Masqan B2221, Central Western B2222, and Peripheral Western B2223. Hetzron and Bender 1976 (pp. 28-30) follow this subdivision of Western Gurage.

7. The status of Gafat B2234 within Northern Gurage and its relationship with other Ethiopic groups is not clear. Its alleged extinct state is also not entirely accepted by all scholars. This is discussed in Shack 1974 (pp. 148-149) where he comments that "Gafat today might well occupy a position similar to that of the several socalled 'secret' languages or argots spoken by such specialist occupational groups in northern Ethiopia as the Woyoto and Fuga."

African Semitic Sources

Bender, M.L.
- 1971 "The languages of Ethiopia: a new lexicostatistic classification and some problems of diffusion." *Anthropological Linguistics* 13, pp. 165-288.
- 1972 "Addenda to guide to Ethiopian language nomenclature." *Anthropological Linguistics* 14, pp. 196-203.
- 1976 *Language in Ethiopia*, ed. by M.L. Bender et. al. London: Oxford University Press.
- 1976 "The Ethio-Semitic languages," by Robert Hetzron and Marvin L. Bender. *Language in Ethiopia*, op. cit., pp. 23-33.

Diakonoff, I.M.
- 1965 *Semito-Hamitic languages: an essay in classification*. Moscow: Nauka, pp. 9-15.
- 1975 "Hamito-Semitic languages," *Encyclopaedia Britannica, Macropaedia* vol. 8, pp. 589-598.

Hetzron, Robert
- 1972 *Ethiopian Semitic: studies in classification*. Manchester: Manchester University Press. (Journal of Semitic Studies monograph no. 2)
- 1976 "The Ethio-Semitic languages," by Robert Hetzron and Marvin L. Bender. *Language in Ethiopia*, op. cit., pp. 23-33.

Leslau, Wolf
- 1956 *The scientific investigation of the Ethiopic languages*. Leiden: Brill.
- 1958 "The languages of Ethiopia and their geographical distribution." *Ethiopia Observer* 2(3), pp. 116-121.
- 1970 "Classification of the Semitic languages of Ethiopia." In the *Proceedings of the Third International Conference of Ethiopian Studies*, Addis Ababa, 1966. Addis Ababa: Institute of Ethiopian Studies, Haile Sellassie I University, vol. 2, pp. 5-22.

Shack, William A.
- 1974 *The central Ethiopians: Amhara, Tigriňa and related peoples*. London: International African Institute. (Ethnographic Survey of Africa: North-Eastern Africa, pt IV)

Tucker, A.N. and Bryan, M.A.
- 1956 *The non-Bantu languages of North-Eastern Africa*. London: Oxford University Press for the International African Institute. (Handbook of African Languages, pt III)

Ullendorf, Edward
- 1955 *The Semitic langauges of Ethiopia: a comparative phonology*. London: Taylor's (Foreign) Press, pp. 18-29.

Voegelin, C.F. and F.M.
- 1964 "Languages of the world: African fascicle one." *Anthropological Linguistics* 6(5), pp. 337-339.

Welmers, Wm. E.
- 1971 "Checklist of African language and dialect names." *Current Trends in Linguistics* 7, pp. 759-900.

42
Egyptian-Coptic Sources

Polotsky, H.J.
   1970   "Coptic." *Current Trends in Linguistics* 6, pp. 558-570.

Vergote, J.
   1970   "Egyptian." *Current Trends in Linguistics* 6, pp. 531-557.

Voegelin, C.F. and F.M.
   1964   "Languages of the world: African fascicle one." *Anthropological Linguistics* 6(5), pp. 322-325.

43
Berber References

1. The classification of Berber is based on that of Voegelin. Many of the language names appear to be place or tribal names. In general the main language entry follows Applegate's orthography, as his article on Berber (1970) is more recent than that of Voegelin.

2. Applegate (p. 587) points out that the status of Ouargla A-11, *Tougourt* A-11, Mzabi A-13, and Gourara A-14 is not clear.

3. Voegelin (p. 299) and Diakonoff 1975 (p. 596) distinguish between Tamazight B3 and Tuareg E, the latter also being known as Tamashek, etc. It should be noted, however, that Applegate (p. 587) states that Tamašek "is another form of the name Tamazight," and that Tamašek is the language spoken in the Tuareg area.

4. Although many of the dialects listed under Tuareg E are place names, it would appear from Basset's map that they are probably to be regarded as dialects.

5. Guanche F is extinct. See Applegate p. 587.

Sources

Applegate, Joseph R.
    1970 "The Berber languages." *Current Trends in Linguistics* 6, pp. 586-661.

Basset, André
    1952 *La langue berbère*. London: Oxford University Press for the International African Institute.

Cohen, Marcel
    1952 "Langues chamito-sémitiques." In: *Les langue du monde*, edited by A. Meillet and Marcel Cohen. Paris: H. Champion, pp. 81-181.

Diakonoff, I.M.
    1965 *Semito-Hamitic languages: an essay in classification*. Moscow: Nauka.
    1975 "Hamito-Semitic languages." In: *Encyclopaedia Britannica, Macropaedia* vol. 8, pp. 589-598.

Voegelin, C.F. and F.M.
    1964 "Languages of the world: African fascicle one." *Anthropological Linguistics* 6(5), pp. 295-307.

Welmers, Wm. E.
    1971 "Checklist of African language and dialect names." *Current Trends in Linguistics* 7, pp. 759-900.

44
Chadic References

1. Diakonoff (p. 597) treats the languages of the Hausa and Ngizim groups as belonging to one group.

2. Westermann and Bryan (p. 163) regard Bolewa A411 as a dialect cluster, listing Bolewa and Ngamo (A413) as dialects within it.

3. Angas A421 is treated by Westermann and Bryan (p. 138) as an isolated language group, not related to Chadic.

4. Westermann and Bryan (p. 138) suggest that the speech of the Ron A43 may be related to Angas (A421). The languages listed in this group have been added on the basis of Diakonoff (p. 597).

5. Westermann and Bryan (p. 165) treat Greenberg's Logone B1, Gulfei B5, Afade B6, and Kuseri B8 as dialects of Kotoko, B9.

6. It could be noted that Ngala B2 is mentioned by Westermann and Bryan (p. 165) as a place inhabited by a people who previously spoke Kotoko B9, but who now speak Kanuri (2B11), a Saharan language. Welmers omits Ngala from his checklist, as does Voegelin.

7. Kuri B4 is regarded by Westermann and Bryan (p. 166) as being a dialect of Buduma B3. Welmers and Voegelin concur with Westermann and Bryan.

8. Kotoko B9 is added on the basis both of Westermann and Bryan (p. 165), who regard Kotoko as a dialect cluster, and Welmers' checklist, where he assigns Kotoko independent language status.

9. Bata C11 has been added on the basis of Westermann and Bryan (p. 155). They regard Bachama C12, Gudu C14, Njei C16, and Zumu C17 as dialects of Bata. Newman and Ma (p. 250) list a Bata cluster comprising the same languages as Westermann and Bryan's dialect cluster with the addition of Sukur C1-19. Voegelin (pp. 313-314) lists a Bata group of seven languages: Bata, Cheke C1-12, Higi C1-11, Woga C1-22, Fali of Mubi C1-13, Fali of Yilbu C1-15, and Sukur C1-19.

10. Demsa C13 is mentioned by Voegelin (p. 313) as an alternant for Bata -- Demsa Batta.

11. Greenberg's Holma C18 appears in Westermann and Bryan (p. 155) as the name of a tribe speaking Njai (C16). Voegelin (p. 313) lists Holma as an alternant of Njai.

12. Kapsiki C19 is treated by Westermann and Bryan (p. 156), (a) as one of the tribal names for the speakers of Higi (C1-11), and (b) as a tribal name for speakers of a dialect of Higi. Voegelin (p. 314) lists it both as an alternant for and as a dialect of Higi, and Welmers accords it language status, as does Greenberg.

13. Voegelin (p. 315) regards Baza C1-10 as an alternant for Nilo-Saharan Kunama (2E3).

14. Welmers comments that Higi C1-11 "may include four distinct languages."

Voegelin (p. 314) follows Westermann and Bryan (p. 156) in indicating the existence of five possible dialects, known only by place or tribal name. The fifth is Greenberg's Kapsiki (C19). Newman and Ma (p. 250) list a Higi cluster within their Biu-Mandara group comprising Fali of Kiria (C1-14), Higi, and Vizik (C1-20).

15. Greenberg regards Cheke C1-12 as an alternant for Gude (C1-12). Westermann and Bryan (pp. 155-156) mention the Gudi (Gude) as a tribe speaking the same dialect as the Njai (C16), and do not relate their Cheke (independent language) to Gude. Voegelin (p. 313) draws attention to some points of confusion concerning Cheke (Gude), and Welmers in his checklist has separate, unrelated language entries for Cheke (Mubi) and Gude. Newman and Ma (p. 250) alternatively list Cheke within their Biu-Mandara group as a member of their Bura cluster (which consists of Bura, Cheke, Chibak, Kilba, Margi, and Podowko [sic]).

16. Fali of Mubi C1-13 is, according to Westermann and Bryan (p. 156), the name of a tribe, the speech of which they relate to their Bata group (which consists of Bata-Njai, Cheke, Higi, and Woga). Welmers in his checklist mentions only one Chadic Fali, spoken in Nigeria, which has as a dialect or closely related language Peski. The only trace of Peski (?) that can be found in Westermann and Bryan (p. 151) is Fali of Peske, Bori and Zabkar, spoken in the French Cameroons, and specifically not related by them to Bata.

17. Fali of Kiria C1-14, together with Maya (not mentioned by Greenberg or Voegelin, but listed by Welmers) is noted by Westermann and Bryan (p. 154) as possibly being related to their Bura group (which consists of Bura and Margi). Newman and Ma (p. 250) list Fali of Kiria as belonging to their Higi cluster. (Westermann and Bryan (p. 154) relate Higi to their Bata language group.)

18. Vizik C1-20, Vemgo C1-21, Woga C1-22, and Tur C1-23 are listed by Westermann and Bryan (p. 156) as possible dialects which together form their Woga dialect cluster, a treatment followed in turn by Voegelin (p. 314). Welmers follows Greenberg in assigning them independent language status. Newman and Ma (p. 250) list Vizik as belonging to their Higi cluster.

19. Pabir C1-25 appears from Westermann and Bryan (p. 153) to be an alternant tribal name for the Babur who also speak Bura (C1-24). Voegelin and Welmers only mention it as an alternant for Bura, but Greenberg accords Pabir language status.

20. Tera C23 is regarded by Westermann and Bryan (p. 157) as a dialect cluster, consisting of Ganda (C21), Hona (C22), Jera (C24), and Hina (C25), as well as Tera. Welmers in his checklist notes that the four may be dialects or closely related languages of Tera. Newman and Ma follows Greenberg's assignation of independent status and group them within their Tera cluster (p. 250).

21. Greenberg lists two Hinas -- our C25 and D11. It appears that D11 is Westermann and Bryan's Daba Hina, spoken in the Cameroons, and listed by them (p. 159) as a dialect of Daba (D12).

22. Puthlundi C26 is added on the basis of Westermann and Bryan (p. 157). It is listed by both Voegelin and Welmers.

23. Pidlimdi C27 is listed by Newman and Ma (p. 250) as a member of their Tera cluster.

24. According to Westermann and Bryan (pp. 158-9) Daba D12 has four dialects, Daba Hina (D11), Musgoi (D13), Gawar (D14), and Gisiga (D21). Welmers in his 1971 checklist concurs with this, although in 1964 Voegelin (p. 316) quotes him as recognising that "some of these may be separate languages." Greenberg lists these as separate.

25. Balda D22 is listed by Greenberg and Welmers, but it is interesting to note that Westermann and Bryan quote van Bulck as having been unable to find any trace of Balda, which they footnote under Gisiga (D21) (p. 158 fn. 7).

26. Muturua D23 is mentioned by Westermann and Bryan (p. 158) as an alternant for Gisiga D21. Voegelin follows them in this, but Welmers lists Muturua as an independent language with no indication of relationship, as does Greenberg.

27. Mofu D24 and Matakam D25 are regarded by Westermann and Bryan (p. 158) as dialects of their Matakam dialect cluster.

28. Mora D26 is added to the Gisiga-Matakam Subgroup on the basis of Westermann and Bryan (p. 158).

29. Gamergu F2 is considered by Westermann and Bryan (p. 159) to be a dialect of Mandara F1 -- Welmers notes the possibility.

30. Glavda F3 and Yawotatakha F4 have been added on the basis of Diakonoff 1975 (p. 597). Laamang F5 is also added from Diakonoff but can only be arbitrarily included within the Mandara group as Diakonoff lists the language as a separate subgroup, alongside the Mandara group, within a larger group (including members of our groups C and F).

31. The position concerning Bana H1 and Banana (Masa) H2 is not clear. Welmers in his 1971 checklist clearly places Banana (Bana) as a dialect of Masa, following Westermann and Bryan (p. 167). Voegelin 1964 (p. 319) quotes Welmers as commenting that "the classification [of Masa] is tentative. Greenberg lists a Masa as Niger-Congo, Adamawa-Eastern, but lists Bana and Banana as Afroasiatic, Chadic. His Masa may be something different, not otherwise identified." Concerning Adamawa-Eastern Masa, 325A-14, Stennes (Samarin 1971, p. 224) regards it as a Chadic language.

32. Musei, Marba, and Dari, H5-H7, are added on the basis of Diakonoff 1975 (p. 597).

33. Gablai J17, Gam J18, Kim J19, Besme J1-10, Nancere J1-11, and Lele J1-12 are added to the Somrai group on the basis of Tucker and Bryan (pp. 43-45).

34. Chiri J22 is listed by Welmers with the alternant Tshire. Tucker and Bryan (p. 43) list Tshire as an alternant for Gabri (J21), and have no mention of Chiri. Voegelin also omits Chiri.

35. Westermann and Bryan (p. 169) list two dialects under Sokoro J31, Barein and Saba. Greenberg has accorded Barein (J32) language status, and omits Saba, which he presumably regards as a dialect.

36. Tuburi J5 is classified by Welmers in his checklist as Adamawa-Eastern.

37. Jonkor J64 appears from Jungraithmayr 1961 (p. 95) to be an alternant for Westermann and Bryan's Jongor (p. 168).

38. Bidyo J66, Dangaleat J67, and Mogum J68 are added to the Mubi Subgroup on the basis of Westermann and Bryan (p. 168).

Chadic Sources

Diakonoff, I.M.
   1975 "Hamito-Semitic languages." In: *Encyclopaedia Britannica, Macropaedia* vol. 8, pp. 589-598.

Greenberg, Joseph H.
   1955 *Studies in African linguistic classification.* New Haven: Compass, pp. 43-61.
   1963 *The languages of Africa.* The Hague: Mouton for Indiana University, pp. 42-65.
   1966 *The languages of Africa.* 2nd rev. edition. The Hague: Mouton, "Additions and Corrections," p. 179.

Jungraithmayr, von Herman
   1961 "Beobachtungen zur tschadohamitischen Sprache der Jegu (und Jonkor) von Abu Telfan (République du Tchad). *Afrika und Übersee* 45, pp. 95-123.

Lukas, J.
   1936 "The linguistic situation in the Lake Chad area in Central Africa." *Africa* 9, pp. 332-349.

Newman, Paul and Ma, Roxana
   1966 "Comparative Chadic: phonology and lexicon." *Journal of African Languages* 5(3), pp. 218-251.

Terry, Robert R.
   1971 "Chadic." *Current Trends in Linguistics* 7, pp. 443-454.

Tucker, A.N. and Bryan, M.A.
   1956 *The non-Bantu languages of North-Eastern Africa.* London: Oxford University Press for the International African Institute. (Handbook of African Languages, pt III)

Voegelin, C.F. and F.M.
   1964 "Languages of the world: African fascicle one." *Anthropological Linguistics* 6(5), pp. 308-321.

Welmers, Wm. E.
   1971 "Checklist of African language and dialect names." *Current Trends in Linguistics* 7, pp. 759-900.

Westermann, Dietrich and Bryan, M.A.
   1952 *The languages of West Africa.* London: Oxford University Press for the International African Institute. (Handbook of African Languages, pt II)

      [Sections IX and X, "Chadic languages," and "Chado-Hamitic languages," would appear to be by Lukas.]

45
Cushitic References

1. Kemant B2 is regarded by Tucker and Bryan (p. 122) as a dialect of Quara B6.

2. *Khamta* is regarded by Tucker and Bryan (p. 121) as a dialect of Khamir. Voegelin (p. 288) and Welmers regard it as being either a dialect or a closely related language of Khamir. Bender 1971 (p. 226) gives Khamta language status, but lists *Xamir* as a possible dialect of Khamta. Fleming and Bender 1976 (p. 40) suggest that "the 'Khamir' and 'Khamta' varieties of Agew ... seem to be represented today by Xamtanga ('Khamta') only."

3. *Damot* B4 is no longer spoken according to Bender 1971 (p. 218), but Fleming and Bender 1976 (p. 40) note that "Agew of Damot" is part of Awngi. Welmers, however, accords Damot language status.

4. Kayla B5 is regarded by Tucker and Bryan (p. 122) as a dialect of Quara B6. Bender 1971 (p. 220) lists Kayla as a derogatory alternant for Felasha, which he indicates may now be extinct. Fleming and Bender 1976 (p. 40) note that "the Felashas once spoke an Agew variety, but it seems that they have given it up entirely in favour of Amharic..." They also report that "the supposed dialects of Dembiya, Qwara, and Kayla reported to be found around the shores of Lake Tana by nineteenth-century researchers are no longer spoken, and these names probably reflect some geographical confusion in any case."

5. Welmers lists *Qwarasa* as a dialect of Quara B6, following Tucker and Bryan (p. 121).

6. Greenberg 1963a offers no internal groupings for Eastern Cushitic. In his 1963b article he divides Eastern Cushitic into four co-ordinate branches, Afar-Saho, Somali, Eastern Sidamo, and Conso-Galla. Fleming and Bender 1976 (p. 61) have two basic co-ordinate branches within Eastern Cushitic, Highland and Lowland. Highland comprises Greenberg's Eastern Sidamo, now divided into two co-ordinate groups, Burji and the Sidamo group. Lowland comprises three co-ordinate groups, Northern, Oromo, and Somali. Northern is Greenberg's Afar-Saho, Oromo is his Conso-Galla group which he further divides internally into North and South. These divisions both include further subgroups. Somali is substantially the same as Greenberg's Somali group. We have followed the more detailed classification of Fleming and Bender.

7. Burji C11 is included by Greenberg 1963b (p. 42) in his "Eastern Sidamo" group.

8. The Sidamo subgroup coincides with Greenberg's "Eastern Sidamo" with the exception of Burji C11 and *Gudella* (C125).

9. *Tambaro* C122 was listed by Greenberg 1963a as a language. Its omission from his 1963b Eastern Cushitic grouping is presumably because he now regards it as being a dialect of Kambatta, as does Bender (p. 222).

10. Bender 1971 (p. 217) notes that Alaba C123 is mutually intelligible with Kambatta C122, but Fleming and Bender 1976 (p. 61) accord them both separate language status.

11. *Gudella* C125 is listed by Greenberg 1963b (p. 42) as a language in his "Eastern Sidamo" group.

12. Bender 1971 (p. 225) reports that Saho C212 is mutually intelligible with Afar (C211).

13. Bararetta C2212 is added on the basis of Bender 1976 (p. 61).

14. *Gato* C22131 is listed as a separate language by Greenberg 1963b (p. 42), but is treated as a dialect of Konso by Bender 1976 (p. 61).

15. Bender 1971 (p. 226) suggests that Werize C22241 is possibly mutually intelligible with Gawwada C22242 and Gobeze C22243.

16. Dume C22244 is listed as a separate language by Greenberg 1963b (p. 42), but Bender 1972 (p. 202) gives Dume as an alternant name for Tsamai.

17. Tucker 1967 (p. 660) lists a Boni as a "coastal idiom" of Sanye D6. He also notes (p. 677) that "the 'Sanye' and 'Boni' languages are so reminiscent of Galla in the pronominal and conjugational systems that there should be no doubt about their 'orthodoxy', and they could well have been grouped under Greenberg's 'Eastern Cushitic' rather than his 'Southern Cushitic'."

18. Tucker and Bryan (pp. 137-8) list Greenberg's Southern Cushitic languages in three "isolated language groups." See their pp. 156-7 for their views on the linguistic chacteristics and possible relationships of these languages.

19. Ngomvia D7 is added to his Southern Cushitic group by Greenberg 1966 (second revised edition).

Cushitic Sources

Bender, M.L.
  1971 "The languages of Ethiopia: a new lexicostatistic classification and some problems of diffusion." *Anthropological Linguistics* 13, pp. 165-288.
  1972 "Addenda to Guide to Ethiopian language nomenclature." *Anthropological Linguistics* 14, pp. 196-203.
  1976a *Language in Ethiopia*, edited by M.L. Bender et al. London: Oxford University Press.
  1976b "Non-Semitic languages," by Harold C. Fleming and Marvin L. Bender. In *Language in Ethiopia*, op.cit., pp. 34-62.

Diakonoff, I.M.
  1975 "Hamito-Semitic languages." *Encyclopaedia Britannica, Macropaedia* 8, pp. 589-598.

Fleming, Harold C.
  1969 "The classification of West Cushitic within Hamito-Semitic." In *Eastern African history*, edited by Daniel F. McCall, Norman R. Bennett and Jeffrey Butler. New York: Praeger, pp. 3-27.
  1976 "Non-Semitic languages," by Harold C. Fleming and Marvin L. Bender. In *Language in Ethiopia*, op. cit., pp. 34-62.

Greenberg, Joseph H.
  1963a *The languages of Africa*. The Hague: Mouton for Indiana University. (*IJAL* 29(1), pt 2, 1963. Publication 25 of the Indiana University Research Center in Anthropology, Folklore and Linguistics)
  1963b "The Mogogodo: a forgotten Cushitic people." *Journal of African Languages* 2, pp. 29-43.
  1966 *The languages of Africa*. 2nd rev. ed. The Hague: Mouton.

Palmer, F.R.
  1970 "Cushitic." *Current Trends in Linguistics* 6, pp. 571-585.
  1971 "Cushitic." In *Afroasiatic: a survey*, edited by Carleton T. Hodge. The Hague: Mouton, pp. 80-95.
  [This is a reprint of the 1970 article but contains some additional material covering more recent work.]

Tucker, A.N.
  1967 " 'Fringe' Cushitic: an experiment in typological comparison." *Bulletin of the School of Oriental and African Studies* 30, pp. 655-680.

Tucker, A.N. and Bryan, M.A.
  1956 *The non-Bantu languages of North-Eastern Africa*. London: Oxford University Press for the International African Institute. (Handbook of African languages, pt III)

Voegelin, C.F. and F.M.
  1964 "Languages of the world: African fascicle one." *Anthropological Linguistics* 6(5), pp. 284-294.

Welmers, Wm. E.
   1971   "Checklist of African language and dialect names." *Current Trends in Linguistics* 7, pp. 759-900.

46
Omotic References

1. Bender 1972 (p. 200) lists Dizu as Maji's self-language name, not as an alternant for She A422 as do Tucker and Bryan (p. 128).

2. Tucker and Bryan (p. 128) list Shakko A13, Bienesho A421, She A422, Kaba [a geographical term for the area where She is spoken according to Bender 1971 (p. 225)] and Nao-Eastern A14 as dialects of Gimira A421.

3. Tucker and Bryan (p. 129) regard Garo A333 and Mocha A332 as dialects of Kafa A331.

4. Voegelin (p. 293) notes that "Kullo [A4416] is sometimes said to be an Ometo language in Ethiopia, but sometimes associated with Dawaro (Dwaro) in the Eastern Zone." Welmers observes that Kullo is a place name used to designate several languages. Bender 1972 (p. 200) states that "Kullo is best treated as a Wellamo dialect," but Fleming 1974 (p. 93) lists Wallamo A4411 and Kullo (the latter as an alternant for Dauro A4416) as separate languages.

5. Bender 1971 (p. 226) lists Gemu A4412, Gofa A4413, and Zala A4414 as dialects of Welamo A4411. This concurs with Tucker and Bryan (p. 127). Gamo A4412 is listed by Welmers as a language, but Tucker and Bryan (p. 128) only mention it as a district name. However, Fleming 1974 (p. 93) lists them as separate languages.

6. Both Voegelin (p. 291) and Welmers indicate, following Tucker and Bryan (p. 127), that Basketo A4431 may be a dialect of Chara A43. Bender 1971, however, does not make this connection, nor does Fleming 1974.

7. Dokko A4432 and Dollo A4433 are listed by Bender 1972 (p. 197) as possible dialects of Basketo A4431.

8. Tucker and Bryan (pp. 127-8) list Koyra A4445, Kachama A4444, and Zaysse A4441 as dialects of Baditu A4445. Bender 1971 does not mention any dialects, and lists Baditu as an alternant for Koyra.

9. Haruro, according to Bender 1972 (p. 199) is a term used by the Welamo to refer to both Gidicho A4443 and Kachama A4444. Fleming 1974 (p. 93), however, cites the latter under the main name Haruro and lists Gatsambe as an alternant.

10. Bender 1971 (p. 218) regards *Amar* as an alternant for Banna B1. He lists *Beshada* and *Hamer* as dialects of Banna, and he also suggests that *Kerre* may be mutually intelligible with Banna (p. 221). *Kerre* is related by Tucker and Bryan (p. 91) to their Didinga-Murle group which is Eastern Sudanic in Greenberg's classification (2E12).

11. Bio B2 is tentatively assigned to Ari by Bender 1971 (p. 218). Bender lists Biya as an independent language, possibly within <u>Western</u> Omotic. Welmers, however, relates Bio to Biya as an alternant and classifies them as Chari-Nile Eastern. Tucker and Bryan (p. 92) list Baka, Are, and Biya, inter alia, in their Bako "isolated language group."

References and Sources

12. Gayi B5 is included in Tucker and Bryan's Bako "Isolated language group" (p. 92) along with Bako B2, Are B2, Dime B3, Biya B4, inter alia. Welmers simply lists Gayi as being Cushitic. We include it in the Ari-Banna branch on the basis of Tucker and Bryan's grouping and for lack of further information.

Sources

Bender, M.L.
   1971 "The languages of Ethiopia: a new lexicostatistical classification and some problems of diffusion." *Anthropological Linguistics* 13, pp. 165-288.
   1972 "Addenda to guide to Ethiopian language nomenclature." *Anthropological Linguistics* 14, pp. 196-203.
   1976 *Language in Ethiopia*, edited by M.L. Bender et al. London: Oxford University Press.
   1976 "Non-Semitic languages," by Harold C. Fleming and Marvin L. Bender. In *Language in Ethiopia*, op. cit., pp. 34-62.

Diakonoff, I.M.
   1975 "Hamito-Semitic languages." *Encyclopaedia Britannica, Macropaedia* 8, pp. 589-598.

Fleming, Harold C.
   1969 "The classification of West Cushitic within Hamito-Semitic." In *Eastern African history*, edited by Daniel F. McCall, Norman R. Bennett and Jeffrey Butler. New York: Praeger, pp. 3-27.
   1974 "Omotic as a branch of Afroasiatic." *Studies in African Linguistics*, Supplement 5, pp. 81-94.
   1976 "Non-Semitic languages," by Harold C. Fleming and Marvin L. Bender. In *Language in Ethiopia*, op. cit., pp. 34-62.

Greenberg, Joseph H.
   1963 *The languages of Africa.* The Hague: Mouton for Indiana University.
   1966 *The languages of Africa.* 2nd rev. ed. The Hague: Mouton.

Palmer, F.R.
   1970 "Cushitic." *Current Trends in Linguistics* 6, pp. 571-585.
   1971 "Cushitic." In *Afroasiatic: a survey*, edited by Carleton T. Hodge. The Hague: Mouton, pp. 80-95.
   [This is a reprint of the 1970 article, but contains some additional material covering more recent work.]

Tucker, A.N. and Bryan, M.A.
   1956 *The non-Bantu languages of North-Eastern Africa.* London: Oxford University Press for the International African Institute. (Handbook of African languages, pt III)

Tucker, A.N.
   1969 "'Fringe' Cushitic: an experiment in typological comparison." *Bulletin of the School of Oriental and African Studies* 30, pp. 655-680.

Voegelin, C.F. and F.M.
   1964 "Languages of the world: African fascicle one." *Anthropological Linguistics* 6(5), pp. 284-294.

Welmers, Wm. E.
　　1971　"Checklist of African language and dialect names." *Current Trends in Linguistics* 7, pp. 759-900.

LANGUAGE FAMILY CHARTS

1 KHOISAN

A NORTHERN BUSHMAN
1. !xu cluster
2. ǂHûâ, Eastern

B SOUTHERN BUSHMAN
1. TAA GROUP
   1. !xo
   2. Masarwa
   3. Khathea
2. !WI GROUP
   1. ŋ|huki cluster
   2. ǁxegwi
   3. Southeastern Subgroup
      1. Lesotho cluster
   4. |xam

C HOTTENTOT
1. NAMA GROUP
   1. Nama
   2. Korana
   3. Griqua
   4. Gemsbok Nama
2. TSHU-KHWE GROUP
   1. Hietshware cluster
   2. Ṣuà-khwe cluster
   3. Central cluster
   4. Buka-khwe cluster
   5. N|haints'e cluster
   6. Nharo-n
   7. Gǁana-khwe
3. Hai-nǁum
4. Kwadi

D Sandawe

E Hadza

Nilo-Saharan 2 — Language Charts

2 NILO-SAHARAN

A Songhai

B SAHARAN BRANCH
  1 KANURI GROUP
    1 Kanuri
    2 Kanembu
  2 TEDA GROUP
    1 Teda
    2 Daza
  3 Zaghawa
  4 Berti

C MABAN BRANCH
  1 MABA GROUP
    1 Maba
    2 Karanga
    3 Masalit
  2 Mimi
  3 Mimi

D Fur

E CHARI-NILE BRANCH
  1 EASTERN SUDANIC
    1 NUBIAN GROUP
      1 Nile Nubian
      2 Kordofan Nubian
      3 Midob
      4 Birked
    2 DIDINGA-MURLE GROUP
      1 Didinga
      2 Longarim
      3 Murle
      4 Suri
      5 Murzu
      6 Mekan
      7 Masongo
      8 Zulmanu
      9 Kwegu
    3 Nara
    4 Ingassana
    5 NYIMANG GROUP
      1 Nyimang
      2 Afitti
    6 TEMEIN GROUP
      1 Temein
      2 Keiga Jirru
    7 TAMA GROUP
      1 Tama
      2 Sungor
      3 Merarit
      4 Kibet
    8 DAJU GROUP
      1 Western Subgroup
        1 Daju of Dar Dadjo
        2 Daju of Dar Sila
        3 Daju of Dar Fur
        4 Baygo
        5 Daju of W. Kordofan
        6 Njalgulgule
      2 Eastern Subgroup
        1 Shatt
        2 Liguri
    9 NILOTIC GROUP
      1 Western Nilotic
        1 Mabaan Subgroup
          1 Burun
          2 Mabaan
          3 Jumjum
        2 Lwo Subgroup
          1 N. Lwo
            1 Shilluk
            2 Anuak
            3 Thuri
            4 Bor
            5 Lwo
          2 S. Lwo
            1 Acholi
            2 Lango
            3 Kumam
            4 Alur
            5 Labwor
            6 Lwo
            7 Adhola
            8 Luo
        3 Dinka-Nuer Subgroup
          1 Dinka
          2 Nuer Subgroup
            1 Nuer
            2 Atuot
      2 Eastern Nilotic
        1 Bari
        2 Masai-Teso Subgroup
          1 Masai Subgroup
            1 Masai
            2 Ngasa
          2 Teso Subgroup
            1 Lotuko
            2 Teso
            3 Toposo
            4 Karamojong
            5 Turkana
      3 Southern Nilotic
        1 Nandi
        2 Suk
        3 Tatoga
  -10 Teuso
  -11 Meroitic

Language Charts   Nilo-Saharan 2

```
                                    F KOMAN
                                       1 Gule
                                       2 Gumuz
                                       3 Sese
                                       4 KOMA GROUP
                                          1 N. Koma
                                          2 S. Koma
                                          3 C. Koma
                                          4 Langa
                                          5 Uduk
                         4 BERTA GROUP       6 N. Mao
                            1 Berta
                            2 Gobato
              3 Kunama      3 Gamila

2 CENTRAL SUDANIC
   1 BONGO-BAGIRMI GROUP
   2 KREISH GROUP
      1 Kreish
      2 Aja
      3 Furu
   3 MORU-MADI GROUP              1 Bongo-Baka Subgroup
      1 Moru                         1 Bongo
      2 Central Subgroup             2 Baka
         1 Avukaya                   3 Morokodo
         2 Logo                      4 'Beli
         3 Kaliko                 2 Sara-Bagirmi Subgroup
         4 'High' Lugbara            1 Sara
         5 'Low' Lugbara             2 Gambai
      3 Madi                         3 Kaba
   4 MANGBETU GROUP                  4 Kaba Dunjo
      1 Mangbetu                     5 Vale
      2 Asua                         6 Nduka
   5 MANGBUTU-EFE GROUP              7 Tana
      1 Mangbutu                     8 Horo
      2 Ndo                          9 Mbai
      3 Mamvu-Efe Subgroup         -10 Kara
         1 Mamvu                   -11 Bagirmi
         2 Amengi                  -12 Kuka
         3 Lese                    -13 Kenga
         4 Mvu'ba                  -14 Disa
         5 Efe                     -15 Bubalia
      6 Lendu                    3 Yulu
                                 4 Sinyar
                                 5 Gula
```

307

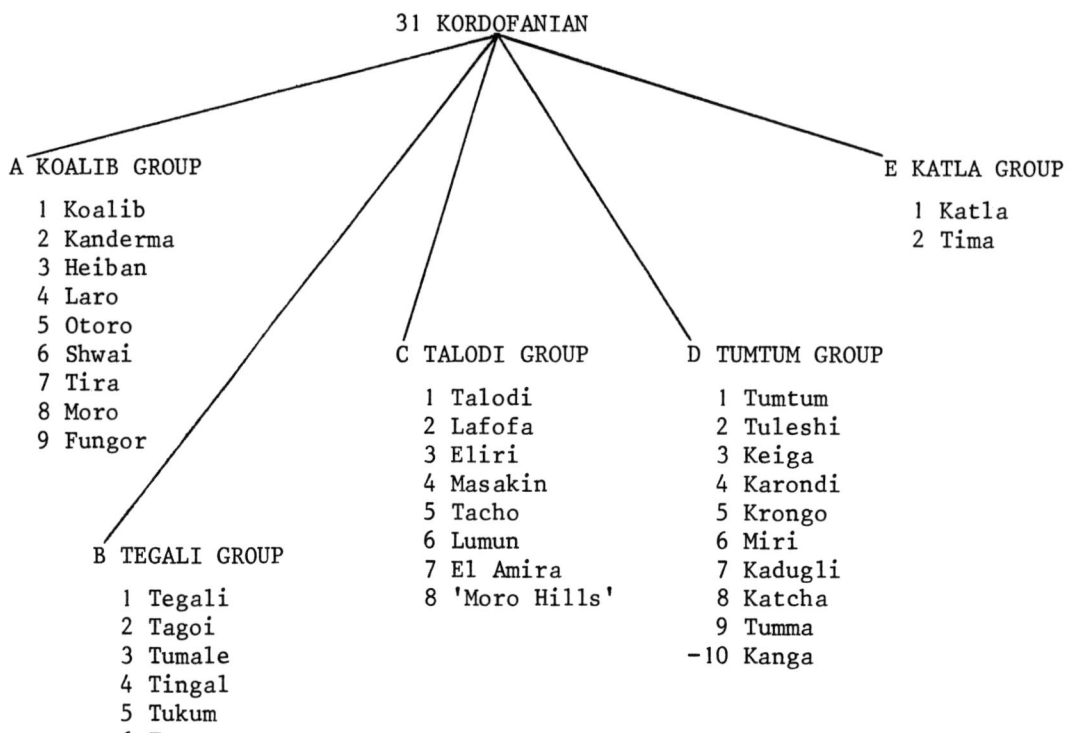

31 KORDOFANIAN

A KOALIB GROUP
1 Koalib
2 Kanderma
3 Heiban
4 Laro
5 Otoro
6 Shwai
7 Tira
8 Moro
9 Fungor

B TEGALI GROUP
1 Tegali
2 Tagoi
3 Tumale
4 Tingal
5 Tukum
6 Turum

C TALODI GROUP
1 Talodi
2 Lafofa
3 Eliri
4 Masakin
5 Tacho
6 Lumun
7 El Amira
8 'Moro Hills'

D TUMTUM GROUP
1 Tumtum
2 Tuleshi
3 Keiga
4 Karondi
5 Krongo
6 Miri
7 Kadugli
8 Katcha
9 Tumma
-10 Kanga

E KATLA GROUP
1 Katla
2 Tima

321 WEST ATLANTIC

A NORTHERN BRANCH

  1 SENEGAL GROUP

    1 Fula
    2 Serer
    3 Wolof

  2 CANGIN GROUP

    1 Lehar
    2 Safen
    3 Non
    4 Ndut
    5 Falor

  3 BAK GROUP

    1 Diola Subgroup
      1 Diola
      2 Gusilay
      3 Karon
      4 Kwaatay
      5 Bayot

    2 Manjaku Subgroup
      1 Manjaku
      2 Papel
      3 Mankanya

    3 Balanta Subgroup
      1 Balanta
      2 Ganja

  4 EASTERN SENEGAL-GUINEA GROUP

    1 Tenda-Konyagi Subgroup
      1 Bedik
      2 Tanda-Basari
      3 Bapeng
      4 Konyagi

    2 Biafada-Pajade Subgroup
      1 Biafada
      2 Pajade

    3 Kobiana-Banhum Subgroup
      1 Kobiana
      2 Kasanga
      3 Banhum

  5 NALU GROUP
    1 Nalu
    2 Mbulungish
    3 Baga Mboteni

B Bijago

C SOUTHERN BRANCH

  1 Sua

  2 MEL GROUP

    1 Temne Subgroup
      1 Temne
      2 Banta
      3 Baga Muduri
      4 Baga Sitemu
      5 Baga Binari
      6 Baga Sobane
      7 Baga Koba
      8 Landuma
      9 Tyapi

    2 Bullom Subgroup
      1 Sherbro
      2 Mmani
      3 Bom
      4 Krim
      5 Kisi

  3 Gola

  3 Limba

322 MANDE

A NORTHERN-WESTERN BRANCH

   1 NORTHERN GROUP
- 1 Susu-Yalunka
- 2 Soninke
- 3 Hwela-Ligbi Subgroup
  - 1 Hwela-Numu
  - 2 Ligbi
- 4 Vai-Kono Subgroup
  - 1 Vai
  - 2 Kono
- 5 Khasonke
- 6 Mandekan
  - Dyula

   2 SOUTHWESTERN GROUP
- 1 Mende-Bandi
- 2 Loko
- 3 Loma
- 4 Kpelle

B SOUTHERN-EASTERN BRANCH

   1 SOUTHERN GROUP
- 1 Mano
- 2 Dan
- 3 Tura
- 4 Mwa
- 5 Nwa
- 6 Gan
- 7 Kweni

   2 EASTERN GROUP
- 1 Samo
- 2 Bisa
- 3 Busa

C Bobo Fing

323 GUR

A CENTRAL GUR

1 MOORE-GURMA GROUP

1 Western Subgroup
  1 Northwestern Subgroup
    1 Moore
    2 Dagara-Nura
    3 Birifor
    4 Dagaari
  2 Safalaba
2 Central Subgroup
  1 North-Central Subgroup
    1 Nankani
    2 Frafra
    3 Talni
    4 Nabt
    5 Dagbani-Mampruli-Nanuni
    6 Kusal
    7 Talensi
    8 Wala
  2 Buli
  3 Hanga
3 Northeastern Subgroup
  1 Pilapila
  2 Naudm
4 Eastern Subgroup
  1 Bimobo
  2 Basari-Kasele-Chamba
  3 Konkomba
  4 Gangam
  5 Gurma
  6 Natemba
  7 Soruba-Kuyobo
  8 Berba
  9 Somba
  -10 Takemba
  -11 Tayakou

2 Tamari

3 GRUSI GROUP

1 Northern Subgroup
  1 Kasem
  2 Lyele
  3 Nunuma
2 Central Subgroup
  1 Sisala
  2 Puguli
  3 Kurumba
3 Southern Subgroup
  1 Chakali
  2 Tampulma
  3 Vagala
  4 Mo
  5 Kanjaga
4 Eastern Subgroup
  1 Lamba Subgroup
    1 Lamba
    2 Kabre
    3 Dompago
  2 Tem
  3 Delo Subgroup
    1 Delo
    2 Cala
  4 Bago

B Bargu

C LOBI GROUP

1 Lobi
2 Dyan
3 Gan
4 Dorhosye
5 Padorho
6 Komono
7 Moru
8 Turuka

D BOBO GROUP

1 Bwamu
2 Bobo Gbe
3 Sankura

E Kulango

F Kirma-Tyurama

G Win

H SENUFO GROUP

1 Senari Subgroup
  1 Central dialects
  2 Tenere
  3 Takpasyeeri
  4 Tyebala
  5 Southwest Senari
  6 Kandere
  7 Papara
  8 Nyarafoloro
  9 Fodoro
  -10 Senar
2 Suppire
3 Tagbana
4 Karaboro
5 Palara
6 Tyeliri
7 Pantera-Fantera Subgroup
  1 Pantera
  2 Fantera
8 Tiefo
9 Kulele
-10 Wara
-11 Vige
-12 Natioro

J Seme

K Dogon

Language Charts — Kwa 324

324 KWA

A KRU GROUP
1 Bete
2 Bakwe
3 Grebo
   Gweabo
4 Bassa
5 De
6 Kru
7 Krahn
8 Kwaa

B WESTERN GROUP
1 Avatime
2 Nyangbo
3 Tafi
4 Logba
5 Likpe
6 Ahlo
7 Kposo
8 Lefana
9 Bowili
-10 Akpafu
-11 Santrokofi
-12 Adele
-13 Kebu
-14 Anyimere
-15 Ewe
-16 Aladian
-17 Avikam
-18 Gwa
-19 Kyama
-20 Akye
-21 Ari
-22 Abe
-23 Adyukru
-24 VOLTA-COMOE GROUP
-25 Gã
-26 Adangme

C YORUBA GROUP
1 Yoruba
2 Igala

D NUPE GROUP
1 Nupe
2 Gbari
3 Igbira
4 Gade

E EDO GROUP
1 Bini
2 Ishan
3 Kukuruku
4 Sobo
5 Engenni
6 Degema

F IDOMA GROUP
1 Idoma
2 Agatu
3 Yala
4 Yatye
5 Igede

G Igbo

H Ijo

VOLTA-COMOE GROUP
1 Ono Subgroup
  1 Abure
  2 Betibe
2 Tano Subgroup
  1 Bia
  1 Anyi-Bawule
  2 Chakosi
  3 Nzeme
  4 Ahanta
  2 Akan
3 Guan Subgroup
  1 Awutu
  2 Chiripon-Lete-Anum
  3 Nkonya
  4 Krachi
  5 Anyanga
  6 Achode
  7 Nchummuru
  8 Nawuri
  9 Yeji
  -10 Gonja
  -11 Gomoa
  -12 Brong

326 Benue Language Chart Next Page

Benue 326 Language Charts

326 BENUE

A PLATEAU B JUKUNOID C CROSS RIVER

1 PLATEAU 1
  1 PLATEAU 1A
    1 Kambari
    2 DUKA GROUP
      1 Duka
      2 Dakarkari
      3 Geeri-ni
      4 Wipsi-ni
      5 Puku-nu
      6 Keri-ni
      7 Lyase-ne
    3 KAMUKU GROUP
      1 Basa
      2 Kamuku cluster
      3 Ngwoi
      4 Gurmana
      5 Pongu
      6 Ura
      7 Baushi
      8 Basa-Komo
    4 Reshe
  2 PLATEAU 1B
    1 CHAWAI GROUP
      1 Piti
      2 Chawai
    2 Amap
    3 CENTRAL GROUP
      1 Gure
      2 Kahugu
      3 Kuzamani
      4 Kaivi
      5 Kiballo
      6 Kitimi
      7 Kinuku
      8 Surubu
      9 Kurama
     -10 Ruruma
     -11 Rumaya
     -12 Janji
     -13 Bunu
     -14 Buji
     -15 Jere
     -16 Anaguta
     -17 Sheni
     -18 Sanga
    4 NORTHERN GROUP
      1 Buta
      2 Ningi
      3 Kuda
      4 Chamo
    5 Gyema
    6 Taura

2 PLATEAU 2
  1 Eloyi
  2 ZARIA GROUP
    1 Koro Subgroup
      1 Koro cluster
      2 Lungu
      3 Yeskwa
      4 Migili
    2 Jaba Subgroup
      1 Kagoma
      2 Kamanton
      3 Jaba
    3 Nandu Subgroup
      1 Nandu
      2 Tari
    4 Central Subgroup
      1 Irigwe
      2 Kaje
      3 Afusare-Forum
      4 Katab cluster
    5 Kadara Subgroup
      1 Kuturmi
      2 Idon
      3 Kadara
      4 Doka
      5 Ikulu cluster
      6 Kajuru

3 PLATEAU 3
  1 Birom
  2 Aten
  3 Chara

4 PLATEAU 4
  1 Ayu
  2 Pai
  3 BOI GROUP
    1 Kwanka
    2 Boi
    3 Shal
  4 NINZAM GROUP
    1 Ninzam
    2 Gwanto
    3 Mada
    4 Kaninkon
    5 Rukuba

5 PLATEAU 5
  1 Nungu
  2 Egon
  3 Yashi

6 PLATEAU 6
  1 Mabo
  2 Horom
  3 Pyem

7 PLATEAU 7
  1 Yergam
  2 Bashar

1 KARIM GROUP
  1 Karim
  2 Chomo
  3 Minda
  4 Bandawa
  5 Lau

2 JUKUN-MBEMBE GROUP
  1 Kir
  2 Jiru
  3 Jukun
  4 Ashaku
  5 Nama
  6 Mbembe cluster

3 KENTU GROUP
  1 Kentu
  2 Ichen
  3 Nyidu

4 KPANZO GROUP
  1 Kpanzo
  2 Hwaye
  3 Boritsu

5 Kutep

1 CROSS RIVER 1
  1 BEKWARRA GROUP
    1 Bekwarra
    2 Bete
    3 Basang
    4 Ukpe
    5 Ubang
    6 Alege
    7 Eastern Mbube
    8 Afrike
    9 Utungwang
  2 Boki cluster

2 CROSS RIVER 2 & 3
  1 CROSS RIVER 3
    1 Tita
    2 Eastern Subgroup
      1 Gbo
      2 Mbembe cluster
      3 Nkokolle
      4 Ko
      5 Lulumo
    3 Western Subgroup
      1 Ukele
      2 Oring
      3 Humono
      4 Akunakuna
      5 Akpet
  2 SOUTHEASTERN GROUP
    1 Okonyong
    2 Korop
    3 Bakpinka
    4 Uyanga
  3 EFIK-ANDONI GROUP
    1 Efik
    2 Ibibio
    3 Anang
    4 Okobo
    5 Oron
    6 Eket
    7 Ibino
    8 Andoni
    9 Biase
   -10 Enyong
   -11 Ito
   -12 Itumbuzo
  4 OGONI GROUP
    1 Kana
    2 Gokana
    3 Eleme
  5 ABUA-OGBIA GROUP
    1 Abua
    2 Kugbo
    3 Ogbia
    4 Mini

Language Charts

D BANTOID

1 NON-BANTU BANTOID

1 MAMBILOID
  1 Mambila
  2 Kamkam
  3 Tep
  4 Magu
  5 Kila
  6 Ndoro
  7 Gandua
  8 Wute

2 TIVOID
  1 Tiv
  2 Becheve
  3 Balegete
  4 Bitare
  5 Abõ
  6 Batu

2 BANE

1 NIGERIAN GROUP
  1 Ekoid Subgroup
    1 Ndoe
    2 Ekoi cluster
    3 Efutop
    4 Nde
    5 Abanyom
    6 Nkim
    7 Nkumm
    8 Nnam
    9 Ekajuk
  2 Mbe
  3 Jarawa Subgroup
    1 Bada
    2 Duguranchi
    3 Gingwak
    4 Bankala
    5 Jaku
    6 Kulung
    7 Guba
    8 Mama
    9 Bomberawa
   -10 Bare
   -11 Ligri
   -12 Nagumi
   -13 Mboa
  4 Afudu

2 MAMFE GROUP
  1 Anyang
  2 Nyang
  3 Esimbi
  4 Ngunu
  5 Ngie
  6 Upper Mundani
  7 Lower Mundani
  8 Takamanda
  9 Menka
 -10 Asumbo
 -11 Amasi
 -12 Kinkwa

3 GRASSLANDS GROUP
  1 Bamoun
  2 Bamileke Subgroup
  3 Mungaka
  4 Beba-Befang
  5 Ngemba Subgroup
    1 Pinyin
    2 Bafut
    3 Nkwen
    4 Bamunkum
    5 Kpati
  6 Tadkon Subgroup
    1 Ngamambo
    2 Moghamo
    3 Menemo
    4 Iyirikum
  7 Kom-Bandem Subgroup
    1 Aghem
    2 Bafum
    3 Bum
    4 We
    5 Oso
    6 Fungom
    7 Mme
    8 Kom
    9 Ukfwo
   -10 Kidzom
   -11 Bandem
  8 Ndop Subgroup
    1 Kensense
    2 Tshirambo
    3 Bamali
    4 Fanji
    5 Ngo
    6 Muka
  9 Lamnso
 -10 Limbum
 -11 Kaka
 -12 Mfumte Subgroup
    1 Kofa
    2 Ncha
    3 Kwaja
    4 Adere
    5 Ntem
    6 Ndaktup

  1 Ngwe Subgroup
    1 Ngwe
    2 Foto
    3 Bafou
    4 Fongo-Ndeng
  2 Baloum
  3 Fomopea
  4 Bandjoun Subgroup
    1 Bandjoun
    2 Bamendjou
    3 Bafoussam
  5 Batie
  6 Fotouni
  7 Fe'fe'
  8 Bamaha
  9 Bangante Subgroup
    1 Batchingou
    2 Bangante
    3 Bangwa
 -10 Bapi
 -11 Bati
 -12 Bamendjina
 -13 Bagam
 -14 Bamenkoumbit
 -15 Bamenyam
 -16 Babadjou
 -17 Batcham
 -18 Batongtou

4 MISAJE GROUP
  1 Kumaju
  2 Dzaiven Boka
  3 Bunaki
  4 Kosin

5 TIKAR GROUP
  1 Tikar
  2 Bandobo

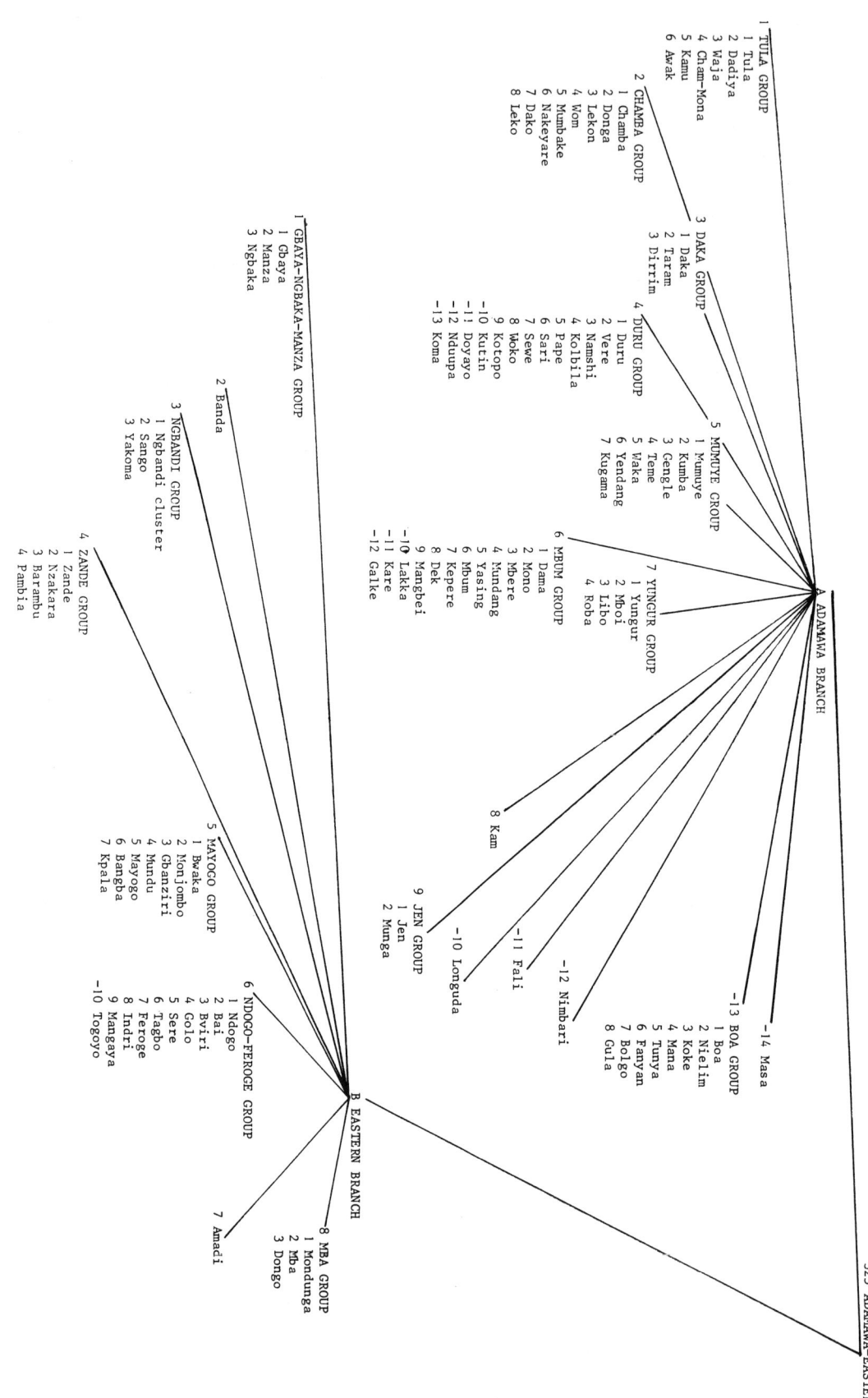

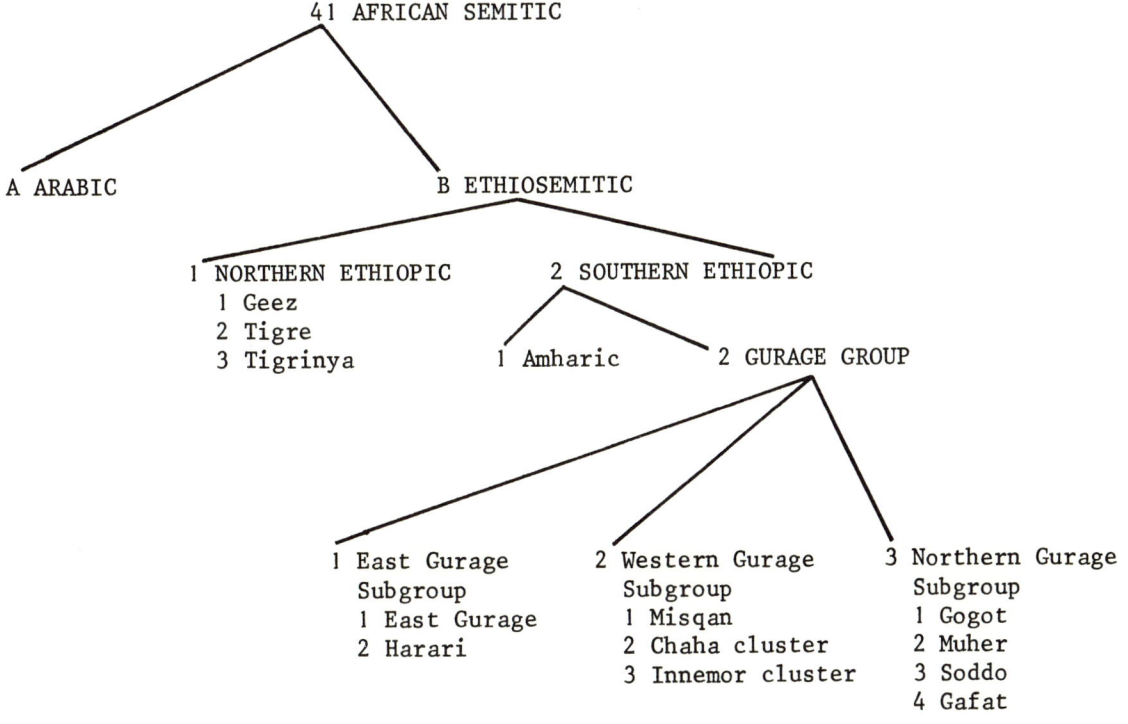

41 AFRICAN SEMITIC
- A ARABIC
- B ETHIOSEMITIC
  - 1 NORTHERN ETHIOPIC
    - 1 Geez
    - 2 Tigre
    - 3 Tigrinya
  - 2 SOUTHERN ETHIOPIC
    - 1 Amharic
    - 2 GURAGE GROUP
      - 1 East Gurage Subgroup
        - 1 East Gurage
        - 2 Harari
      - 2 Western Gurage Subgroup
        - 1 Misqan
        - 2 Chaha cluster
        - 3 Innemor cluster
      - 3 Northern Gurage Subgroup
        - 1 Gogot
        - 2 Muher
        - 3 Soddo
        - 4 Gafat

```
                              43 BERBER
         ┌──────────────┬──────────────┬─────────┬─────────┬─────────┐
A ZENATI GROUP   B TAMAZIGHT-RIFF-   C Shilha  D Zenaga  E Tuareg  F Guanche
  1 Siwa           KABYLE GROUP
  2 Augila         1 Kabyle
  3 Sokna          2 Riff
  4 Jebel Nefusa   3 Tamazight
  5 Jerba
  6 Tamezret
  7 Zraoua
  8 Taoujjout
  9 Tmagourt
-10 Sened
-11 Ouargla
-12 Ghardaia
-13 Mzabi
-14 Gourara
-15 Touat
-16 Tidikelt
-17 Chaouia
-18 Beni Snous
```

Language Charts — Chadic 44

44 CHADIC

A WESTERN GROUP
- 1 HAUSA GROUP
  - 1 Hausa
  - 2 Gwandara
- 2 NGIZIM GROUP
  - 1 Ngizim
  - 2 Mober
  - 3 Auyokawa
  - 4 Shirawa
  - 5 Bede
- 3 WARJAWA-GESAWA GROUP
  - 1 Warjawa Subgroup
    - 1 Warjawa
    - 2 Afawa
    - 3 Diryawa
    - 4 Miyawa
    - 5 Sirawa
  - 2 Gezawa Subgroup
    - 1 Gezawa
    - 2 Seiyawa
    - 3 Barawa of Dass
- 4 BOLEWA-PLATEAU GROUP
  - 1 Bolewa Subgroup
    - 1 Bolewa
    - 2 Karekare
    - 3 Ngamo
    - 4 Gerawa
    - 5 Gerumawa
    - 6 Kirifawa
    - 7 Dera
    - 8 Tangale
    - 9 Pia
    - 10 Pero
    - 11 Chongee
    - 12 Maha
  - 2 Plateau Subgroup
    - 1 Angas
    - 2 Ankwe
    - 3 Bwol
    - 4 Chip
    - 5 Dimuk
    - 6 Goram
    - 7 Jorto
    - 8 Kwolla
    - 9 Miriam
    - 10 Montol
    - 11 Sura
    - 12 Tal
    - 13 Gerka
  - 3 Ron Subgroup
    - 1 Ron
    - 2 Fyer
    - 3 Bokkos
    - 4 Daffo-Butura
    - 5 Sha
    - 6 Kulere

B KOTOKO GROUP
- 1 Logone
- 2 Ngala
- 3 Buduma
- 4 Kuri
- 5 Gulfei
- 6 Affade
- 7 Shoe
- 8 Kuseri
- 9 Kotoko

C BATA-TERA GROUP
- 1 Bata Subgroup
  - 1 Bata
  - 2 Bachama
  - 3 Demsa
  - 4 Gudo
  - 5 Malabu
  - 6 Njei
  - 7 Zumu
  - 8 Holma
  - 9 Kapsiki
  - 10 Baza
  - 11 Hiji
  - 12 Gude
  - 13 Fali of Mubi
  - 14 Fali of Kiria
  - 15 Fali of Jilba
  - 16 Margi
  - 17 Chibak
  - 18 Kilba
  - 19 Sukur
  - 20 Vizik
  - 21 Vemgo
  - 22 Woga
  - 23 Tur
  - 24 Bura
  - 25 Pabir
  - 26 Podokwo
- 2 Tera Subgroup
  - 1 Gabin
  - 2 Hona
  - 3 Tera
  - 4 Jera
  - 5 Hinna
  - 6 Puthlundi
  - 7 Pidlimdi

D DABA-GISIGA-MATAKAM GROUP
- 1 Daba Subgroup
  - 1 Hina
  - 2 Daba
  - 3 Musgoi
  - 4 Gauar
- 2 Gisiga-Matakam Subgroup
  - 1 Gisiga
  - 2 Balda
  - 3 Muturua
  - 4 Mofu
  - 5 Matakam
  - 6 Mora

E Gidder

F MANDARA GROUP
- 1 Mandara
- 2 Camergu
- 3 Glavda
- 4 Yawotatakha
- 5 Laamang

G Musgu

H BANA GROUP
- 1 Bana
- 2 Banana
- 3 Lame
- 4 Kulung
- 5 Musei
- 6 Marba
- 7 Dari
- 8 Sigila

J SAHEL GROUP
- 1 Somrai Subgroup
  - 1 Somrai
  - 2 Tumak
  - 3 Ndam
  - 4 Miltu
  - 5 Sarwa
  - 6 Gulei
  - 7 Gablai
  - 8 Gam
  - 9 Kim
  - 10 Besme
  - 11 Nancere
  - 12 Lele
- 2 Gabere Subgroup
  - 1 Gabere
  - 2 Chiri
  - 3 Dormo
  - 4 Nangire
- 3 Sokoro Subgroup
  - 1 Sokoro
  - 2 Barein
- 4 Modgel
- 5 Tuburi
- 6 Mubi Subgroup
  - 1 Mubi
  - 2 Karbo
  - 3 Jegu
  - 4 Jonkor
  - 5 Wadai-Birgid
  - 6 Bidyo
  - 7 Dangaleat
  - 8 Mogum

45 CUSHITIC

A NORTHERN CUSHITIC
1. Beja

B CENTRAL CUSHITIC
1. Bilen
2. Kemant
3. Xamtanga
4. Awngi
5. Felasha
6. Quara

C EASTERN CUSHITIC
1. Highland Group
   1. Burji
   2. Sidamo Subgroup
      1. Sidamo
      2. Kambatta
      3. Alaba
      4. Darasa
      5. Hadiyya
2. Lowland Group
   1. Saho-Afar Subgroup
      1. Afar
      2. Saho
   2. Oromo Subgroup
      1. Konso-Galla Subgroup
         1. Galla
         2. Bararetta
         3. Konso Subgroup
            1. Konso
            2. Gidole
            3. North Bussa
      2. Arbore-Werize Subgroup
         1. Arbore
         2. Dathanaik
         3. Mogogodo
         4. Werize Subgroup
            1. Werize
            2. Gawwada
            3. Gobeze
            4. Tsamay
   3. Somali Subgroup
      1. Somali
      2. Bayso
      3. Boni
      4. Rendile

D SOUTHERN CUSHITIC
1. Burungi
2. Goroa
3. Alawa
4. Iraqw
5. Mbugu
6. Sanye
7. Ngomvia

```
                          46 OMOTIC

A NORTHERN BRANCH                    B ARI-BANNA BRANCH
  1 MAJOID GROUP                       1 Banna
    1 Maji                             2 Ari
    2 Dorsha                           3 Dime
    3 Shako                            4 Biya
    4 Nao                              5 Gayi

  2 Mao

  3 GONGA GROUP
    1 Northern Subgroup
      1 Shinasha
      2 Naga
      3 Guba
      4 Boro
    2 Anfillo
    3 Southern Subgroup
      1 Kafa
      2 Mocha
      3 Bosha

  4 GIMOJAN GROUP
    1 Janjero
    2 Gimira Subgroup
      1 Gimira
      2 She
    3 Chara
    4 Ometo Subgroup
      1 Central Subgroup
        1 Welamo
        2 Gemu
        3 Gofa
        4 Zala
        5 Malo
        6 Dauro
        7 Oyda
      2 Male
      3 Western Subgroup
        1 Basketo
        2 Dokko
        3 Dollo
      4 Eastern Subgroup
        1 Zayse
        2 Ganjule
        3 Gidicho
        4 Kachama
        5 Koyra
```

BIBLIOGRAPHY

BIBLIOGRAPHY

AMANKWE, Nwozo
- 1964 *Classification of West African languages. 1. West Africa.* Unpublished.
- 1965 "Revision of classification schemes for Nigerian needs." *Nigerian Libraries* 1(4), pp. 165-173.
- 1972 "Africa in the standard classification schemes." *Library Resources & Technical Services* 16(2), pp. 178-194.

ANAFULU, Joseph C.
- 1976 "The Standing Conference of African University Libraries, 1964-1974." *International Library Review* 8(4), pp. 397-415.

APPLEGATE, Joseph R.
- 1970 "The Berber languages." *Current Trends in Linguistics* 6, pp. 586-661.

*ARAMIDE, F.O.
- 1966 "Bliss modifications in the Ibadan University Library." Paper delivered at a Seminar on Cataloguing and Classification of Africana. Ibadan: Institute of Librarianship.

*ARMSTRONG, R.G.
- 1966 "Cataloguing (and classification) of African languages." Paper delivered at a Seminar on Cataloguing and Classification of Africana. Ibadan: Institute of Librarianship.

BASSET, André
- 1952 *La langue berbère*. London: Oxford University Press for the International African Institute.

BENDER, Marvin L.
- 1971 "The languages of Ethiopia: a new lexicostatistic classification and some problems of diffusion." *Anthropological Linguistics* 13, pp. 165-288.
- 1972 "Addenda to Guide to Ethiopian language nomenclature." *Anthropological Linguistics* 14, pp. 196-203.
- 1976a *Language in Ethiopia*, edited by M.L. Bender et al. London: Oxford University Press.
- 1976b "The Ethio-Semitic languages," by Robert Hetzron and Marvin L. Bender. In: *Language in Ethiopia*, op cit., pp. 23-33.
- 1976c "Non-Semitic languages," by Harold C. Fleming and Marvin L. Bender. In: *Language in Ethiopia*, op. cit., pp. 34-62.

BENDOR-SAMUEL, John T.
- 1971 "Niger-Congo, Gur." *Current Trends in Linguistics* 7, pp. 141-178.

BERRY, Jack
- 1971 "Pidgins and creoles in Africa." *Current Trends in Linguistics* 7, pp. 510-536.

BLEEK, Dorothea F.
   1956   *A Bushman dictionary*. New Haven, Conn.: American Oriental Society.

BLISS, Henry Evelyn
   1953   *A bibliographic classification*. Vol. 3, Classes L-Z. New York: Wilson.

BRIERLEY, Leslie
   1968   "The indexing and classification of African tribal names." *Library Materials on Africa* 5(3), pp. 76-78.

BRYAN, M.A.
   1947   *The distribution of the Semitic and Cushitic languages of Africa*. London: Oxford University Press.
   1959   *The Bantu languages of Africa*. London: Oxford University Press for the International African Institute. (Handbook of African languages)

BRYAN, M.A. and A.N. TUCKER
   1948   *Distribution of the Nilotic and Nilo-Hamitic languages of Africa*, by M.A. Bryan; *Linguistic analyses* by A.N. Tucker. London: Oxford University Press for the International African Institute. (Handbook of African languages)

COHEN, Marcel
   1952   "Langues chamito-sémitiques." In: *Les langue du monde*, edited by A. Meillet and Marcel Cohen. Paris: H. Champion.

COLE, Desmond T.
   n.d.   "Classified catalogue of Bantu languages." In: *African music research transcription library of gramophone records: handbook for librarians*, by Hugh Tracey. Johannesburg: Gallo (Africa), pp. 16-51.
   1959   "Doke's classification of Bantu languages." *African Studies* 18, pp. 197-213.
   1961   "Bushman languages." *Encyclopaedia Britannica* 4, pp. 468-470.

COPE, A.T.
   1971   "A consolidated classification of the Bantu languages." *African Studies* 30, pp. 213-236.

CURRENT Trends in Linguistics   see SEBEOK, Thomas A., ed.

DALBY, David
   1970   "A note on African language bibliography." In: *The bibliography of Africa: proceedings and papers of the International Conference on African Bibliography, Nairobi 1967*. London: Cass, p. 193.

*DEAN, John
   1966   "Library of Congress modifications in the Balme Library, University of Ghana." Paper delivered at a Seminar on Cataloguing and Classification of Africana. Ibadan: Institute of Librarianship. Unpublished.

DER-HOUSSIKIAN, Haig
   1972   "The evidence for a Niger-Congo hypothesis." *Cahiers d'Études Africaines* 12(2), 46, pp. 316-322.

DEWEY, Melvil
   Decimal classification and relative index. New York: Forest Press. 16th edition 1958, 17th edition 1965, 18th edition 1971.

Bibliography

DIAKONOFF, I.M.
   1965   *Semito-Hamitic languages: an essay in classification.* Moscow: Nauka.
   1975   "Hamito-Semitic languages." *Encyclopaedia Britannica, Macropaedia* vol. 8, pp. 589-598.

DOKE, Clement M.
   1945   *Bantu modern grammatical, phonetical and lexicographical studies since 1860.* London: Percy Lund, Humphries for the International African Institute.
   1954   *The Southern Bantu languages.* London: Oxford University Press for the International African Institute. (Handbook of African languages)

DUITSMAN, John et al.
   1975   "A survey of Kru dialects," by John Duitsman, Jana Bertkau and James Laesch. *Studies in African Linguistics* 6(1), pp. 77-103.

DUTHIE, A.S.
   1974   "Languages." In: *African studies in the seventies.* Selected papers presented at a Conference on Problems of Classification for Africana, held at the University of Ghana, 22-24 Nov., 1973. Legon: University of Ghana, Dept of Library and Archival Studies, pp. 91-99.

FLEMING, Harold C.
   1969   "The classification of West Cushitic within Hamito-Semitic." In: *Eastern African history*, edited by Daniel F. McCall, Norman R. Bennett and Jeffrey Butler. New York: Praeger, pp. 3-27.
   1974   "Omotic as a branch of Afroasiatic." *Studies in African Linguistics*, Supplement 5, pp. 81-94.
   1975   "Recent research in Omotic-speaking areas." In: *Proceedings of the first United States Conference on Ethiopian Studies*, Michigan State University, 2-5 May 1973, edited by Harold G. Marcus. Michigan: African Studies Center, Michigan State University, pp. 261-278.
   1976   "Non-Semitic languages," by Harold C. Fleming and Marvin L. Bender. In: *Language in Ethiopia*, edited by M.L. Bender et al., London, pp. 34-62.

FODOR, István
   1969   *The problems in the classification of the African languages: methodological and theoretical conclusions concerning the classification system of Joseph H. Greenberg.* 3rd ed. Budapest: Hungarian Academy of Sciences, Center for Afro-Asian Research. (Studies on developing countries no. 5)

GOODMAN, Morris
   1970   "Some questions on the classification of African languages." *International Journal of American Linguistics* 36, pp. 117-122.

GOODMAN, Morris F. et al.
   1975   "African languages," by Morris F. Goodman, David W. Crabb, and Oswin R.A. Köhler. *Encyclopaedia Britannica, Macropaedia* vol. 1, pp. 218-232.

GREENBERG, Joseph H.
   1949   Review of Malcolm Guthrie's *Classification of the Bantu languages*, London 1948: *Word* 5, pp. 81-83.

Bibliography

GREENBERG, Joseph H.
- 1955   *Studies in African linguistic classification.* New Haven: Compass.
- 1963a   *The languages of Africa.* The Hague: Mouton for Indiana University.
  (*International Journal of American Linguistics* 29(1), pt 2, 1963. Publication 25 of the Indiana University Research Center in Anthropology, Folklore and Linguistics)

  Reviews by:
  Malcolm Guthrie, *Journal of African History* 5(1), 1964: 135-136.
  Wm. E. Welmers, *Word* 19, 1963: 407-417.
  F.D.D. Winston, "Greenberg's classification of African languages," *African Language Studies* 7, 1966: 160-170.
- 1963b   "The Mogogodo: a forgotten Cushitic people." *Journal of African Languages* 2, pp. 29-43.
- 1964   "The history and present state of African linguistic classification." In: *Proceedings of the first International Congress of Africanists*, Accra, 11-18 Dec., 1962, edited by Lalage Brown and Michael Crowder. London: Longmans, pp. 85-96.
- 1966   *The languages of Africa.* 2nd rev. ed. The Hague: Mouton, "Additions and Corrections," pp. 179-180.
- 1971   "Nilo-Saharan and Meroitic." *Current Trends in Linguistics* 7, pp. 421-442.

GUTHRIE, Malcolm
- 1948   *The classification of the Bantu languages.* London: Oxford University Press for the International African Institute.
  [Cited as MG1]

  Reviews by:
  Joseph H. Greenberg, *Word* 5, 1949: 81-83.
  G.P. Lestrade, *African Studies* 7, 1948: 175-184.
  Edwin W. Smith, *Africa* 19, 1949: 73-74.
  C.M.N. White, *African Affairs* 48, 1949: 164-165.
- 1953   *The Bantu languages of Western Equatorial Africa.* London: Oxford University Press for the International African Institute.
  (Handbook of African languages)
  [Cited as MG2]
- n.d.   *"Revised classified list of Bantu languages." (MS.)
  [Cited by Bryan 1959 as MG3. Supersedes the groupings and orthography of MG1 and MG2.]
- 1964   Review of Joseph H. Greenberg's *The languages of Africa*, The Hague, 1963: *Journal of African History* 5(1), pp. 135-136.
- 1965   "Language classification and African studies." *African Affairs*, Special Issue, pp. 29-36.
- 1970   "Key list of Bantu languages." In his *Comparative Bantu: an introduction to the comparative linguistics and prehistory of the Bantu languages.* Farnborough, Hants, vol. 3, pp. 11-15.
  [Cited as MG4]

HARRIS, Gordon
- 1974   "Method and purpose in Africana bibliography." *African Research & Documentation* 5 & 6, pp. 6-7.

HEINE, Bernd
- 1970   *Status and use of African lingua francas.* München: Weltforum Verlag.
  (Ifo-Institut für Wirtschaftsforschung München Afrika-Studien Nr. 49)

HETZRON, Robert
    1972   *Ethiopian Semitic: studies in classification.*   Manchester: Manchester University Press.
             (*Journal of Semitic Studies* monograph no. 2)
    1976   "The Ethio-Semitic languages," by Robert Hetzron and Marvin L. Bender. <u>In</u>: *Language in Ethiopia*, edited by M.L. Bender et al. London, pp. 23-33.

HODGE, Carleton T.
    1968   "Afroasiatic '67." *Language Sciences* 1, pp. 13-21.
    1970   "Afroasiatic: an overview." *Current Trends in Linguistics* 6, pp. 237-254.
            Reprinted in *Afroasiatic: a survey*, edited by Carleton T. Hodge. The Hague: Mouton, 1971, pp. 9-26.
    1971   *Afroasiatic: a survey*, edited by Carleton T. Hodge. The Hague: Mouton.
            [Reprint of articles published in *Current Trends in Linguistics* 6, 1970 and 7, 1971.]

*HOFFMAN, Carl
    1971   "Provisional checklist of Chadic languages." *Chadic Newsletter*, January.

HUNTINGFORD, G.W.B.
    1956   "The 'Nilo-Hamitic' languages." *Southwestern Journal of Anthropology* 12, pp. 200-222.

IBADAN UNIVERSITY LIBRARY
    n.d.   "Classification scheme for African languages." Typescript. 68p. Unpublished.

JOHANNESBURG PUBLIC LIBRARY
    n.d.   "Africana Collection. African languages: common subdivisions and literature." Typescript. ii,24p. Unpublished.
    1956   *African native tribes: rules for classification of works on African ethnology in the Strange Collection of Africana, with an index of tribal names and their variations.* Johannesburg: The Library.

JONES, Ruth
    1971   "Forty-one years of African bibliography." *Africa* 41(1), pp. 54-56.

JUNGRAITHMAYR, von Herman
    1961   "Beobachtungen zur tschadohamitischen Sprache der Jegu (und Jonkor) von Abu Telfan (République du Tchad). *Afrika und Übersee* 45, pp. 95-123.

KÖHLER, Oswin R.A.
    1963   "Observations on the central Khoisan language group." *Journal of African Languages* 2(3), pp. 227-234.
    1975   "Khoisan languages." <u>In</u>: "African languages," by Morris F. Goodman, David W. Crabb and Oswin R.A. Köhler. *Encyclopaedia Britannica, Macropaedia* vol. 1, pp. 228-232.

KOTEI, S.I.A.
    1970   "Some problems in Africana library classification." In: *The bibliography of Africa: proceedings and papers of the International Conference on African Bibliography, Nairobi 1967.* London: Cass, pp. 138-154.

LANHAM, L.W. and D.P. HALLOWES
- 1956 "Linguistic relationships and contacts expressed in the vocabulary of Eastern Bushman." *African Studies* 15(1), pp. 45-48.

LESLAU, Wolf
- 1956 *The scientific investigation of the Ethiopic languages.* Leiden: Brill.
- 1958 "The languages of Ethiopia and their geographical distribution." *Ethiopia Observer* 2(3), pp. 116-121.
- 1966 "The Ethiopic languages." In: *Linguistic analyses: the non-Bantu languages of North-Eastern Africa*, by A.N. Tucker and M.A. Bryan, London, pp. 593-613.
- 1970 "Classification of the Semitic languages of Ethiopia." In: *Proceedings of the third International Conference of Ethiopian Studies*, Addis Ababa, 1966. Addis Ababa: Institute of Ethiopian Studies, Haile Sellassie I University, vol. 2, pp. 5-22.

LESTRADE, G.P.
- 1948 Review of Malcolm Guthrie's *Classification of the Bantu languages*, London 1948: *African Studies* 7, pp. 175-184.

LINGUISTIC survey of the Northern Bantu borderland. Vol. 1. London:
- 1956 Oxford University Press for the International African Institute. [Parts i, ii, and iii cited as NBi, NBii, and NBiii, respectively.]

LUKAS, J.
- 1936 "The linguistic situation in the Lake Chad area in Central Africa." *Africa* 9, pp. 332-349.

MEILLET, A. and Marcel COHEN
- 1952 *Les langues du monde.* Paris: H. Champion.

MOWERY, Robert L.
- 1973 "The classification of African literature by the Library of Congress." *Library Resources & Technical Services* 17(3), pp. 340-352.

NEWMAN, Paul and Roxana MA
- 1966 "Comparative Chadic: phonology and lexicon." *Journal of African Languages* 5(3), pp. 218-251.

NIDA, Eugene and Harold W. FEHDERAU
- 1970 "Indigenous pidgins and koinés." *International Journal of American Linguistics* 36, pp. 146-155.

*NITECKI, André, ed.
- 1974a *African studies in the seventies.* Selected papers presented at a Conference on Problems of Classification for Africana, held at the University of Ghana, 22-24 Nov., 1973. Legon: University of Ghana, Dept of Library and Archival Studies. (Occasional papers no. 8)
- 1974b *Dewey decimal classification and African studies.* Selected papers presented at a Conference on Problems of Classification for Africana. Legon: University of Ghana, Dept of Library and Archival Studies.

*NKWO, S.D.
- 1966 "Proposals for modifying the Decimal Classification for Africana." Paper delivered at a Seminar on Cataloguing and Classification of Africana. Ibadan: Institute of Librarianship.

PALMER, F.R.
  1970   "Cushitic." *Current Trends in Linguistics* 6, pp. 571-585.
  1971   "Cushitic." In: *Afroasiatic: a survey*, edited by Carleton T. Hodge. The Hague: Mouton, pp. 80-95.
        [This is a reprint of the 1970 article but contains some additional material covering more recent work.]

*PANKHURST, Rita and Joan PROUDMAN, eds
  1972   *Report of the proceedings of the Inaugural Conference of the Eastern Area of SCAUL*, Addis Ababa, February 1971, edited by Rita Pankhurst and Joan Proudman. Addis Ababa: Haile Sellassie University I Library.

PEARSON, J.D. and Ruth Jones
  1968   "African bibliography: a report on the International Conference organized by the International African Institute and held at the University College, Nairobi, 4-8 Dec., 1967," by J.D. Pearson and Ruth Jones. *Africa* 38, pp. 293-331.

PEARSON, J.D.
  1970   "Developments as seen from the United Kingdom." In: *Developments in African bibliography since the Nairobi Conference: papers and proceedings at the SCOLMA Conference*, Oxford, 22 April, 1970. *Library Materials on Africa* 8(1), pp. 9-16.
  1971   "African bibliography since the Nairobi Conference." In: *Libraries in East Africa*, edited by Anna-Britta Wallenius. Uppsala: The Scandinavian Institute of African Studies, pp. 189-216.
  1972   "SCAUL [Standing Conference of African University Libraries]." *Library Materials on Africa* 10(1), pp. 70-71.

PHEHANE, Taetji
  1968   "The classification of Africana collections." *Libri* 18(3-4), pp. 197-203.

PIKE, Kenneth L.
  1966   *Tagmemic and matrix linguistics applied to selected African languages*. Ann Arbor, Michigan: University of Michigan, Center for Research on Language and Language Behavior.
        (U.S. Dept of Health, Education and Welfare. Office of Education. Bureau of Research. Final Report No. OE-5-14-065)

PLUMBE, W.J.
  1967   "Classification [of Africana]." *SCAUL Newsletter* 4, pp. 181-186.
  1970   "Classification and cataloguing of Africana." In: *Conference of Librarians from Commonwealth Universities in Africa: report of proceedings*, Lusaka, Aug., 1969. London: Commonwealth Foundation, Appendix 4 pp. 59-66.

POLOTSKY, H.J.
  1970   "Coptic." *Current Trends in Linguistics* 6, pp. 558-570.

PROST, R.P.A.
  1956   "La langue Sonay et ses dialectes." *Mémoires de l'Institut Francais d'Afrique Noire* no. 47.

SAMARIN, William J.
  1971   "Adamawa-Eastern." *Current Trends in Linguistics* 7, pp. 213-244.

Bibliography

SAPIR, J. David
   1971 "West Atlantic: an inventory of the languages, their noun class systems and consonant alternation." *Current Trends in Linguistics* 7, pp. 45-112.

SCHNEIDER, Harold K.
   1964 "Confusion in African linguistic classification." *Current Anthropology* 5(1), pp. 56-57.

SEBEOK, Thomas A., ed.
   1970 *Current trends in linguistics*. Vol. 6: Linguistics in South West Asia and North Africa. The Hague: Mouton.
   1971 *Current trends in linguistics*. Vol. 7: Linguistics in Sub-Saharan Africa. The Hague: Mouton.

         Review of Vol. 7 by Herbert F.W. Stahlke, *Language* 50(1), 1974: 195-205.

SHACK, William A.
   1974 *The central Ethiopians: Amhara, Tigriña and related peoples*. London: International African Institute.
        (Ethnographic survey of Africa: North-Eastern Africa, pt IV)

SMITH, Edwin W.
   1949 Review of Malcolm Guthrie's *Classification of the Bantu languages*, London 1948: *Africa* 19, pp. 73-74.

SNYMAN, J.W.
   1974 "The Bushman and Hottentot languages of Southern Africa." *Limi* 2(2), pp. 28-44.

STAHLKE, Herbert F.W.
   1974 Review of *Current trends in linguistics* vol. 7, edited by Thomas A. Sebeok, The Hague, 1971: *Language* 50(1), pp. 195-205.

STEWART, John M.
   1971 "Niger-Congo, Kwa." *Current Trends in Linguistics* 7, pp. 179-212.

TERRY, Robert R.
   1971 "Chadic." *Current Trends in Linguistics* 7, pp. 443-454.

TRAILL, A.
   1973 " "N4 or S7" : another Bushman language." *African Studies* 32, pp. 25-32.
   1974 *The compleat guide to the Koon*. Johannesburg: African Studies Institute, University of the Witwatersrand.
        (ASI Communication no. 1)
   1975 *Bushman and Hottentot linguistic studies*, edited by A. Traill. Johannesburg: African Studies Institute, University of the Witwatersrand.
        (ASI Communication no. 2)

TUCKER, A.N.
   1967 " 'Fringe' Cushitic: an experiment in typological comparison." *Bulletin of the School of Oriental and African Studies* 30, pp. 655-680.

TUCKER, A.N. and M.A. BRYAN
   1956 *The non-Bantu languages of North-Eastern Africa*. London: Oxford University Press for the International African Institute.
        (Handbook of African languages, pt III)
   1966 *Linguistic analyses: the non-Bantu languages of North-Eastern*

Africa. London: Oxford University Press for the International African Institute.
(Handbook of African languages)

ULLENDORF, Edward
1955 *The Semitic languages of Ethiopia: a comparative phonology.* London: Taylor's (Foreign) Press.

UNIVERSAL decimal classification. Abridged English edition. 3rd ed. rev.
1961 London: British Standards Institution.
"African languages 496," p. 59.

UNIVERSAL decimal classification. English full edition. 4th International
1971 edition. BS 1000 [8] : UDC 8, Language: Linguistics: Literature. London: British Standards Institution.
(FID publication no. 179)
"African languages 809.6," p. 18.

UNIVERSITY OF CAPE TOWN. Jagger Library.
n.d. "African language." [Adapted classification schedule within the Dewey 496 framework.] Typescript. 16p. Unpublished.
n.d. [Index to 496 classification schedule.] Typescript. 11p. Unpublished.

U.S. LIBRARY OF CONGRESS. Subject Cataloguing Division.
1935 *Classification. Class P: Subclasses PJ-PM. Languages and literature of Asia, Africa, Oceania, America, Mixed languages, artificial languages.* Washington, 1935 (1965 reprint).
"PL -- Languages of Eastern Asia, Africa, Oceania : African languages, 8000-8844," pp. 174-179.
1970 *Library of Congress classification schedules: a cumulation of additions and changes through 1970. Main class P, philology and literature: subclass PL,* pp. 106-113.
1971- *Library of Congress classification schedules: a cumulation of*
1972 *additions and changes, 1971-1972. Main class P, philology and literature, subclass PL,* pp. 14-25.
1973 *Library of Congress classification schedules: a cumulation of additions and changes through 1973. Main class P, philology and literature, subclass PL,* pp. 117-129.

VANN, Sarah K.
1967 "Dewey abroad: the field survey of 1964." *Library Resources & Technical Services* 11, pp. 61-71.

VERGOTE, J.
1970 "Egyptian." *Current Trends in Linguistics* 6, pp. 531-557.

VOEGELIN, C.F. and F.M. VOEGELIN
1964 "Languages of the world: African fascicle one." *Anthropological Linguistics* 6(5), pp. 1-339.
1966 "Index of languages of the world." *Anthropological Linguistics* 8(6 & 7), pp. 1-222, 1-202.

WELMERS, Wm. E.
1963 Review of Joseph H. Greenberg's *The languages of Africa*, The Hague, 1963: *Word* 19, pp. 407-417.
1971a "Niger-Congo, Mande." *Current Trends in Linguistics* 7, pp. 113-140.
1971b "Checklist of African language and dialect names." *Current Trends in Linguistics* 7, pp. 759-900.

WESTERMANN, Diedrich
- 1952 "African linguistic classification." *Africa* 22, pp. 250-256.

WESTERMANN, Dietrich and M.A. BRYAN
- 1952 *The languages of West Africa*. London: Oxford University Press for the International African Institute. (Handbook of African Languages, pt II)

WESTPHAL, E.O.J.
- 1956 "The non-Bantu languages of Southern Africa." Supplement to *The non-Bantu languages of North-Eastern Africa*, by A.N. Tucker and M.A. Bryan, London, pp. 158-173.
- 1962a "A re-classification of Southern African non-Bantu languages." *Journal of African Languages* 1(1), pp. 1-8.
- 1962b "On classifying Bushman and Hottentot languages." *African Language Studies* 3, pp. 30-48.
- 1963 "The linguistic prehistory of Southern Africa: Bush, Kwadi, Hottentot, and Bantu linguistic relationships." *Africa* 33, pp. 237-265.
- 1966 "Linguistic research in S.W.A. and Angola." *Ethnische Gruppen SWA. Wissench. Gesellsch.*, pp. 125-144.
- 1970 "Bushman languages." *Standard Encyclopaedia of Southern Africa* 2, pp. 612-613.
- 1971 "The click languages of Southern and Eastern Africa." *Current Trends in Linguistics* 7, pp. 367-420.

WHITE, C.M.N.
- 1949 Review of Malcolm Guthrie's *Classification of the Bantu languages*, London, 1948: *African Affairs* 48, pp. 164-165.

WILLIAMSON, Kay
- 1971 "The Benue-Congo languages and Ịjọ." *Current Trends in Linguistics* 7, pp. 245-306.

WINSTON, F.D.D.
- 1966 "Greenberg's classification of African languages." *African Language Studies* 7, pp. 160-170.

NO LONGER THE PROPERTY
OF THE
UNIVERSITY OF R.I. LIBRARY